曾国藩全集

[清] 曾国藩 著

日记 第三卷

河北人民出版社

图书在版编目（CIP）数据

曾国藩全集．日记／（清）曾国藩著．－－石家庄：河北人民出版社，2016.9（2021.4 重印）
ISBN 978-7-202-11189-5

Ⅰ．①曾… Ⅱ．①曾… Ⅲ．①曾国藩（1811～1872）—全集②曾国藩（1811～1872）—日记 Ⅳ．① Z425.2 ② K827=52

中国版本图书馆 CIP 数据核字 (2016) 第 074321 号

书　　名	曾国藩全集　日记 ZENGGUOFAN QUANJI RIJI
著　　者	[清] 曾国藩
责任编辑	马　丽　张静中
美术编辑	李　欣
责任校对	付敬华
版式设计	俊书装
封面设计	Dh2o
出版发行	河北人民出版社　（石家庄市友谊北大街 330 号）
印　　刷	三河市三佳印刷装订有限公司
开　　本	787 毫米 × 1092 毫米　1/16
印　　张	108
字　　数	1 789 000
版　　次	2016 年 9 月第 1 版　2021 年 4 月第 4 次印刷
印　　数	11 001-14 000
书　　号	ISBN 978-7-202-11189-5
定　　价	226.00 元

版权所有　翻印必究

目　录

日　记

同治三年 ·· 1
　　正　月 ·· 2
　　二　月 ·· 11
　　三　月 ·· 20
　　四　月 ·· 32
　　五　月 ·· 41
　　六　月 ·· 51
　　七　月 ·· 60
　　八　月 ·· 69
　　九　月 ·· 77
　　十　月 ·· 86
　　十一月 ·· 94
　　十二月 ·· 103

同治四年 ·· 111
　　正　月 ·· 112

二　月	120
三　月	128
四　月	137
五　月	145
闰五月	153
六　月	162
七　月	170
八　月	179
九　月	188
十　月	196
十一月	204
十二月	212

同治五年 219

正　月	220
二　月	227
三　月	235
四　月	242
五　月	252
六　月	261
七　月	270
八　月	278
九　月	286
十　月	293
十一月	301

十二月 …………………………………………………… 309

同治六年 …………………………………………………… 317
　正　月 …………………………………………………… 318
　二　月 …………………………………………………… 326
　三　月 …………………………………………………… 335
　四　月 …………………………………………………… 344
　五　月 …………………………………………………… 352
　六　月 …………………………………………………… 361
　七　月 …………………………………………………… 369
　八　月 …………………………………………………… 377
　九　月 …………………………………………………… 385
　十　月 …………………………………………………… 393
　十一月 …………………………………………………… 402
　十二月 …………………………………………………… 410

日记

同治三年

正　月

初一日

黎明至万寿宫拜牌，旋归寓，至祖宗前行礼。各文武员弁庆贺者甚多，一一接见，至巳刻始毕，中坐见者五次，余皆立见。巳正，出外拜客，朱久香前辈处一坐，余皆未会。归，清理文件。午正二刻请幕府诸人一饭，未末散。出唐伯虎、仇十洲之画共一赏玩。阅本日文件甚多，添恽次山信二页。夜温古文二首，核批札各稿，添彭杏南信一页。二更三点睡，倦甚，遂能成寐。五更醒。

初二日

早饭后清理文件，见客三次，杨仲乾谈最久。出门拜客，在毛竹丹、忠义局两处久坐，归已午正矣。见客，魏涟西等一谈。中饭后见客二次，围棋一局。阅《通考·征榷类》"榷茶"毕，阅本日文件。至内室一坐。夜核批札稿。温《归去来辞》《芜城赋》《哀江南赋》，二更五点睡。

初三日

早饭后见客三次，坐均颇久。清理文件，围棋一局，写刘霞仙信一件，共七页。午刻，邓观察裕生来一谈，黄南坡来久谈。中间饭后，阅《通考》《坑冶》、《杂征榷》，阅本日文件极多。傍夕至幕府一谈。夜核批札各稿，二更后将《哀江南赋》朱圈一过。

初四日

早饭后清理文件，见客十次，内坐见者二次。围棋一局。写澄弟信一件、沅弟信一件。午正核批札稿。中饭后阅《杂征榷》，阅本日文件，再阅《杂征榷》未毕。傍夕至内室久谈。夜，接奉廷寄二件，核批札各稿，二更后温《送穷文》《进学解》《秋声赋》《赤壁赋》，《古文·词赋类》温毕。

初五日

早饭后见客二次，衙门期也。旋立见者三次。清理文件。围棋一局。已正见客，坐见者一次，立见者一次。午正写信，甫执笔而黄南坡来，与之久谈。又围棋一局。旋又见客二次。中饭后见客，坐见者一次。阅《征榷考》，至傍夕始毕。阅本日文件极多，至幕府一谈。夜将《征榷考》中录《雅训小记》。二更后核批札各稿。四点睡，甚能酣寝，几至于竟夕不醒，岂日内服新制丸药之效耶？

附 记

云吉已在局用二百六十金，又支四十，凑足三百。
粮台再送三百金内一百私送，余又补一百。请恤。

初六日

早饭后清理文件。见客，坐见者五次。围棋一局，写黄印山密信一片。午刻见客二次，核科房批札稿甚多，写刘印渠信三页，未毕。至万籁轩家赴宴，主为两司两道，客为余与朱学使暨黄南坡、毛竹丹、王孝凤也，申刻归。阅本日文件，阅《通考·市籴》。傍夕至内室一谈。夜写印渠信一页，仍未毕，核批札各稿。二更后温《古文·诏令类》。

初七日

早饭后清理文件。见客，立见者一次，坐见者二次。围棋一局。将印渠信写毕，旋写沅弟信一件。吴缵先来，与之久谈。午刻核批札稿。中饭后，莫子偲来，与之赏玩新得殿板《廿四史》，何廉昉之所送也。阅《市易考一》，阅本日文件。周缦云来，久坐。又立见之客二次。核改批札各稿。傍夕至内室一叙。夜改复李世忠信稿，又核各信稿，温《书·吕刑》未毕。牙疼而松，岂近日服丸药太补之过耶？

初八日

早起，备祭席，因先祖星冈公冥诞，率家人行礼。饭后见客，立见者二次，坐见者三次。清理文件。围棋一局。写沈幼丹信。旋又见客，坐见者三次，立见者三次。午刻核批札各稿。中饭，请同县魏涟西、沈霭亭、潘伊卿等六人便饭，未正毕。阅本日文件。接沅弟信，寄有刘霞仙中丞信一封，奏稿二本，粗阅一过，已昏暮矣。至幕府一谈。夜核批札稿、信稿颇多，温《吕刑》，仍未毕。二更四点睡。

初九日

早饭后见客一次，清理文件。围棋未终局而雪琴来，与之久谈，巳刻去。又见客三次。写郭意臣信一封。请黄南坡、毛竹丹及司道小宴，申初散。阅本日文件。说话太多，倦甚。傍夕阅《市枲考》数页。夜核批札稿，疲乏若不能自持者。二更后温《吕刑》，三更毕。日内因三次酒席，困倦已极。

初十日

早饭后见客二次，衙门期也。清理文件。围棋一局未毕，周缦云来上学，行礼毕。又见客三次，再围棋一局，倦甚。雪琴来，留吃中饭，是日先生入学，备有酒席也。杨厚庵来。未正，饭毕，倦困若不克自持者。阅本日文件。申正阅《市枲一》毕。傍夕，登床小睡。夜核批札稿甚多，至二更五点毕。是日大雪竟日，平地二尺，寒冷异常。闻侍逆与黄文金上犯江西，已至绩溪，为之忧灼不已。

十一日

早饭后清理文件，见客一次。旋出城拜客，雪琴晤谈片刻，厚庵、南坡俱未会。归与鲁秋杭围棋一局。写李少荃信一封。风雪不止，酷寒难耐。核科批稿。中饭后，南坡、竹丹来久坐，阅本日文件，改盐务折一件，至一更五点毕。旋又改折一件、片一件，核批札稿，二更四点睡。是日雪大如故，平地几及三尺。闻贼已窜绩溪，而各军不能拔营往剿，忧灼之至。

十二日

早饭后清理文件，围棋一局，见客二次，写左季高信一件，改片稿一件。午正请客杨、彭等中饭，申初散。阅本日文件甚多，未毕。傍夕至幕府一叙。夜核批稿、信稿甚多。二更三点后，朗诵《吕刑》，三更睡。是日大雪不止，奇寒不能治事。申刻，发报二折二片。

附记

一人　　二客　　三信　　四科
五书　　六文　　七批　　八歌
七处奠吊江吴桂范　　密孝折单　　苏盐新章
四谢恩折　　希事四单

十三日

早饭后见客一次，又立见者一次。清理文件。写沅弟信一件。围棋一局。大雪不止，至内室围炉小坐。午刻见客二次，金眉生与彭雪琴先后久坐。中饭后阅《通考·市籴二》，阅本日文件极少。傍夕复阅《市籴二》，未毕。夜核批札稿，二更后温《文侯之命》《费誓》《秦誓》。是日酷寒如故，天容惨黯，不特军士困苦堪怜，且农家亦恐伤麦矣！

十四日

早饭后清理文件，围棋一局。旋写澄弟信一件。巳刻接见张富年、潘鸿焘、毛有铭，三次坐谈颇久。午刻孙琴西来一谈。核科房批稿。中饭后阅《市籴考》毕，阅本日文件，万簏轩来久坐，蒋之纯、曾璞山来久坐，又阅《土贡考》。傍夕至幕府一谈。夜核批札各稿，二更后温《古文·诏令类》。汉文各诏，虽三代"誓"、"诰"不能过也。下唇疼痛，二更三点即睡。是日雪止，午后放晴，酷寒如故。

十五日

早饭后，因唇疼，谢绝各客不见。清理文件。围棋一局。吴竹庄自芜湖来，晤谈良久。刘开生等来，言绘图事。午刻核科批稿。黄南坡来，又与围棋一局。曹禹门来一坐。中饭后见客，坐见者一次，立见者二次，阅《通考·土贡一》毕，《国用一》毕，阅本日文件。天气虽晴，奇寒如故，殆近岁所未有也。至内室围炉一坐。夜核批札稿。二更后，阅《戴东原文集》，偶思士大夫之家不旋踵而败，往往不如乡里耕读人家之耐久。所以致败之由大约不出数端。家败之道有四，曰：礼仪全废者败，兄弟欺诈者败，妇女淫乱者败，子弟傲慢者败。身败之道有四，曰：骄盈凌物者败，昏惰任下者败，贪刻兼至者败，反复无信者败。未有八者全无一失而无故倾覆者也。

十六日

早饭后清理文件，旋见客，立见者二次，坐见者一次。围棋一局。又见客，坐见者三次，立见者一次。批湖北寄来之手折。又见客三次。应酬太多，不复能治事矣。中饭后，张铼渠、毛竹丹来久坐。阅本日文件，核批札各稿。傍夕至小岑处一谈。夜核谢恩折稿五件、信札稿数件。二更后阅《东原文集》。

附　记

蕙田原奏存红拜匣内
密考式存红拜匣内

十七日

早饭后清理文件。旋见客，坐见者三次，立见者一次。围棋一局。写沅弟信一件，计四页。折差黄齐昂自京回，阅京信十余件、京报廿余本。周军门来一坐。中饭，请吴竹庄等便饭，未末毕。阅本日文件，再看京报，核批札各稿。傍夕至幕府一谈。夜阅赵沅青所为骈文，作李希庵挽联二付。

十八日

早饭后见客，坐见者三次，立见者二次。清理文件，围棋一局。旋又见客，坐见者三次，立见者四次。已疲乏，不复能治事。核科房批稿。中饭后见客，坐见者一次，立见者二次。作范云吉挽联一付，写希庵挽联，写祭幛四幅，送刘坦衢师、钱湘吟之父、江味根、范云吉。阅本日文件极多，未毕，灯初始毕。至幕府一谈，筱岑不以挽云吉之联为佳，又撰一联，沉吟良久。核批稿。三更睡。二日天气放晴，本日始暖，有春意矣。

附　记

当涂天门书院赵光缙禀
芜湖鸠江书院竹庄请

十九日

早饭后清理文件，见客，坐见者二次，立见者七次。围棋一局，写范云吉挽联一付。午刻开印行礼，核科房批稿。将去年九月以后奏事目录一誊。中饭后，朱学使来一谈。吴竹庄来久坐，方存之来久谈。阅本日文件，核批札各稿。夜将批稿核毕，读赵岐注《孟子·梁惠王上》，二更四点睡。

附记

李四问赈事	厚庵要东征局三千
柯至朱处	程梓庭孙录用
访问何铣把持	包提审
万处有陋规单	徐晋裕赴万处

廿日

早饭后清理文件，见客二次，衙门期也。围棋一局。旋又见客，坐见者二次，立见者二次。誊奏事目录毕。巳末，黄南坡来久谈，围棋一局。中饭后，阅《通考·国用二》，阅本日文件。剃头一次。阅《国用二》毕。至幕府鬯谈。夜核批札各稿，倦甚。二更后温《孟子·梁惠王下》，未毕，三点睡。

廿一日

早饭后清理文件，见客，立见者二次，围棋一局。旋见客，坐见者三次，立见者三次。午刻，核科批颇多。中饭后阅《国用三》，阅本日文件，见客二次。夜，因《通考·漕运》中有误字不可通者，翻《唐书·食货志》细校一过。核批札各稿，倦甚。朗诵苏诗数首，早睡。是日积雪未融，而申刻大雨，夜深未止。巳刻，至朱久香学使处久谈。

廿二日

早饭后清理文件。旋见客，立见者二次，坐见者二次。围棋一局，写郭云仙信一封。午刻核科房批稿，又写筠仙密信二页。中饭后阅《通考·国用三》毕，阅本日文件。核改信稿，未毕。忠鹤皋来久坐。夜核信稿、批札稿。二更后，阅阮文达所纂《诗书古训》。四点睡。近日于应办之事，往往因循迁延，不克即日了毕，乃知"佚"字之病最难克去耳。

廿三日

早饭后见客二次，衙门期也。旋围棋二局，写沅甫信一封。万方伯、忠都转、何廉访先后来坐，谈颇久，又见客一次。午刻，黄南坡来，围棋一局。中饭后阅《国用考四》未毕，阅本日文件，核批札各稿。傍夕至幕府一谈。夜改信稿、批稿。

廿四日

早饭后，至学使衙门、甄别书院，借考棚扃试。试题"百世之下"四句，诗题《名誉不如心自肯》。与久香学使坐谈良久。旋出城拜客，巳正归。围棋一局，写澄弟信一封。午刻，黄南坡来久坐。中饭后，倦甚，又与眉生久谈，阅本日文件。困疲若不克治事者。至内室散步，又在书房小睡。夜，办年终密考单、江西各员注考，未毕。二更四点睡。是日，专人送钱湘吟钱、黎福保及刘宅、李宅赙仪等礼。

廿五日

早饭后见客二次，衙门期也。清理文件，围棋一局。陈虎臣来久坐。午刻，核科房批稿颇多。中饭后，再办密考单，阅本日文件，密考单粗毕。至幕府一谈。夜又将密单细核一过，改折稿一件、片一件，二更三点毕。温《孟子》"齐人伐燕，取之"，至"养气"章止。是日治事稍多，疲乏殊甚。

廿六日

早饭后清理文件。旋见客，坐见者一次，立见者五次。将密单等请友至内誊写，写朱久香学使信一片、沅弟信一封，围棋一局。午刻核科房稿甚多。中饭，请忠鹤皋、丁仲文、张仙舫等便饭。饭后，阅本日文件。核幕友批稿信稿。与眉生邕谈。夜改折稿一件、片稿二件，倦甚。二更三点，温《孟子》"仁则荣"章，至《滕文公》止。

附 记

萧、王、冯信

廿七日

早饭后清理文件。见客,立见者四次。围棋一局。改折片一件,改信稿数件。午刻核科房批稿,黄南坡来久坐,又围棋一局。中饭后阅本日文件,写对联、挽幛、挂屏六幅,约三百余字。核幕府批稿。傍夕与幕友一谈。夜再核批稿,二更后温《滕文公》上、下篇。是日,发报二折、三片、一清单。

附记

王志行,免房费　　阙平相陈件
江振采,接王缺　　刘松岩信

廿八日

早饭后见客,坐见者二次,立见者三次。旋围棋一局。巳刻,陈心泉、黎纯斋来,坐颇久。午刻核科房批稿。是日,折差施占琦进京,关年终密考折,谢福字恩折,又沅、雪、鲍、万各谢恩折,详对一过,并京信数件。中饭后,朱久香学使来,将代看书院各卷交还,即命书办填写名次,与之久谈。阅本日文件,写对联二付、挂屏四幅。傍夕至内室一谈。纪泽儿本日小恙,未出。邓守之来久坐。夜核批札各稿,二更三点,温《离娄》上、下二篇,五点睡,倦甚。是日接奉廷寄一件。

廿九日

早饭后清理文件。旋见客,坐见者四次,何小宋、忠鹤皋坐甚久。围棋一局。午刻见客,坐见者一次,立见者一次。核批稿。说话太多,倦甚。中饭后阅《通考·赈恤》毕,又阅《蠲贷》一卷,阅本日文件。傍夕至内银钱所一坐,又至邵宅一坐。夜核批札稿颇多。二更二点,温《万章》上、下。四点入内室睡。是日午刻,李眉生来久谈,因与之言"三乐"、"三薄"之目。申刻写对联五付、挂屏二幅。四更二点,闻纪泽之病加重,夫妇起视,见其汗出如雨,壮热不止,因请欧阳小岑诊视,用参、术、苓、草、姜、附,五更服兰贴,汗微止。次日大愈。

附记

原单阙牧开　　存红拜匣内

李方炳滁洲李家集人，恶练

李春芳滁洲界牌集人

李显安李世忠之养子，行四，运漕人

胡宝贤李显安之书识，六安人

胡宝春宝贤之弟，代李世忠管田庄，曾在乌衣抢民米

宋学文杜宜魁之部下，副将，现在全椒，抗不撤勇交城，又勒令田主书卖契

刘义高杜部副将，与宋同恶

杨永清全椒人，师帅，副将。刑具。抢牛

郑宏谟来安水口集人，藉营抗官

又记

成、蒋、萧、毛单　　江西丁漕三案抄本

扁鹊罪状单　　　　次青屈抑信

二 月

初一日

早饭后，文武贺朔者，一概谢绝不见。清理文件，围棋二局。出门吊王孝凤，渠新闻讣，丁外艰也。旋出城送黄南坡之行。午正归，见纪泽病已痊愈。中饭后，阅《通考·舆地一》毕，阅《舆地二》数页，写对联、挽幛八件，阅本日文件。傍夕倦甚，小睡。夜核批札各稿，二更后温《告子》上、下，四点睡。是日接沅弟信，知金陵城业已合围，只空出后湖一段，且喜且惧，喜沅弟苦心经营，将有蒇事之日，惧穷寇冒死冲突，如黄河将合龙时之走埽也，不胜战栗之至。

初二日

早饭后清理文件。旋见客，立见者五次，坐见者二次。围棋一局。写沅弟信一件、沈幼丹信一件，未毕。黄南坡来久谈，又与围棋一局，万簏轩来一坐。中饭后将沈信写毕。见客，立见者二次，坐见者二次。阅本日文件。酉刻阅《通考·舆地二》，未毕。傍夕至幕府一谈。夜核批札稿。二更倦甚，小睡。温《孟子·尽心》上、下篇毕。是日接奉廷寄一件。

初三日

早饭后见客三次，忠鹤皋谈甚久，又立见者二次。清理文件，围棋一局，陈虎臣来久谈。旋又见客一次，久谈，倦甚。阅窦兰泉《埠铢寸录》，中饭后再阅之。写对联八付，阅本日文件。核江宁七属暨仪征并附场七州县盐务，至夜二更核毕，又核各批札信稿。三更后，温《古文·诏令类》"经"六首，"汉诏"

八首。

附 记

汉局二支应转运　　武穴一靳
西坝一陈　　　　　西省局一

初四日

早饭后清理文件,旋围棋一局。见客,坐见者一次,立见者二次。写澄弟信一件,核科房批稿。午刻将以《方舆纪要》与《通考》校对,将《纪要》题识册面。中饭后,阅《通考·舆地二》,未毕。阅本日文件,写对联、横披,阅窦兰泉《埗铢寸录》。傍夕至幕府一谈。夜核批札各稿,旋温《古文·诏令类》西汉各篇,毕。

初五日

早饭后清理文件,旋见客二次,衙门期也。围棋一局,写对联十三付,见客一次。午刻核科房批稿。倦甚,小睡半时许。中饭后,马谷山方伯新到,久谈。万簴轩亦来久谈。阅本日文件。酉刻,阅江苏减漕说贴办法。傍夕与李眉生一谈。夜核批札各稿。二更后,温东汉各诏。五点睡,不甚成寐。

初六日

早饭后清理文件。旋围棋一局。写对联九付,至眉生处一谈。午刻核科房批稿。小睡半时许。午饭后阅《通考·舆地二》"山西",写沅弟信一封,见客一次,阅本日文件。申正再阅《通考》,傍夕未毕,又小睡片刻。更初核批札各稿。二更二点后温"诏令类"三首,四点睡。

初七日

早饭后清理文件,旋见客,坐见者三次,立见者三次。围棋一局,写对联十三付。天气奇寒,至内室一坐。午刻,核科房批稿,小睡半时许。请万簴轩、马谷山等中饭,申初散。阅本日文件,阅《通考·舆地二》毕。傍夕至李眉生处一叙。夜核批札各稿,未毕。二更二点温陈琳《讨曹氏檄》。

附 记

邹旭岚

周玉鸿镇远人，捐县丞，随马方伯

毕健阳湖人

南北两台卡员单启　　北台委员眉

厘盛呈盐务单批

杨泰可靠之员眉　　宁藩粮台事宜舫

——均存红匣

初八日

早饭后见客，坐见者三次，立见者三次。清理文件，围棋一局。巳刻，朱久香前辈来，约坐一时许。午初出门拜万、马二方伯，均会。归，见客二次。中饭后阅本日文件。申正阅《舆地考》"兖州"、"青州"。傍夕至幕府一谈。夜核批札各稿，二更一点未毕。二点后，温《讨吴蜀檄》三首，四点睡。是日天气黯惨，严寒异常。不知金陵等处别有变端否？

初九日

早饭后见客，立见者两次，清理文件，围棋一局，万篪轩来久坐。旋至内室一坐。写对联十二付。午刻核科批稿，至纪泽处，与论苏诗，李眉生来久谈。中饭后阅《通考·舆地》"徐州"，又阅"扬州"，未毕。阅本日文件，核批札各稿。傍夕小睡。夜又核批札稿。二更后，温"诏令类"数首。是日天气阴雨凝寒。余所作之事甚多，此心为之少快。盖见客无多，则自觉日之舒长也。

初十日

早饭后见客二次，衙门期也。清理文件。旋又见客，立见者二次。围棋一局。写季君梅信二页、李少荃信一件，写对联八付，核科房批稿。午刻小睡。中饭后阅《舆地》"扬州"数页。王朝纶来久谈。旋阅本日文件颇多。酉刻，阅"扬州"毕，阅"荆州"数页。傍夕，至缦云学堂一坐。夜核批札各稿，二更后温"诏令类"陆宣公数首，二更四点睡。是日风雨凝寒，气象愁惨，雨声竟夜不息，有似咸丰十年二月间景象。朱久香学使以《洪范》"恒寒"、"恒风"相警，余于巳刻为书答之。寸心惴惴，不知金陵有它变否？

十一日

早饭后清理文件，旋见客，坐见者一次，立见者二次。围棋一局，写沅弟信三页、季高信四页，至眉生处一叙。午刻核科房批稿。旋阅朱子数首，小睡片刻。中饭后，万方伯来一坐。又立见之客一次。阅《舆地考》"荆州"，阅本日文件。酉刻核批札稿。傍夕至幕府一谈。灯下改折稿一件，二更后温"诏令类"韩文数首。

十二日

早饭后清理文件，围棋一局，见客一次。作折片一件，又改折片一件。中饭后见客一次，添幼丹信二页，阅《舆地考》"豫州"，阅本日文件，阅《朱子文集》数首。傍夕至小岑处一坐。夜核批札稿，二更后温"诏令类"欧、曾制诰，是类温华。

十三日

早饭后见客三次，又立见者一次。清理文件，围棋一局，马雨农学使来久坐，魏涟西来久坐。午刻写大"寿"字及祭幛各三件，又扁二件。中饭后倦甚，至眉生处一叙。阅《舆地考》"梁州"，阅本日文件。傍夕剃头。灯后，核批札各稿，二更后温《诗经》《关雎》，至《采蘋》止。是日天气新晴，仍有凝寒未解。接奉批谕，是正月廿七所发之折批回者。

十四日

早饭后见客，立见者三次。清理文件。围棋一局。写澄弟信一封，写对联九付，又下款廿余付。午刻见客，立见者三次、坐见者一次。至眉生处一谈。小睡片刻。阅王船山《说文广义》。中饭后阅《舆地考》"梁州"，未毕，阅本日文件甚多。傍夕至内室一坐。夜核批札稿，二更后温《诗经·召南》毕。三点后，颇能成寐。

十五日

早起，接见文武各员贺望者，至辰正见毕。清理文件。围棋一局。写沅弟信一封。出门拜朱久香学使。归，与李眉生一谈。午刻小睡。闻乔中丞到，出城迎接，未正归。中饭后，乔中丞来久坐。又见客，坐见者二次。阅本日文件，阅《舆地考》"梁州"毕，"雍州"阅十页，眼蒙殊甚。傍夕小睡。夜核批札稿颇多，二更后温《诗·邶风》，至"击鼓其镗"止，三点睡。

十六日

早饭后清理文件，旋见客，坐见者二次，立见者三次。围棋一局。出门拜乔中丞。巳刻，刘开生等来呈所画长江图式，旋与之围棋一局。午刻至眉生处一谈。见客，立见者一次，坐见者二次。乔中丞来久谈。中饭后写对联九付，阅本日文件。嘴唇作疼，疲倦殊甚。傍夕小睡。夜核批札各稿，二更后困乏不能作一事，三点睡。是日，有歙人汪宗沂者，王子怀之婿，呈所作《礼乐一贯录》，虽学识尚浅，而颇有心得。

十七日

早饭后清理文件，旋见客，坐见者二次，立见者三次。围棋一局，写毛寄云信一件。旋又见客，立见者一次，坐见者三次。写沅弟信一件。午正小睡。请乔中丞便饭，未正散。阅本日文件。酉刻写对联十付。傍夕至幕府一谈。夜核批札各稿。日内因嘴唇作疼，心火颇旺，故二日不看书，本日翻阅《书记洞诠》。二更后，含冰片于口内，三点睡，疼稍愈矣。

十八日

早饭后见客，坐见者两次，立见者一次。清理文件。围棋一局。拜发万寿贺表。旋又见客，坐见者二次，立见者一次。写挂屏未成幅。莫子偲来一谈，旋又见客二次。张江陵相国之十世孙来，言其先宅至本朝已为荆州驻防，太岳之坟墓则至今无恙。中饭后见客，坐见者一次。阅《舆地考》"雍州"，未毕。阅本日文件。乔中丞来久谈。傍夕至晓岑处之谈。夜核批札各稿，二更后温《史记》数首，三点睡。

附　记

察忠复奏　　马到任一奏
安庆分盐厘单

十九日

早饭后清理文件。旋围棋一局，见客，坐见者三次，立见者二次，午刻，李世忠派总兵陈自明等一见。朱久香前辈来，久谈。中饭后见客，坐见者二次，立见者一次。阅《舆地考》"雍州"，未毕，阅本日文件。申刻见客，坐见者一次，立见者二次。核批札稿未毕。傍夕至幕府一谈。夜将批稿核毕，温《诗》《凯风》至《二子乘舟》止。二更四点睡。是日午刻及灯后，均小睡片时。

廿日

早饭后清理文件，见客二次，衙门期也。旋立见者二次，围棋一局。弓嵩保筱乡来久坐，戊戌同年，久官江西，贫困不能自存，解军火来此，与之围棋二局。魏涟西来，谈剧久。午刻与李眉生久叙。中饭后，阅《舆地考》"雍州"，阅本日文件。酉刻，乔中丞来久坐，又见客，立见者一坐，坐见者一次。傍夕与纪泽讲养生之道。申刻写何小宋挂屏四幅，约二百余字。小睡片刻。夜核批札各稿，温《诗》《鄘风》至《卫》之《氓》止。二更四点睡。天气新晴，春日舒长。是日见客最多且久，而公私事仍不废。

廿一日

早饭后清理文件。乔中丞来略坐，杨德亨来一叙，又立见之客二次。出门至乔中丞处道喜，渠于本日接印也。归后见客一次，围棋一局。李芋仙送大宣纸索书，长丈二尺，宽五尺，为之书《伯夷颂》，仅写四行，少为歇息。纸薄而涩，不宜书，笔小又新败，不称意也。午刻至李眉仙处一叙。午正，请朱久香前辈便饭，孙琴西、叶云岩等作陪，未正散。阅本日文件，再书《伯夷颂》三行，阅《舆地考》"雍州"毕，阅"南越"数页。傍夕小睡。夜核批札稿，温《诗》，《竹竿》起，至《郑·大叔于田》止。

廿二日

早饭后见客三次，皆坐谈片刻。清理文件，围棋一局。旋又见客，坐见者二次。写《伯夷颂》三行半，毕。至眉生处一谈。午刻，乔中丞来一叙。旋小睡片刻。中饭后阅《舆地考》"南越"，阅本日文件。接信，知常州于十二日克复，欢慰无已。金逸亭来鬯谈。写对联七付。傍夕小睡片刻。夜核批札各稿，阅同县张吉愚兴浚后为各体诗八卷，亦吾乡近日之杰士也。二更后温《诗》，《清人》至《还》止，四点睡。

廿三日

早饭后见客，坐见者一次，立见者二次。清理文件。围棋一局。马果山、孙琴西先后来一谈。写对联七付、扁一件，改复李世忠信稿，写沅弟信一件。又见客一次。午刻核科批稿。小睡片刻。中饭后，金逸亭来久坐。阅《舆地考》毕，阅本日文件甚多。乔中丞来辞行，余亦往送，未晤。至幕府一谈。小睡片刻。夜核批札各稿，温《诗》，《著》至《硕鼠》止，倦甚。二更三点睡。天气渐长，入夜则疲乏难振，亦老态也。

廿四日

早饭后清理文件，围棋一局。旋出城送乔中丞，渠至临淮接防也。自城外归，至刘伯山、郭慕徐处一谈。回寓写澄弟信一件。午刻小睡大半时。中饭后，李芋仙来一谈，阅《通考·刑一》一卷，阅本日文件，至眉生处一谈。酉正改复刘松岩信稿，未毕。核批札各稿。夜又核批札稿，温《诗·唐风》，至《蒹葭》止，倦甚。二更三点睡。日来内人病颇深，盖咳嗽太久之故。

附记

察忠一片	李世忠一片	万牧如一片
裁兵一折	水师命案一折	孙尚绂一片
李铨一片	严定国改名一片	江长贵一折
近日军情一片		

廿五日

早饭后见客三次，衙门期也。第四次见冯鲁川，因与之围棋一局。客退，清理文件。旋又与鲁秋航围棋一局。旋又见客，坐见者二次，立见者二次。已觉困倦，不能治事，因小睡。阅王船山《尚书引义》。中饭后阅《通考·刑二》，阅本日文件，未毕。出北门城外接唐义渠中丞，酉初回城。阅《刑二》一卷未毕，将本日文件阅毕，至幕府一谈。小睡片刻。夜饭后，唐义渠来久谈，二更后去。核批札各稿。四点睡。

附 记

里下河买米二万

廿六日

早饭后见客二次。弓小芗来，与之围棋二局。清理文件。旋出门拜唐义渠。归，至眉生处㘈谈。午刻见客，坐见者一次，立见者三次，倦甚，中饭后小睡片刻。唐义渠来久坐。旋阅本日文件甚多，改折稿二件、片稿六件，至二更后毕，核批札各稿未毕。四点睡。

廿七日

早饭后清理文件。旋见客，坐见者二次，立见者一次。围棋一局。写沈幼丹信一件，计七页，改近日军情片稿一件。午刻小睡片刻。何小宋来一谈，又立见之客二次。请弓小芗、冯鲁川等便中饭。观弓、冯对奕二局。阅本日文件，至眉生处一谈，阅《通考》《刑二》、《刑三》。发报三折、五片、一清单。核批札各稿，未毕，至夜二更始核毕。温《诗》"终南何有"，至《衡门》止，四点睡。

廿八日

早饭后清理文件。旋见客，坐见者三次，立见者二次。围棋一局。旋又见客，坐见者五次。刘伯山与孙蕖田坐谈甚久。刘携其所藏《西岳华山庙碑》，在世所传三名本之外。三名本者，一、长垣本，宋漫堂、成亲王等所递藏，后归刘燕庭者也；一、四明本，全谢山及范氏天一阁所递藏，后归阮文达者也；一、华阴本，王史、朱筼河山等所递藏，后归梁茝林者也。刘氏本，则其父文淇孟瞻于扬州市肆得之，久不见称于世，亦可宝也。孙蕖田学士以言事获咎，正月休致，自京归来，说话稍多。中饭后，又见客一次。阅《通考·刑三》，竟不能入，掩卷一如未读者然。至眉生处久谈，阅本日文件。小睡二刻许。写挂屏四幅、对联三付，核批札各稿。夜又改刘松岩信稿及各批札稿，核各案供词。温《诗·东门之池》，至《下泉》止。近日，思百种弊病皆从懒生，懒则弛缓，弛缓则治人不严，而趣功不敏，一处迟则百处懈矣。

廿九日

早饭后清理文件。旋见客，坐见者三次，立见者二次。围棋一局。出门至钱子密处，因其父本日出殡也。旋至孙蒉田处一谈。归，江军门来一叙，又立见之客一次。午刻，魏涟西、沈霭亭来久谈，留吃中饭。饭后，窦兰泉来久谈，约二时许。大雨如注，客亦难行，而十余年旧好，言亦难尽也。阅本日文件，核批札各稿。夜改信稿数件，韩叔起信改甚多。二更三点后，温《诗豳风》，四点睡。是日，汪梅村寄刻《皇朝中外一统舆图》，凡三十二册。首册序跋、凡例，中卷为京师，北廿卷至俄罗斯北海止，南十卷至越南止。大致以康熙、乾隆两朝内府图及近人李兆洛图为蓝本，而增小地名颇多，亦巨制也。

三 月

初一日

早间，凡文武贺朔者皆谢不见。饭后清理文件，旋围棋一局，写沅弟信一封。江军门、孙琴西各来辞行，一见。将汪梅村所送舆图一过。至眉生处一坐。写对联三付。兰泉来，痛谈近两时许。中饭后，再写对联六付，阅本日文件，阅《通考·刑三》，仍以神气昏倦，不能入理。金逸亭来久谈。至幕府一谈。傍夕小睡。夜核批札各稿，温《古文·辞赋类下》。日内风雨不止，不知金陵大营近状如何？余以近日见客稍多，公私俱不免懈弛，深以为愧悚。

附记

写鲍信　　参杨营官　　保州县

伪王名单_{红匣}

初二日

早饭后清理文件。围棋一局。见客，立见者二次，坐见者一次。出门拜窦兰泉，久谈。又拜涂阆仙。归，至眉生处一叙。旋写对联八付，核科房批札稿颇多。午正请唐义渠便饭。饭后，钱子密来一谈，阅本日文件，阅《通考·刑三》，是日始能细看入理。傍夕剃头一次。小睡片时。夜核批札各稿，二更后阅"辞赋类下"，四点睡。是日夜阅窦兰泉近作《辨论》十余首，多阅历之言，而文义未能入古。

初三日

早饭后清理文件。见客，坐见者二次，立见者二次。围棋一局。旋又见怒三叔、方存之，少坐一刻。天气阴雨作寒，不似三月气象，颇用为忧。旋又见客，坐见者二次，立见者一次。写对联八付。午刻核科房批稿，阅窦兰泉《辨论》一本。中饭后批改纪泽所作《拟解嘲》一首，阅本日文件。改纪泽所作《江忠烈公墓表》，至傍夕毕。夜核改批札各稿。闻沈幻丹奏请将江西厘金全归本省，殊以为虑。二更三点后温《郊祀歌》，五点睡。

初四日

早饭后清理文件。围棋一局。旋见客，坐见者二次，写澄弟信一封、沅弟信一封、鲍者霆信一封，至李眉生处一坐，写对联五付。午刻，窦兰泉来久谈，言及闽人祝桐君善于音律，兰泉因在坐写一信，约祝君来安庆小住。午正，朱久香前辈、孙蕖田来此，是日请三君宴集也，未末散去。阅本日文件。酉刻，核批札各稿。傍夕至幕府一叙。夜阅《埒铢寸录》，倦甚，小睡。二更后温"辞赋类下"，扬子云《百官箴》乃后人赝作，然后叹姚惜抱之精鉴耳。是日接信，知嘉兴果于十八日克复矣。

初五日

早饭后清理文件，旋见客二次，衙门期也。围棋一局。旋又见客，立见者二次，坐见者一次。巳正，陈虎臣来久坐。漳州镇李成谋来见，将令其到任。午刻核批札、科房稿颇多，写对联六付。中饭后至眉生处一谈。窦兰泉来署小住，与之久谈。阅本日文件甚多。酉刻毕。核改批札信稿。傍夕小睡。夜与兰泉一叙，核各稿毕，温"辞赋类下"。二更四点睡。

初六日

早饭后清理文件，旋见客，坐见者二次，围棋一局。改纪泽文二首、诗数首。马雨农来久坐。写对联五付。午刻核科房批札各稿。中饭后与兰泉久谈，至眉生处一谈。阅本日文件，欣悉杭州、余杭于二月廿四日克复。金逸亭来一谈，阅《通考·刑三》毕，核批札各稿。惫困殊甚，傍夕小睡。夜核批札信稿颇多。二更，温"词赋类下"。四点睡，不能成寐。一则因江西截留厘务一折，心中郁恼；一则因天气稍热，新服丸药或不相宜。是夜接李竹屋信，赠一端砚，颇旧而发墨，兰泉以为可值廿金也。

初七日

早饭后清理文件，旋围棋一局。见客，立见者一次，坐见者四次。写陈季牧信一封、沅弟信一封。午刻核科房批稿，旋写对联七付。中饭后见客，坐见者二次，立见者一次。阅本日文件。至眉生处一谈。申正核批札各稿。旋至幕府与兰泉及子密等鬯谈。酉初小睡片刻。夜核批札稿毕，温"词赋类下"《高祖功名颂》等篇，二更四点睡。渴睡殊甚，而内人终夕咳嗽，病势不轻，良以为虑。是日辰刻，观鸿儿及王甥、罗婿所作时文，无甚进境。夜观泽儿所为古诗《拟东坡》八首，进工甚猛，有一日千里之概，亦可喜也。

初八日

早饭后清理文件，旋见客，周军门一次，冯鲁川一次，因与之围棋二局。马谷山等来谈石昌猷一案。旋又见客，立见者三次，坐见者三次，王少庚来谈甚久。午刻核科房批稿，写对联六付。倦甚，小睡。未初至马方伯处小宴，申刻归。阅本日文件，旋亲审杨复成一案，见发审各委员二次。疲乏不能治事，傍夕小睡。夜核批札各稿。二更后温"辞赋类下"。

附 记

内所二案　　书局章程　　淮北章程　　杨饷一案

初九日

早饭后清理文件，与窦兰泉围棋一局。旋见客，坐见者三次，立见者二次。用油纸习字一张，核折、片稿三件，写对联三付。午刻核科房批稿，至眉生处一谈，唐义渠来一谈。中饭后改折稿一件，阅本日文件。昨日亲讯之杨复成，于二年九月在六安迎河集领饷七百两，各营皆发每勇一两，杨营仅发每勇四钱，又每人短平三分、四分不等。闻其秤下粘小铅块，左右轻重不匀。又九月之饷，粮台业已发足，杨复成亏欠全未发动，除去哨弁借支之七百八十余两，又除去杨复成九月应支薪水银二百两，又除去杨十、冬、腊、正四个月可支之薪水银八百两，又除去垫发二月廿八、九、三十日口粮银三百两，又除去借支恤亡、养伤银百余两，实尚亏欠银六百余两。侵吞军饷，罪无可逭。因请大令立正军法，派臬司与中军监视行刑。近日各路兵勇辛苦，营官克扣致富，不得不惩一儆百也。亲批定案。又与臬台、中军一见。不怿者良久。旋核批札各稿。傍夕至眉生处与谈地理大指。夜与兰泉一谈。温"辞赋类下"嵇康、潘尼诸作。二更四点睡，不甚成寐。

初十日

早饭后见客二次，旋清理文件。方存之来久坐。与鲁秋杭围棋一局。又见客二次。存之送古文四本，因翻阅十余篇。午刻，朱久香前辈来一谈。核科房批稿，写对联七付，习字一张。至眉生处一谈。中饭后至兰泉处一谈。阅本日文件甚多。文案房职员欧阳侗等讦告内银钱所，因亲写一长批痛责而斥革之。傍夕接沅弟信，知句容于初七日克复，为之一喜。又闻沅弟近日颇有病容，为之一忧。傍夕小睡。夜作江西牙厘请仍归本营折稿，约七百字，尚不过三分之一。三更睡，四点成寐，五更二点醒。日来因金陵未复，沅弟焦灼，饷项大亏，江西截留厘金，及杨复成侵饷见杀等事，寸心郁闷，常不自得。甚矣，任事之难也！

十一日

早饭后清理文件。旋见客，立见者一次，坐见者二次。围棋一局。再作折稿，至日暮作毕，约二千余字。午刻见客一次。未刻至朱学使处送行。申刻阅本日文件。傍夕与李眉生鬯谈。夜核批札各稿。二更后，改片稿一件。三更睡，五更醒。

附 记

专人坐轮船送万札　　　邰事托蒋
刘札　　　　　　　　　江路图写精楷
九江洋税一年期满：
收七十四万二千四百四两
英法扣赔款廿三万一千七百九十五两
杂项支销十五万五千五百两，稍欠
共三十八万七千零
协解浙江八万
解皖台方万
接济江防一万

江、席两军廿万零五千两

共三十五万五千

十二日

早饭后清理文件，围棋一局。将昨日折稿再一删改。见客二次，刘开生等坐甚久。旋又见客二次，至眉生处一谈。午刻核科房批稿，写对联五付。小睡片刻。中饭后，周子瑜来久坐，阅本日文件，写沅弟信一件，莫子偲来久谈，发报三折、五片、一清单、四抄件。傍夕小睡。夜核批札各稿，二更后温"辞赋类下"二首。睡时因本日争厘金疏内，有参沈幼丹之语，不知果合乎天理人心之公否？悒悒若不自得。

附　记

王鹤生件存红匣

杨恒枢号独生

十三日

早饭后清理文件，见客一次，又立见者一次。围棋一局。批鲍春霆禀一件，核批札稿颇多。午刻核科房批稿，至幕府一谈，写对联六付，至眉生处一谈。中饭后阅本日文件。刘松岩方伯寄来江苏漕米科则表，凡四张，前三张各七十则，第四张五十一则，共二百六十一则。其中亩科至四斗以上者一则，三斗以上者一则，二斗以上者二则，一斗以上者七十则，八升以上者三十二则，八升以下六升以上者三十四则，五升以上者廿九则，五升以下者八十二则，不及一升者十则，条理尚属精密。写沅弟信一件。日内，如初九日杀杨营官、初十日革欧阳侗等，十一日之作争江西厘金折，皆恼怒忿疾，机心触发，事过二日，方寸尚不自得。酉刻，与眉生及纪泽儿邕谈。夜核批札稿，温"辞赋类下"，二更四点睡。内人竟夕咳嗽，病势殊重，闻之亦难安枕。灯下，添李竹屋信二页、竺虔信一页。

十四日

早饭后清理文件，旋围棋一局，见客三次，又立见者一次，写澄弟信一封，核批札稿数件。倦甚，小睡。午刻写对联四付。折弁施占琦自京归来，接阅京报，见正月廿三日邸钞，本年京察，国藩得邀优叙，考语褒嘉甚厚。同得奖叙，内则议政王及军机大臣五人，外则官、骆、左、李四人。因部文未到，不能具折谢恩。旋看京报数十本。中饭，请许述卿世兄、王少庚等小宴，申初散。阅本日文件。接郭云仙信，甚长。酉初出门拜客，周子瑜、唐义渠处一叙，归，至眉生处一谈。核批札稿。夜再阅京报，写沅弟信一件，温"辞赋类下"，二更三点睡。近日，省察自己短处，每日间息玩时多，治事时少；看书作字治私事时多，察人看稿治公事时少。职分所在，虽日读古书，其旷官废弛，与废于酒色游戏者一也。庄生所谓臧穀所业不同，其于亡羊均也。本无知人察吏之才，而又度外置之，对京察褒嘉之语，殊有愧矣！

附记

宁藩司所属官单
李世忠与施照元信稿
鄂台解蒋、毛等军六成单
江西辛、壬、癸三年入饷解皖单
同治二年江西厘税全单又一简单
张学醇自呈略节
——均存红匣

十五日

早饭后，各文武贺望，见客十余次，已初毕。清理文件，围棋一局，核改批札稿，倦甚。阅梅伯言文数篇。午刻核科房批稿，写对联六付。至眉生处一谈。中饭后阅江西石昌猷一案卷宗，分别号件，稍记略节。旋阅本日文件甚多，毕，又阅石案各卷。傍夕至幕府一谈。夜又阅石卷，至二更眼蒙，不能多阅。二更后，温"辞赋类下"，是夕温毕。倦甚，三点睡。石昌猷一案卷宗甚多，吾是日所阅不及十分之一，此外，如此案之繁重者，正复不少，不能一一细看。事烦而目钝，深虞陨越耳。

十六日

早饭后清理文件，围棋一局，核批札各稿。接奉寄谕：再问能否亲赴金陵？拟即日复奏亲赴金陵及东坝等处查阅，因料理未出营以前应行清厘之事。巳正至眉生处一叙。午初写对联八付。小睡片刻，中饭后见客三次，唐义渠谈甚多。旋阅本日文件甚多。申刻阅石昌猷一案卷宗。傍夕至眉生处，与谈出外时应用之人。夜将批稿核毕，阅石昌猷一案卷宗，至二更五点睡。欲努力多看几件，至三、四更乃息，而眼蒙殊甚，不能开视，自愧精力孱薄，不能副此巨任。

十七日

早饭后清理文件，围棋一局。旋见客，立见者二次，巳刻，坐见者一次。写沅弟信一件，语多不平之气。巳刻核批札各稿。午刻又核科批稿，写对联八付。小睡半刻许。中饭后至眉生处鬯谈。旋接信，毛竹丹于十三日在徽州失利，十四日贼围郡城。又闻贼将大举来攻东坝，忧灼之至。写左季高信一件，阅本日文件。本拟即日赴下游巡视，今徽州大警，上游无所秉承，不能东行矣。连日诸事郁抑，杂以客气悒悒，若不自得，即逆知当有它变。今闻徽州之警，方寸纷乱，弥觉行坐不安，因再围棋一局，以散烦郁。又檄鲍军派劲旅回守东坝。核批札稿颇多。黄吟台在此管理钱谷案件将及二年，为各处所深恶，本日批撤差事。傍夕，庞省三际云来鬯谈，昔年京师在余宅教读者也。夜，饱者霆派人解送二伪王来省，一伪列王方成宗，一伪翰王项大英。作书与沅弟、春霆各一件，欲其兼顾东坝。二更后，阅梅伯言文数首。四点睡，竟夕不能成寐，忧徽州、东坝二处也。

十八日

早饭后清理文件，旋见客二次，又立见者一次。围棋一局。巳刻见客二次，马方伯坐颇久。午刻写信一件与沅弟。接祁门信，徽州于十五日获一胜仗，而贼已由龙湾南犯江西婺源矣。接澄弟排单信，知蕙妹病极重，叶亭外甥定于明日驰归省视。念兵事之方殷，感骨肉之多故，方寸郁郁，弥不自克。庞省三、黎纯斋先后来久坐。中饭后阅本日文件，至眉生处鬯谈，阅石昌猷一案卷宗。傍夕小睡。夜再阅石案卷宗，至二更四点睡。倦甚，尚能成寐。是日将昨解到之二伪王正法。

十九日

早饭后清理文件，旋见客，立见者二次，坐见者二次。围棋一局。黄南坡来久坐，杨仲乾、曹西垣先后来坐。午刻，正子怀侍郎来久坐时许，唐义渠来一坐。见客太多，倦甚。中饭后至眉生处一谈，写郭意臣信一封，见客二次。阅本日文件，知徽州之贼全窜江西，虽徽州幸而苟安，而诒患于江西者大矣，忧愧之至。又接信，言及杀游击赵春和事，亦以当时面谕蒋之纯时，未及细思为歉，寸心弥不自得。核批札各稿。傍夕至幕府一谈。夜阅江西石昌猷一案卷宗。二更后倦甚，不能多阅。因阅梁茞林《退庵随笔》。四点睡。是日王叶亭外甥回家，派李鼎荣送之。

廿日

早饭后见客一次。旋清理文件，围棋一局。旋又见客二次，刘开生等谈颇久。核批札各稿。午刻，庞省三来久谈。倦甚，阅《退庵随笔》，小睡。中饭后至眉生处一叙。旋将铨字营、老营点名一次。巳刻出城拜王子怀、黄南坡二君，久谈，午刻归。申刻阅文牍。徽州唐、毛两军于十七日大败，忧灼之至。旋阅本日文件毕，再围棋一局。见客一次，写沅弟信一件、春霆信一件。傍夕至眉生处一谈。夜核批札各稿，阅《退庵随笔》，二更四点睡。内人咳嗽，病甚重，颇为可虑。

附 记

朱守谟联　　李道三联、扎、信　　贺联
恽信　　　　保冯、丁、陈、汪、方、杨

廿一日

早饭后清理文件，旋见即用知县王鸿飞，王静庵有信来荐之，韩城王文端之本家，颇安详明练也。又见客，坐见者一次，立见者二次。围棋一局。吴彤云来久谈。旋又见客，坐见者二次。午刻，黄南坡来久谈。中饭后，周军门来一见。旋阅本日文件。接奉廷寄二件。因户部奏江西厘务半归本省，心中郁闷殊甚。核批札稿件。剃头一次。夜阅《退庵随笔》，二更三点睡。心中因饷事十分懊恼，而又念兵事之无休无了，已身之力小任重，抑抑不自得，久不成寐。内人咳嗽，亦竟夕不得安也。

廿二日

早饭后清理文件，见客，坐见者一次，立见者二次。围棋一局。旋写少荃信一封、刘松岩信一封、沅甫信一封。巳正小睡。午刻，黄南坡来畅谈，与之围棋一局。请周子瑜、唐义渠、庞省三等便饭。饭后阅本日文件。徽州、上溪口、屯溪等处一片贼氛，忧灼之至。狂风甚雨，竟日不止。核批札各稿。阅《退庵随笔》，稍以解闷。酉刻，与纪泽儿一谈出处进退之道。傍夕小睡片刻。夜改折稿片稿四件，二更后倦甚，再睡片刻，三点睡。日内郁郁不自得，愁肠九回者，一则以饷项太绌，恐金陵兵哗，功败垂成，徽州贼多，恐三城全失，贻患江西；一则以用事太久，恐中外疑我擅权专利。江西争厘之事不胜，则饷缺兵溃，固属可虑；胜，则专利之名尤著，亦为可惧。反复筹思，惟告病引退，少息二三年，庶几害取其轻之义。若能从此事机日顺，四海销兵不用，吾引退而长终山林，不复出而与闻政事，则公私之幸也。

廿三日

早起，至学宫拜牌，是日皇上九岁万寿也。早间，阴曀未开，至巳刻始微见开朗，午后太阳照地，酉刻晴霁矣。早饭后见客一次，又立见者一次。清理文件，围棋一局。因早饭后呕吐，不愿治事，阅《广名将传》以自娱。午刻见客一次，小睡半时许。中饭后，周子瑜来久坐，至眉生处久坐。阅本日文件，核批札各稿、信稿甚多，阅《名将传》傍夕小睡。夜仍阅《名将传》，二更后阅《古文·书牍类》，将王羲之数信与《书记洞诠》一对。是日，接徽州、祁门信，廿日尚无恙，而贼已由龙湾下窜婺源、江西矣。

附 记

写信与树堂，并咨

三月初六日，成、梁、欧阳由樊城对河十余里之龙坑河进，周凤山由樊城东北六十里之刘家集进，大败捻匪，头队已窜豫省内，邓之交尾队尚在老河口之上薛家集。

廿四日

早饭后清理文件，旋见客三次，围棋一局。写澄弟信一封、沅弟信一封。午刻小睡。核批札各稿。中饭后至眉生处久谈，张锦瑞来久坐，阅本日文件。酉刻，瘳养泉来久坐，核片稿二件。傍夕至幕府凸谈。夜又改片稿二件。近日军情片，改三百余字。二更四点睡，尚能成寐。阅纪鸿儿近日课文，颇有长进。

附 记

仪片知县郑启明劣迹孟竹亭继康　应参

资钦亮柏丞教官，品高

程学伊春浦蓝翎同知

崔淦，樊城拔贡，六十

廿五日

早饭后因身体患病，谢不见客。旋改告病折一件，又改近日军情片，是日凡改三次。围棋一局。幕友来见者数次。巳刻，庞省三来久谈。午刻核科房批稿，写对联六付。中饭后，唐中丞来话别，渠于本日回籍省墓也。谈约一时有半。阅本日文件甚多，核批札各稿。酉刻出城送唐中丞之行，傍夕归。发报三折、五片。夜阅《古文·书牍类》，二更三点睡，倦甚。日内因户部奏折似有意与此间为难，寸心抑郁不自得。用事太久，恐人疑我兵权太重、利权太大。意欲解去兵权，引退数年，以息疑谤，故本日具折请病，以明不敢久握重柄之义。

廿六日

早饭后清理文件。因身体患病，不多见客。旋见客，立见者二次。围棋一局。周军门来一见。写沅弟信一件。巳刻至眉生处畀谈。旋写郭云仙信一件。午刻核批札各稿。刘开生等来，谈地理甚久。小睡片刻。中饭后将云仙信写毕，阅本日文件，核改京信各稿，至纪泽处一谈，核批札各稿。酉刻至张笛帆处一坐。张名锦瑞，雨农比部之子，辛亥孝廉，新入幕写折件者也。傍夕小睡。夜再改京信二件，约三百字。二更四点睡。

廿七日

早饭后清理文件，旋见客二次，勒少仲来久坐，围棋一局。至眉生处一谈，甚久。巳正接奉廷寄，于十二日争厘金一疏未蒙允许。辞旨似右抚而左督，仍命督抚各分江西厘金之半。又念金陵大功将蒇，恐军心涣散，经总理衙门于上海奏拨银五十万，专解金陵大营，其中廿九万虽不甚可靠，其廿一万则立刻可起解，足济燃眉之急。因念枢廷苦心调停，令人感激；而劳逸轻重之间，又未尝不叹公道之不明也。午刻核淮北票盐章程，核至酉刻乃毕。阅本日文件，核批札各稿，未毕。傍夕，兰泉自金陵归，久谈。夜因闻沅弟病未愈，写信一件与之。旋将批札稿核毕。二更后，思温古文，倦甚，不复能用功矣。因沅弟与纪泽儿均有病，甚为忧灼，夜睡不甚成寐，百感交集。自古高位重权，盖无日不在忧患之中，其成败祸福则天也。

廿八日

早饭后清理文件，旋见客，立见者三次，坐见者二次。外甥王昆人自金陵来，与之久谈，因命之速归省母。巳初接信，则其母已于三月十四日未刻仙逝，因不遽告甥，而催令登舟速归，俾其途中姑得少宽，且免在此成服，耽阁数日也。吾兄弟姊妹九人，今仅存三人矣，伤感特甚，不能治事，因阅《老学庵笔记》以自遣。围棋一局。写沅弟信一件。中饭后，阅本日文件。围棋一局。核批札各稿。再阅《老学庵笔记》。傍夕得信，知新仁、依仁营有抢劫山内粮台之事，忧灼之至。兵事不振，变症百出，曷胜愧憾！傍夕在竹床小睡。夜阅《老学庵笔记》。又接廷寄，将昨日总理衙门所拨银五十万重言以申明之。二更四点睡，不甚成寐。盖骨肉死丧之感，闹饷内变之事，金陵未竟之功，江西流贼之多，百端交集，竟不知事变之胡底也。

廿九日

早饭后清理文件，旋见客二次，围棋一局。俯仰身世，感喟多端，不能治事。仍看《老学庵笔记》。至陈小浦处一谈，兰泉、子密处各谈片刻，巳正至眉生处一谈。午刻核科房批稿，写扁字数十个，小睡片刻。中饭后，阅本日文件，阅石昌猷案内各卷宗。核批札各稿，傍夕未毕。小睡片刻。夜将批札稿核毕。二更后，温《古文·书牍》。朗诵《报燕惠王书》《报燕将书》《报任安书》诸篇。四点睡。明日立夏，而本日寒冷异常，余着灰鼠马褂尚觉其凉。因忆十年金陵军败之时，闰三月下雪，天亦极冷，恐下游军事或有它变。又恐多雨伤稼，麦收不登，忧灼无已。

卅日

早饭后清理文件，冯鲁川来一谈。旋围棋一局。天气随森作寒，有似深秋。本日立夏，大雨竟日不止，殊用焦灼，不能治事，绕屋徘徊，若将有祸变之及者。旋至眉生处鬯谈。巳刻，陈虎臣来鬯谈。午刻核科房批稿，写对联六付、扁二幅，罗少村来一谈。小睡片刻。中饭后阅本日文件，核批札稿，写沅弟信一件。因沅弟、泽儿有病，为之不怿。傍夕小睡。写左季高信一封，颇长。二更四点睡。

四 月

初一日

早饭后清理文件,旋见客一次,围棋一局。以诸事拂郁,此心悒悒,不愿治事,至眉生处之谈。莫子偲来一坐。写沅弟信一件。午刻核科房批稿,写对联数付,写挂屏三幅。中饭后,又写三幅,毕。见客,陈祖襄一次。阅本日文件,写冯树堂信一件。至幕中与庞省三久谈。眉生亦在坐。核批扎各稿,未毕。傍夕小睡片刻。夜又核批札稿信稿。阅倪豹岑与眉生信,言余待霆营甚薄,银米极少,又吝于保举,人心离怨。忧灼之至。因办一咨,写一信与春霆。纪泽儿于昨日始病,今日颇剧,请医四次诊治,人各异说,小岑开方服附片、姜桂,兰泉大不以为然。因请涂阆仙一诊,以为春瘟之类,开方服之。三更睡。

附 记

访查六安局　　侯朝栋案已送供
潘锡荣案　　　查温宅寿礼百金

初二日

早饭后清理文件。见客,立见者一次,坐见者二次。程颖芝来,与之围棋三局。寸心郁郁而应治之事都不能治,绕屋徬徨。陈虎臣来久谈。涂朗仙来看纪泽病,已痊愈矣。周军门来,言六安局弊窦甚多。午刻写对联六付,核科房批稿,写楷书屏二幅,约二百字。中饭后又写一幅半,将《伯夷颂》写毕,李眉生所送旧宣纸屏也。阅本日文件。旋至幕中庞省三处一谈。阅核批札信稿。傍夕又至幕中一叙。小睡片刻。灯后欲温古文而精力疲乏,因阅何廉昉所集苏诗对联。小睡片时。三点入内室睡。

附 记

书吏薪水小单存红匣　　黎与何信存小匣
内拟书局章程存红匣

初三日

早饭后清理文件，旋见客，坐见者三次，立见者二次。与程颖芝围棋三局。写李少荃信一封。午刻核科房批稿，写挂屏对联数件。请窦兰泉为纪泽看病，略谈片刻。中饭后见客三次，均坐谈片刻，陈虎臣谈较久，阅本日文件，至眉生处一谈。核批稿札稿，写沅弟信一件。傍夕，小睡片刻。夜将书局章程核毕。又核批札稿。二更三点睡，不甚成寐。

初四日

早饭后清理文件，旋见客二次，王子敷谈甚久。围棋一局。写澄弟信一件，寄银百五十两为蕙妹赙仪。写对联六付。午刻，核批札各件。小睡片刻。中饭后写刘松岩信一件，再围棋一局，阅本日文件，至李眉生处一次，阅石昌猷案卷宗。傍夕核批札稿，与兰泉同看纪泽之病。夜阅《古文·书牍类》，渴睡殊甚，几至不能句读。甚矣，老态昏惫，自此有退而无进矣。天气阴寒，不似立夏后景象，深以金陵大营为臣。

初五日

早饭后清理文件，旋见客一次，李世忠遣唐玉田来，愿捐钱三十万串助我军饷，又定于四月十二日将滁、全各城一一退清。围棋一局。写对联六付，写沅弟信一件。午刻核批札各件。至李眉生处畅谈。中饭后阅本日文件，阅石昌猷一案各卷宗。傍夕小睡片刻。夜再阅石案卷宗，二更后温《古文·书牍类》四首，核批札各件，四点睡。是日始吃鲥鱼，渔户所送也。天气阴寒，深以金陵军事为虑。

初六日

早饭后清理文件。旋见客，坐见者三次，立见者两次。围棋一局，写挂屏四幅、对联四付。巳正至眉生处一谈。午刻核科房批稿，阅石昌猷案卷宗。中饭后，欧阳龟龄来一见。又见客，坐见者三次，立见者一次。阅本日文件，内有蒋方伯廿五日一禀,湖州并未克复。前廿五日接左季高十一日一咨,言湖州于初九日克复,不知何以岐误。酉刻阅石案卷宗。兰泉带其戚傅少君来此一谈。傍夕,欧阳小岑来谈刻书之事。旋小睡片刻。申刻,余恐金陵大营销有疏失,又作书与沅弟,言湖州未克各情事。夜核批札稿,二更后温"书牍类"五首。四点睡。

初七日

早饭后清理文件。旋见客,坐见者二次,立见者一次。围棋一局。巳刻又见客一次。阅阮文达《石渠随笔》。又立见之客三次。巳刻写对联九付。午刻核科批稿,与眉生鬯谈。中饭后见客一次。接家信,知缉熙侄女之婿黄鼎甫于三月十七日申刻去世,悲愕无已。一则痛侄女之早寡,二则念温甫弟三河殉节之后,家中气象衰落。弟妇忧患余生,恐因哭婿而益悲愤成疾也。阅本日文件,写沅弟信一件,核批札各稿,阅石案卷宗。傍夕至幕府一谈。夜核改信稿。因念家中多故,纪泽儿病未全愈,心中焦虑之至。而天气阴雨作寒,恐伤麦收,又不知兵事之变态何如,弥觉忧惶不能自宁。因集古人成语作一联以自箴,曰:"强勉行道,庄敬日强。"上句箴余近有郁抑不平之怀,不能强勉以安命;下句箴余近有懒散不振之气,不能庄敬以自奋。借强字相同,不得因发音变读而易用耳。

初八日

早饭后清理文件。见客,坐见者三次,旋程颖芝来,围棋三局。巳刻又见客,坐见者三次。写对联八付。午刻核科房批稿,阅阮文达《石渠随笔》。小睡片刻。中饭后至李眉生处一谈,阅本日文件,阅石昌猷卷宗。接奉批折谕旨,系三月廿五日所发者。傍夕小睡片刻。夜与兰泉久谈,温《古文·书牍类》。是日天气阴寒,气象愁黪,竟日雨未停,夜间则大雨如注,深虑军事或有它变,不胜忧灼。

初九日

早饭后见客,坐见者一次。接见未毕,彭雪琴来久谈。大雨如注,似深秋凝寒之象。旋陪雪琴拜幕府诸公。巳初,雪琴出外拜客。清理文件。围棋一局。见客,立见者四次。折弁邱明泰等自京归。阅京信京报等件。午刻,雪琴自外归,久谈。奉新帅子文前辈方蔚寄到《咫闻斋诗存》,翻阅数十首。中饭,请兰泉饯行便酌,座有雪琴暨杨仲乾、方存之、涂阆轩、洪琴轩等,申初散。雪琴出城,明日即赴九江、湖口等处办理防剿事宜矣。阅本日文件,核批札各稿。阴雨愁闷，再围棋一局。写沅弟信一封。至眉生处一谈。傍夕小睡片刻。夜写信一页与雪琴。核批札稿、信稿。二更三点后，温《古文·书牍类》三首。日内受寒腹泻，体中不甚爽快。

初十日

早饭后清理文件，旋见客二次，围棋一局。窦兰泉来久坐，张佑之来叙谈。与王子云共阅石昌猷案卷宗。中饭后至眉生处一坐，阅本日文件，核批札各稿，核科房批稿，庞省三、张笛帆先后来一坐。傍夕至幕府一谈。夜改李世忠遣勇回籍折稿，至二更五点未毕，即睡。是日天气仍阴寒，虽日出数次，而申酉间细雨淅沥，增人愁思。接沅弟信，谓东南军务当无它变，寸心为之稍纾。

十一日

早饭后见客四次，又立见者一次。清理文件。围棋一局。巳正写对联六付，内作一联赠窦兰泉，云："就今之事，求古之道，早作夜思，邦家必达；既质诸友，又笔诸书，交箴互诱，人己俱成。"午初题跋钱南园先生法书手卷，共五札，皆与兰泉之祖者。京宦清苦，皆借银度日，信也。中饭后改李世忠折毕，阅本日文件甚多。旋改克复金坛一折，又改徽州战状折，未毕，至灯后始改毕。酉刻与眉生一谈。傍夕小睡。夜改片稿三件。二更五点睡，幸尚成寐。是日天始放晴，气象清明，又闻上海已解银十五万至沅弟大营，心绪为之稍纾。

附记

洪□□王荫棠保

十二日

早饭后清理文件，围棋一局。作沥陈饷绌情形一片，至未刻始毕，约七百字。巳刻写对联五付。中饭后至眉生处一谈。未正阅本日文件。申刻改片稿一件，约二百字。勒少仲来一谈。与眉生、子密商本日折片，榷议良久。傍夕小睡。夜核批稿甚多，二更四点未毕。小睡一息。三更发报四折、五片。是日天气清明，心怀稍豁，惟二日所作折片过多，殊形劳乏。

十三日

早饭后清理文件。旋见客三次，李芋仙坐颇久。围棋一局。出外至窦兰泉处送行，又至欧阳小岑书局一坐，午初归。见客一次。核科房批稿。倦甚，小睡。中饭后至李眉生处一谈。阅本日文件，知常州于初六日克复，丹阳于初七、八日克复，自是江苏仅余金陵一城未克，贼势更孤，为之欣慰。而沅弟信中有云，肝病已深，痼疾已成，逢人辄怒，遇事辄忧等语，又为之焦灼。写沅弟信一件，约六百字。核批札稿。剃头一次。傍夕小睡。夜再核批札稿信稿，二更后温《古文·书牍类》。四点睡。去冬在后院栽竹，本日数之，活者七十六丛，未活者十余丛。每丛多者十余竿，少者二、三竿，盖合去年六月所种数丛而计之也。

十四日

早饭后清理文件。旋见客三次，王荫棠坐稍久。王号茝南，盱眙人，乙卯举人，江西候补道，过此，已见三面矣。围棋一局。写澄弟信一件，将朱光孚诰封二轴带云。巳刻，窦兰泉来一坐，写对联六付。午刻阅《东坡题跋》，小睡片刻。中饭后，因上房水侵墙脚，势将倒坍，查阅修整，因拟作内厨房一间，与工匠审量一番。阅本日文件。疲乏殊甚，懒于治事，乃与程颖之再围棋二局。旋核批札稿。傍夕至幕府一谈。夜核批稿信稿。二更三点后，阅古文三首。四点睡。

十五日

早起，文武贺望者皆谢不见，清理文件。旋见客，坐见者一次，立见者一次。与程颖芝围棋三局。写毛寄云信四页、王静庵信三页。又见客，立见者二次，坐见者一次。阅《东坡题跋》。午刻核科房批稿，写对联六付，小睡片刻。中饭后至眉生处畅谈，阅本日文件。见客一次，兵部主事、军机章京吴国杰，号超伯，休宁人，己酉举人，房师为李雨亭，将进京供职，自湖北来，经过安庆也。又陈茂松如自江西归，少叙片刻。旋出门，至柯小泉家看其父竹泉翁之病，盖内伤已逾年余，日内渐危笃矣。归阅《山谷题跋》。傍夕与眉生一叙。夜核改信稿四件，温《古文·书牍类》六首。二更四点睡。

十六日

早饭后清理文件。旋与程颖芝围棋二局。阅《东坡题跋》，写沅弟信三页，将彭杏南诰命三轴寄去。写李少荃信五页。莫子偲来少坐，赠严可均铁桥《说文校义》一部。核科房批稿。中饭后，小睡三刻。周军门来辞行，少坐。阅本日文件甚多。旋至眉生处一坐，写对联五付，至后院散步。郭世兄阶来一叙，观其体气极弱，心为忧悸。核批札各稿。傍夕至幕府一谈。小睡片刻。夜核批稿信稿，温《古文·书牍类》，毕。

十七日

早饭后清理文件。旋见客，坐见者二次，立见者三次。旋围棋一局。写恽中丞信三页，阅《东坡题跋》。午刻核批札各稿，写对联六付。小睡片刻。中饭后至眉生处久谈。至内室一坐。与程颖芝围棋二局。阅本日文件，改复刘松岩信，言江苏漕务，未毕。小睡二刻。灯后，再改刘信，毕，约改七百字。二更后改批札各稿，四点睡。是日上半天大雨，至申正放晴。闻少荃已派人来守东坝、句容，鲍军可以上援江西，为之一慰。

十八日

早饭后清理文件。旋见客四次，藩、臬及饶家琦皆久坐。写沅弟信一封。巳刻，周子佩来，约谈一时许，昔年在京交契，近日新授镇江知府也。午刻核科房批稿。王子槐来久坐。小睡片刻。中饭后至李眉生处久谈，阅本日文件甚多。旋写对联六付、屏一幅。欧阳晓岑来一叙。核批札稿信稿。至内室。余与儿女辈日内均望家信之至，盖恐七十侄女新寡忧伤，或有它变也。傍夕小睡片刻。夜核批札稿，二更后阅《古文·哀祭类》，四点睡。是夜闻上海十五万金已至金陵，为之一喜。接李少荃信，辞旨逼悔，为之一戚。

十九日

早饭后清理文件。旋见客，陈心泉录其父家书数通，请余作序，皆立品安命之言。周子佩久坐。围棋一局。吕耀斗来，庚戌翰林也。李幼泉昭庆来久坐，王寿祺来一坐。习字一纸。午刻核科房批稿，写对联六付。小睡片刻。中饭后，至眉生处一坐。庞省三在纪泽房内，与之一谈。阅本日文件，阅《通考·刑五》。间断已久，赓续读之，志意已不相属。酉正阅廿页毕，核批札各稿。傍夕至幕府一谈。夜又核各信稿批稿，未毕。疲乏殊甚。阅《古文·哀祭类》。

廿日

早饭后清理文件，习字一百，写郭意城信一件、沅弟信一件，共千余字。与程疑芝围棋二局。巳刻，写扁三、对二。午刻核批札各稿，小睡片刻。中饭后阅《通考·刑五》毕，计廿页，阅本日文件，至李眉生处一叙。会客一次，核批札稿。傍夕欧阳小岑来一叙。小睡片刻。夜将地图与官、严信一对，审量湖北贼势。改官、彭信稿二件。二更二点,接沅弟十七日信,知其心病已深,为之惶然,因写一密信复之,二更五点发。三更睡。

附 记

十四日南渡之捷
阵斩：潘忠义、李石、黄宗保、刘志贤、胡春发、胡高裕等十四名
生擒：林义、桂玉保、赖进洸等
据供：林彩新烈王在南渡毙

廿一日

早饭后清理文件。旋见客,立见者三次,习字一纸。派曾恒德至金陵看沅弟,在内银钱所拨银二万解沅弟处充饷。写沅弟信数缄,厚庵信一缄,皆一页耳。与程颖芝围棋二局。巳正写对联六付。午初核科房批稿。小睡片刻。阅《通考·刑六》。中饭后至眉生处一谈。工匠盖小厨房一间,看视良久。阅本日文件甚多。李昭庆来久坐,庞省三来一谈。阅《刑六》,共廿页。傍夕与眉生一叙。小睡片刻。夜核批札稿甚多,至二更四点未毕。眼蒙,不能久治事,即睡矣。日内天晴渐热,割麦时不逢阴雨,丰年之象也。前以八德自勉,曰：勤、俭、刚、明、孝、信、谦、浑。近日,于"勤"字不能实践,于"谦、浑"二字尤觉相违,悚愧无已。"勤、俭、刚、明"四字皆求诸己之事；"孝、信、谦、浑"四字皆施诸人之事。孝以施于上,信以施于同列,谦以施天下,浑则无往不宜。大约与人忿争,不可自求万全处；白人是非,不可过于武断,此浑字之最切于实用者耳。

廿二日

早饭后清理文件,习字一纸,见客一次。出门拜王子槐、吕庭芝、周子佩三家,巳正归。偶阅齐次风《帝王年表》。午初核科房批稿。小睡片刻。中饭后见客一次,俞晟景初,往年在余处当委员,现在为湖北知府也。阅本日文件。申刻阅《刑六》,毕。酉正核批忆稿。戌刻闻柯华辅竹泉于酉刻仙逝,筱泉之父也。傍夕小睡片刻。灯后,写零字甚多。温《古文·叙记类》《金縢》,深有取于戴存庄《书传补商》之说。二更三点洗澡一次。天气甚热,衣上汗渐不干矣。

廿三日

早饭后清理文件。陈庆溥来久坐,陈芝楣中丞之子、汤海秋之婿也。旋围棋

一局。阅《帝王年表》一时许。习字一纸。午刻核批稿，写对联七付。小睡片刻。中饭后至眉生处一叙。旋至柯小泉家吊唁。发，阅本日文件，未毕。彭雪琴自湖口来，一日到此，久谈约二时许，酉正去。阅本日文件毕。上海又解银九万，将至金陵，专解鲍军，因办咨札，改解金陵沅弟军。傍夕小睡。夜核批札稿，温《书经·微子》篇，又温《盘庚》篇，未毕。是日上半天甚热，申刻大雨，夜间甚凉。

廿四日

早饭后清理文件。旋见客，陈庆溥心泉谈甚久，两司来谈亦久，周子佩来久坐。围棋一局。旋习字一纸。写澄弟信一封、沅弟信一封。核改科房批稿。中饭后，沈鹭卿编修锡庆来久谈。旋阅本日文件甚多，中有萧盛远所呈《粤匪纪略》，大致略备。萧自广西从军，直至十年三月金陵师溃，始终在也。旋阅《通考·刑七》毕。傍夕至幕府鬯谈。夜核批札稿，二更后温《顾命》《康王之诰》。倦甚，三点睡。

廿五日

早饭后清理文件。旋见客，唐鹤九等一次，又立见者三次。围棋一局，习字一纸，再阅萧盛远《粤匪纪略》。旋又见客，立见者二次，坐见者一次。写对联五付、挂屏一付，核科房批稿。午刻小睡片时。中饭后阅《通考·刑八》廿页。阅本日文件。接奉廷寄，即十二日之批旨也。共寄谕明谕六道。酉正，核批札各稿。戌刻，观所修内厨房，工已竣矣。夜温《古文·叙记类》中《左传》四首，若有所得。

廿六日

早饭后清理文件。旋见客二次，陈心泉谈甚久，又立见之客一次。围棋一局。林昌彝芎溪寄《三礼通释目录》三本、《衣讔山房诗集》四本。林，己亥举人，所著《三礼》，曾于咸丰三年进呈。因细阅一、二卷。写对联五付、挂屏四页，习字一纸。核科房批稿。小睡片刻。中饭后，体中小有不适，小睡片刻。阅本日文件甚多，改东坝胜仗折一件，又改徽州胜仗折，未毕。傍夕小睡。灯后，改折毕，写零字甚多，核批札各稿。二更后，温《城濮之战》篇。

廿七日

早饭后清理文件。旋见客二次，围棋一局，习字一纸。又立见之客二次，周子佩来久坐。改片稿二件，写对联三付、挂屏四张。小睡片刻。中饭后，至眉生处一谈。阅本日文件甚多，阅《通考》《刑八》、《刑九》，共十五页，核批稿甚多，未毕。傍夕在南院散步。见客，坐见者一次，立见者一次。夜核批札信稿，写零字甚多。二更三点睡，疲乏殊甚。

廿八日

早饭后清理文件。旋见客，坐见者三次，立见者二次。围棋一局习字一纸。巳刻见客，坐见者二次，刘开生为舆地事谈之良久。核科房批稿，写对联二付、挂屏四页。小睡片刻。午正二刻，请客便饭，在坐为沈鹭卿、吕庭芝、陈心泉、周子佩，申初散。阅本日文件，至李眉生处一谈，核批札稿。傍夕至幕府一谈。夜写零字甚多，核刘松岩减漕详稿。二更后，温《古文·叙记类》《殽之战》。

廿九日

早饭后清理文件。见客，坐见者二次，立见者二次。旋习字一纸。程颖芝来。围棋三局。王少庚来久坐。旋出门，至沈鹭卿家一谈。归，核科房批稿，写挂屏二幅、对联四付。小睡片刻。中饭后阅《通考·刑九》，旋阅本日文件。倦甚，至内室一睡。庞省三来久谈。核批札稿，未毕。傍夕小睡。夜又核批札信稿，二更后温《左传》"邲之战"。四点后，倦极，如有疾病者，然卧后犹不自持。

附 记

江守地丁一百三万九千有奇
苏州地丁二百十五万有奇
安徽地丁一百六十五万有奇

五 月

初一日

早饭后清理文件。各文武贺朔者，皆谢不见。程颖芝来，围棋三局。旋见客，坐见者三次。巳刻倦甚，小睡。习字一纸。午刻核科房批稿，写对联五付、挂屏一幅。至内室小坐。中饭后见客一次，又坐见者二次，阅本日文件，写挂屏一张。日内倦困，若不克自持者。又因连四日未接沅弟信，恐其有病，悬系之至。旋写沅弟信一件，阅王虚舟《竹云题跋》。剃头一次。至纪泽书房，与之言学问渊源，及汉学、宋学、程朱陆王学派之所由分合得失。核批札各稿。傍夕小睡。夜核批札稿三四件，再温"邲之战"。二更三点，早睡。是日治事极少，可愧之至。

初二日

早饭后清理文件。马方伯来一坐。习字一纸。旋又见客，立见者者二次，坐见者二次，吕庭芝坐甚久。巳正，黎纯斋来一坐。午刻核科房批稿，写批屏一幅、对联六付。小睡片刻。中饭后至眉生处一谈。阅本日文件极多，改复孙琴西信稿，核批札稿。傍夕至幕府一谈。夜改信稿数件。二更三点睡，倦极，不能自持。甚矣，其衰矣！

附 记

吕庭芝所举：
袁保恒、尹耕云
李慈铭号莼客，诸生，山阴人

翁同和字叔平
端木埰字子畴，举人，江宁人
李文田字若农
赵树吉字元卿
祁世长字子禾
李鸿藻字兰叔

初三日

早饭后清理文件。旋见客，坐见者三次，立见者二次。习字一纸。阅《公羊传》，因邵阳魏彦将汪刻《公羊》新作校勘记，故阅之也。巳刻，小睡一时许。午刻核批札稿，写对联五付、挂屏一幅。中饭后至李眉生处一坐，阅本日文件甚多。湖北舒副都统保于四月廿一日在德安阵亡，鄂省军事颇为可虑。酉刻再阅《公羊》，围棋一局。傍夕小睡片刻。夜又阅《公羊》，自"隐公"至"文公"皆已阅毕。写零字甚多。因悟作字之道，二者并进，有着力而取险劲之势，有不着力而得自然之味。着力如昌黎之文，不着力如渊明之诗；着力则右军所称如锥画沙也，不着力则右军所称如印印泥也。二者阙一不可，亦犹文家所谓阳刚之美、阴柔之美矣。近日治事极少，于"勤"字相反，深以为歉。

初四日

早饭后清理文件。旋见客一次。勒少仲谈甚久。围棋一局，习字一纸，写澄弟家信，写左季高信一件。杨德亨来久坐。巳正二刻少睡。旋阅《公羊》"宣公"。午初核科批稿，写对联五付、挂屏一页。中饭后，再阅《公羊》，阅本日文件。见客，坐见者一次。将《公羊》阅毕，阅石昌猷一案卷宗。傍夕小睡。夜核批札稿甚多。三更睡。是日治事颇多。

初五日

早饭后，各文武贺节，概谢不见。家中眷属叩贺。清理文件。见客，郭世兄小坐，程颖芝来，围棋一局，又观程与鲁秋杭一局。习字一纸，写沅弟信一件，改信稿数件。内有皮小舲信，因托代人请封等件，甚为烦碎。巳正小睡。午刻核科批稿颇久。中饭后阅本日文件，知江西宜黄、崇仁失守，贼逼樟树，省城吃紧，忧灼之至。旋核批札稿信稿颇多。与儿子论山谷诗境。傍夕小睡。夜再核札稿信稿。二更四点睡。日内因各路信息不佳，又本日闻朱震四外甥病重非常及各处死丧之信，中怀愀然不豫。

初六日

早饭后清理文件。旋写沅弟信一件。与程疑芝围棋一局，又观程与鲁秋杭一局。习字一纸。见客，坐见者三次，立见者二次。写李少荃信一件。巳刻小睡。午刻，核科房批稿，写对联二付。易良虎来久坐，唐鹤九来一坐。请幕府七位便饭。派折弁罗荣照进京料理一切。阅本日文件。酉刻阅石昌猷一案卷宗。傍夕与眉生一谈。夜再阅石案之卷。二更后，核批札各稿。四点睡，疲倦殊甚。

初七日

早饭后清理文件，习字一纸。旋见客，坐见者二次，立见者三次。改信稿数件。小睡一时许。日来精神疲倦，腰骨酸疼。或谓是夜间酣睡之时太少，故本日专以多睡为策勋之端。巳正改恽中丞信。午初核科批稿，写对联八付。中饭后加恽信四小页，阅本日文件。申刻，折弁自京归，即三月廿八日遣去者。四十天归来，在近日为极速矣。核批札各稿。小睡片刻。傍夕至幕府鬯谈。夜看邸报京信等，写零字颇多。二更后，不复治事，三点睡。

初八日

早饭后清理文件，习字一纸。见客，立见者二次，坐见者三次，吕庭芝坐甚久。旋与鲁秋杭围棋一局。小睡半时许。巳正写郭筠仙信一件。午初核科房批稿甚多，写对联四付。中饭后热甚，若不克支持者。庞省三来久谈，阅本日文件甚多。拟作柯竹泉挽联，久而不就，酉刻始成。写祭幛一悬、挽联一付，未毕，因墨涸也。傍夕与纪泽谈四信诗之法。灯后，将挽联写毕。核批札信稿，二更二点粗毕。三点睡。本日始热。

附　记

省三所举：

汪承元号慕杜，扬州人

汪基号小舫，河南人，壬子进士，户部

王楷号雁峰，长沙人，壬子，刑部

任重光 光州知州，江苏人

姜簾 归德知府

徐宝治 号少岩，金华知府

传寿彤 贵州人，癸丑进士，南阳知府

初九日

早饭后清理文件，习字一纸。见客，坐见者一次，立见者二次。写雪琴信二页。围棋一局。巳刻小睡。因内室晏起者多，愠怒者久之。午刻，莫子偲来久坐。旋写对联四付、挂屏一幅半。中饭后，阅石案数页，阅本日文件，核改批札信稿。傍夕小睡片刻。灯后，杨军门来，与之久谈。旋写零字甚多。闻杨军门言沅弟面色黑瘦，本日接沅弟信，言初五日肝气腹疼，头面手足生湿毒，夜不安神，为之悬系无已。二更三点睡。

初十日

早饭后见客二次，衙门期也。旋清理文件。围棋一局。出外拜杨厚庵，未晤。又拜王子槐。至柯小泉家，其父于本日开吊也。归，杨军门与吕庭芝先后来坐。写沅弟信一封。午刻核科房批稿极多，写对联二付、挂屏半幅。小睡片刻。中饭后，见宋永年等，问霆营近况。小睡片刻。阅本日文件无多，又写挂屏一幅，核批札各稿。因沅弟有病及江西军事吃紧，忧灼之至，不能治事。至幕府一谈，旋又与眉生一谈。灯后，焦争若无聊者。与鲁秋杭围棋一局。写零字甚多。二更三点睡。

十一日

早饭后见客，立见者二次，黄军门翼升新自苏沪立功归来，与之久坐。旋又见客一次，清理文件，围棋一局，习字一纸。旋又见客，坐见者二次，杨厚庵来久坐。巳正小睡半时许。午刻核科房批稿，写对联四付、挂屏一幅。又立见之客三次。接沅弟信，字迹光润而有静气，知其病体渐愈，为之一慰。中饭后，至眉生处一坐。旋阅桂未谷《说文义证》。久闻此书，不得一见，本日，刘伯山自扬州取来借观也。阅本日文件，核批札稿。勒少仲来久坐。酉刻，杨军门来一坐，渠辞行回营。傍夕小睡。灯后，鲍军门来久坐。夜核改片稿三件、批札信中多件。二更四点睡。

十二日

早饭后清理文件。旋见客,坐见者二次。围棋一局。接奉廷寄,知厚庵以提督而简授陕甘总督,特恩旷典,近世所罕见也。作二函,派人于江中追之。旋写沅弟信一件,改春霆请假葬亲折稿一件。午刻核科房批稿,写对联四付。中饭,请鲍、黄二军门便饭,申初散。阅本日文件。至眉生处一谈。厚庵自中途折回,来此一谈。旋核批札各稿。傍夕,发报二折、四片。小睡片刻。夜改信稿数件。二更后倦极,不能治事,小睡片刻。三点入内室。是日酉刻习字一纸。近来作书,略有长进,但少萧然物外之致,不能得古人风韵耳。

十三日

早饭后清理文件。旋见客,坐见者二次。与鲁秋杭围棋一局,孙蕙田来久谈。倦甚,不愿治事,又与程颖芝围棋二局,并观程与鲁对奕一局。见客,立见者二次。小睡。午初核科房批稿,习字一纸,写对联四付、挂屏三幅。中饭后,至幕府一谈。阅本日文件甚多。小睡片刻。核批札各稿,代杨厚庵改谢恩折稿。灯后,写高谷山信一件,约五百字,写厚庵信一片。二更后,温《古文·叙记类》。四点睡。

附记

刘星炳　　魏承鑫　　王香倬

十四日

早饭后清理文件。旋见客,坐见者一次,立见者三次。习字一纸,写澄侯弟信一封。小睡片刻。出门至杨厚庵船上道喜。归家,见陈虎臣,邕谈。午刻,厚庵来辞行,一谈。核批札稿,写对联四付。中饭后写挂屏二幅,阅本日文件甚多。接奉廷寄,令少荃来金陵会剿,余因咨请少荃速来。写信与沅弟,商明一切。核批札信件。傍夕小睡。夜写零字甚多,改信稿三件。二更后,温《古文简本》。四点睡。是日酉刻围棋一局。

十五日

早间,各文武贺望者多,至辰刻见毕。清理文件。旋与程颖芝围棋二局,又观程与鲁秋杭一局。习字一纸。巳刻，鲍春霆来久坐，萧杞山来久坐。萧清泉，辛酉拔贡，考取七品小京官者也。将进京供职，由此经过。小睡片刻。写李少荃信一封。午刻核科房批稿，写对联四付、挂屏一幅。中饭后至眉生处一坐。阅本日文件甚多，阅石清吉一案卷宗。傍夕至幕府一谈。夜再阅石案卷。二更后，温《古文简编》。未正写沅弟信一封，将少泉之信与咨由沅处转递。

十六日

早饭后清理文件。旋写沅弟信一封。与程颖芝围棋二局，又观程与鲁秋杭一局。小睡片刻。习字一纸，见客一次，阅石案卷宗。午初核批札稿，写对联三付、挂屏一幅。小睡片刻。中饭后，鲍春霆来久坐。阅本日文件，核批札各稿，阅石案卷宗。傍夕至眉生处一谈。灯后写零字甚多，温《古文简本》。二更三点睡，疲乏殊甚。

十七日

早饭后清理文件，写沅弟信一封，习字一纸。见客一次。司道来见，一叙，令将石案细看一遍，自辰正阅起，至申刻止。余亦常至外厅与之一叙。又见客，李壬叔等久谈，陈心泉来一谈。小睡片刻。午刻核科房批稿，写对联三付、挂屏一幅。中饭后与司道一叙，阅本日文件，核批札各稿，阅石案卷宗，庞省三来一谈。剃头一次。傍夕与眉生一谈。夜再核批札信稿甚多，二更二点毕。三点睡。是日接沅弟信，亦拟请李少荃前来会剿，兄弟意见相合。闻熊礼元之子与妇在江中为游勇所杀，杀数人，抢去银物而凿沉其船以灭迹。游勇之凶悍如此，可畏也。

十八日

早饭后清理文件。围棋一局。纪泽赴金陵看沅弟之病，嘱示一切。见客，坐见者三次。巳刻。司道来此共阅石令一案卷宗。写沅弟信一件。小睡片刻。陈虎臣来久谈。午刻核科房批稿，写对联三付、挂屏一幅。小睡刻许。中饭后阅石令一案卷宗，阅本日文件。酉刻再阅石案至暝。与周缦云久谈。夜核批札信稿，二更三点睡，倦极，尚未完毕也。

十九日

早饭后清理文件，黄翼升来久坐，高蕙生等来一坐。旋习字一纸。司道诸君来核石案卷宗，与之鬯谈。巳刻，王吉等来一坐，刘开生等来，一论画图事件。巳正，英国兵官戈登来一会，同来者有好博逊，又有一通事，名陈瀛，坐谈良久，面递一说帖，言攻金陵须调苏州之开花炮等语。午刻核批稿，写对联二付、挂屏一幅。中饭后又与司道一谈，阅本日文件，写沅弟信一件。旋再写挂屏二幅。小睡片刻。核批稿信稿。傍夕与李眉生一叙。是日，天气已热，汗出颇多。夜，多写零字，温古文数首。二更四点睡。

廿日

早饭后清理文件。见客，坐见者二次，立见者一次。程希辕来，围棋二局，又观程与鲁秋航一局。习字一纸。巳刻见客二次，虎臣坐稍久。小睡片刻。午刻核科房批稿，写对联四付、挂屏一幅。与司道鬯论石令一案始末。中饭后热甚，不能治事。旋阅本日文件。萧杞山来久谈。酉刻，将石案中周道各禀疏记是非。傍夕至幕府一谈。夜核批札信稿。倦甚，二更后极乏困。盖余素性畏热，本年尤衰迈不耐事，万不能肩此巨任矣。三点后睡。是日，大女儿病颇重。

廿一日

早饭后清理文件，习字一纸。见客，坐见者二次，立见者一次，王子槐坐颇久。司道来阅石案一卷，与之鬯谈。旋自阅卷宗，将周观察汝筠之功过手自摘录。天气酷热，不能治事，小睡片刻。午刻核科房批稿，写对联四付。中饭后又与司道鬯谈，阅本日文件。申刻再摘录周道事迹。酉正，欧阳小岑来此鬯谈。傍夕小睡。夜改折稿一件，约改六百字，二更三点毕。旋核批札稿。四更入内室，睡不甚成寐，天气骤热故也。

附记

本日应了
发报　　核鲍单　　沅信寄折
少荃咨信　　吴批并示稿　　摘录周道事迹

廿二日

早饭后清理文件。旋见客，坐见者一次，立见者一次。旋将石案摘录周道事迹，写沅弟信一件。司道来，与之鬯谈。天气郁热，在竹床屡次小睡，不能多治事。午刻核科房批稿,写对联挽联各二付。中饭后写沅弟信又二页。以接沅弟十九日来信,郁怒殊甚也。又与司道邕谈石案始末。旋阅本日文件,观李少荃复奏遣撤常胜军一折,擘画分明,良戡乱宏才也。核批札各稿。傍夕倦甚,久睡。夜核鲍春霆保举单,仅及三分之一。二更三点睡。是日奇热,治事极少。傍夕微雨,夜间清凉,三更后大雨。是日发报,奏请少泉中丞来金陵会剿。

廿三日

早饭后清理文件。旋见客,坐见者一次,立见者二次。与程颖芝围棋一局,又观程与鲁秋杭一局。写沅弟信一封。见客二次,皆罗晓屏等姻亲也。习字一纸,写毛寄云信三页,约四百字。午刻核科房批稿,写对联三付、挂屏一张。小睡片刻。中饭后至内室,因大女儿病甚重也。旋再写毛信三页,完毕。阅本日文件,莫子偲来久谈,核批札各稿。傍夕至幕府一谈。夜核霆营保单。二更后倦极,不能治事。三点睡。

廿四日

早饭后清理文件。旋见客,史道杰一次,谈论甚久。小睡片刻。写澄弟信一封。倦甚,又睡半时许。午刻核科房批稿,写对联三付、挂屏三幅,中饭后写毕。写沅弟信一件,阅本日文件,核杨制军东坝保单,核鲍保单毕,改批札信稿。傍夕至邵家一坐。申刻与鲁秋杭围棋一局。夜温《古文·辞赋类》,温苏诗数十首。

廿五日

早饭后见客一次,衙门期也。清理文件。与程颖芝围棋一局,又观程与鲁秋杭一局。习字一纸,写沅弟信一封、李少泉信一封。又见客三次。小睡时许。午刻核批札稿,写对联三付、挂屏二幅。中饭后阅本日文件。小睡又片刻。大女儿病体殊重,为之照料一切。核各保举单,改信稿二件。傍夕小睡。夜再核各保单。二更后,温《古文·叙记类》。

廿六日

早饭后清理文件。旋见客,坐见者一次。与程颖芝围棋二局,又观棋一局。至上房看大女儿病,似大痊愈,午后又反复加剧矣。出门拜朱久香学使、孙藁田学士，巳正归。小睡片刻。午初核科房批稿，写对联四付。又小睡片刻。中饭后核改折稿二件、片稿一件，阅本日文件。因女儿病重，请涂朗仙、欧阳小岑、张锡范三人先后来看，均晤谈片时。酉刻，朱久香来久谈。天气奇热，应酬太多，殊困惫也，傍久小睡。夜改折稿一件，约二百余字，二更三点毕。是夜移宿外室，因女儿在内室，依其母以调养也。

附　记

张锡范湖州归安人，署按照磨，知医。可

刘德型黄州黄安人，刘履中之族弟。试用，泛九。可

吴继志抚州东乡人，廿七年至皖。府经。可

廿七日

早饭后清理文件。旋见客，坐见者二次，立见者二次。请医来诊视女儿之病，连诊四次，中唯刘开生、欧阳小岑系余亲陪至内室。又立见之客二次。写彭杏南信一封。小睡片刻。午初核科房批稿，写对联四付，与庞省三一谈。又小睡片刻。中饭后，阅桐城吴汝纶所为古文，方存之荐来，以为义理、考证、词章三者皆可成就，余观之信然，不独为桐城后起之英也。阅本日文件。天气酷热，又小睡片刻。酉正核批札信稿颇多。傍夕至幕府一谈。夜温古文《史记》数首。因忆余论作书之法，有"欲落不落，欲行不行"二语。古文吞吐断续之际，亦有欲落不落，欲行不行之妙，乃为蕴藉。是日灯时，发报三折、二片、二清单。

附　记

规平一万，较库平少八百八十两上下

廿八日

早饭后清理文件，习字一纸，朱久香前辈来久坐。巳刻请刘开生、欧晓岑来看女儿之病。司道来议石昌猷一案罪名办法。巳正小睡片刻。午初核科房批稿，写对联三付、挂屏一幅。中饭后与鲁秋航围棋一局，阅本日文件，写沅弟信一封，莫子偲来久坐，写篆字八幅见赠，每幅百廿六字。女儿病又增剧，傍夕再请开生来一诊视。夜核批札稿。二更三点睡，疲乏甚矣。

廿九日

早饭后清理文件。旋见客，坐见者一次，立见者二次。习字一纸。请开生来看女儿之病。程颖芝来，围棋二局。天气热甚。片刻片刻二字衍午初核科房批稿，写对联三付、挂屏一幅。中饭后见客一次，阅本日文件。莫子偲以旧宣纸乞书《五箴》，为书一幅。天热，不能竟书。子偲以所藏董香光等尺牍、王孟津草稿，乞与一观。谛观之，非真迹也。郁蒸之气，难于治事，因至求阙斋小坐，邀庞省三来一谈。谈次，大雨如注，一洗炎暑，对雨约一时许始散。添许仙屏信一页，核批札各稿。傍夕至内室一叙。大女病渐愈矣。夜添金可亭信二页，改信札稿三件，温古文韩文各尺牍，借李芋仙所藏《茅八家》一阅。

卅日

早饭后清理文件。旋见客，坐见者一次，立见者二次。程颖之来，与之围棋一局，又观程与鲁秋杭、刘开生各一局。阅茅选欧公《五代史》。小睡片刻。午初核科房批稿，写对联一付、挂屏一幅半，约百八十字。中饭后再阅《五代史》，阅本日文件，写郭意城信一件。傍夕小睡。夜写零字甚多，核批札信稿，二更后温《孟子》廿余章。是日，女儿病大愈。

六 月

初一日

早饭后清理文件。见贺朔之客十余次，至辰初毕。旋习字一纸。小睡片刻。文辅卿来久谈。刘开生来看女儿之病，与之一谈。旋写莫子偲求书之《五箴》。午刻写对联三付、《五箴》一幅，核科房批稿。中饭后接澄侯信，知朱震四外甥于五月初四日去世。吾第四妹适朱，仅生此子，今斩然尽矣，可胜悲感！写信与沅弟，凡四页。李幼泉与存之来久谈。阅本日文件。旋小睡片刻。核批札信稿。傍夕至幕府一谈，闻柯小泉之病甚重，为之怅悒。夜写零字甚多，温《左传》数篇。

初二日

早饭后清理文件。旋见客，立见者一次，坐见者三次。习字一纸。旋小睡甚久。纪泽儿自金陵归来，与之畅谈。写子偲请书之《五箴》毕，作一跋，约百余字。中饭后，畏热殊甚，在于内厨房之门曲当风而睡。旋阅本日文件。与鲁秋杭围棋一局。又在竹床久睡。余向畏热，酷暑则百事俱废，本日又不能治事，用是浩然有充官之志矣。傍夕在求阙斋阶外小睡。夜阅《唐书》各志。洗澡一次。二更四点睡。

初三日

早饭后见客，坐见者一次，立见者二次。清理文件，习字一纸，写云仙信二页，未毕。热甚，在竹床久睡。阅《五代史·家人传》。巳正请刘开生看病，与之围棋一局。午刻核科房批稿甚多，写对联四付。中饭后热甚，寻一曲巷当风者乘凉良久。阅本日文件，写云仙信毕，约六百余字。核批札信稿甚多。傍夕与纪泽论读书自立之道。夜写零字颇多，核批稿数件。热甚倦乏，不能多治事。二更三点入内室，三更睡。

附记

沅信并部文　　澄信并李信、日记
周道批

初四日

早饭后清理文件。旋见客，坐见者一次，立见者二次。热甚，小睡片刻。习字一纸，改善后局司道批，批周汝筠一案，至午初毕。核科房批稿，写对联一付。中饭后写沅弟信一封、澄弟信一封，与庞省三一谈，阅本日文件。小睡半时许。是日，酷热异常，有铄石流金之象。核批札各稿。傍夕与庞省三一谈。夜在院外竹床乘凉，二更后入室。阅《古文》欧文数首。三点睡。热极，不甚成寐。

初五日

早饭后见司道一次。清理文件。围棋一局。习字一纸。小睡大半时。王子蕃鸿训来久坐。午刻核科房批稿，写对联三付，未毕。杨厚庵来久坐。中饭后热甚，不能治事，惟寻一可以乘凉之处稍为憩息，而汗出不止。阅本日文件甚多。旋在竹床久睡。见客，坐见者一次。写沅弟信一件，核批札稿。傍夕与庞省三一谈。夜在竹床小睡。旋核稿数件。二更温古文"鄢陵之战"。天气酷热，幸尚成寐。

初六日

早饭后，围棋一局，清理文件。见客，坐见者二次，勒少仲谈甚久。习字一纸。天气奇热，在竹床久睡。巳刻，将刘开生等所画长江图核对一过。午刻核科房批稿，写对联四付。中饭后畏暑，不敢治事。见客二次，阅本日文件。旋又核对长江图，至大通止。傍夕至墓府一谈，在庭中立谈稍久，忽然昏晕，几至堕地。夜在庭院乘凉。二更后为杨厚庵改一折稿，三点毕。闻次儿诵诗，亦诵杜诗，与之相和。二更四点睡，初在竹床，不甚成寐，登床尚能酣寝。

初七日

早饭后清理文件，围棋一局。见客，立见者二次。出城拜杨厚庵，巳正归。厚庵来辞行，久坐，文辅卿来一坐。午刻核科房批稿。在竹床小睡。中饭后见客，坐见者一次，立见者二次。在求阙斋久睡。阅本日文件颇多，酉初毕。核改京信数件，核批札各稿。傍夕在院乘凉，与纪泽儿论作文之道。倦困殊甚，不愿作事，二更即登床早睡，近日所未有也。

初八日

早饭后，拜发皇太后寿贺表。旋见司道一次。审石昌猷一案，自卯初坐堂，至巳正二刻散。将石昌猷、杨韶九各打一百。周道矮坐，令其写供。周道疑承审之司道或有私情，哓哓置辨。午初清理文件，核科房批稿。小睡片刻。中饭后，与鲁秋杭围棋一局。旋又小睡片刻。阅本日文件甚多。又小睡半时许。酉刻核批札稿。傍夕与纪泽一谈，论时贤。夜温《左传》二首。二更四点睡。

初九日

早饭后清理文件，围棋一局，习字一纸，写沅弟信一封。小睡片刻。巳正阅《文献通考·刑九》。午刻核批札各稿，写对联三付、挂屏三页。中饭后，刘开生来为余看脉。旋与之围棋一局。阅本日文件，见客一次。将《刑书》阅毕，核批札各稿。傍夕在竹床小睡。夜温《左传》"叔孙穆子之难"、"楚灵王之难"。二更四点入内室睡。

初十日

早饭后清理文件。见客二次，衙门期也，又立见者一次。围棋一局。即用知县冯学培来见，广西马平人，颇有朴直之气。小睡时许。阅《通考·刑十》。午初核科房批稿，写扁四幅。中饭后阅《刑十》《刑十一》，未毕，阅本日文件，核批札信稿。王鸿训子蕃本日搬入署内，至其室一谈。旋又与幕府诸君一谈。傍夕小睡。夜写零字颇多，温《左传》"鸡父之战"、"乾侯之难"。又添十一段，将补抄以足鲁昭公出奔始末。二更四点，入内室睡。是日巳刻写信寄沅弟。申刻接沅弟信，则近日愤郁之气大减矣。

53

十一日

早饭后清理文件，围棋一局，见客一次，习字一纸。小睡片刻。阅《通考·刑十一》毕。午初核科房批稿，写李振廷先生挽联一付，希庵之父也。又写祭幛各款三分。中饭后，小睡片刻。旋阅《茅选八家》，题识书皮，本日新购者也。阅本日文件，内有京报十五本。酉刻阅《五代史·梁太祖本纪一》，戌初毕。核批札信稿。傍夕在院中与纪泽论穷经学礼之道。夜写零字颇多，温《左传》"柏举之战"。三点睡。是日见主考单，湖南放庞钟璐、祁世长。湖南向称小省，而令简放侍郎为试官，盖朝廷视之增重矣。

十二日

是日恭逢先妣忌辰，亦未设祭。早饭后清理文件。旋见勒少仲，谈甚久。习字一纸，围棋一局。梁鼎庸来久谈，昔年在岳麓同窗友也。朱久香学使来一谈，又坐见之客一次。稍彼倦矣，小睡片刻。已正改折稿，午正二刻毕。中饭后阅《五代史·梁本纪二》，阅本日文件，阅《梁本纪三》《唐本纪四》。酉正，将科房批稿一核，又核文案房批札稿。傍夕，至后院乘凉，疲困殊甚。夜，头颇昏晕，若不克自持者。温《左传》"铁之战"、"清之战"。二更二点睡。

十三日

早饭后见五局委员一次，清理文件。与程颖芝围棋二局，又观人一局。见客，坐见者一次。写沅弟信一件。热甚，小睡。阅管韫山所刻唐诗。午刻核科房批稿。旋写挂屏三幅、对联三首，写易芝生信，将李宅祭幛等寄去。中饭后阅《唐本纪五》，阅《唐本纪》六、七，阅本日文件。酉刻，阅护军营新学之洋枪队。傍夕与幕府一谈。夜在西院乘凉小坐。二更核批札各稿，三点睡，公事尚未核毕。

十四日

早饭后清理文件。立见者二次。围棋二局。旋又见客，坐见者一次，立见者一次，李幼泉来见，久坐。又坐见之客二次。在竹床上久睡。午刻核科房批稿，写对联六付。小睡。中饭后写澄侯弟信一件，阅《晋本纪》八、九，阅本日文件，阅《汉本纪十》，《周本纪》十一、二。剃头一次。傍夕在后院乘凉，与纪泽论勤俭之道。夜写信与幼荃，托买参术。热甚，在外院久坐。二更后核稿数件。四点睡，不甚成寐。

十五日

文武贺望者，皆谢不见。见司道，坐谈甚久，旋又见客二次。围棋一局。见县丞卢昌坚，问南康县事，又立见之客一次。在竹床小睡片刻。阅《梁高人传十三》《唐家人传十四》，未毕。热甚，小睡。午刻核科房批稿，写挂屏三幅，约二百字。中饭请梁鼎庸等便饭，未正散。阅《唐家人传二》毕，阅本日文件，阅《唐家人传三》。见客一次。热甚，闲散不欲治事。核批札稿数件。傍夕乘凉，诵各家七律。夜仍在外乘凉。二更后，改信数件。三点睡，不甚成寐。

十六日

早饭后清理文件，围棋一局。刘开生送地图来，凡安徽省图一、府州图十三，与之久谈。旋至上房一坐。接沅弟信，知连日猛攻金陵，辛苦异常，悬系不已。小睡半时许。午刻写沅弟信，核科房批稿，校长江图。中饭后复校江图。折弁自京归，阅京信京报，阅本日文件。至戌刻，校江图毕。与纪泽论古文用虚字之法。夜在院乘凉。旋核批札信稿。二更四点睡。

十七日

早饭后见客一次。围棋一局。旋阅《唐废帝家人传》《晋家人传》《汉家人传》《周家人传》《周世宗家人传》。见客一次。小睡半时。午刻核科房批稿，写挂屏三幅，阅《唐臣传》。中饭后，热甚，在竹床久睡。申初阅本日公事甚多，至酉正毕。吃西瓜一个。再阅《梁臣传》，核批札稿。傍夕与纪泽一谈。夜在外院久睡。二更后改周道问条。三点入内室，热甚，不甚成寐。

十八日

早饭后清理文件。围棋一局。阅梁臣敬翔等传毕，又阅梁臣康怀英等传，又阅梁臣杨师厚等传，未毕。巳正小睡。午刻写沅弟信一件，核批札各稿，写对联二付、挂屏三幅。中饭后，天热殊甚，不愿治事。阅本日文件甚多。酉刻将杨师厚等传阅毕，又阅唐臣郭崇韬、安重诲传。傍夕至幕府鬯谈。夜在后院乘凉良久。旋写朱久翁、何小宋各信一片，核批杨各稿，温古文"白公之难"、"赤壁之战"。二更四点睡。三更三点接沅弟咨文，知金陵于十六日午刻克复。思前想后，喜惧悲欢，万端交集，竟夕不复成寐。

十九日

早间，贺喜之客极多，直至巳正始毕。写信与沅弟。午初又坐见之客三次，核科房批稿。在石床上一睡。中饭后阅周德威等传，阅本日文件，阅符习等传，阅朱弘昭等传，未毕。围棋一局。在竹床久睡。核批札稿。傍夕教纪鸿儿立志之道。夜在外院乘凉。再核批札各稿。二更三点睡，不甚成寐。

廿日

早饭后，司道来见，久谈。旋清理文件，围棋一局，见客一次。接沅弟十七日早信并折稿，知金陵于十六日克复，而洪秀全之内城尚未遽克，旋复沅信一封。阅朱弘昭等传毕，阅豆卢革等传。巳刻在竹床久睡。午刻核科房批稿，写对联四付、挂屏一幅。中饭后将豆卢革等传阅毕，阅本日文件，阅桑维翰等传。酉正核批札各稿。戌初至幕府鬯谈。夜在后院乘凉甚久，教纪鸿儿回湘乡试各事。旋温《古文·叙记类》"曹爽之难"。二更三点睡，不甚成寐。

廿一日

早饭后见客二次，马方伯谈甚久。旋又见客二次，围棋一局，刘开生等来久坐，徐贻甫来坐。阅《汉臣传》，未毕。小睡片刻。午刻核科房批稿，写对联六付。中饭后又阅《汉臣传》，阅《周臣传》，阅本日文件。是日早饭后，已写沅弟一信，至未刻，接沅弟信，尚无实在内城克复消息，忧灼之至，又写沅信一件。酉刻阅《死节传》，核批札各稿。夜在后院乘凉。旋阅石昌猷案之折稿。二更四点睡。

廿二日

早饭后，将石昌奠案再行亲讯一次，至辰正毕。巳初接沅弟咨信，知金陵子城于十六日夜攻克，逃出之贼被马队追杀净尽。发沅弟信一封，清理文件。纪鸿儿回湘，于巳正起行，教示一切。小睡片刻。午刻改克复金陵折稿，改至二更四点粗毕。下半日，王子槐来见一次，又立见之客二次。竟夕不能成寐，一则天气酷热，一则本日太劳苦耳。

廿三日

早饭后，朱久香来送行，一谈。司道来一谈，又见客二次。接沅弟咨，知李秀成于十九日生擒，因将折稿再为核改。清理文件。小睡片刻。午刻又将折稿核改，核科房批稿，筱岑来一谈。中饭后料理各事，将赴金陵。阅本日文件，围棋一局。催写折者，屡次未毕。至幕府一谈，见客二次。申正写折毕，行礼拜发。旋出门，至朱久香处一谈。即出城，小南门登舟，送者甚多，见客数次。夜饭后与纪泽说咨行折稿之事。旋至火轮船上坐。二更五点睡，不甚成寐。

廿四日

早未明开船，轮舟行走甚速而不甚颠簸。行至戌初二刻，在采石矶下廿里泊宿，约行五百里。中间停车三次，其二次拖带之民船送饭，其一次因轮船太热，余换坐民船也。本拟一日赶到金陵，念沅弟功在社稷，而劳苦太久，急思一见，乃不能如愿，为之怅然！是夕早睡，不甚成寐。是日在舟中阅《五代史》《死事传》、《一行传》、《唐六臣传》、《义儿传》、《伶官传》、《宦者传》，王镕等传、李茂贞等传。下半日，北风颇劲，故舟中不烦热也。

廿五日

黎明开船，行六十里，辰正至棉花堤。在舟中写沅弟信一片、澄弟信一封、郭意城信一封。阅《卢光稠传》。已初登岸，行廿里至沅弟营内。见弟体虽较瘦而精神完好如常，为之大慰。见客甚多。兄弟罄叙甚久。陆续见客，中饭后又陆续八九次。至戌初，将所擒之伪忠王亲自鞫讯数语，旋吃晚饭。沅弟处晚饭，未上灯而即吃也。兄弟谈至初更。倦甚，早睡。

廿六日

早饭后，与沅弟拜其幕中诸友。清理文件。围棋一局。与沅弟罄谈。见客十余次。巳刻，久睡约一时许。午正陪客吃饭，沅弟办席二桌，客为吴春海、易晴谷、黄昌岐、陈舫仙等，未正散。天气奇热，又在竹床久睡。申正写纪泽儿信一件，阅批稿十余件。与沅弟围棋二局。又见客三次，庞省三、李眉生来。夜饭后，再与诸人罄谈沅弟十六日所报克复金陵大概情形一折。戌刻，接奉谕旨。旋又与眉生等一叙。早睡。

附 记

札数人查诸殉难者遗骸陆、祁、涂、孙

取伪忠王详供

寻伪天王瘗尸处、伪幼主自焚处

遍拜各营官，验各地洞

周历城内各处

廿七日

早饭后清理文件。与九弟一谈，劝令释去焦愤。见客三次。旋出外拜各营官，初至振字营，见罗逢元，振副营，见张定魁。又至其分哨垒内，看其所挖地道，在大南之下、帅公桥之上，于二年五月兴工，十一月初六轰坍城垣一段。旋至备字营，见张光明。至信字营，见李臣典。该镇为克城第一首功，而日内大病，深为可悯。旋登雨花台周览形势。又至刚字营，见营官何玉贵。旋至印子山慎字营，见彭杏南表弟。休息片刻。旋至湘恒右营，见朱唐洲；恒左营，见葛奇益。午初回沅弟营次，见客二次。中饭后观弟与人对奕数局。大风雷雨，热极骤凉，稍清适也。旋与人围棋一局。写泽儿信一片，核批札各稿。傍夕倦甚。夜开数条问伪忠王李秀成。二更睡。四更，梦魇殊甚。

廿八日

早饭后清理文件。旋见客数次，观九弟与杏南围棋数局，余与鲁秋杭围棋一局，与沅弟说家常事甚多。中饭，与诸客黄冠北、勒少仲等一坐，而自另吃蔬菜饭，因天热，略禁油劳，稍觉清澈也。熊登武挖出洪秀全之尸，扛来一验，胡须微白可数，头秃无发，左臂股左膀尚有肉，遍身用黄缎绣龙包裹。验毕，大风雨约半时许。旋有一伪宫女，呼之质讯。据称道州人，十七岁掳入贼中，今三十矣，充当伪女侍之婢，黄姓。洪秀全于四月廿日死，实时宪书之廿七日也。黄氏女亲埋洪秀全于殿内，故知之最详。旋作挽联。傍夕写祭幛挽联，核批札各稿。夜核科房批稿极多。

廿九日

早饭后，行廿五里至七桥瓮，在萧庆衍营内久谈。旋至朝阳门外、傍城湖外观萧庆衍所挖地洞二处。稍北有萧孚泗所挖地洞一处、萧开印所挖一处、武明良所挖一处。旋至萧孚泗节字营久坐，即在渠处食宿。中饭后，在竹床睡甚久。酉初出外，至萧孚泗处吊唁，渠新闻父丧之讣，在营旁一小垒设灵也。旋至长胜营、嘉字营两处。见太子湖之北有熊登武地洞一处，李祥和、成东昂地道一处，朱洪章、陈万胜地道一处。又往看明太祖神功圣德碑。傍夕归节字营。夜写纪泽儿信一件，阅本日包封文件，并核批札稿。

七 月

初一日

早饭后，在萧孚泗节字营出至孝陵卫，登宝城一看。旋登钟山之腰，阅贼匪所筑之天保城。下至王远和湘后左营一坐。下至龙膊子观十六日轰破地道之处。所掘两洞，距城极近，不过十余丈耳。沅弟于龙膊子山上，随山高下，架炮数层，安炮百余尊，连攻十余日，昼夜不断，城上之贼不能立足，故城外掘地道者虽极近而贼无如何也。此次地道破城，一在炮火极多，猛攻极久，使城贼立脚不住；二在附城极近，掘洞极速，仅五日而成功，出于贼所不意；三在沅弟精诚所格，五万人并力用命。以是知人力可夺造化之权，凡事不得尽诱诸气数也。旋由太平门入城，至伪天王府一看。规模俱仿宫殿之制，而焚烧无一存者。旋出大南门回沅弟处，约共行五十里。中饭后小睡。与鲁秋杭围棋一局。阅本日文件，核批札稿。剃头一次。傍夕与赵惠甫等鬯谈。夜与沅弟论行藏机宜。三更睡，不甚成寐。

初二日

早饭后清理文件。旋见客三次，围棋一局，写左季高信一件。小睡片刻。巳刻闻李祥云臣典病故，沅弟伤感之至。盖祥云英勇异常，克复金陵论功等一也。李少山作士亦于初一日病故，沅弟亦深悼之。旋写李少泉信一封。中饭后写对联一付，阅本日文件颇多。围棋一局。旋作折稿，言李秀成、洪秀全事。傍夕与幕友一谈。夜作折稿，甫二百余字，赵惠甫来鬯谈，又观沅弟与人对奕。二更四点睡，不甚成寐。

初三日

黎明即出门，行十五里至江东桥陈舫仙处早饭。饭后坐舢板出北河口，由夹江出大江，过中关、下关。午刻至刘南云处。小睡时许。中饭后，与南云一谈。旋作折稿约千字，至酉初未毕。复出至幕府山张诗日营内，又至白土山朱南桂营内。夜饭后清理昨日文件，旋核批札信稿。二更二点睡。本日稍觉辛苦，睡，不甚成寐。

初四日

早起，在朱南桂处早饭。饭后至洪山梁美材营。大江由金陵城北绕至东，滨江大山为燕子矶。山后第一重为幕府山，第二重为白土山，第三重为洪山，第四重为钟山，即省城正北之主山也。凡高阜皆为官兵驻扎。旋至神策门，观朱南桂所挖地洞五处，已轰坍者一处，外月城全轰倒矣。又遥望金川门外刘连捷所挖二洞。张诗日、李臣典各挖二洞，未能细阅也。进城，行廿里至易晴谷公馆一坐。又至伪英王府、侍王府一阅。午初回至沅弟营次，清理文件。热甚，小睡。中饭后写澄弟信一件、纪泽儿信一件。观沅弟与人围棋多局。热甚，小睡。在于沅弟藏书小房之内置一坐落，拟在内办理公事，而热极多蚊。二更后，作折稿数百字，至三更未毕。睡不成寐，五更初醒。

初五日

早饭后清理文件，旋将折稿作毕。见客三次。巳正小睡，约一时许。中饭后将本日及前数日文件一阅。与鲁秋杭围棋一局。旋再阅文件。酉刻小睡。阅李秀成所写供词。灯后，亲讯李秀成之供。旋核批札各稿。二更三点睡。觉用心太过，登床后疲乏殊甚，不甚成寐。

初六日

早饭后清理文件。旋围棋一局。是日小睡二次。申刻阅本日文件，余皆阅李秀成之供，约四万余字，一一校对。本日仅校二万余字，前八页已于昨日校过，后十页尚未校也。酉刻将李秀成正法。夜再改折稿。二更四点睡，不甚成寐。

初七日

早饭后清理文件。旋围棋一局。校对李秀成供词约八九千字。旋小睡片刻。

午刻与沅弟鬯谈。中饭后再围棋二局。再改折稿一页。将李秀成之供分作八九人缮写，共写一百三十页，每页二百一十六字，装成一本，点句画段，并用红纸签分段落，封送军机处备查。酉刻发折。傍夕与赵惠甫等鬯谈。夜写纪泽儿信一件，旋核批札各稿。廿三日所发折件，尚未奉到批谕，殊殷悬盼。

附　记

写信与马、何令，邢告病
写信与黄，寄纪鸿信
令纪泽查《封建考》

初八日

早饭后清理文件。旋围棋二局。写纪泽信一件、钱子密信一件，添马方伯信一页、冯鲁川信二页。小睡片刻。未初中饭。饭后，接富将军咨，知余蒙恩封一等侯，沅弟蒙恩封一等伯，系廿九日谕旨，不知余处何以尚未接到。道喜之客甚多，接见之下，殊形疲乏。阅本日文件，核科房批稿。夜又写纪泽信，温《古文·词贼类》。二更三点睡，不甚成寐。

初九日

早饭后清理文件。旋与鲁秋杭围棋二局，又观其与沅弟数局，见客四次。午初写黄南坡信一件，纪鸿儿信一件，马谷山、何小宋信一件。小睡片刻。中饭后写纪泽儿信一件，阅本日文件。天气酷热，在于竹床久睡，不能治事。至酉正治事，核批札信稿甚多。傍夕与眉生久谈。夜再办批札各稿，至二更三点毕。早睡。不甚成寐。

初十日

早饭后清理文件。接奉寄谕，系余廿三日所发克复金陵一折之恩旨也。余蒙恩封一等侯、太子太保，双眼花翎；沅弟蒙恩封一等伯、太子少保，双眼花翎。沅弟所部李臣典封子，萧孚泗封男；其余得世职者十六人，得黄马褂十二人，得双眼花翎二人。非常之恩，感激涕零。旋摘录谕旨于日记中。写纪泽儿信一片。进城至伪侍王府，沅弟请诸将戏酒酬劳，余与于会看戏，至午正开筵。未刻至伪英王府一看，酉刻回营。与沅弟及眉生鬯谈。傍夕小睡。夜核批札各稿，尚有二件未核毕。

十一日

早饭后清理文件。见客二次。写钱子密信一件。将李秀成亲供及两道恩旨寄皖刊刻。围棋一局。已刻进城，请客听戏。午初倦甚，至伪戴王府小睡片刻。中饭后，至伪英王府小歇。酷热异常，不能治事。将来拟即以伪英王府为总督衙门，因将应行修改之处料量一番。酉正至善后局一看。夜阅本日文件，核批札稿。即在伪英王府住宿，以明早须拜牌也。

十二日

是日恭逢慈安皇太后万寿，借伪侍王府设帷帐，率各文武行礼。即在该处早饭。饭后，余仍至伪英王府小睡。指示委员将房屋应行修改之处，一一粘签。午初再至伪侍王府听戏陪客。万篴轩、忠鹤皋等自泰州来，与之久谈，申初散。回沅弟营次。酷热如火，不能治事。酉刻将本日文件一阅。夜写马谷山信一封。与鲁秋杭围棋一局。二更三点睡，不甚成寐。观沅弟近三日演戏请客，料理极为周密，又每见其小便甚长，当是寿征。

十三日

早饭后清理文件。万篴轩等来久坐，旋又见客二次。围棋一局。小睡半时许。核稿二件。午初进城，各统领请余与沅弟吃中饭，申初散，回至沅弟营次。烈日如火，亢热异常，在竹床小睡良久。阅本日文件。其自安庆包封送来之文件于巳刻阅过，写信与泽儿，付去矣。傍夕与赵惠甫等闾谈。文书堆积，因酷热不克清理。夜在庭院久睡。二更四点登床，虽颇成寐，而神气甚为昏浊。

附 记　日内应办之事

作谢恩折
派王廷贵赍京
送伪玉玺、金印咨，作一木匣，外用牛皮包裹。
作李臣典请恤折
作声明李秀成先杀片，并叙伪印另赍
作近日回皖片并叙军情

撤萧庆衍全军，每营给欠饷二万，余由鄂省清理，令其速行具禀
咨梁美材三营回鄂，每营给欠饷二万
撤韦志浚五营，每营发饷二万，江七鄂三
湘恒二营，咨明以后不由鄂发饷
吉字中营留廿营万人守金陵
外留万五千人作游击之师，中秋后进剿广德
撤建字二营
亲至贡院一看
出房屋分条告示

十四日

早饭后清理文件。见客三次，围棋一局。旋写李少荃信一件、澄侯弟信一件、纪泽儿信一件。午刻小睡。是日沅弟请客二席，余未出陪客。中饭后阅本日文件，核批札信稿。酉刻热甚，久睡。傍夕与赵惠甫等一谈。夜拟作谢恩折件，因蚊多不果。二更后与沅弟言家常事甚多。三更睡，不甚成寐。

十五日

贺朔望之客甚多，余俱谢绝不见，沅弟一一接见。围棋二局。改余谢恩折。午刻在竹床小睡。中饭后改沅弟谢恩折四六，约五百字。酉刻阅本日文件，核批札信稿。接袁婿信，知其叔铁庵在此去世。写纪泽信一件。夜略清文件，畏热，不能完毕。在惠甫处乘凉极久。

十六日

早饭后清理文件。旋围棋一局。见客二次，忠鹤皋谈颇久。天气亢热，看沅弟围棋数局。午刻核改房屋告示稿。中饭后又围棋一局。再核改告示毕，约六百字。天气郁热，忽转北风，与诸友在外望雨良久。雨未成，至三更始大雨。傍夕核批札信稿。夜又核批札稿，未毕。二更二点睡。至四更，风雨大作，便有秋意。

十七日

早饭后清理文件。旋围棋一局。改信稿批稿数件。见客二次，武祖德谈颇

久。辰刻大风雨，巳刻少息。进城看贡院，规模极为狭小，号舍十存其九，号板全无。明远楼大致粗存，至公堂、衡鉴堂尚好。监临主考十八房住处、内提调、内监试、内收掌、誊录所、对读所，皆无存者，而余地甚少。因令于后墙外圈入民地若干，以为十八房、内收掌住处。工程计须四、五万金。黄少鸥以为十月内必可落成，余则不敢必也。旋至英王府一看。出城约共行四十里，到营已申刻矣。中饭后，阅本日文件，写挽幛二分。将李臣典之战功写一清单，即就沅弟之咨删改一过。傍夕与沅弟围谈。夜再围棋一局，又观沅弟一局。天气骤凉，已成秋矣。三更睡，不甚成寐。

十八日

早饭后清理文件。旋作萧孚泗丁忧折。见客三次。作李臣典请恤折，未毕。午初，富将军来，与之围谈。留吃中饭，至申初始去。作请恤折毕。又作复奏李秀成未解京之故一片。傍夕与沅弟围谈。夜将片稿作毕。二更三点睡。酉刻，剃头一次。

十九日

早饭后，见客甚多。旋清理文件，核批札稿十余件。辰正进南门，出旱西门，至船上拜富将军，谈半时许。即坐舢板由旱西门至仪凤门，出中关，由大江上棉花堤。申初至黄昌岐船上。酉初中饭毕，又行二里许至余船上。见客数次。与沅弟围谈。夜作近日军情片一件，约六百字。三更睡。

廿日

早饭后，与沅弟围谈。旋作密片一件，约三百字。沅弟旋即别去，各客禀送者尚多。巳刻开船，至大胜关湾泊。黄昌岐在余船上，凡行十里，说话颇多，已倦矣。午初登岸，吊李啸山之丧。拜客数家，回船。中饭后发报。未正开船，行七十里。夜宿烈山之上，约十余里。在船上阅《五代史》朱宣等传。小睡良久。核批札稿，写纪泽信一件。夜与李眉生等围谈。蚊多，不可治事。

廿一日

早，开船。风不甚顺，竟日仅行廿里。夜宿采石之上五里许，与幕友之船相失。余上半日阅氏叔琮等传。小睡数次。午初改江西周、石一案折稿，改至傍夕止，仅改五分之一。夜，蚊多异常，不能治事，灯后即睡。夜长睡久，至五更，不复能成寐矣。

附记

复钱、周、蒋、程信
复马、何、陈信
科房各件清理

廿二日

早饭后，写沅弟信数行。旋开船。北风细雨，上水甚顺，行至午刻，已至四合山矣。午后风微，不甚顺，扯纤行廿余里，申初至芜湖。在船写马方伯等三人信一件、钱子密等信一件、纪泽儿信一件，核批札各稿。科房稿积压者多，全数清理，至午刻毕。小睡片刻。中饭后见客数次，皆芜湖水陆来接者，曾化南、吴竹庄坐极久。将江西讼案折稿又作少许。申初登岸拜吴竹庄，坐谈良久。傍夕筵宴，初更后回舟。不能治事。阅《古文·传志类上》。二更三点睡。是日舟行百一十里。

廿三日

早饭后清理文件。无风，不能开船。核批札信稿，核阅包封公事。巳刻顺风，开船行十里，旋复逆风，扯纤行十余里至鲁港之斜对岸，申正泊宿。是日共行廿五里。午刻清理周、石一案。未申间，作折稿一段，约一千余字。旋又办本日包封公事，未毕。燥热殊甚。傍夕，坐一小船，泛江中乘凉。夜在小船上小睡，二更回大船，温《古文·传志类上》。

廿四日

早饭后风逆，不能开船。围棋一局。旋写纪泽信一片、澄弟信一件，改江西讼案折稿，约八百字。中饭后再与鲁秋杭围棋一局。忽转顺风，开船行五十五里，至旧县住宿。行次再改折一段，约千四百字，则原底存者十之七八矣。写纪鸿儿信一件、郭意臣信一件。傍夕与诸客一叙。夜阅本日文件。接奉廷寄二件、谕旨一件，内抄御史折片三件。温《古文·传志类上》。

附 记

复奏洪福瑱及撤勇事片
近日军情片兼言上海里下河劝捐

廿五日

早饭后开船,即遇顺风。是日共行百里,至铜陵夹之上口住宿。辰刻围棋一局。旋改折稿约千五百字,至午正毕。通共江西石昌猷复奏折约七千字,凡五日乃改完。中饭后,在船小睡。旋写雪琴信一封、纪泽儿信。酉正湾泊。与省三、眉生等鬯谈。接奉两次廷寄三件、谕旨一件。阅本日包封文件。与勒少仲等议江西讼案折稿之当否。二更三点睡。

附 记

停止广东厘金折
上海劝捐札潘、钱、恽、刘、丁

廿六日

早饭后开船,扯纤廿里至大通。见客三次。围棋一局。风不顺,湾泊一时许。午刻再开船,行六十里至池州夹内宝塔下湾泊,已上灯矣。是日在船阅《五代史》刘知俟等传、张全义等传。下半日核批札各稿,核改信稿,写纪泽儿信一件。夜,热甚,温《古文·序跋类》,又将江西讼案折斟酌数处。

廿七日

早饭后清理文件。旋与鲁秋杭围棋二局。小睡片刻。改信稿二件,旋改片稿良久,至日暮始改毕。是日船行,风不顺,上半日行廿里,小河可扯纤也。午刻大雨如注,满船皆漏,无驻足处。申刻后行十里,夜宿乌纱夹。船胶浅,数百人邪许挽拽,约二时许乃得活动。夜与省三、眉生久谈。搬至小船上住宿,因大船笨而且漏也。三更睡,不甚成寐。

廿八日

昨夜搬上小船,黎明即开。风不甚顺,全赖荡桨扯纤,行走甚快,至未正已行百一十里，至无庆矣。在船上改折稿一件、片稿一件，又作片稿一件。小睡两次。未初，纪泽来舟迎接。到城后，贺喜之客甚多，讫未少休。傍夕小睡片刻。夜与儿女内室小叙。旋阅公事数件。二更二点睡，不甚成寐。

廿九日

早饭后清理文件。旋见客，立见者十余次，坐见者三次。至缦云处一坐、子密处一坐。至邵世兄家吊丧，久坐。与幕中商本日奏折应斟酌者数事。午刻小睡。中饭后写沅弟信六页，阅本日文件。见客，坐见者二次，立见者三次。酉正小睡，倦甚。傍夕至幕府一谈。夜，李申夫来酃谈，核批札各稿未毕。倦甚，二更三点睡。积压之事颇多。

卅日

早饭后清理文件，见客二次，又坐见者一次。旋出门拜客，拜会者五家，亲拜者四家，午初归。核科房批稿甚多。中饭后围棋一局。阅本日文件，核批札稿甚多，至傍夕未毕。见客二次。小睡片刻。夜再核批稿至二更三点，未毕。眼蒙，不复能治事。睡尚能成寐。

附记

札司道，令江西人证回籍
沅信言参事

八　月

初一日

文武贺朔者，止而不见。旋围棋二局。见客，坐见者三次，立见者三次。申甫与陈虎臣坐皆极久。午刻核科房批稿。小睡片刻。中饭后，刘开生等来，甚久谈。阅本日文件。酉刻核批札稿，习字一纸。傍夕至幕府一叙。夜再核批札稿，至二更四点，尚未完毕。五点睡，尚能成寐。

初二日

早饭后清理文件。旋见客，坐见者四次，立见者二次，勒少仲等坐甚久。围棋一局。巳刻出外拜马学使，旋至忠义局一坐，午初归。见客，立见者二次，坐见者二次，申夫来谈甚久。写沅弟信一件。中饭后见客二次，阅本日文件。酉刻核批札各稿。夜又核批稿信稿。二更三点洗澡一次。

初三日

早饭后，坐见之客四次。清理文件。围棋一局。巳刻，又坐见之客三次。午刻小睡片刻。核科房批稿。中饭后，李雨亭来坐，谈良久。阅本日文件。又立见之客二次。核批札各稿。接奉批折，即七月廿日所发者，廷寄一道、谕旨一道。是日天气极热。傍夕在外院乘凉。夜，应办之事甚多，因燥热不能多治事，温《孟子》廿余章。

初四日

早饭后清理文件。旋见客，立见者二次，坐见者五次。围棋一局。午刻核科房批稿。作挽联一付，挽柯小荃云："目君为承明著作之才，九列交推非独我；思亲以泣血悲哀而死，万缘前定不由人。"中饭后写澄弟信一封，写挽联祭帐一分，阅本日文件。天气奇热，至内室乘凉甚久。核批札各稿。剃头一次。傍夕至幕府一叙。夜阅李光弼、郭子仪传，二更后温《书经》三篇。

附 记

复奏次青事折钱稿，未用

江、李、刘、何毕密片

再加川厘一片杜稿

上海里下河劝捐一片

复奏各条一折　　贡院　　江西督办　　变通舆地

满营　　英山万人

初五日

早饭后见客二次，衙门期也。旋又见客，立见者一次，坐见者二次，围棋一局。写沅弟信一封。午核科房批稿，徐毅甫来久坐。小睡片刻。中饭后习字一纸，阅《五代史》赵在礼等传，阅本日文件。酉刻核批札稿。傍夕，折弁自京归，阅京信京报诸件。二更后温《孟子》《书经》。三点入内室，三更睡。

初六日

早饭后清理文件。围棋一局。旋见客，立见者一次，坐见者四次。午刻核科房批稿，写沅弟信一件，阅《五代史》华温琪等传。中饭后习字一纸，阅本日文件。王子槐请题其祖母《节孝传》，因将其册页细阅一遍。将《华温琪传》阅至傍夕始毕。天气渐短，眼钝而加之以蒙，良久尚不能看书一卷。念吾未看之书尚多，而老境颓唐，俗务纷繁，自此真不复有寸进矣，为之于邑！至幕府一谈。夜核批札信稿。二更四点睡，五更一点醒。

初七日

早饭后清理文件，围棋一局。旋见客，坐见者一次，立见者五次，写沅弟信一件。巳刻阅卢文进等传。午刻核科房批稿。中饭后阅《五代史》翟光邺等传，阅本日文件，阅欧公七古诗，核批札各稿。傍夕至缦云处一谈。夜核批信各稿，温韩公七古。

初八日

早饭后清理文件。围棋一局。旋见客，坐见者六次，立见者三次。巳刻阅《五代史》王峻等传。午刻核批札稿，习字一纸。中饭后阅《五代史》朱守殷等传，阅本日文件。眼蒙，至内室少息。旋核批札各稿。傍夕至幕府一叙。夜核各信稿，二更后温韩诗七古十余首。

初九日

早饭后清理文件，见客一次，围棋一局。出门拜王子槐，久谈。巳正归，习字一纸。午刻核批札稿。拟作《题莫子偲仿唐写本说文木部笺异》诗，将其原书一阅。中饭后作诗。旋陈虎臣、莫子偲先后来坐谈。阅本日文件。毛竹丹来坐颇久。写沅弟信一封。傍夕，诗成一半，二更三点作结。七古一首，约二百四十字。夜睡不甚成寐。昔年每作一诗，辄不能睡，后遂阁笔，不复为诗。今试一为之，又不成寐，岂果体弱不耐苦吟耶？抑机轴太生，成之艰辛耶？

初十日

早饭后清理文件。旋写昨诗送莫子偲。见客，坐见者四次。围棋一局。旋立见之客二次。巳刻习字一纸。午初核科房批稿。中饭后，阅《五代史》杜重威等传，阅本日文件极多。酉刻核批札稿，未毕。傍夕至幕府一叙。是日，方元徵新入幕府，将写信稿。夜再核公事，倦甚。二更后，温韩文数首。

十一日

早饭后清理文件。见客，两司坐甚久。旋坐见者一次，立见者九次。围棋一局，习字一纸。午刻科房批稿，阅恽子居言事小简，又阅张、王七古。中饭后再阅张、王、高、岑七古。本日应作奏折甚多，惮于构思起草，遂阅各诗以自娱。程伯敷、李眉生、李芋仙先后来见，坐谈各二刻许。阅本日文件。酉初改折，至二更四点毕。折约二千余字，改者七百余字。

十二日

早饭后清理文件。旋与鲁秋杭围棋一局，又观鲁与方元徵一局，阅赵吉士、顾有孝所选五朝七律诗。王子怀、彭雪琴来，各久谈，及至午正方散。中饭后，因说话太多，疲乏殊甚，不能治事。再阅赵吉士所选七律，旋阅本日文件。酉刻查复李次青密片，改作至二更四点未毕，已四百余字矣。余因用心太过，不能多说话。多说则气接不上，舌提不起，本日尤甚。甚矣，余之衰也！

附记

淮北盐务折
留雪琴片
地图折
纯斋两折寄金陵

十三日

早饭后见客一次，五局两所衙门期也。清理文件。围棋一局。马雨农来久坐。再作密片，至午初结。核科房批稿。中饭后雪琴来，久坐一时余。客去，至幕府一商本日折件。旋阅本日文件极多。酉刻核对折片，发报三折、四片、二清单。倦极，不愿复治事。与纪泽儿论《诗经》。夜核批札信稿，二更后温李、杜七古诗。

十四日

早饭后清理文件。旋围棋一局。出门至城外雪琴处，坐谈良久。归来，见客二次，李雨亭谈最久。午刻核批札各稿。小睡片刻。中饭后写澄弟信一件，写沅弟信一件，与方元徵围棋二局，见客一次，阅本日文件甚多，温杜、韩七古。傍夕小睡。夜核批札信稿甚多。二更四点睡，久不成寐。

十五日

早饭后清理文件。本日贺节之客极多，一概谢绝不见。雪琴来，久谈一时许，围棋一局。午刻，雪琴去。核科房批稿，改进呈安徽舆图折。中饭后改盐务折，改各谢恩折四件，阅本日文件极多。傍夕小睡片刻。夜又核谢恩折三件，其雪琴谢则全系余所改。二更四点睡。本日改至九折，疲乏已极，幸颇能成寐。而公事尚多停阁未了者。

十六日

早饭后清理文件。围棋一局。见客，立见者四次。核改信稿十余件。午刻核科房批稿。中饭后至幕府邕谈。旋阅方彦闻之骈体文、古诗。方名履篯，常州人，幕中方元徵之父也。阅本日文件，写郭意臣信一封，核批札各稿。傍夕小睡。夜再核批札稿，至二更未毕。温《诗经》数篇。三点睡。本日治事无多，而疲乏亦如昨日，盖衰迈征也。

附记

参新依营官

十七日

早饭后清理文件，围棋一局。旋见客二次，习字一纸，阅《五代史》王景崇等传。午刻核科房批稿颇多，阅冯道等传未毕，莫子偲来久坐。请雪琴来便饭，陪客为马雨农、李雨亭等，未正散。阅本日文件甚多，核批札各稿。傍夕小睡。夜温《诗经》十余篇，核改信稿甚多。

附记

江东巨王言委　　张文虎周言保

十八日

早饭后见客二次。勒少仲及两司坐均颇久。清理文件。下棋未半局，而王子怀来久谈。另围一局。习字一纸，写沅弟信一封。李壬叔等来久谈。阅《五代史》郑珏等传、刘昫等传。中饭后，阅和凝等传，至吕琦止。阅本日文件甚多。酉刻，添李小泉住二页。傍夕至幕府一谈。夜核批札信稿，二更后温《古文·辞赋类》，四点睡。

十九日

早饭后清理文件。围棋一局，又观人对奕一局。杨德亨等来一坐，方存之来久坐，钟令泰来久坐。阅《五代史》薛融等传。午刻，李起高来一坐。核科房批稿，沅弟信一封。中饭后小睡片刻。阅李崧等传，《五代史》列传阅毕。阅本日文件甚多，写郭云仙信一封。傍夕小睡。夜核改批札信稿。二更二点后，温《古文·论著类》三点睡，四更末醒。

廿日

早饭后见客二次，衙门期也。旋围棋一局，又观他人一局。又立见之客二次。习字一纸。阅《五代史》《司天考》、《职方考》，核科房批稿。中饭后，陈虎臣来，报其子得拔贡，久谈。阅《世家》杨行密、杨渥。见客二次。阅本日文件，核批札各稿，写沅弟信一封。傍夕小睡。夜核批札信稿甚多，至二更四点未毕。是日巳午之间，写对联十付。

廿一日

早饭后清理文件。旋围棋一局。见客，坐见者三次。巳刻，赵惠甫来久坐。习字一纸，写对联九付。旋又见客，坐见者一次，立见者二次。阅《杨吴世家》毕，《南唐世家》至未正毕。见客一次。阅本日文件，核改信稿批札稿甚多，至夜二更四点未能了毕，而疲乏甚矣。接沅弟专人送咨而无一信，疑病有小增，焦虑之至！尚成寐，四更末醒，近月余皆然也。

廿二日

早饭后清理文件。见客，坐见者四次。围棋一局，习字一纸，写对联六付。午刻核房科批稿。中饭后，易晴苍来，问及沅弟病势颇重，又于左肩下乳上生一毒，深为焦虑，不愿治事。阅《五代史·蜀世家》，阅本日文件，写沅弟信一件。傍夕至幕府一谈。夜，心绪忧郁，不能办公事。阅钱子密为其父《警石先生年谱》，颇为详明得体。

附 记

廿七日发报　　　请周、弓、李、陈等阅
初三日发折：十四折、一表、一正折
作寿诗　　　廿四日发家信　　　发少泉信
拜王、孙　　　书院
冯信　告示　王册页

廿三日

早饭后清理文件。见客一次，五局上衙门期也。围棋一局，习字一纸，阅《孟知祥世家》。巳正写挂屏一付。午正核科房批稿。中饭后，因念沅弟之病，深为廑系，不欲治事，因与程颖芝围棋二局。阅本日文件，核批札各稿。傍夕小睡。夜与眉生久谈。改信稿甚多。三点睡。

廿四日

早饭后清理文件。出门至敬敷书院月课，题《鲁欲使乐正子为政一章》。旋至孙薲田处吊丧。归家，与鲁秋杭围棋一局。王子怀来久坐，徐毅甫来久坐，又立见之客二次。午刻核批札稿甚多。伤风畏寒，小有不豫。中饭后写沅弟信一页，又与方元徵围棋一局，阅《五代史·南汉世家》，阅本日文件。因有疾，至内室小睡。写澄弟信一封。贺胜臣自金陵归，知沅弟之病已愈。思作小诗数首为沅弟祝寿，沉吟久之而不可得，是夕仅作一首。停阁之事甚多。二更三点睡。

廿五日

早饭后清理文件。围棋一局，又观人一局。旋作诗，七绝四首。李眉生来一谈。午刻核科房批稿。至马方伯处赴席，申初散。归，阅本日文件。伤风未愈，手膀又疼，以膏药敷之。夜又作诗二首。久不作诗，机轴太生，根窭殊甚。申刻见客一次。是日公事废阁未办。

廿六日

早饭后清理文件。与方元徵围棋一局，又观方与鲁一局。旋见客，坐见者四次，立见者二次。核改徽州截剿窜贼一折，未毕，刘开生来。午刻核科房批稿，又改折稿毕。中饭，请弓筱芗、李芋仙等便饭，本日在此阅卷也，未正三刻散。饭后，改彭玉麟不能专驻安庆一片，阅本日文件极多。酉刻，折差自京归来。阅京报十余本，核批札稿。莫子偲来久坐。夜改沅弟告病开缺回籍折一件、近日军情片一件。二更四点睡。

廿七日

早饭后清理文件，与程颖芝围棋三局，又观其与人一局，陈虎臣、赵惠甫先后来一坐。朱久香学使来一坐，渠新自池州按临归来也。习字一纸。午刻核批札各稿。中饭后出门拜朱久香，久谈。至河干吊李臣典之灵柩。欧阳小岑来久坐，申初归。阅本日文件。接奉批旨，即十三日所发之折也。傍夕发报四折、三片。至幕府邕谈。夜写沅弟信一封，阅冯鲁川诗。倦甚，不能治事。公牍积搁甚多。

廿八日

早饭后清理文件。与鲁秋杭围棋一局，又观鲁与方一局。两司来见，一叙。王鲁园等来，一叙。又见客，立见者三次，坐见者一次。午刻核批札各稿。中饭后，杨玉辉等五州县来久坐，穆海杭来久坐。说话太多，若不自持者然。阅本日文件，又作沅弟寿诗三绝句，至二更三点毕。久不作诗，艰窘若此，殊自叹耳！

廿九日

早饭后清理文件。围棋一局。马学使来一坐，带教官四人、肄业生多人，呈送行诗册约百余人，皆歌咏功德，读之滋愧！程尚来久坐。旋又见客，立见者四次，坐见者三次，王子怀坐甚久。核改信稿批楷稿，清理近日积阅之件。中饭后，清理各件。见客，坐见者一次，立见者一次。阅本日文件，核批札各稿。傍夕至幕府一谈。夜，尚斋来一谈。二更后，再核信稿。

附记

金眉生捐款内有徽人若干子怀托查
张仙舫捐款内不应分外府
改折色一案
裁陋规一案

卅日

早饭后清理文件，见客一次。出门辞行，至两司及朱、马两学使、首府、首县及王子怀侍郎七处拜会。午正归，围棋一局。见客二次。中饭后见客，立见者三次，坐见者三次。朱久香坐颇久。核批札信稿，阅本日文件，未毕，灯后始阅毕，倦甚。阅《陆放翁诗集》。二更四点睡。

九　月

初一日

是日起行赴金陵。早饭后清理文件，围棋一局，见客二次，检点各件。拜发慈禧皇太后万寿贺本。巳刻起程，登舟应酬甚久，说话极多。午刻，留程尚斋、何丹臣、穆海航三人便饭，一面开船行走。行十二里，司道复登舟话别，申初客散尽。舟行六十里，至李阳河湾泊。阅本日文件，核批札各稿。至船后亭子登眺。夜再作沅弟寿诗二首，写陈氏妾墓碑九字。二更四点睡。

初二日

早饭后清理文件。旋围棋二局。作诗二首，共作七绝十三首，至是始毕。午刻核科房批稿。在公馆积阁者，本日始得完毕。是日因逆风未得开船，申刻以后，风虽稍微，亦不开行矣。中饭后再围棋一局，阅本日文件，写手卷一个，即沅弟之寿诗十三章。跋尾云："使儿曹歌以侑觞。"盖欲使后世知沅甫立功之苦，兴家之不易，常思敬慎以守之也。酉刻，至船尾眺览。夜温《古文简编》，并温"论著类"。二更三点睡。

初三日

早饭后，逆风强行九十里。至午正风太大，不复可行，即在王家套住宿。辰初清理文件，旋核批札稿。巳刻围棋一局，习字一纸，阅《五代史》《楚世家》、《吴越世家》。中饭后再围棋一局，阅本日文件，勒少仲、钱子密、程伯敷来久坐，阅《闽世家》未毕。夜写沅弟信一封，温《古文·叙记类》。二更三点睡。

初四日

黎明开船，行百一十里至铜陵下夹湾泊，距荻港尚欠三十里。未正即泊，盖舟人畏风，过于慎重也。早饭后清理文件。旋阅《闽世家》毕，阅《南平世家》《东汉世家》。围棋二局。将乾隆府、厅、州、县记于府县名上，着朱圈以识别之，至未正圈九省。核批札各稿。周缦云来一坐。写李少荃信一件、沅甫信一件。傍夕至岸上散步，与幕中诸邕谈。夜教纪泽读书宜放声歌诵，以引其情韵。核改信稿数件，旋温《古文·词赋类》。二更四点睡。

附记

复奏李、吴等。

初五日

早饭后清理文件。开船行一百三十里，未正至芜湖住宿。辰刻习字一纸。旋围棋二局。阅《五代史·契丹传》二卷。中饭后写冯景亭住一封。见客十余次，皆文武迎接者，竹庄谈最久。酉刻往看芜湖街道。由河南上约四里许，过浮桥进城南门，出西门。西门内外新屋甚多，商民欣欣向荣，遂将还承平之旧观。余二年二月过此，尚一片瓦砾也。傍夕回船。夜写南坡信一页、沅弟信一页，温《古文·序跋类》。

初六日

早饭后开船，行一百廿里，至烈山上夹泊宿。辰刻清理文件，围棋二局，习字一纸，阅《五代史》《四夷》、《附录三》。是日将《五代史》阅毕。见客二次。彭杏南表弟于舟次相遇，一谈。录《雅训杂记》。中饭后核改信稿。旋批安徽两司约束州县一禀，约四百字。登楼船尾一眺，与幕中诸友邕谈。戌刻，黄昌岐军六来接，邕谈。夜阅安微两司漕粮暂征折色一详，未遽加批，眼蒙故也。温《古文·奏议类》。二更后，又温苏诗十余首。

初七日

早饭后开船，行八十里，至金陵棉花地湾泊，午正即到。黄军门在船上久坐。辰刻清理文件，习字一纸，围棋二局。沿途见客二次。到金陵后，见客十余次。令纪泽先至沅弟公馆请安。余因应酬太多，太阳蒸热，疲倦殊甚。剃头一次。酉刻核安徽两司详漕务一案。至夜间拟批，二更四点尚未批毕。

初八日

早饭后清理文件。旋批定皖省漕务一案。巳初进城，行廿八里进南门，至沅弟公馆看病，与之邕谈。中饭后又邕谈。见客数次，晏同甫来久谈。沅弟谈久，稍发抒其郁抑不平之气。余稍阻止劝解，仍令毕其说以畅其怀。沅弟所陈，多切中事理之言，遂相与纵谈至二更。其谏余之短，言处兄弟骨肉之间，不能养其生机而使之畅，遂深为忠告曲尽。三更二点睡。余因说话稍多，不能成寐。弟则不成寐者已六七日矣。

附记

李供后数条咨军机
十六日沅疏咨军机

初九日

早饭后清理文件。旋与沅弟邕谈。辰正至贡院看屋。历勘至公堂、衡鉴堂、主考住屋、房官住屋、监临堂、提调监试堂、供给所、弥封所、上江誊录所、下江誊录所、对读所、外收掌所、西文场各号舍、官生教职号舍、西文场各号舍、平江府姚家巷等处号舍，均已细阅。工坚料实，粲然一新。旋出头门外勘验，应于东西两头各添牌坊一座，商定一切。午初，复回沅弟处。中饭后，至晏同甫处一拜。出水西门回船，约廿五里。清理各文件。夜改举行乡试折一件。二更三点睡。屡次惊醒，不能成寐。

初十日

黎明，接奉廷寄谕旨，沅弟准回籍开缺养病，赏人参六两。饭后，进城入署。行三十余里，巳初至署，贺客甚多。内人及儿女辈次弟入署。沅弟亦力疾来贺。应酬至申正始毕。酉刻围棋一局。傍夕小睡片刻。夜改片稿一件，温《诗经》数篇。袁氏婿于五月来金陵，另住公馆一所，本日亦不入署居住，浮荡可叹！

十一日

早饭后清理文件。见客，坐见者五次，立见者七次。围棋一局。改片稿一件。巳正至沅弟处咇谈，午正归。请晏同甫来便饭，申初散，见客，坐见者二人，立见者五次。阅本日文件，再围棋一局，改片稿一件。夜温《古文·杂记类》十余首。

十二日

早饭后清理文件。见客，坐见者五次，立见者十六次。围棋二局。午刻与李眉生咇谈，说话太多，倦甚。核科房批稿，中饭后核毕。未正至沅弟处一叙，谈不甚畅，申正归。阅本日文件极多，傍夕毕。夜阅批札各稿，二更毕。温《古文·杂记类》十余首。三点睡。是日轮应发报之期，已于昨夕拜发一折、三片。

十三日

早饭后清理文件。见客，坐见者一次，立见者九次，皆新得保举谢恩者也。围期一局。杂记紧要事件。巳正阅段《说文》十四页。中饭后录《诂训雅记》，阅本日文件，核批札各信稿。见客二次。至幕府楼上一看，将修理以住众友。夜核批信稿数件。温《古文·叙记类》十一页。

附 记

六合县戴履忠一案
一人　　二客　　三信　　四科
五书　　六文　　七批　　八歌

十四日

早饭后清理文件。见客，坐见者二次，立见者一次。写澄弟信一件。围棋一局，旋又与薛炳炜二局。见客，立见者五次，坐见者二次。午刻核科房批稿。中饭后写扁字廿余个，阅本日文件。申正至沅弟处咇谈，灯后夜饭始归。核文案房批稿札稿。二更后温《古文·叙记类》。

附 记

微山湖东省客民打刘庄圩一案

查少泉禀报销二折六册一案

十五日

早间，文武贺望者，概谢不见。饭后清理文件。吴竹泉、李芋仙先后来见，一谈，又立见之客一次，与客围棋二局，莫子偲来一谈。午刻，核科房批稿，未毕，中饭后核毕。写扁字三十余个，阅本日文件甚多，阅段《说文》六页。见客，坐见者一次，立见者一次。核批札各稿，未毕，夜间始毕。倦甚。温杜工部五律三十余首。

附 记

松太办漕，苏州办租捐，先运京米，余分济金陵、苏州善后函请于办京米之外，全解敝处，否则分厘三成

问万知苏厘章程否行知月报此间

十六日

早饭后清理文件。旋见客二次，谈颇久。与薛炳炜围棋二局。阅段《说文》数页。旋又见客。坐见者一次，立见者一次。午刻，核科房批稿。中饭后补核始毕。又阅《说文》数页，录《雅训杂记》，阅本日文件极多。傍夕至幕府一谈。夜核批札各稿。温《古文·叙记类》。二更四点睡。近每于四更二点醒后不复成寐，本日却成寐矣。

十七日

早饭后清理文件。旋见客二次，黄少昆等久坐，又立见之客三次。与薛炳炜围棋二局。旋又见客二次，坐均颇久。午刻核科房批稿，阅段《说文》七页。中饭后，又阅四页，写扁字三十余个，阅本日文件。申正至沅弟处罃谈，灯后归。庞省三来，与论沅弟祭孝陵祭口、仪注。核批札各稿。至二更三点后，温《古文·叙记类》。

附 记

以磁、锡器代笾豆、簠簋

寄孙、吴银信

札朱、朱驻宿、太，刘驻安庆

札四款解江外粮台，发五军之饷

罗旋吉对

彭之龄送银

改谢折　　作谢折专差送京

十八日

早饭后清理文件。旋见客，坐见者四次，立见者二次。与薛炳炜围棋二局。旋见淮南监制同知徐瀛，坐颇久。又写扁字数个，将连日所写之扁清理一番，送交黄少昆。午刻核科房批稿，阅段《说文》四页。中饭后又阅九页，阅本日文件。见客，立见者四次，坐见者一次。傍夕至幕府一叙。夜，庞省三来久谈，核批札信稿，二更三点后温《孟子》三十余章。四点睡。

十九日

早饭后清理文件。旋立见之客三次。与薛炳炜围棋二局。又立见之客三次，坐见者四次。阅段《说文》四页。午刻核科房批稿。中饭后，孙藁田来一见，阅《说文》五页，阅本日文件极多。萧开印送一活鹿，因写信与沅弟，宰杀以祭明太祖孝陵，因沅弟奉旨派祭明陵，将以廿日行事也。傍夕至幕府一叙。夜核批扎信稿甚多。二更二点后温《诗经》，倦甚，不能吭声朗诵。四点睡。

廿日

早饭未毕，沅弟来小坐。盖祭毕归来，已行三十余里也。旋见客，坐见者四次，立见者一次。围棋二局。涂阆仙等来，谈颇久。清理文件。阅段《说文》三页。午刻核科房稿。见客二次，谢立夫来久坐。中饭后，再阅段《说文》七页。见客一次。阅本日文件，核批札信稿。倦甚，小睡片刻。夜核批札信稿。二更四点睡。

廿一日

早饭后清理文件。旋见客，坐见者二次。与薛炳炜围棋二局。又见客，立见者四次，坐见者二次。核改批稿。午正请客，谢立夫、梅世兄、陆世兄、朱世兄等，未正散。阅本日文件，旋又改批稿一件。申正至沅弟处閟谈，灯后为弟改谢恩折，二更三点归寓。闻程伯敷家来游勇八人，闯入内室，可虑之至。派戈什哈二人、勇八人前往弹压，因在彼巡逻一夜，四更拿获二人。余因此悬悬，不能成寐。

廿二日

早饭后清理文件。旋见客，立见者五次，坐见者三次。阅《说文》三页。围棋二局。午刻核科房批稿。中饭后阅本日文件。万方伯来到任，一见，久谈。核批札稿，未毕。傍夕至幕府一谈。夜核批札稿。二更后，作季弟芜湖县新修祠宇联一首。四点睡，五更醒。

廿三日

早饭后清理文件。旋见客，坐见者五次，谈颇久。旋看程希辕与薛炳炜围棋二局。午刻，写季弟祠中联扁。欧阳小岑来一谈。午正至沅弟处中饭，申正归。阅本日文件。傍夕至幕府一谈。夜，省三来一坐，核批札各稿。二更四点睡。

廿四日

早饭后清理文件。旋见客三次，谈颇久，又立见之客三次。与薛炳炜一局，又观人二局。见客，立见者五次，坐见者一次。午刻核科房批稿。中饭后，小岑来久谈。阅本日文件，核批稿信稿，写澄弟信一件。傍夕至幕府一谈。夜核彭席江三保举单，改抵征折稿。二更五点睡。

廿五日

早饭后，坐见者五次，立见者四次。旋清理文件。与鲁秋杭围棋一局。写李少荃信一封。旋又见客三次，坐谈颇久。中饭后，又坐见之客二次，马雨农坐甚久。阅本日文件。至沅弟处久谈，灯后归。核王可陞保单，改肃清全皖折稿。二更三点后，倦甚。诵放翁七绝以自怡。

廿六日

早饭后见客，周子瑜谈良久。旋围棋一局。旋又见客，立见者七次。写黄南坡、郭意城信。中饭后呕吐一次，因吹饭稍过度也。旋又围棋一局。阅本日文件。申正至沅弟处邕谈，更初归。眼蒙不能，因朗诵放翁七绝、退之七古以自娱。本日，有呕吐之疾，有左眼疼痛之患，又有左脚已烂不能着靴之苦，颓然老态，不能自振矣！

附 记

立发审局
札周子瑜帮办科场事务

廿七日

早饭后清理文件。旋见客，坐见者一次，立见者二次。围棋一局。巳刻又见客二次，坐见者一次。核科房批稿。午正至妙香庵赴宴，司道公请，共三席，申正归。阅本日文件，欧阳小岑来一坐。傍夕至幕府一谈。夜核批札稿甚多。二更四点睡。是日天气始凉，有深秋之意矣。酉刻，发报四折、二清单。

廿八日

早饭后清理文件。旋见客，见坐者三次，立见者三次。围棋一局。核信稿批稿。午刻核科房批稿，有裁撤卫官及屯租归州县一案，沉吟良久，不能下笔。中饭后见客二次，潘伊卿谈颇久。阅本日文件，未毕。沅弟来久谈，至傍夕去。夜，折差自京归，接阅京信十余件。庞省三来久坐。核改批札各稿。二更三点后，温《史记》二首。

附 记

札各局绅

廿九日

早饭后清理文件。旋见客三次，围棋一局，再写扁字十余个。午初，至慕王府及藩署并各伪府公馆看四处，以为主考学政行台。申初至沅弟处中饭，酉初归。阅本日文件，未毕。沅弟来久谈，灯后始去。将本日文件阅毕，改谢恩折一件。二更四点睡。是日阅京报廿余本。沅弟将二日内起程，料理一切，本日来余署，即辞行矣。

附 记

黄、杨、薛、吴修主监学四馆

誊对号军住满营或帐房或贡院
作夹帐棚千余架，以备士子栖止
张国樑之尺，问沅派员之名
李供、沅疏、张尸、明陵复奏

十 月

初一日

早饭后见客一次，旋出城送沅弟之行，应酬甚繁，与沅弟鬯谈。竟日未能治事，即本日文件亦未能一阅。夜，与沅论文、诗。二更三点睡。沅弟之情最笃挚，余偶诵东坡《狱中寄子由》二首及子由《彭城别东坡》二绝，沅乃凄然欲涕。又论及出处大端，沅凝所见与余略同。

初二日

是日，在沅弟船上一日。早饭后清理文件。兄弟鬯谈甚久。午刻开船行十里至大胜关。中饭后与刘咏荸围棋二局。阅初一日文件，改祁春圃、周芝台、吴竹如信稿三件，核批札各稿。傍夕，又与刘咏荸围棋一局。夜与沅弟鬯谈一切。

初三日

是日，早饭后开船，后行一百里至采石住宿。与沅弟谈甚鬯。巳刻阅昨日文件，申刻核批札各稿。酉正，与刘咏荸围棋二局。夜接廷寄一件。又与沅弟鬯谈。以仇十洲画、刘石庵书与沅弟，各题数字于上，以识岁月。二更三点睡，尚能成寐。五更醒。

初四日

早饭后，与沅弟鬯谈作别，即自采石开船东归。命纪泽送沅至芜湖。余以午正至大胜关，申初即至署内。与幕府诸君鬯谈，核公事稿数件，阅本日文件。傍夕倦甚，小睡。夜，围棋一局。倦甚，不能治事。二更三点睡。是夜作对联一首，将贴于府县官厅。联云："虽贤哲难免过差，愿诸君谠论忠言，常攻吾短；凡堂属略同师弟，使僚友行修名立，乃尽我心。"

初五日

早饭后见客三次，坐谈甚久，旋立见之客十次，罗麓森来一坐。围棋一局。次儿纪鸿、外甥王兴韵自湖南来，与之一谈。核改信稿札稿。中饭后，织廷松瑞来见，久谈。派折差刘传愈、曹全进京。写澄侯弟信，阅本日文件极多，傍夕粗毕。夜核批札稿甚多。二更三点睡。接部文，知江南主考放刘昆平步青。

初六日

早饭后见客，坐见者四次，立见者三次。清理文件。围棋一局。写沅弟信一件。何祥垣其兴自山东归，来一会，年七十六，耳聋不闻一事矣。午刻核科房批稿，未毕。中饭后倦甚，不愿治事，因与方元徵棋一局。旋阅本日文件甚多。见客五次，至傍夕始阅毕。至幕府一叙。夜核批札信稿至二更三点，未毕。倦甚，早睡。

初七日

早饭后清理文件。是日考试本衙门书吏，请周缦云点名监考。余出题二道：《金陵善后告示十条》《萧曹优劣论》。旋围棋一局。见客，立见者五次，坐见者二次。午初核科房批稿。中饭后再核一时许始毕。阅本日文件，尚不甚多。申刻至幕府一谈。见客一次。傍夕倦甚，小息。夜核批稿信稿甚多。二更三点后，温《古文·序跋类》，四点睡。是夕接上海解到银十七万，诸事可以清厘，殊以为慰。

初八日

早饭后至城隍庙行香求雨。旋回署见客，营官廿六人，坐见一次，又坐见之客三次，立见之客三次。出门看贡院。出上江、下江学院行台，归署已未正矣。中饭后围棋一局。魁副都统玉来，坐谈片刻。阅本日文件。傍夕至幕府一谈。写联六付。纪泽自芜湖归，问及沅弟之病，云初六夜腹泄多次，厪系之至。写沅弟信一件。夜核批札信稿。二更二点后，温韩诗七古，倦甚，不能治事，老态毕露矣！

初九日

早起,率家人恭祝显者光禄老太太夫竹亭府君七十五冥诞。旋出门,至城隍庙求雨。归,见客,坐见者三次,立见者三次。围棋一局,又观人一局。午刻核科房批稿。李继荃来久坐。中饭后与黄军门久谈。旋见客三次,阅本日文件,刘咏黄来,坐谈片刻,再围棋一局。傍夕,庞省三来一谈。夜将初七日所考书办卷通阅一过,二更四点睡。

附 记

与少荃商江宁豁免事,仿常州之例
江发云事
柳寿田事
东水关委员

初十日

早,至公所拜慈禧皇太后万寿,即沅弟前作公馆之处也。旋再至城隍庙求雨,本日已三次矣。归,辰刻早饭,饭后见客二次,坐谈颇久,衙门期也。旋围棋一局,又观人一局。又见客,坐见者二次。午刻核科房批稿甚多。中饭后,莫子偲来一坐。写对联六付,内作府、县官厅一联云:"虽贤哲难免过差,愿诸君谠论忠言,常攻吾短;凡堂属略同师弟,使僚友行修名立,乃尽我心。"阅本日文件。欧阳小岑来久谈,核批札各稿,核一折二片,至二更四点核毕。颇觉费心,不胜其劳。

十一日

是日,为余五十四生日,谢绝诸客,惟家中儿女辈庆祝。饭后清理文件。旋围棋一局,又观人一局。改折稿片稿三件。午刻核科房批稿颇多。中饭后核改信稿数件。倦甚,懒于治事。又与方元徵围棋二局,阅本日文件。傍夕与纪泽儿论古人用字之法。灯下,核改批札各稿,二更后改折稿一件,四点睡。

十二日

早饭后清理文件。旋见客,坐见者四次,王大经小莲、李朝斌质堂谈甚多。

围棋二局。旋又见客，立见者六次，坐见者二次。改近日军情片稿一件。午刻核科房批稿。中饭后，李继荃来一谈。旋出门，至城外拜魁副都统玉，又拜织造松瑞。归，阅本日文件，写亲笔告示，楷书百余字，未毕。傍夕至莫府一谈。二折四片，戌初发报。夜核批札各稿，二更后温信陵君、平原君列传。二更四点入内室。三更睡，五更四点醒。日内，恐沅弟病重，常不放心，醒后尤悬悬。

十三日

早饭后清理文件。见客三次，均坐谈甚久。围棋一局。巳刻，刘开生、张啸山、李壬叔来久谈。核科房批稿，阅段《说文》二页。中饭后又阅四页，阅本日文件。申正写对联七付，改信稿数件。傍夕至勒少仲房一坐，渠本日新入幕府也。夜，接奉廷寄，命余带兵至皖鄂交界剿贼，命李鸿章署江督、吴棠署苏抚、富明阿署漕督。旋又与客围棋一局。二更后，钱子密等来久谈。二更三点睡，竟夕不能成寐。是日巳刻，将楷书告示写毕，约百余字。

十四日

早饭后清理文件。旋围棋二局，阅《说文》三页。巳刻李继泉来，久坐二时许。中饭后，李眉生来一谈，又立见之客二次。阅本日文件，写澄弟信一件、沅弟信一件。阅邵位西所著《礼经通论》，似是咸丰十一年将在杭城殉难以前所作，凡三十篇，上卷十九篇，下卷十一篇。下卷遗失无存，上卷为吴仲宣、丁柘唐、高伯平新刻于清江。淹贯精深，信不易及。是夜至二更阅毕。旋温《礼记·札运》一过，《檀弓》十余页。二更四点睡，尚能成寐。

十五日

早间，各文武贺望者，俱谢不见。旋见司道及首府等二次。围棋二局。旋立见之客三次。阅段《说文》十一页。午刻核批札各稿，未毕。中饭后又核半时许，毕。阅本日文件。陈虎臣、庞省三来，先后久坐。傍夕至纪泽处一坐。夜核批稿信稿，温《古文·叙记类》，旋又温《书经》数篇、《孟子》十余章。二更四点睡，不甚成寐。

十六日

早饭后见客一次。旋围棋二局。陈虎臣、涂朗仙来，与之粤论出处进退之宜。旋又见客，坐见者一次，立见者一次。作折稿一百字许。午刻核批札各稿。欧阳小岑等来一谈。中饭后再作折稿，阅本日文件极多。轮船自安庆来，得见沅弟。闻病已加重，并无一字寄我，在安庆并未见客，仅泊船二时许，即行上驶，为之忧系无已。旋又作折稿，至二更二点毕，约八百字。三点后朗诵《诗经·文王》等篇。

十七日

早饭后清理文件。旋围棋二局，见客一次。出城接李少泉中丞，在水西门官厅等候时许。午刻，少泉同至署内久谈，即在此便饭，直至申末方去。阅本日文件。夜，王壬秋来，久坐半时许。疲倦殊甚。核批札各稿。二更后温《书经·微子》篇。

十八日

早饭后清理文件。见客，各营官一次，共廿四人，旋又见客三次，坐谈颇久。巳初出门拜李少泉。午初与少泉同出水西门接朱久香学使。旋回寓，请少泉及黄、李两军门及继泉中饭，申正散。阅本日文件颇多。立见之客二次。傍夕至莫府鬯谈。夜，庞省三来久坐。困倦殊甚，不愿治事。二更后温《吕刑》篇，朗诵四过。二更四点入内室，五点睡。

十九日

早饭后清理文件。旋见客，坐见者五次，立见者二次。围棋一局。阅《胡文忠公文集》，阅王文成公书《君子亭记》，厉伯符寄求题跋者也。旋又见客，立见者五次，坐见者三次。万簾轩、李眉生坐甚久。中饭后阅本日文件。见客，立见者一次，坐见者二次，凌晓岚、赵惠甫二起，谈甚久。傍夕倦甚，小睡。夜核批札稿。二更三点后，温韩诗七古。四点入内室。

廿日

早饭后见客，坐见者四次，衙门期也。清理文件，围棋二局。出门拜朱久香先生，午刻归。李质堂来久坐。中饭后见客二次，阅本日文件。剃头一次。阅《梅伯言诗集》。庞省三来一坐，李继荃来久坐。灯后倦甚，小睡。旋核批札各稿。二更三点后温《召诰》，未毕。三更睡，五更醒。

廿一日

早饭后清理文件。旋见客，坐见者三次，立见者四次。围棋二局。旋又见客，坐见者二次，立见者二次，赵惠甫谈甚久。核批稿，未毕。中饭后，又核科房各稿。李眉生来久谈，欧阳小岑来久谈。傍夕，李少荃来久谈。夜将科房稿核毕，改折稿一件、片稿二件。二更四地睡。

廿二日

早饭后清理文件。旋见客，洪汝奎、刘松山、黄翼升三人俱谈议甚久。旋围棋一局，改片稿一件。旋又见客三次，立见者一次。午刻核科房批稿。中饭后，至幕府一谈，甚久。阅本日文件，阅魏默深文内集、外集。酉正小睡片刻。黄昌歧来久坐。夜核批札信稿颇多。二更二为，温《古文·辞赋类》。

廿三日

早饭后，至善后局，与抚院、司道、文武等步行至城隍庙祷雨，旋归寓。见客三次，坐谈颇久。清理文件。围棋二局。午初至通济门公所迎候宜春宇学使，直至申正始到。与抚院并各文武跪请圣安，旋归寓。阅本日文件。傍夕倦甚。夜见客二次，核改信稿批札各稿。二更四点入内室。三更睡，四更末醒。

廿四日

早饭后至善后局，步行至城隍庙祷雨。旋又至贡院一看。至宜学使处回拜，至少泉处一谈，午初归。见客，坐见者三次，立见者一次。核科房批稿，中饭时尚未核毕。饭后围棋一局，阅本日文件，写澄弟、沅弟信一件，见客二次。傍夕至幕府一谈。夜核批稿信稿，二更二点后温韩诗七古，四点睡。

廿五日

早饭后，至城隍庙求雨，因昨夕下有微雨，本日即行谢醮，旋归寓。旋见客，坐见者五次，立见者二次。围棋一局。午刻核科房批稿。中饭后见客，立见者二次，坐见者一次。作一碑，立于新修龙膊子缺口处，未及缮正。少荃中丞来，久谈至更初始去。阅本日文件。不复能治它事矣。

廿六日

早饭后清理文件。旋见客一次。围棋二局。见客，刘军门铭传、朱学使、彭侍郎三次，坐俱甚久。旋又见客，立见者二次，坐见者二次。午正核科房批稿。中饭后，李眉生、莫子毂来一谈，阅本日文件。旋又坐见之客二次。添毛寄云信二页，添胡莲舫、李筱泉信各一页。夜添陈季牧信一页，核批札各稿。二更三点后温《召诰》，未毕。四点睡，颇能酣寝。

廿七日

早饭后见客一次。旋清理文件。围棋一局。雪琴来久坐。拜发长至贺表。旋又见客，坐见者一次，立见者二次。写对联四付。午刻核科房批稿甚多。汪梅村来久谈。请梅村与张啸山、李壬叔等中饭，申初散。阅本日文件。陈虎臣来久谈。傍夕至幕府一叙。夜核批札各稿，二更后温《史记·儒林传》，若有所会。

廿八日

早饭后清理文件。旋见客，立见者一次，坐见者二次。出门拜客，至旱西门拜雪琴。常仪庵新来，与之久谈。旋至妙香庵看主考公馆，午正归。见客，坐见者二次，立见者一次。中饭后阅本日文件。见客，坐见者二次。写碑一通，百四十字，字大二寸许，即龙膊子修地道之缺口也。旋核批札各稿。夜温《酷吏传》，温匡衡各疏及《出师表》。二更三点倦甚，早睡。

附 记

方浚益保留江知县

休宁豁免

廿九日

早饭后清理文件，旋围棋二局。坐见之客三次，谈俱不甚久。出门拜朱久香先生。归，常仪庵等来久坐。旋写郭云仙信一封。请雪琴、仪庵等中饭。见客，坐见者三次，立见者一次。仪庵等申初散去。李雨亭及刘开生等先后来畅谈。阅本日文件。傍夕倦甚。夜阅罗罗山《太极衍义》《姚江学辨》等书，服其见理甚真，所志甚大，信为吾乡豪杰之士。二更后，核批札各稿。至幕府与陈小浦一谈盐务。归签押房时,头晕,几于倾跌。近日如此者屡矣。老境日催,德业无复进步,深为可惧!

卅日

早饭后清理文件,旋围棋二局。见客,坐见者五次,冯景亭、晏彤甫坐最久。午正核科房批稿,极多,中饭后再核乃毕。阅本日文件,核批札各稿。申刻,李少荃来鬯谈,至更初始去。核各信稿。二更后温《古文·哀祭类》,读《招魂》数过。四点睡。

附 记

梁国琡不论双、单月

十一月

初一日

早饭后清理文件。旋见客，坐见者三次，谈颇久。巳正出门，至旱西门观沅弟后咨明为季弟靖毅公专祠者。旋至妙香庵看主考公馆，陈设极为整齐，即在庵中吃饭，司道亦同在该处。未刻回至南门，观黄少鸥所相度为靖毅公专祠者。两处俱不甚惬意，南门一所微胜于旱西门一所，因与少鸥议定，姑将该处修好，入主开祭，以妥靖毅之灵。又看鼓楼昭忠祠，即伪听王府，轩敞宠深，极为惬意。定于日内入主，今冬开祭。申正归。阅本日文件。会客一次。傍夕与常仪庵圉谈。渠本日搬入署内居住也。夜核批札信稿，庞省三来久谈。二更后温古文《大招》，温《货殖传》。四点睡。

初二日

早饭后清理文件。旋围棋一局，见客，坐见者五次，李雨亭等坐最久。午正核科房批稿，未毕。中饭后见客，坐见者二次。再核科批。申刻阅本日文件。傍夕至幕府一坐。灯后，万方伯来一谈。夜将治事而气浮意倦，又围棋一局。二更后阅《史记·自序》，与纪泽论《自序》及《汉书·叙传》《后汉·赞语》之实，小司马"述赞"之谬。旋温匡衡三疏，叹其精雅。

附 记

核供应单

核保单

世仪送元卷费单

房屋告示两条

初三日

是日为先妣江太夫人冥寿，盖八十生日也。早间备祭席，率家人行礼。饭后清理文件，见客，坐见者二次，立见者二次，围棋一局。旋又见客，坐见者七次，内汪梅村、刘仲良坐颇久，又马铭携其兄马剑之传及《集韵校勘记》来，谈颇久。又有影宋钞本《集韵》。今东南乱后仅存之本，可贵也。李少荃来久谈。余本日交卸督篆，渠接印后来一叙也。中饭，请凌焕、刘仲良等便饭。饭后阅本日文件，极少。万簏轩来一谈，庞省三来久谈。灯后，核批札信稿多件。二更五点，温韩文数首。

初四日

早饭后清理文件，见客一次，围棋一局。旋出门拜客数家，李少荃、冯景亭两处久谈。又登南门城楼一看。是日主考进城，人迎接。午正归。中饭后见客，坐见者四次，立见者四次。阅本日文件。酉刻，徐寿蘅侍郎来，久谈至更初散，即在此住宿。核内供应各物簿一本，二更五点核毕。睡尚成寐。不雨者已三月，本日夜下雨。虽于农事稍顺，而于科场大不便。

初五日

早饭后清理文件。旋见客，会见者二次，立见者二次，衙门期也。围棋一局。宜春宇、朱久香两学使先后来会。接奉寄谕，饬余无庸赴安庆，亦不必交卸督篆；李中丞、吴漕帅、富将军各回本任。周子佩来久坐。中饭后写澄、沅两弟信一件，郭意城信一件。见客，坐见者二次。阅本日文件。酉刻见客二次，季仙九师之孙世兄坐甚久。夜，徐寿衡来久谈，二更后核批札各稿，三点温《孟子》。三更睡，五更初醒。

初六日

早饭后清理文件。旋围棋一局，见客五次。是日主考入闱。余于午刻至监临馆，未刻，主考亦到。余与李抚院、宜朱两学使暨各司道恭请圣安，旋相见。正主考东座，副主考西坐，朱学使次东座，宜学使次西座，余又次东座，李部院又次西坐。因文宗尚未永远奉安，停止筵宴，进茶三次，各更朝服，望阙谢恩，行三跪九叩礼。余与两学使归寓，监临与两主考入闱。归后，见客三次。请徐寿蘅中饭，至暝始散。阅本日文件。至幕府一谈。夜核批札稿，温《古文·序跋类》。二更五点睡。

初七日

早饭后清理文件。旋见客，坐见者一次，立见者二次。围棋一局，又观人一局。见客，坐见者三次，立见者二次。中饭后，潘伊卿、莫子偲先后见，各久谈。阅本日文件，至幕府一谈，万方伯来久谈。傍夕弄孙女以自怡。更初徐寿蘅来久坐，至三更始散。是日未治一事，意思倦缓，深以为愧。三更睡后，五更醒，闻雨雪声，念明日文闱头场点名，忧灼无已。

初八日

早间，雨雪纷纷，念文闱点名之苦，十分焦灼。饭后见客，立见者二次，坐见者三次。围棋二局。至幕府与寿蘅鬯谈。寿蘅旋来话别，又鬯谈。陈子奉、周子佩、勒少仲先后禀辞鬯谈。中饭后雨雪不止，屡派人至贡院探问。人众拥挤，东路点名尤乱，实深忧闷！阅本日文件。写挂屏一付、对联三付。申正，雨雪渐歇，心为稍纾。傍夕至幕府一谈。酉刻核批札各稿。夜改房屋告示稿一件，二更后温《召诰》，似有所会。五点睡。竟夕未闻雨雪之声，俾应试归号者少得舒展，为之一慰。

初九日

早饭后清理文件。围棋一局。旋见客，坐见者四次。阅段《说文》十页。午初出门，至城外吊陆立夫先生。渠于咸丰三年二月十日城陷遇害，其家丁和祥为之收瘗。本年九月，其次子陆式谷来寻忠骸，十一月六日掘出，换棺重敛也。旋至朱学使、宜学使两处一谈，未正归。中饭后，阅本日文件。傍夕，万方伯来久谈。夜核批札信稿颇多，二更后温《洛诰》。五点入内室，三更睡。

初十日

早饭后清理文件。旋见客一次，衙门期也，围棋二局，赵惠甫来一谈。阅段《说文》十页，中饭后始毕。出场者渐多。接题纸，首题《页公问政二章》，次题《有余不敢尽》，三题《汤执中立贤无方》，诗题《桂树冬荣》，得"风"字。

至幕府一谈,阅本日文件。作"家训"四条,教训儿妇诸女,约六百余字,至二更始毕。夜再温《洛诰》,不可解之处甚多。本日,天气阴雨,至申刻后雨转大。念应试者之苦,忧灼无已!

十一日

早饭后清理文件。旋围棋一局。天气奇冷,密云交加。士子方进二场,可怜也。见客,立见者一次,坐见者二次。阅魏默深《书古微》十余篇。中饭后风雪转盛,焦灼之至!复围棋一局。阅本日文件。问二场点名,不甚拥挤,稍以为慰。傍夕至幕府一谈。夜核批札信稿,二更后温《古文·序跋类》。三点睡。

十二日

早饭后清理文件。旋围棋二局。见客,坐见者三次,立见者二次。大雪纷纷,念应试者在闱中寒苦异常,忧灼之至!绕屋徬徨,不知何以为计。旋阅段《说文》十一页。午正,朱久香前辈来,宜春宇学使、冯景亭、潘季玉来中饭,申初散。万方伯久坐,陈编修彝来一谈。傍夕天气天朗,夜则寒月皎洁,为之大慰。阅本日文件。二更后温《古文·哀祭类》。五点入内室睡。

十三日

早饭后清理文件。戈什哈自京回,阅京报十余本。旋见客一次,围棋二局。天气大晴,为之一慰。阅段《说文》十一页。见客一次。中饭后,至幕府一谈。阅本日文件。接沅弟汉口所发之信,病愈十之六七,欣慰无已。意思懈怠,不愿治事。闻李少泉患病,惦念殊深。写信二次。夜核保举一单,至二更四点,困倦之至,骨节酸痛,目光昏眊,老态毕呈,自度此生不复能有寸进,愧歉无已!

附记

竺虔百金　　　官信问蒋

萧、梁饷

年终复奏四事 陵、张、供、范　　此次复奏司道

十四日

早饭后清理文件。倦极,不愿治事。李雨亭来久坐。写澄、沅两弟信。至幕

府一谈。中饭后，围棋一局。欧阳小岑来久坐，旋又见客一次。傍夕王子蕃来久坐。夜改二折三片，精力略好。二更三点入内室睡。

十五日

早起，各官贺望。饭后见客，坐见者二次，立见者二次。巳正，雪琴来久谈，围棋一局，朱久香学使来一谈，潘季玉、李幼泉来久谈。是日乡试三场，午初已有出场者。余遣人至闱中视少泉之病，较昨已增加，惦念之至。中饭后坐见之客一次，阅本日文件，写对联数付。酉刻请李幼泉、王子蕃来一叙，令其入场诊少泉之病。夜核保举单，三更后温《古文·哀祭类》。五点睡。

十六日

早饭后清理文件。见客，坐见者六次，忠运司、彭雪琴坐均久。接少泉亲笔信，多谵语，不可解，为之忧灼无已！围棋一局，唐桂生来一坐。中饭后，晏彤甫来久坐。见客，立见者五次。阅本日文件，写对联三付。又见客，坐见者一次，立者一次。写信与少荃二次。灯后，接少泉信，稍清明，无谵语矣。夜核保举单，至二更三点粗毕。记数语于冯景亭后著议四十篇之首，温李太白七古。五点睡。

十七日

早饭后清理文件，围棋一局，雪琴来久会。旋又见客，坐见者二次，立见者二次。写对联六付，核科房批稿。闻少荃昨夕病重，焦灼之至。中饭后再围棋一局，阅本日文件，再核保单，写信复朱久翁与少荃二信，宜学使来久谈，与子密商复奏事件，改信稿数件。傍夕小睡。夜核札稿信稿，二更后温"哀祭类"。四点睡。

附 记

三恶　三薄　三知　三乐　三不
三经　三史　三子　三集　三实
八本　八德　八常
八国修身、型家、尊贤、爱民、勤政、节用、慜祀、诘戎
八败　八源　八理　八文　八考　八书

十八日

早饭后见客三次，围棋一局。常仪庵本日告辞归去。又见客，立见者四次，坐见者一次。拟改一密片，未毕，李眉生来久坐。中饭后见客，坐见者一次，立见者一次。改密片毕，约三百余字。阅本日文件甚多。酉刻，王子蕃来久坐，言少荃之病已愈，大有把握，畅慰之至。本日发报四折、五片、三清单，金陵续案、保举在内，细核一过。夜写雪琴信一页，温《古文·哀祭类》。二更四点入内室，牙疼，用药擦之。三更睡，四更末醒。

附记

胡莲舫夹片
陶庆仍事
写告示

十九日

早饭后清理文件，旋见客，坐见者三次，立见者四次。围棋一局。核批札各稿，阅段《说文》四页。中饭后见泗州廪生傅桐。旋又见客，坐见者二次，立见者二次。阅本日文件甚多，写零信二封。傍夕至幕府一谈，见客一次。夜，疲倦殊甚，不能治事，二更三点睡。是日，雷霍郊以诚送一砚，云系韩襄毅雍之砚。刻画一瓶形，襄毅自题曰"韩瓶砚"。后归王文成公，题砚背数十字。至本朝乾隆中，归阿文成公，王兰泉侍郎昶题砚匣百余字。咸丰中，孔宥涵断镣以赠雷侍郎，今雷又以诒我也。

廿日

早饭后清理文件。见客，坐见者二次，衙门期也。围棋一局。巳正至水西门送宜学使。阅《说文》数页，核科房批稿，中饭后核毕。见客，坐见者二次，立见者一次。阅本日文件。倦极，不愿治事。酉刻在位小睡，旋登床小睡。夜温《古文·哀祭类》，朗诵韩公《祭张署文》。二更三点睡。

廿一日

早饭后清理文件。见客，坐见者三次，立见者一次。围棋一局。阅段《说文》十二页。午刻见织造一次,核科房批稿。中饭后写少荃信一件,万方伯来一谈,阅本日文件,方存之来一坐,录《雅训杂记》,至幕府一谈。夜温《古文·哀祭类》,二更后诵杜诗五律。倦甚,不能朗诵,低声微唱而已。二更三点睡。

廿二日

早饭后清理文件。旋围棋一局。见客一次,旋忠鹤皋来久谈。阅段《说文》。卯正至朱学使处会考拔贡优贡。拔贡题《待其人而后行》,优贡题《子路问政,子曰先之》。午刻核科房批稿。中饭,请唐桂生、潘伊卿等便饭,申初散。阅本日文件,写少荃信一片。傍夕剃头一次。阅段《说文》十页,灯后始毕。核批札各稿。二更二点温《孟子》,温《古文·哀祭类》二首。

廿三日

早起,至公所拜牌,本日冬至令节也。自衙门至公所,约十里许。吾黎明始自署起行,到彼行礼已稍晏矣。归,贺客甚多,见客十余次,至巳正始粗毕。清理文件。午刻核科房批稿。中饭后,孙琴西来久谈,陈虎臣来久谈,阅本日文件。按家信,知东阳叔祖于十月廿一日亥刻去世,因写祭帐一付。傍夕倦甚。夜温"哀祭类"三首,温《庄子》二首。二更三点睡。

附 记

何小宋办米百石与朱久翁

廿四日

早饭后清理文件。见客四次,朱学使、忠运司坐颇久。旋出门,至贡院看李中丞之病,即在彼处中饭,未刻归。见客,立见者三次。围棋一局。阅本日文件,写澄、沅二弟信。酉正至幕府与孙琴西久谈。夜添何小宋信二页,温《古文·哀祭类》五首。二更四点睡。

附 记

与马谷山论休宁等县豁免事
万篪轩论仪征

廿五日

早饭后见客二次，衙门期也。围棋一局。巳正出门，至水西门送朱学使回皖，旋归寓。立见之客五次。核科房批稿甚多，未毕。中饭后阅本日文件。见客，坐见者一次，立见者一次。写对联七付。改纪泽《书五代史家人传后》等二篇。傍夕至幕府一谈。夜改批札各稿，二更后温"哀祭类"三首。

附 记

李师濂河南林县人，庚申进士。质地朴厚，器宇安详

廿六日

早饭后清理文件。旋见客，坐见者一次，立见者三次。围棋一局。旋见客，坐见者二次。阅段《说文》十二页。午刻，李申夫来久坐，留此便饭，莫子偲来，申初散。阅本日文件，写对联五付，清厘公事。傍夕至幕府一谈。夜改批札信稿折稿甚多，二更三点后温黄山谷七律。四点入内室，三更睡。

附 记

黄南坡请开缺夹片，言黄屡次函请速撤东局
池州府范守言归，分条复奏
张燧　　成天麒　　徐国桢

廿七日

早饭后清理文件。见客，坐见者三次，立见者一次，汪梅村谈甚久。围棋二局。巳刻，潘伊卿谈甚久。午初，何子贞来谈，至未末方去。中饭后阅本日文件，见客三次。倦甚，不能治事。傍夕小睡。夜改批札信稿，温《古文·哀祭类》，旋又朗诵山谷律诗。四点睡。

附 记

杨提塘　　王少庚
马鸿翔山东济宁人，丙午举人，清而有情
张裕钊、万斛泉修省志

时日纯，嘉定茂才

廿八日

早饭后清理文件。旋拜发元旦贺表。围棋一局。见水、陆营官二次。旋又见客，坐见者三次，立见者四次。中饭后，李申夫来久坐，眉生来一坐，阅本日文件，李幼泉来久坐。派折差潘文质等进京，寄京信十九件，炭敬三十三封。料理一切。傍夕至幕府一谈。夜核批札各稿，温"哀祭类"毕，温李、杜七古。二更四点睡。

廿九日

早饭后清理文件，见客二次，围棋一局。又立见之客三次。出门拜何子贞，又至贡院与少泉一谈，午正归。见客一次。阅《何子贞诗集》己未、庚申、辛酉三年卷廿一、二、三。未正，请客一饭，子贞、申夫、子偲、开生、惠甫、魏盘仲诸人，至上灯始散。阅本日文件，核批札稿，温《古文·传志类下》，二更四点睡。

卅日

早饭后见客二次，又立见者一次。围棋二局。阅段《说文》九页。午刻，申夫来久坐，欧阳小岑来久谈。中饭后阅本日文件。接沅弟自湘潭来信，十一月十四日所发，具悉到省后诸事平安。成此大功，而清吉还乡，真祖宗之余荫，全家之福也。核科房批稿甚多。夜温《古文·传志类下》，二更后核批札各稿，四点睡。

十二月

初一日

早饭后清理文件。见司道一次，此外各客概行辞谢。围棋一局。旋阅段《说文》十六页，核科房批稿。中饭后阅本日文件，见客，李季荃、欧阳小岑等均谈甚久。写对联七付。因思出笔宜颠腹互用，取势宜正斜并见。用笔之颠，则取正势，有破空而下之象；用笔之腹，则取斜势，有骫属翩跹之象。傍夕至幕府一谈。夜接廷寄，圣意似有不怡，不胜悚惕。旋温《古文·传志类下》。

初二日

早饭后清理文件，围棋一局，阅《说文》十二页。巳正，何子贞来，久谈一时余去。中饭后又见客一次，阅本日文件，写对联六付，核批札稿。傍夕至幕府一谈。夜核信稿数件，温《古文·传志类下》十页，又温《诗经》《小旻》、《巧言》等篇。二更四点睡。

初三日

早饭后清理文件。围棋一局。见客，坐见者二次，立见者二次。阅段《说文》数页。朱守谟来一坐，马谷山来久坐。中饭后见客，坐见者一次，立见者一次。阅本日文件。接奉批折，即十一月十八日所发者。寄谕饬刘连捷、刘铭传等归僧邸。调遣殊多窒碍。写挂屏三幅，约二百余字。傍夕至幕府一谈。夜核批札稿。补阅《说文》五页，温杜、韩七古。二更四点入内室，三更睡。

附 记

豫李、甘、蒋　　复乔　　问万

沅信言续保彭饬知。问病能否去。速奏另请简。明年一月一专足。

初四日

早饭后清理文件。见客，坐见者三次，申夫坐谈甚久。午初，刘开生、程颖芝来，观二人围棋二局。何子贞来，三人便饭。饭后，再观程、刘围棋一局。申正客散。是日巳刻出门，至李少泉处一坐。渠病已全愈，但气尚微喘。申刻阅本日文件，写澄、沅二弟信，未毕，灯后写毕。批匡稚圭、诸葛孔明奏疏二篇。与沅弟论文，名其堂曰鸣原堂。二更二点批毕。又温奏议数首，核批札稿数件。五点睡。

附 记

安徽豁免　　首涂
刘、朱暂不，黄、僧、张、李、刘、李、潘
仪征

初五日

早饭后见客三次，又立见者二次，衙门期也。清理文件。围棋一局。罗茂堂来谈，又立见之客一次。阅段《说文》数页。少泉来久谈，马谷山来久谈。未正中饭后，送两客去。阅本日文件。傍夕至幕府一谈。夜核批札各稿，二更后温《古文·传志类下》。五点睡。

初六日

早饭后清理文件，围棋二局，阅《说文》十余页。午刻核科房批稿，未毕。请马谷山中饭，未初散。少泉亦来。渠二人本日起行赴苏赴浙，余与马道送至妙香庵，酉初归。阅本日文件。第二女与陈氏婿由长沙来，与之小叙。夜核批札各稿，二更二点温"传志类"下，五点睡。接沅弟十一月十七信，知已于十六日到家，病体全愈，真可庆也。

附 记　丁雨生说：

曹锡焘宝山令，劣金岭
陈兰斌广东人　　黎兆棠

初七日

早饭后清理文件。围棋一局,又观人一局。旋见客,坐见者二次,立见者一次。阅段《说文》八页。午刻核科房批稿。中饭后,江人镜蓉舫来久谈,阅本日文件,见客,立见者二次。丁雨生复来鬯谈,深以沅弟夏间无米为炊,独任其难,咏叹长言。因即刻带医赴镇江为少泉诊病,依依不忍别去。傍夕至幕府一谈。夜核折搞批稿,二更二点后朗诵杜诗七律,四点睡。

初八日

早饭后清理文件。阅段《说文》十页。围棋二局。见客,坐见者二次。午初出门,至贡院一看榜式。旋至太平门观李祥和所修龙膊子缺口,即在李寓中饭。饭后至昭忠祠一看,嫌所作神主太大,傍夕始归。夜阅本日文件,核批札稿,温"传志类"欧公三篇。二更四点睡。

附 记

余龙光三品封职　　　洪修政
江桂芬户部主事　　　陈程辉中书科中书
潘光斌知县, 同知衔
候补知县杨澍康熙年间提督杨捷之裔, 题准兼袭轻车都尉, 去年姓常杏洲

初九日

早饭后清理文件。见客,立见者三次,坐见者一次。围棋一局。见客,坐见者一次,立见者一次。申夫来,万簏轩来,久坐。阅《说文》五页,核批札稿。中饭后见客,坐见者二次,何子贞坐最久,示以所为《金陵杂诗》三十二首。阅本日文件,再核科房批稿。灯下,又核批稿,二更后温古文《书经》,朗诵数篇,韩文,朗诵数篇。四点睡。

初十日

早饭后清理文件。见客二次,衙门期也。围棋二局。阅段《说文》十余页,核科房批稿。中饭后见客二次,坐均久。晓岑谈何子贞所作诗,请一刊刻。阅本日文件,核批札信稿。傍夕至幕府一谈。夜再核批札稿,二更后改折稿,未毕。

四点睡。

十一日

早饭后清理文件。旋见客，立见者二次。围棋一局，阅《说文》十页。莫子偲、李申夫、万簌轩先后来久坐，申夫至中饭后未正始去。阅本日文件，改折稿片稿四件。傍夕至幕府一谈。夜又改折稿，未毕。折差自京回，阅京报廿余本，见李次青交部拟罪，为之悒焉不安。睡不成寐。

十二日

早饭后清理文件。旋见围棋二局。改密折稿。午刻见客二次。中饭后阅本日文件，改密折稿，至傍久改毕。至幕府一谈。夜又改一密片，至二更四点改毕，即睡。是日谢绝诸事，故公事皆停阁未办。

附 记

何绍彩捐饷一折
皖省豁免折
镇江、金丹、溧阳三县豁免
三条密折
□邸事密片不发
周俪密片
三人请谥

十三日

早饭后清理文件，旋围棋一局。与李申夫、李眉生熟商本日应发密片事件。巳刻至贡院钤榜，未初归。何子贞来鬯谈，因留便饭。方元徵呈递说帖，极言三条密折及僧邸密片不可轻递。因与幕府诸君商定本日不递。阅本日文件，核科房稿极多。傍夕至幕府一叙。夜核批札各稿，二更四点尚未完毕。是日酉刻发报三折、五片。

十四日

黎明即入贡院写榜。共正榜二百七十三人，副榜四十八人，余代监临照料一切。闱墨极佳，有书卷，有作意，无一卷为庸手所能者。自辰正填写起，至傍夕将正榜写毕。解元江璧，江都人。戌初写副榜，至亥初三刻写毕。余随榜出闱。到署后，阅本日文件。三更睡，五更醒。

十五日

早间贺望者，均行谢绝。饭后见客，坐见者二次。围棋二局。庞省三来一坐，又立见之客二次。午刻核科房批稿。中饭后阅本日文件，万方伯来一坐。批苏东坡《上皇帝书》，与沅弟论文也。傍夕至幕府一谈。灯后，涂闾仙来一谈，又批苏文至二更四点。倦甚，早睡。

十六日

早饭后，坐见之客五次，立见者一次。清理文件。围棋一局。写澄、沅两弟信一，又写沅弟信一。见客，坐见者一次。中饭后，又坐见之客一次。料理发家信各件。阅本日文件，未毕。申刻出门，至两主考处一叙，酉刻归。阅本日文件，仍未毕。至陈氏婿处一坐。夜将文件阅毕。核批札信稿，未毕，倦甚。二更后，温苏、黄七言律诗。三点睡。

十七日

早饭后清理文件。见客，坐见者六次。何子贞本日来辞行，将赴镇江、苏州，谈颇久。围棋一局。说话太多，便不能治他事。中饭后见客，坐见者四次，刘韫斋先生坐最久。阅本日文件。傍夕至幕府久谈。夜核批札信稿极多，二更后，温《孟子》、韩文，倦甚，不能朗诵。三点，早睡。梦见姚姬传先生颂长清癯，而生趣盎然。

十八日

早饭后清理文件，围棋二局。旋见客，水陆营官各见一次，又坐见之客二次，立见之客一次。午初至妙香庵公请主考，等候良久，申初客到，旋登席，灯后始散。归署，阅本日文件，核批札各稿，添张廉卿、李小泉信各一页。二更后温《孟子》廿余页。二更四点睡，尚能成寐。

十九日

早饭后清理文件。旋见客，坐见者一次，立见者五次。围棋一局。巳刻见客,坐见者一次,立见者二次,阅段《说文》六页,写祭幛二幅、对联二付。未刻请两主考叙宴,申正始散。阅本日文件。傍夕至幕府一谈。夜,欧阳小岑来邕谈。旋核批札稿。二更后温《古文·传志类下》欧文数首。二更四点睡。

附 记

罗侄　　魏屋
魏行　　富讹

廿日

早饭后清理文件。衙门期,谢不见客。围棋二局。阅《说文》十五页。午初封印行礼。未初至簏轩处宴会,司道公请主考,余作陪也,至酉刻散。归寓,已上灯矣。阅本日文件,批阅纪泽拟陆士衡文一首。二更四点睡。

廿一日

早饭后清理文件。旋围棋二局。见客,立见者一次,坐见者三次,赵惠甫、潘伊卿谈甚久。阅《说文》数页。午刻核科房批稿。中饭后至幕府久谈,阅本日文件。倦甚,小睡。核批札信稿。夜温《古文·传志类下》欧、王二家,二更二点后温《诗经》,朗诵数篇。

廿二日

早饭后清理文件。旋围棋二局。见客,立见者三次,坐见者三次,金眉生谈颇多。写对联五付、大直幅一张,约二百余字。中饭后再写挂屏二页、对联三付。见客,坐见者二次,立见者二次。阅本日文件,阅《从政遗规》,知余于督抚之职不克称者多矣!夜,灯上,再阅《从政遗规》,核批札各稿。二更后温"传志类"下。五点睡。

廿三日

早饭后清理文件。围棋一局。见客,坐见者四次,立见者一次。阅《说文》五页,核科房批稿。中饭后,再核批稿,写挂屏三幅、对联六付,阅本日文件。傍夕晓岑来,甚久谈。夜核批札信稿,二更后温苏诗,写信一页与刘韫翁。二更三点睡。闻罗兴仁将娶一难妇,而罗婿不以为然,谓其家业有妻子,不应在此再娶先奸之妇，遂派人夺取此妇入署。虽于次日旋即退出署外，而牵牛蹊田，暴乱无理，观听不雅，实深焦虑！

廿四日

早饭后清理文件。出门至主考处，久谈。韫斋太仆出示寄沅弟信及对联等件，巳正归。万方伯来久谈，又立见之客三次，围棋一局，核科房批稿。中饭后，两主考先后来徉行，谈均极久。阅本日文件，写对联六付。"鸣原堂"与沅弟论文，批贾生《治安策》约千余字，直至二更三点批点始毕。核批札各稿。五点睡。

廿五日

早饭后清理文件。旋见司道一次，围棋二局，见客又一次，阅《说文》十页。写澄、沅信一件，又写沅弟信一件，至未正毕。阅本日文件。申刻至主考处送行，酉刻归。傍夕训两儿，言作人之道以知艰苦为最要。夜翻阅韩、范、欧阳等传。二更后核批札信稿，旋温《孟子》数章。三更睡。

廿六日

早饭后清理文件。旋围棋二局，阅范、韩、欧、苏等传。巳刻见客，坐者二次，立见者二次。午正至水西门送两主考之行，寄请圣安，未初归。中饭后，立见之客二次，阅本日文件。申初改豁免皖省钱粮折。傍夕至幕府一谈。再改豁免清单，又改二折三片，核批札信稿。二更四点睡。

附 记

去健勇
三节核薪水单
鲁内所
传潘

廿七日

早饭后清理文件。旋围棋一局，坐见之客二次，潘伊卿谈甚久。旋改揭稿，未毕。中饭后写对联，省三来一谈，阅本日文件颇多。见客，坐见者一次，立见者二次。又作折稿。傍夕至幕府一谈。更初，将折作毕，又作密片一件，二更五点毕。用心太过，夜睡不甚成寐。

廿八日

早饭后清理文件。旋见客，立见者二次，坐见者二次。巳初至昭忠祠行礼。是日各营官至祭。余定于正月初九日开祭也。旋至周缦云家一坐，午初二刻归。见客二次。李茂斋来禀，余嘱其速至湖南赴质。中饭后围棋二局，写对联五付，阅本日文件，再作夹片一件，核对各折片。是日发报三折、六片。倦甚，小睡。夜核科房批稿，不能了毕，倦极。温杜、韩七古。二更三点，早睡。

廿九日

早饭后清理文件。旋见客一次，围棋二局，写李少泉信。午刻核科房批稿。中饭后阅本日文件，核批札信稿甚多。傍夕小睡。夜再核科房批稿。本年所办案牍，尚有四件未了，余皆一律办清。二更三点，早睡，困倦殊甚，耳鸣如雷。五更醒。

日記　同治四年

正　月

初一日

卯初起，朝服至贡院，率文武百官于卯正行礼。旋归署，率家人于祖先堂行礼。署中内外文武纷纷庆贺。早饭后复见客廿余次。巳正清理文件，围棋一局，阅《说文》六页。午正请幕府周、蒋、程、方、陈等中饭。饭后阅本日文件。倦甚，小睡。夜温"传志类下"，毕。二更四点睡。是日上半天阴，下半日雨，夜大雨。天气太热，不知今岁丰歉若何，颇切廑虑！

初二日

早饭后清理文件，见客，坐见者一次。旋出门拜客十余家，黄昌岐、万篪轩、李眉生、欧阳小岑处皆得会晤，午刻归。阅段《说文》，中饭后共阅十一页。阅本日文件，至程伯敷处鬯谈。申正写郭云仙信，未毕。傍夕小睡。夜将郭信写毕，约六百字，温《古文·杂记类》九页。二更四点入内室，三更睡。闻福建军事不甚顺手，江西、湖南米价奇贵，不知今岁别有波澜否。忧系无已！

附记

淮安买米

三忌	三薄	三知	三乐	三不	三经	三史
三子	三集	三实	八本	八常	八德	八败
八国	八源	八理	八文	八考	八书	

初三日

早饭后清理文件。旋围棋二局。见客，坐见者四次，立见者三次。阅段《说文》十三页。中饭后，写对联五付，写霞仙信一件，阅本日文件。傍久至伯敷处一坐。夜温《左传》十余章，温《考工记·弓人》，批注于杂钞本内。二更四点睡。

初四日

早饭后清理文件。见客，坐见者二次。围棋二局，又坐见之客二次。阅《说文》五页。巳正二刻出门，至太平门、朝阳门拜李、熊二镇。未正至万簏轩家赴宴，申正二刻归。见客，立见者三次，坐见者二次。阅本日文件甚多。傍夕至幕府一谈。灯后写零字颇多。旋核批札稿信稿多件。困倦，眼疼，二更四点入内室睡。

附记

沅弟请外祖封

初五日

早饭后清理文件。旋见客三次，又立见之客二次，衙门期也。围棋一局，批孙文定公《三习一弊疏》，鸣原堂论文，寄沅弟也。旋又见客，立见者三次，坐见者三次，鲍春霆自江西来谈甚久。中饭后，彭雪琴来坐甚久，写澄、沅二弟信，又写沅弟信。见客，立见者三次。阅本日文件，核改信稿。傍夕至幕府鬯谈。夜核批札信稿甚多。二更四点睡。

初六日

早饭后清理文件。旋见客，坐见者四次，立见者一次。围棋一局。午刻，雪琴来一坐，又立见之客三次。午正出门拜客七家，至忠义局一坐。未正至黄翼升处赴宴，酉刻归。阅本日文件，夜间阅毕。阅李小湖《好云楼全集》，核信稿批札稿，二更四点毕。温《诗经》数篇。是日酷热异常，夜间大雨如注。

初七日

早饭后清理文件，围棋一局。旋见客，坐见者二次，立见者三次。改彭雪琴所为父母行述。午刻，春霆来久，雪琴、昌岐旋来，本日请三人春酒也，申初散。阅本日文件。见客，坐者二次。旋又改雪琴行述，傍夕改毕。夜核批札稿信稿。倦甚，二更四点睡。是夕闻忠运司廉病故。

初八日

是日为祖考星冈公九十二诞辰，率家属行礼。早饭后清理文件。旋见客，立见者二次，坐见者三次，雪琴坐甚久。围棋二局。午刻，潘伊卿来久坐，核科房批稿。请幕友程国熙等午饭。饭后阅本日文件，小岑来久谈。改纪泽所作昭忠祠祭文，傍夕改毕。见客，会见者一次，立见者一次。夜核批札各稿，倦甚。添何子贞信二页，温《古文·辞赋类》数首。二更三点早睡。

初九日

早饭后清理文件。旋围棋二局，魏荫亭来久坐。巳刻核科房批稿极多，午正二刻毕。中饭后阅本日文件，潘伊卿来久坐。明日祭昭忠祠，删定礼节，命儿辈演礼。金逸亭来久坐。傍夕小睡。夜阅《训俗遗规》，核批札各稿。二更后温《书经·无逸》，用吴文正公纂言本，若有所会。

初十日

早五更起，至昭忠祠未明，内外省视。至黎明，至三献礼，通城文武各官皆往陪祀，辰初礼毕。内三席，外廿四席。筵宴毕回寓，已巳正矣。与人围棋二局，阅《说文》十页，核科房批稿。中饭后阅本日文件。见客，坐见者三次。核批札各稿。傍夕小睡。夜阅《李小湖文集》，温李、韩七古。二更四点睡。

十一日

早饭后清理文件。旋见客，坐见者二次，立见者一次。围棋二局。旋又见客二次，何镜海谈极久。核科房批稿，阅《李小湖文集》。午正至李眉生家赴宴，系善后局四人公请，申刻归。阅本日文件，见客三次，又阅《李小湖文集》。傍夕小睡。夜核批札各稿，二更后温《古文·杂记类》，四点睡。

十二日

早饭后清理文件。旋见客，坐见者五次，立见者一次，如毕莼斋及徐芸渠之世兄二人，坐皆甚久。围棋一局。午刻，刘松岩方伯来久坐，常仪庵等来坐，又坐见之客一次，立见之客一次。中饭，请毕纯斋等便饭，未正散。阅本日文件，君继美来久坐，江西永新举人，绩学士也。旋阅《李小湖文集》。傍夕至幕府一谈。夜核批札各稿，二更后温《古文·杂记类》，温《诗经》十余章。

附 记

意城二信
伯夷传后
"鸣原堂"刘向二篇
李小湖信改
年终密考

十三日

早饭后清理文件。旋见客，立见者二次，坐见者六次，内刘松岩、刘连捷谈均久。湖南举人来见者八人，内长沙七人、浏阳一人，张蕅泉之子祖同与焉，坐亦颇久。围棋二局。赵惠甫来一坐。中饭后，常仪庵来久谈，阅本日文件，核批札各稿，阅《李小湖文集》。傍夕小睡。夜批刘向两疏，鸣原堂论文，将以明日寄家也。二更四点睡。眼蒙殊甚，殆以会客说话太多而夜间又多写细字之故与？

十四日

早饭后清理文件，见客一次，围棋二局。出门至黄昌岐处，拜刘松岩方伯，巳正归。见客一次，邀刘南云来署居住，与之一谈。核科房批稿。未初请刘松岩及司道小宴，申正散。阅本日文件，写澄、沅二弟信一件，傍夕至幕府一谈。夜写沅弟信一件，阅《李小湖文集》，二更后诵杜公七律，四点睡。是日发报三折、四片、一清单。

十五日

早饭后清理文件。各文武贺节，皆谢不见。围棋二局。见客，坐见者一次，立见者一次。午刻核批札各稿。中饭后，见长善会试者黄洪熙等四人，江西主考蒋彬蔚来久谈。是夕大雪奇寒。阅本日文件。申酉间，核批札各稿。傍夕小睡。夜改寄李小湖信稿，未毕。二更五点睡。

十六日

早饭后，将李小湖信改毕，清理文件，围棋二局，魏荫亭来久坐。旋又见客，坐见者三次。核科房批稿。午刻，钱子密来，李眉生来，一谈，莫子偲来一坐。中饭后阅本日文件，阅《说文》十一页。大雪竟日，酷寒难禁。核批札各稿。傍夕小睡。夜温"杂记类"，旋温《书经》，朗诵《无逸》《吕刑》，三点睡。

十七日

早饭后清理文件。见客，坐见者二次，立见者五次。围棋二局，阅《说文》十页，刘松岩来久坐。未初中饭后，至莫府鬯谈，庞省三来一谈，阅本日文件，见客二次。折差自京回，阅京信廿余件、京报廿余本。傍夕小睡。夜核密考单，二更后温《诗经·小雅》《节南山》、《正月》二章，四点睡。

十八日

早饭后清理文件。见客，坐见者四次，立见者一次，李芋仙、万簏轩谈甚久。水陆各营官来见，箚门期也。又立见之客二次，围棋一局，又见客，立见者一次，坐见者一次，陈虎臣等谈甚久。午正核科房批稿，阅段《说文》五页，饭后又阅六页。阅本日文件，至幕府久谈。酉刻写郭意城信。傍夕小睡。夜，注密考单，二更二点后温《孟子》，朗诵数十章，四点睡。

十九日

早饭后清理文件，围棋二局，阅《说文》十页。午刻开印，朝服行礼。旋见客，立见者一次，坐见者一次。中饭后见客，坐者二次。剃头一次。至蒋子良处回拜，酉刻归。阅本日文件。傍夕小睡。夜阅批札信稿，核江西密考单未毕，眼蒙殊甚。二更后温《左传》。四点睡。

廿日

早饭后见客三次，又立见者二次，围棋二局。旋又见客，坐见者三次，立见者一次。将江西密考单注毕，核科房批稿未毕。中饭后至幕府一叙。旋核密考折，又核一片，阅本日文件。见客二次。闻城内外日内冻饿死者甚多，因令各营煮饭赈济。傍夕小睡。夜核京信稿札稿数件，温《史记》《儒林传》、《游侠传》，倦甚，几不能张目。二更三点早睡。

廿一日

早饭后清理文件。旋见客，立见者一次，坐见者三次。围棋二局，清理各件，点交折弁进京。涂朗仙来见，久谈。核科房批稿，阅《说文》十页。中饭后见客三次，潘伊卿、万簏轩俱久坐。阅本日文件，看封密考折，酉正拜发。傍夕至莫府一谈。夜批纪泽《书伯夷传后》，二更后温《杂记类》柳文五首，旋又阅《东方朔传》。

附记

何敦五保府　　　弓嵩保　　梁国珽
金泰椿桐乡人，安澜子，海门厘卡　依勒通阿白客
奏织造仿照杭例
宋板《汉书》

廿二日

早饭后清理文件。旋见客，坐者有四次，立见者一次。围棋一局。阅《说文》十页，核科房批稿，又坐见者一次。午正请客，蒋子良等，申初散。莫子偲来一坐，阅本日文件。旋又见客，坐见者二次。说话太多，疲乏之至。傍夕小睡。夜又见首府一次。阅《经文世编》十余首，将选入"鸣原堂"，无称意者。二更后温韩文数首，朗诵，若有所得。余昔年尝慕古文境之美者，约有八言：阳刚之美曰雄、直、怪、丽，阴柔之美曰茹、远、洁、适。蓄之数年，而余未能发为文章，略得八美之一以副斯志。是夜，将此八言各作十六字赞之，至次日辰刻作毕。附录如左：

雄：划然轩昂，尽弃故常；跌宕顿挫，扪之有芒。
直：黄河千曲，其体仍直；山势若龙，转换无迹。
怪：奇趣横生，人骇鬼眩；《易》《玄》《山经》，张韩互见。
丽：青春大泽，万卉初葩；《诗》《骚》之韵，班扬之华。
茹：众义辐凑，吞多吐少；幽独咀含，不求共晓。
远：九天俯视，下界聚蚊；痦瘝周孔，落落寡群。
洁：冗意陈言，类字尽芟；慎尔褒贬，神人共监。
适：心境两闲，无营无待；柳记欧跋，得大自在。

廿三日

早饭后清理文件。旋见客，坐见者五次，立见者一次，涂阆仙、刘松岩、魏

荫庭坐均久。围棋二局。旋又见客二次，朱云岩坐极久。核科房批稿。中饭后写对联六付，阅本日文件。庞省三、蒋子良来，各久坐。说话太多，疲乏极矣。傍夕小睡。夜核批札信稿，二更后温欧文。三更睡。

廿四日

早饭后清理文件。旋见客，坐见者三次，立见者一次。围棋二局，阅《说文》十余页，核科房批稿。午正见客一次，孙文川、贾钟麟皆绅士之有才者也。中饭后，省三等来一谈，至幕府一叙，阅本日文件。"鸣原堂"抄陆宣公《琼林大盈二库状》，批点一过。写沅弟信一封。傍夕小睡。夜写澄、沅二弟信，核批札信稿甚多，二更三点未毕。旋温李、杜五古数首。四点入内室，三更睡。

廿五日

早饭后清理文件。见客，坐见者四次。旋围棋二局，阅《说文》八页，核科房批稿。又见客，坐见者一次。中饭后，周缦云来久坐，凌焕来一坐，阅本日文件。倦甚，不能治事，涉猎丛书中之《齐民要术》。傍夕至内室小睡。夜涉猎《小学绀珠》，将应办之公牍阁置未办。添马谷山信二页。二更三点早睡。

附记

卢骧云 河南密县人，前署砀山

袁桓 四川蓬州人，前署宝应

廿六日

早饭后清理文件。旋见客，坐见者二次，立见者三次。围棋二局。将颜注《急就篇》粗为涉猎。倦甚，不欲治事。午刻，潘伊聊来久坐，核科房批稿。中饭后见发审委员一次，阅本日文件，阅《六书音均表》廿余页。酉刻核批札稿。傍夕小睡。夜核改信稿十余件。二更后倦甚，不复能治事，温杜诗五律。三点睡。

廿七日

早饭后清理文件。旋见客，立见者二次，坐见者三次。围棋二局，潘伊卿来坐甚久，核科房批稿，阅《六书音韵表》。中饭后阅本日文件，又坐见之客二次，阅《音韵表》。申正小睡。酉刻核批札各件。傍夕又小睡。夜添毛寄云信三页，核批札稿，二更三点毕。温《书经·尧典》，用吴文正本。四点睡。疲乏殊甚，老态日增，德业难进矣！

廿八日

早饭后清理文件。旋见客，坐见者二次，立见者二次，围棋一局，又坐见之客一次。阅《六书音韵表》毕，核科房批稿。中饭后，罗茂堂来久坐，阅本日文件，又坐见之客一次，阅戴东原"绪言"。阅钱竹汀《声类》，此书未刻于本集，其义例亦不分明。酉刻倦甚，小睡时许，不能成寐。夜，晓岑来久谈。核批札信稿，阅新刻《江忠烈集》。二更二点后温《史记》二首，三更睡。

廿九日

早饭后清理文件，围棋二局，潘伊卿来久坐。旋又见客，坐见者二次，立见者一次。午刻核批札各稿，写李少泉信一件，约六百字。中饭，请朱云岩便饭。饭后，万籨轩、罗茂堂先后来坐。阅本日文件。阅黄子寿编修所为《贤母录》，述其母之贤，征采近人文字。酉刻至幕府小叙。傍夕小睡。夜核批札稿，写零字甚多，阅《江忠烈公行状》，将作神道碑答其弟达川方伯这请也。状为左季高、郭云仙二君所为，多至四十页，二更四点始阅毕。睡不甚成寐。

附记

吴永济 长毛僧　　　赵惠甫 奏归浙用
王学懋 新署常州　　刘藻 元恶

卅日

早饭后清理文件，围棋二局。见客，坐见者六次，立见者一次。午刻核科房批稿，写澄、沅两弟信。中饭后阅本日文件，拟为神道碑而久未下笔。小睡时许。夜始作三百余字。二更四点睡。

二 月

初一日

早饭后清理文件。诸文武贺朔者,皆谢不见。旋见客,立见者二次,坐见者二次。作神道碑,屡作屡辍,约作千字,至二更四点止尚未毕。巳正围棋二局。午刻核科房批稿。未刻阅本日文件。季君梅世兄来谈极久,即在署内寓居,酉正又久谈,夜又久谈,本日信稿批稿不暇阅核矣。

初二日

早饭后清理文件。见客,坐见者一次,立见者一次,围棋二局。又见客,立见者一次,坐见者三次,何廉昉谈甚久。午刻核科房批稿。旋小睡片刻。中饭后,立见之客二次,阅本日文件,潘伊卿、庞省三先后来谈甚久。再作江公神道碑,至二更四点止,约五百字,尚未毕。久不作文,机轴甚生,心里迟钝,三日尚不能成篇,亦因见客太多,琐事烦渎,神智昏搅故也。然余向来每作一文,用心稍过,辄竟夕不能成寐,近三夕乃能成寐,岂气体反胜于昔年邪?抑心思并未深入邪?

初三日

早饭后清理文件。旋见客,坐见者二次,立见者二次。围棋二局,倦甚,不欲治事。午刻核科房批稿。有一窃盗案,与委员商处治之法。中饭后,万篪轩来一谈,又立见之客二次。阅本日文件,再作神道碑,约二百余字,酉刻脱稿。旋至幕府鬯谈。夜与君梅一谈。阅批札各稿,盖停阁三日矣。二更后温古文数首,四点睡。

初四日

早饭后清理文件。旋见客，坐见者一次，立见者一次。围棋二局，阅《王怀祖先生文集》。午刻阅批札稿。中饭后见客二次，坐均颇久。阅本日文件，写对联六付、挂屏四幅，约四百字。傍夕倦甚，小睡。夜核批札稿甚多，二更三点后朗诵韩文数首，四点睡。

初五日

早饭后清理文件。旋见客二次。谈颇久，衙门期也。围棋二局。又立见之客□□。批东坡代张方平谏用兵书，"鸣原堂"论文，将寄沅弟也。李文森来久坐，核科房批稿，写澄、沅二弟信。倦甚小睡。中饭，请季君梅、何廉昉等叙宴，申刻毕。阅本日文件，核批札各稿。傍夕至幕府一谈。夜核信稿。二更后极倦，竟不能治一事。雷电大雨，直如倾河下注。三点睡。

初六日

早饭后清理文件。李臬司恕皆来久坐，围棋二局，曹禹门来一谈。阅《汉书》本纪廿页，至未正止。午刻核批札各稿。申刻阅本日文件。倦甚小睡。酉刻核信稿批稿。傍夕小睡。夜核信稿三件，阅"杂记类"十一页。三更四点睡，疲困殊甚，睡亦甚不安神。

附 记

袁爱存　　蒋士奇

初七日

早饭后清理文件。旋见客，立见者一次，坐见者一次。围棋二局。阅《汉书》十五页，核科房批稿。中饭后阅本日文件。倦甚，不能治事，至内室逍遥自适。潘伊卿、庞省三先后来久谈，阅李小湖文稿十余页。傍夕睡一时许。夜核折稿二件、片稿一件、批札谢数件，阅"杂记类"欧、曾数首。二更四点睡。今年正月十三日震雷大雪，二月初五日雷电大雨，初六、初七皆竟日大雨如注，严寒逼人，麦苗必伤，天道可畏，不胜悚惧！

初八日

早饭后见客一次，清理文件，围棋二局。旋见各营官，又见客，立见者三次，坐见者一次。钱子密条陈时事，请积谷以备荒，因檄湖南、湖北、东西、四川、里下河五处各买谷二万石。阅《汉书》廿余页，核科房批稿。中饭后至幕府一坐。阴雨严寒，愁闷之至，不愿治事，翻阅恽子居《大云山房集》数十首。傍夕小睡。夜核批札各稿，二更二点后阅"杂记类"二首，四点后睡。

初九日

早饭后清理文件。旋围棋二局，阅《汉书》《武纪》、《照纪》廿余页。午刻，陈虎臣来，潘伊卿来，先后久坐，核科房批稿。中饭后，刘伯山、莫子偲、万篪轩先后来久坐，阅本日文件，写少荃信一件。傍夕小睡。袁婿穗泽强封民房，娼妓多人，本年尚未入署拜年。本日闻将带人去打保甲局，因派人去拿其家丁四人，杖责三百、一百不等。唯许满未责，令与中军同去拿娼家哈氏女子，亦掌嘴数百，发交首县管押。竟夕为之不怡。阅恽子居《大云山房集》数首，二更四点睡。

初十日

早起。闻袁婿于昨夕吞鸦片烟服毒，有一禀呈余，又有一书与袁小荣以自鸣其屈，亦颇知自为引咎。其毒甚重，指甲已青，儿辈以药救解之，直至申刻呕吐二次，始有转机。早饭后见客二次。旋围棋二局，阅《汉书》《宣纪》、《元纪》廿余时，核科房批稿。中饭后阅本日文件。因袁婿之事，寸心愁郁无聊，又围棋二局。阅张皋文古文，有恽子居批点者。傍夕至纪泽处，与晓岑诸人谈。夜，儿女辈自袁婿处归，知毒已解，可生，家人皆为一慰。核信稿二件。二更后阅《古文·杂记类》五首。五点睡，不甚成寐。

十一日

早起，闻袁婿毒已尽解，能食粥。饭后清理文件。见客，坐见者四次，立见者三次，李文森、唐焕章两次甚久。围棋二局，阅《汉书》《成纪》、《袁纪》、《平纪》，核科房批稿。中饭后阅本日文件，核现审二案，阅《张皋文集》。傍夕至幕府久谈。夜疲甚，不能治事，仍阅《皋文集》。二更后改折稿一件，约改三百余字。五点睡，疲倦非常，筋骨酸疼，老态颓然矣！

十二日

早饭后见客，坐见者一次，立见者一次。清理文件，围棋二局，又坐见之客一次。身体不豫，若甚畏寒者，请王子蕃来看、诊脉，服药一帖。阅《汉书》诸《表》，未能动笔。中饭后阅本日文件，阅《汉书·表》数页。病躯颓懒，不欲治事，在外小睡时许。傍夕核批札稿。夜改折稿二件，约四百余字。二更二点入内室早睡。内人亦病，竟夕呻吟。

十三日

早饭后清理文件。旋围棋二局，阅《汉书》《百官公卿表》、《古今人表》。因织造言龙江西新关事，翻阅《会典》户部、工部，核督科批稿。中饭后倦甚，小睡。本日病尚未愈，竟日不食油荤，不见客。阅本日文件。申刻，庞省三来一谈。酉刻因畏寒，至上房围炉良久。傍夕至季君梅处一坐，渠寓此已半月矣。夜核批札稿颇多，二更后阅《古文·杂记类》。二点，早入内室睡，不甚成寐。

十四日

早饭后清理文件。见客，坐见者二次，立见者二次。围棋二局。袁婿力疾来谢罪，言愿图自新，为之少慰。核科房批稿，阅《律历志》十页。中饭后，刘开生来久谈，阅本日文件，写澄、沅两弟信一件，核对各折片。申刻发报。傍夕与方元徵㲽谈。夜核批札稿，阅《古文·杂志类》毕，又温"典志类"之《禹贡》。本日尚禁荤，小睡数次。夜疲甚。二更三点睡，颇能成寐。

十五日

早饭后清理文件。因疾未愈，谢客不见，而欲白事者甚多。旋见扬州守孙恩寿方伯、万簏轩，坐均甚久。欧阳定懋、王鸿训来坐亦久。围棋二局，阅《律历志》十余页。李雨亭来久坐，核科房批稿。中饭后，保廉昉来坐一时许，阅本日文件，潘伊卿来坐甚久。傍夕至季世兄处一坐。夜写零字百余，核批札各稿。二更三点后温曹、阮诗数首。本日上半日身体爽快，因说话太多，入夜又倦乏矣。

十六日

早饭后清理文件。旋见客，立见者二次，坐见者一次，李雨亭谈最久，围棋二局，黄军门坐颇久，又立见之客一次。阅《汉书·律历志》皆，阅《礼乐志》十余页，核科房批稿。中饭后，欧阳小岑来一谈，阅本日文件，刘开生来一谈。天气奇寒，身体又病，头颈辟戾作疼，腰节亦疼，不复治事，因至内室围炉。夜饭后又围棋二局。旋至内室久坐，二更三点睡。是日仍禁油荤。

十七日

早饭后清理文件。旋见客，坐见者二次，立见者二次。围棋二局。是日大雪奇寒，殊非二月气象，春行冬令，不知今年更有何变，为之心悸！阅《礼乐志》《刑法志》毕，核科房批稿，又见省三一次。中饭后阅本日文件。身体不快，至内室围炉良久。复见客一次。傍夕至幕府一谈。夜核批札稿颇多，至二更四点未毕。睡不甚成寐。

十八日

早饭后清理文件，雨亭来久坐，各营官来一坐。围棋二局。旋又见客，坐见者二次。午刻核科房批稿。中饭后阅《食货志》十页，阅本日文件。两目疼痛，疲困异常，不能治事，至内室久坐，小睡片刻，旋又至签押房小睡。天气奇冷，余以畏寒特甚，夜以炉盛多火烘之。又围棋二局。阅季仙九师《年谱》，将为墓志。二更四点睡，尚能成寐。细思近日之所以衰颓，固由年老精力日减之故，亦由围棋太多，读书太久，目光昏涩，精神因之愈困也。嗣后当戒围棋，即看书亦宜少减，每日静坐时许，以资调摄。

十九日

早饭后清理文件，围棋二局。旋见客，坐见者一次，立见者一次。阅季公《年谱》毕。午刻核科房批稿。中饭后阅本日文件，改信稿札稿数件。将为《季仙九先生墓志铭》，经营艰窘，至傍夕始一下笔，夜作三百余字。二更四点睡。是日天晴气朗，一扫近日阴霾之象。

廿日

早饭后清理文件。见客，坐见者二次，立见者一次，衙门期也。旋围棋二局，作墓志铭，又见客二次。午刻核科房批稿。中饭，请李雨亭、季君梅便饭。饭后阅本日文件甚多。旋又作墓志至二更四点，作千三百字，尚未毕。是日作文之际，写零字甚多。

附 记

七员补缺	吴漕帅两信	富将军马队
詹添一月粮	松织造先支二万余请示	
三司议绿营	杜案批	收养贫民章程
赴会馆一看	讯王茂元等	陈植梧一案

廿一日

早饭后清理文件，见客一次，将墓志作毕。巳刻围棋二局，潘伊卿来久谈。午刻核科房批稿。中饭后阅本日文件甚多。作铭诗，久不能成，直至灯初始作毕。酉刻，黎纯斋来久坐。夜写册页八十字，核批札各稿，至二更四点未毕，盖三日内作文，诸事积阁未治也。睡尚能成寐，五更方醒。昔年每作一文，辄数日不能成寐，不知老年何以转无此病，岂反健于壮岁耶？抑用心未能锐入耶？是日见谕旨，恽中丞交部严加议处，愤闷无似。近年黜陟，此次最为失当。

廿二日

早饭后清理文件。见客，立见者四次，坐见者二次。围棋二次。写对联五付、挂屏四幅。午刻核科房批稿，周缦云来一谈。中饭后，季君梅归去，一谈。阅本日文件。旋出城送君梅于舟次，又至湖南会馆相视修葺之法，申正归。省三来一谈，核批札稿数件。傍夕至幕府一谈。夜核市河、十字河工程一案，眼蒙字小，未能遽定。二更三点后，朗诵古文数首。三更睡，颇能成寐。

廿三日

早饭后清理文件，见客一次，谈颇久，围棋二局，李眉生来谈甚久。阅《食货志》下卷十余页，核科房批稿。中饭后，倪豹岑来久坐，阅本日文件，万方伯来一坐。阅《王阳明集》，选"鸣原堂"抄奏议。周缦云带汪醇卿之子来一见，谈颇久。核市河、十字河一案，起一信稿，二更始毕。旋又核信札稿数件。三点后温古文数首，四点睡。

附 记

黄管谷米

陈毓藻 如皋，气象好

廿四日

早饭后清理文件。旋见客，坐见者四次，立见者三次，李朝斌、万簏轩谈甚久。万拟告病开缺，先来说明也。围棋二局。潘伊卿、王子蕃先后来久坐。核科房批稿，阅《汉书·郊祀志》，中饭后阅毕，计十二页。阅本日文件甚多。见客，立见者二次，小岑来一谈。申刻核批札各稿。灯后核折稿一件、信稿章程稿多件，二更毕。前三日积搁之事，至是夜粗了。二更后温《古文·序跋类》数首、《孟子》数章，四点睡。

附 记

皖省裁厘卡应奏

廿五日

早饭后清理文件。旋见客，坐见者二次，立见者一次。围棋二局。旋批"鸣原堂"文一首。见客，坐见者一次，立见者一次。午刻核科房批稿。中饭后写两弟家信，阅本日文件，阅幕府公送寿屏及安庆公送寿屏，因内为于廿九日五十生辰也。酉刻核批札各稿。傍夕至幕府鬯谈。夜核信稿数件，核现审案二件。旋温古诗数十首。二更三点睡。是日接澄、沅两弟正月十一信，又接沅弟二月初二信，为之一慰。惟沅弟肝家之病久未痊愈，殊为悬系。

附 记

武职升迁调补应奏
江宁劝农章程

廿六日

早饭后见客，立见者一次，坐见者二次。清理文件，围棋二局，阅《郊祀志》十余页，核科房批稿。中饭后阅本日文件。日内修葺署中旧花园，往一展阅。阅《望溪文集》墓志、墓表十余首，核批札信稿甚多。傍夕，拟拆后面高墙，以便眺远，测量一番。夜写零字百余，又核批札稿，二更后温《左传》、韩文各数篇，三点睡。

廿七日

早饭后清理文件，拜发万寿贺表，围棋一局。彭雪琴来，知其奉命署漕督，吴仲仙署两广总督，李小泉升湖南巡抚。旋又见客，坐见者三次，立见者四次，雪琴亦巳末始去。核科房批稿。庞省三来一坐。中饭后阅本日文件。写楷书告示，笔太坏，未能写毕。意绪不怡，不能多治事，阅《望溪文集》数十篇，至二更四点止。是日天又雨，阴寒。

廿八日

早饭后清理文件，雪琴来久坐。旋围棋二局，阅《望溪文集》廿余首。午刻核科房批稿。中饭后阅本日文件，将振字等营欠饷册细核一过。旋核批札信稿。酉刻雪琴来一坐。傍夕小睡。夜将湘后左右等营欠饷册查核一过。批杜道汉镇督局弊窦甚多一禀，勾稽良久，二更四点批毕，三更睡。

廿九日

是日为内子五十生日。早间，雪琴即来。余因微病，概不见客，只有数人来签押房一见，余俱由纪泽等款待。内外吃面之客八席，晚饭亦然。清理文件，围棋二局。午刻核批稿，雪琴来坐时许。余日内禁油荤，体中小有不适。中饭后写告示一张，阅本日文件。旋小睡片刻。看雪琴画梅，又看李质堂等射箭。酉刻批振字等营欠饷禀，直至二更三点始毕。勾稽数目，最劳心神，睡后不甚成寐。

三 月

初一日

早起，辞谢各客不见。早饭后清理文件，见客，立见者二次。旋出门拜客十余家，彭雪琴、黄昌歧、李质堂等五处拜会，午初二刻归。围棋二局，见客一次，谈颇久。中饭后阅本日文件，改雪琴谢恩折稿一件，写扁字甚多。傍夕至幕府一谈。夜，核批札信稿，二更后阅《古文·书说类》。三点睡，倦甚，一觉已天明矣。

初二日

早饭后，至贡院甄别钟山、尊经两书院，出题《待文王而后兴者》一章，诗题《云近蓬莱常五色》，得"常"字。旋至新葺之钟山书院一看，辰正归。清理文件，见客一次，围棋二局，彭雪琴来久坐，陈庆长等来一坐。潘木君之子搬父柩归，来一谈。中饭后阅本日文件甚多，写对联十付，潘伊卿来久坐。雪琴来，箴轩继来，均坐至更初始去。核批札信稿颇多。二更二点后温《古文·奏议类》，四点睡。

附 记

复奏黔、滇事折
霆西事片
复奏杏南病折
沅病片
水师保折

皖南保折

初三日

早饭后清理文件。旋见客,坐见者二次,立见者二次,围棋二局,又见客,坐见者一次,立见者三次。阅《汉书·天文志》十一页。中饭后阅本日文件甚多。庞省三来久谈,又立见之客一次。通署无一处可观星,拟于小楼之侧架一平台,带匠人审视一番。核科房批稿。酉正小睡时许。夜核批札信稿,添何小宋信二页,二更后温韩文各书,三点睡。

附 记

王成谷考书院
张保和萧县教官,能知工程
江北劝捐告示

初四日

早饭后清理文件。旋见客,坐见者三次,立见者一次,围棋二局,莫子偲、罗茂堂、贺宏勋三人先后来久坐,核科房批稿,阅《天文志》毕。中饭后阅《五行志》,写澄、沅二弟信一件,约五百字,阅本日文件甚多。至后园楼上一看,拆墙之后,即望见钟山、清凉山矣。傍夕小睡。夜核批札信稿甚多,二更一点后温古文《庄子》《离骚》。四点睡。

初五日

早饭后清理文件。旋见客,坐见者二次,衙门期也。请缦云与倪豹岑及幕府诸君阅书院卷。至后园看新拆外墙。围棋二局,阅《汉书·五行志》。午刻核科房批札稿,阅《五行志》至未正,共十六页。中饭,请缦云等便饭。写李少泉信一件,约七百字,阅本日文件,核批札各稿。傍夕与缦云辈一谈。小睡片刻。夜阅《古文·典志类》。二更四点睡。

初六日

早饭,后清理文件。旋见客,立见者二次,坐见者三次。围棋二局。阅《汉书·五行志》十余页,核科房批稿,阅《梅伯言文集》。中饭后,李小湖来久谈，阅本日文件。小湖自麓轩处归，又谈，即留在署中一宿。批"鸣原堂"文，朱子《戊申封事》，翻年谱，一为核对，太长，未能阅毕。傍夕小睡。夜饭后与小湖久谈。二更后核批札信稿。四点睡，疲倦已极，因说话太多也，不甚成寐。

附记

送关　　家信　　发榜
义营发饷

初七日

早饭后清理文件。旋见客，坐见者二次。围棋二局。写家信一件。又坐见之客二次，庞省三坐甚久。午刻核科房批稿，阅《五行志》十页。中饭后写书院榜，照料一切。阅本日文件。见客，坐见者二次。倦甚，不愿治事，至后新楼一看。傍夕小睡。夜阅惜抱轩序跋文。二更三点睡，不甚成寐。

初八日

早饭后清理文件，李眉生来久坐。旋见客，各营官来久谈，刘松山亦不谈，又立见之客二次。围棋二局。又见客，立见者一次，坐见者一次。核科房批稿，阅《五行志》十页。中饭后阅惜抱轩文，阅本日文件，写对联九付。至后院看作新台。申刻核批札稿一时许。傍夕至幕府一谈。夜写零字甚多，温《书经》三篇。四点睡。

初九日

早饭后清理文件。旋见客，坐见者一次，围棋二局。巳刻出门，至钟山书院送馆，宾主各行四拜礼，山长即李小湖大理也。又至尊经书院，与山长周缦云行宾主礼，午初归。核科房批稿，阅《五行志》十页，未初毕。阅本日文件。见客，坐见者五次，莫子偲、潘伊卿坐俱甚久。说话太多，倦甚。夜核批札各稿，将应作折片开一详单，请莼卿、子密分作。二更二点后阅《古文辞类纂·传志类》。

初十日

早饭后清理文件。旋见客，坐见者三次，立见者三次，衙门期也。围棋二局，潘伊卿来一坐，阅《汉书·五行志》十二页，核科房批稿。中饭后至城北潘宅吊丧。前任云贵总督潘公铎，字木君，谥忠毅，在云南殉难，本日灵柩到籍也。申初归，阅本日文件。在李小湖处借得宋拓阁帖，观玩良久。核批札各稿。傍夕小睡。夜核批稿信稿，二更后温《诗经》数篇，四点睡。内人病已数日，医治无效。

附记

拜沈先生　　　请忠义局

十一日

饭后清理文件。旋围棋二局，见客，坐见者二次，立见者一次。批朱子《戊申封事》，至未初初毕。午刻核批札各稿。未正将《封事》过朱笔圈点，至申正未毕。阅本日文件，再看宋拓阁帖。傍夕陪幕府诸友至花园一看。夜核批札各稿，阅惜抱轩文数首，二更后温《左传》崔芟等篇，四点睡。

附记

安庆另派员掣验

十二日

早饭后清理文件。旋见客二次，围棋二局。出门至书局拜沈节门先生，请为本年西席，教儿辈也。巳刻归。批朱子《戊申封事》，过朱圈，至未正毕。午刻核科房批稿。申初阅本日文件。万方伯来一坐，至后园眺玩良久。核批札各稿。傍夕小睡时许。夜改通筹滇黔折稿，仅成二百字。二更四点睡。

十三日

早饭后清理文件。旋见客二次，衙门期也。围棋二局。巳刻沈先生来上学，与谈良久。旋又见客，坐见者一次，立见者一次。改折稿三百余字。中饭，请汪梅村等小宴，陪先生至后园一游，未正饭毕，阅本日文件。旋又改折稿五百余字，至夜二更始毕。旋又改一片稿，又改一密片稿，未毕。二更四点睡。自觉用心太苦，目睛作疼，不甚成寐。

附 记

翁盐道札

十四日

早饭后清理文件。旋见客，立见者二次，坐见者三次，围棋二局，改密片稿毕。赵烈文来久坐，又立见之客二次，坐见者一次。核科房批稿。中饭后，庞省三来一坐，阅本日文件。目睛作疼，疲倦殊甚。傍夕，万籁轩、熊登武先后来一坐。夜改一片稿，二更四点毕。是日写澄、沅二弟信一件。睡不甚成寐。

十五日

早起，见文武贺望者多起，至辰正毕。围棋二局。巳刻又见客，坐见者一次。旋核科房批稿。小睡片刻，疲倦殊甚。中饭后至幕府一谈，阅本日文件，发报四折、四片、一清单。至后园散步逍遥，因疲困不能治事也。旋核批札稿。傍夕小睡良久。夜教王甥以阳善阴善阳恶阴恶之义。旋温《史记》二首。二更三点睡。

十六日

早起，饭后清理文件。见客，立见者二次。围棋二局。巳刻以后见客，坐见者五次，立见者一次，王延长、李眉生坐甚久。请弓小芗同年至安庆一行，鸿儿将以四月廿一日完姻，请弓圆媒，以其与及郭雨生为同年也。午初，李小湖来久谈。是日请渠小宴，赵蔗泉、程可山等在坐，申初散。写雪琴信一件。见客，立见者二次。阅本日文件。傍夕核批札稿。甲四、甲六侄自家来，闻其去年娶有外妇，今来迎之，因怒斥之。旋小睡片刻。夜核批札稿数件。二更后，眼蒙殊甚，不能治事。读《古文·辞赋类》数首。三点睡。

十七日

早饭后清理文件。旋见客，坐见者二次。围棋二局，向师棣来久坐。接奉初六日廷寄一道，首行无议政王之衔，为之大诧，与幕中诸友叹讶良久。午初核批札稿，写对联九付。中饭后又至幕府一谈，庞省三来一谈。阅本日文件。旋至后园展玩片时。核信稿十件，约一时有余。傍夕至后楼与纪泽一谈时事。夜核批札各稿，二更后温《史记》三首。四点睡，颇能成寐。

十八日

早饭后清理文件，围棋二局。见客，坐见者四次，立见者一次，丁雨生谈最久。适罗氏女于巳刻生一子，大小平安。万簏轩来一谈。午刻习字一纸，核科房批稿，定对联九付。中饭后写沅弟信一件，排单发去。阅《汉书·五行志》毕，阅本日文件。潘伊卿、欧阳小岑来久坐。傍夕至后园，一为游眺。夜核批札信稿，二更四点粗毕。睡。

十九日

早饭后清理文件。旋见客，坐见一次，围棋二局，习字一纸。丁雨生来，久坐时许，送渠所得书目，一阅，又送大火箭，一阅。方世兄来一谈。午刻核科房批稿，阅《汉书·地理志》。中饭后写对八付，阅本日文件，庞省三来久坐，至后园观览，核批札各稿。傍夕小睡片刻。夜写少荃信一件，阅《古文·士相见礼》，二更时，折差李鼎荣自京归，阅京信、京报，至二更五点睡。闻捻匪已至东平汶上，僧邸于三日追五、六百里赶到，步兵在兖州甚无纪律，深为可虑！

附记

问丁雨生笔天光云影楼
核水师保单

廿日

早饭后清理文件。旋司道来见，雪琴来久坐。旋又见客，坐见者二次，立见者一次。围棋一局，习字一纸，阅《汉书·地理志》毕，核科房批稿。中饭，请雪琴与幕府诸人便饭，在后园设席，与之游览良久。阅本日文件，见客一次。倦甚，小睡。夜核批札各信稿，旋温古文《士相见礼》、《觐礼》，二更四点睡。是日雪琴带到朱批，仍令赴漕督之任，雪意又欲具折固辞。

廿一日

早饭后清理文件。旋见客，立见者二次，坐见者三次。围棋二局。习字一纸，阅《沟洫志》，核科房批稿。倦甚，小睡。阅《方望溪年谱》。中饭后写对联六付,阅本日文件。出门拜雪琴,未晤。至缦云处一坐。归,黄军门来久坐。旋阅《望溪年谱》毕,核批札各稿。傍夕小睡。夜又核批札稿,二更后温杜、韩七古数首。

廿二日

早饭后清理文件。彭宫保、丁雨生来久坐。围棋二局。习字一纸,核水师保单。午刻核科房批稿。未刻阅本日文件,写何子贞信一件,李小湖来久坐,核批札各稿。傍夕至幕府久谈。夜核批札各稿,温古文二首,二更四点睡。

廿三日

是日恭遇皇上十岁万寿,至贡院拜牌,寅正去,卯初二刻行礼,卯正回署。早饭后清理文件,见客三次,又立见之客一次,围棋二局,雪琴来久坐。小岑之孙欧阳逑来久坐。习字一纸,阅《艺文志》十五页,核科房批稿。小睡片刻。中饭后,孟学通来久坐,寿亭之子也。阅本日文件,写李小湖信一件,改折稿一件。傍夕小睡。夜写零字甚多,小湖赠以其父春湖先生所制羊毫,一试之也。旋改片稿一件,又核批札各稿,阅《古文·书说类》。二更四点睡,疲倦极矣。

附 记

六合案	望溪疏
孙恤批	家信
刘信由上海寄京	王茂元案

廿四日

早饭后清理文件。旋见客,坐见者一次,立见者一次。围棋二局,习字一纸,阅《汉·志》廿余页,毕。核科房批稿,见客一次,坐谈颇久。中饭后又见一次,谢棨照自京师来,与语良久。阅本日文件,圈批方望溪奏议一首,"鸣原堂"钞本也。傍夕至幕府一谈。夜核批札信稿,二更后温《孟子》数十章。三点睡,疲困殊甚。

廿五日

早饭后,雪琴来,同去大校场阅武。余阅四十二人,取廿九人;彭阅四十九人，取廿九人。午初二刻回署，与雪琴共定高下毕。中饭后，雪琴久谈始去。见客二次，围棋二局，阅本日文件甚多。申刻坐见之客一次，写家信一件，欧阳小岑来久谈。夜核对折件发报，核批札稿数件，改盐务信一件。三更睡。

廿六日

早饭后见客二次，邓守之坐甚久。旋围棋二局。午刻，李壬叔、李眉生、李小湖、彭雪琴四人先后来，坐谈均久，阅核科房批稿。中饭后坐见之客五次，阅本日文件，核批札各稿，直至夜二更四点始毕。将料理一切，明日出门也。说话太多，疲困极矣。

廿七日

早饭后剃头一次。旋见客二次，至幕府一谈。巳刻出门，由旱西门登舟。见客二次，旋于巳正开船。与方元徵围棋三局，又与之呫谈一切。中饭后小睡片刻。温《古文辞类纂》中数首。傍夕至瓜洲口湾泊，凡行一百七十里。雪琴来久谈。夜在舟小睡。二更四点睡，不甚成寐。

廿八日

早饭后清理文件。开船赴焦山，舟次围棋一局。巳初至焦山，见客多次。方丈大和尚名芥航。常镇道许缘仲道身亦寓此山。周览各院寺楼，各寺皆在山之南。观寺中所藏杨忠愍公所书手卷二件，近代名人题识甚多，又观王梦楼所书寿屏等件，又观纯庙所赐平定安南、平定台湾等印图。午初芥航请吃斋面。午正缘仲请吃中饭，未正饭毕。登焦山绝顶一览，同游者为彭雪琴侍郎玉麟、李小湖大理联琇、黄昌岐军门翼升、邓守之布衣传密、方元徵大令骏谟、陈小浦广文方坦，皆随余自金陵来者也；李雨亭都转宗羲、莫子偲大令友芝、张芑堂观察富年皆自扬州来者也。在山顶、山北两寺小憩良久，酉刻归。寺僧索题识，于两手卷各题数字以记岁月。又观《瘗鹤铭》及寺中所藏周鼎、阮文达所施置汉定陶鼎，又观所藏邓完白墨迹。傍夕观雪琴、守之作书数幅。灯后，雨亭请吃晚饭。旋归舟。倦甚，小睡。是日早间阅京报，见三月八日革恭亲王差事谕旨，有"目无君上，诸多挟制，暗使离间，不可细问"等语，读之寒心，惴慄之至，竟日忡忡如不自克。二更三点睡，不甚成寐。

廿九日

早饭后清理文件。旋由焦山开船至北固山。登山四望，雄壮，伫立良久。旋入镇江城，拜副都统富升、知府周辑瑞，坐均颇久。在府署后登城一望，与北固山相距两箭许，守府城不可不兼守北固，城周约十七、八里。旋出城八里登金山，已在南岸，不复在江心矣。眺望良久。旋渡江至北岸八濠口，现拟于此处开一新河，俾盐船由瓜州之小口子转入新河，庶小船名行江路，而大船湾泊镇江对岸，亦无风涛之险也。与雨亭等步行查勘。中饭后，坐轿由八濠口至瓜州大口，沿途细看。旋开船，将赴扬州。舟中围棋二局，阅包封公事，阅丹徒戴生员所著书，名楫，号汝舟，古文二本、《读书录条贯》二本。傍夕，泊于九里湾。夜与雪琴、守之等鬯谈，二更后写吴仲仙信一件，核批札各稿，写纪泽信一件。二更四点睡，不甚成寐。

四 月

初一日

早间，各员弁贺朔。饭后清理文件。进扬州府城，至公馆接见官员甚多，许仁山亦来久谈。倦甚，小睡。中饭后应酬良久。又小睡。与雨亭、芑堂论开河事宜。申正拜客数家。出城至五台山，吴毓芬所带淮勇四营驻扎于此，在城东五里许，名曰山，实平地也。毓芬号伯华，勇丁精壮，器械鲜明，为之一慰。顺南城外河沿而归，戌初回船。围棋一局。夜接廷寄二道，即十五日奏折之批旨也。将移栈事宜核阅批订。陈小浦来久谈。二更三点睡，甚不成寐。

初二日

早间，各客来，俱辞谢不见。饭后见客二次，李雨亭来坐甚久，与论开河事宜。旋自扬州开船出江，与方元徵围棋三局。至三汊河观行宫旧址，圣祖仁皇帝于康熙四十三年南巡过此，御制碑文，赐寺名曰高旻寺，其右有高宗五言律诗碑一道。此外一片瓦砾，荡然无所有也。午正至瓜州口。中饭后，出江登铁平轮船。将长龙船拖带于后。逆风逆水，又值退潮之际，轮舟亦不能速行，至二更始行草鞋夹外，又换小舟入夹，行十里许至燕子矶湾泊。是日共行百九十里。夜在轮舟看邓守之册页四本。睡颇能成寐。

初三日

早饭后，清理文件。开船行十余里至中关，登岸入张仙舫盐局一谈。旋至雪琴船上，言及国事与渠家事，欷歔久之。渠旋作别，回裕溪口，余亦回省。午初进城。见客，坐见者六次，立见者三次。中饭后至幕府久谈。旋阅本日文件及五日内未用包封送阅之文,约三百件。写扁二幅。欧阳小岑来久坐。傍夕略睡。夜改信稿三件,二更后阅陈心泉所刻敬敷书院课艺。小睡片刻。三点入内室,倦极。睡,尚能成寐。

初四日

早饭后清理文件。旋见客,立见者立次,坐见者七次,朱子典、汪梅村及宽十弟三起坐最久。围棋二局。写孙文节公挽联一付,联云:"以文来,以节归,毅魄长留两江上下;因孝黜,因忠死,苦心可质万世鬼神。"中饭后至幕府一谈。邓守之在此患病,请人为之诊视。立见之客三次,坐见者三次,周缦云等久坐。阅本日文件。儿辈问《通鉴》等疑处。见客太多,倦甚,积阁公事不能清厘。傍夕小睡。夜核批札各稿。二儿及一甥、两婿观星,至后园登楼教之。二更四点入内室,三更睡。

初五日

早饭后见客二次,衙门期也。清理文件,围棋二局。又坐见之客一次,立见一次。出门至河干送孙文节公铭恩灵柩。旋至满城拜将军魁玉。又查看东水沟。旋至汪海村家久坐,午正三刻归。中饭后见客,坐见者一次,立见者二次。阅本日文件。"鸣原堂"抄《陈汤传》中三疏,批点至戌刻毕。旋写家信,更初毕。清理文件,核批札稿。二更后又至楼上教儿子、甥、婿辈认星。四点入内室,三更睡。是日,子密处见京信一件,言近事颇详,又见三月十六日谕旨,恭王复入总理衙门,读之感叹良久。

初六日

早饭后见客一次,谈甚久。观李次青所著《国朝先正事略》。围棋二局。倦甚,久睡。中岑来久坐。午刻核科房批稿极多。中饭后至幕府一叙,勒少仲来久坐,万篪轩来久坐,阅本日文件,核批札各稿极多,未毕,傍夕小睡。夜核各信稿,二更后教儿子、甥、婿辈看星,三点后温《诗经》十余章。睡不甚成寐。

初七日

早饭后清理文件。旋见客三次,围棋二局。又见客,立见者一次,坐见者三次,宽十弟来久坐。询问家乡及途次一切景况、舆论。中饭后至幕府一谈,看邓守之病状。旋阅本日文件。申刻，潘伊卿来久坐，核批札稿甚多。阅仪真团蕉墩诗稿，名维墉，嘉庆间一诗人，袁子才、吴谷人所作序也。傍夕小睡。夜核改信稿，二更后教儿辈认星，三更睡。

初八日

早饭后清理文件，围棋二局。见客，坐见者五次，立见者一次，钱桂森坐颇久。午刻，核科房批稿甚多。中饭，请弓小芗、宽十弟等便饭，未正散。阅本日文件，写杨厚庵信二页，再核科房批，核幕府批稿信稿。见客，坐见者二次。傍夕小睡。夜写零字颇多。旋核各批稿，前至扬镇数日，积搁文件，今稍稍清厘矣。二更后与儿辈看星，为云所掩。二更四点睡。是日接奉批旨，雪琴辞漕督之任，已邀俞允。

初九日

早饭后清理文件，见客，坐见者二次。围棋二局。阅张皋文《仪礼图》。宽十来一坐。核科房批稿。杜兰溪午正来，与之久谈，即留在署中住，谈至申初始散。阅本日文件。酉刻，又与兰溪鬯变。傍夕小睡，夜阅批札信稿。二更后与儿辈看星，月明云掩，殊无所见。三更睡。说话太多，昏倦殊甚。

附记

杨玉辉案	皖南保案	苏漕折
袁祠折	彭谱序	程主匾
卞碑祭	朱、杜案	设瓜栈章
照忠碑	札宜裔张、汪	
札旗务炳	将军添屋	写季碑
刻邓字		

初十日

早饭后清理文件。见客二次，衙门期也。旋围棋二局，与杜兰溪一谈。旋见客，坐见者一次，立见者三次。阅《仪礼·士冠礼》，将张蒿庵、张皋文、江慎修、秦味经诸家之说参证。核科房批稿。中饭后与兰溪久谈，阅本日文件，见客，坐见者一次，立见者一次。核批札各稿。酉刻与兰溪览观后园。傍夕小睡。

夜核批札稿，二更与儿子、甥、婿辈看星，三更睡。

十一日

早饭后清理文件。旋见客，坐见者三次，立见者二次。围棋二局，阅《仪礼》数页。魏荫亭来，久坐一时许。核批札稿。倪豹岑来久坐。中饭，请杜兰溪、钱年伯、勒少仲等小宴，申正散。阅本日文件。倦甚，小睡。酉刻核批札稿。傍夕，钱子密来一坐。夜核批札信稿。二更后，思孟子所谓"善言德行"者，当为后世理学诸家之源；"善为辞令"者，当为后世词章诸家之源。孔子谦不能辞令，而以善言德行自许。盖在己者实有盛德至行而后能自道其所得也。《论语》一书乃善言德行之尤著者，因默诵《学而》《为政》《八佾》三篇。三更睡。

十二日

早饭后清理文件，与杜兰溪久谈，旋送之出城北上。见客，坐见者一次，立见者二次，围棋二局。小睡片时。阅张皋文《仪礼图》，略加批订《士冠礼》至《礼宾》毕。核科房批稿。小睡。中饭后至幕府鬯谈，阅本日文件，写对联六付。薛世香太守自苏州来，与之久谈。筱岑来久谈。傍夕小睡。夜核批札信稿，二更二点后阅《古文·典志类》，四点睡。

附记

习勤	崇俭	谦慎	昭信
刚强	清明	浑朴	诚一
孝道	友恭	内治	少仪
军礼	兵制	谋略	战具
字部	训词	诂用	音义

十三日

早饭后清理文件，见客二次，薛世香坐颇久，围棋二局，汪梅村来一坐。巳刻阅《仪礼·士冠礼》经毕，核科房批稿。中饭后至幕府一坐，阅本日文件，写对联、挂屏数幅，小岑来久坐。夜核批札稿，写雪琴信二页，温《典志类·封禅书》数页。二更四点睡。

十四日

早饭后清理文件。旋见客，坐见者三次，万簏轩谈颇久，围棋二局，潘伊卿来久谈。阅《仪礼·冠礼》毕，《昏礼》至"纳徵"止。见客，坐见者一次，立见者一次。核科房批稿。小睡片刻。中饭后查儿辈工课，阅本日文件。写对联十付。小睡片刻。旋改折一件、片一件，小岑来谈甚久。夜改片一件，约改四百字。倦甚。二更四点睡，不甚成寐。

十五日

是日换戴凉帽。因昨日劳乏殊甚，各贺望者皆谢不见。清理文件。旋围棋二局。小睡片刻。洪琴西来谈最久，王鸿飞自芜湖来一谈。部《仪礼·士昏礼·合巹》毕。核科房批稿。中饭后写对联四付，阅本日文件极多，圈批"鸣原堂"文一首，写澄、沅两弟信一件，小岑来一坐。傍夕小睡。夜改折稿一件、片稿一件。二更四点睡，不甚成寐。是日燥热异常，不能治事。

十六日

早饭后清理文件。见客，坐见者二次，立见者一次。围棋二局，改片稿一件，谭鳌来久坐，阅《士昏礼》，核科房批稿。邓守之来久坐。中饭后至幕府一谈。旋看京报数本，阅本日文件，写对联五付，核批札各稿。本日自卯至酉，大雨竟日，晚间看雨，与客久谈。发报二折、五片。夜核信稿数件，二更后温杜、韩七古，四点睡。

十七日

早饭后清理文件。旋立见之客一次，围棋二局，李雨人来久谈。阅《礼书纲目·昏义》，庞省三来一谈，陈舫仙来久谈，核科房批稿。中饭后见客一次，阅本日文件，潘伊卿来一谈，写李少泉信一件。傍夕小睡。灯后，见客一次，议洋人通商占地，定在下关之下一带。又写少泉信一页。二更后，纪泽问《正蒙》中疑义。倦甚，三点睡。近年天热则神思昏倦，今年应更惫矣。是日闻霆营之分兵八千由四川入甘肃者，行至金口反叛，弃舟登岸，各营官弹压不服，避回武昌，叛勇由纸口南行，声言至江西索饷，至咸宁已戕官掳人。前接湖北信咨，本日问陈舫仙，始知其详，为之忧灼无已！

十八日

早饭后清理文件。旋见客二次,围棋二局。又见客,坐见者一次,立见者一次。阅《礼书纲目·冠昏记》廿余页,中饭后毕。未刻写季仙九先生墓志。旋阅本日文件,写墓志至酉至止,约写五百余字。见客一次,言洋人踹看马头事。傍夕至幕府一谈。夜核批札稿甚多,倦甚。二更后朗诵杜工部五律。三点睡。是日因纪鸿儿于廿一日成婚,先行纳徵,俗所称过礼也。余久不作小楷,是日所作楷约七分大,吃力之至。目光昏眊,改用最深之老花镜,写过后,胀疼殊甚。

十九日

早饭后清理文件。旋围棋二局。小睡片刻。写季公墓志铭。午刻,舫仙来久谈。旋又写墓志,至申初写毕,约八百余字。久不作楷,深以为苦。旋核批札各稿。傍夕,小岑来久谈。夜默诵《论语》,二更三点睡。是日霖雨,竟日不止。念及霆营之变,忧灼无已。

廿日

早饭后清理文件,见司道一次。倦甚,小睡良久。阅《封禅书》,午刻核科房批稿。中饭后至幕府一谈,阅本日文件,核批札各稿。习字,《张猛龙碑》一纸。天雨连四日不息。复睡片刻。夜核瓜州设栈章程,二更后,与儿辈登楼看星,须臾悉被云掩。四点睡。内人久不能饭,病势殊重。

廿一日

早饭后清理文件。旋围棋二局。是日为纪鸿儿成婚之期,道喜之客甚多,见客四十余次,坐者九次,雪琴及舫仙等坐甚久。未初发轿,申正三刻喜轿入署,酉初行礼,酉正宴客。男客四席,女客二席,二更客散。核批札各稿。三更睡。是日接奉廷寄,一等侯之上加"毅勇"二字,李少泉伯之上加"肃毅"二字。日内正以时事日非,悚然不安,加此二字,不以为荣,适以为忧!

廿二日

早饭后清理文件。旋围棋二局。见客,坐见者八次,立见者二次。雪琴、荫亭、眉生三起坐甚久。年初出城,至荫亭舟次送行。旋至雪琴舟次,不晤。归,见客一次。中饭后倦甚。不愿内室请郭亲家母，略吹细乐。余因三月初八之事及霆营之变，怛然寡欢，因再与方元徵围棋三局。天晴日永，下半天未治一事，近年无如此之懒惰者。傍夕小睡。夜核批札各稿，二更三点睡。

廿三日

早饭后清理文件。旋见客，坐见者三次，立见者二次。出门拜客，至午正二刻始归。核科房批稿。中饭后围棋二局，朱守谟与李眉生来久谈，阅本日文件。阅《刘申受集》。名逢禄，武进文定公之孙，开生之祖也。积压公事要件甚多，不能清理，反漫然若毫无头绪者。此余生平旧病，今尚如此，殊以为愧！邓守之来一坐。傍夕见《进士题名录》，欧阳小岑来久坐。夜清理批札各稿，二更后与儿辈看星，旋核改信稿。四点睡。

廿四日

早饭后清理文件。旋见客一次，围棋二局，又坐见之客三次，立见之客一次。倦甚。阅《刘逢禄集》。午刻核科房批稿。旋写澄、沅两弟信，未毕。中饭后，陈舫仙来坐极久，申刻去。阅本日文件甚多，将家信写毕，批"鸣原堂"文一篇。傍夕登后园楼一看。夜将古文批毕，核批札各稿，二更二点后温《古文·辞赋类》。四点睡，不甚成寐。

廿五日

是日为考阅归标将弁之期。天雨，辰刻始赴校场。余在中厂阅马上枪四十一人，又阅步箭及他技副、参、游三十三人，万方伯普镇阅都、守六十七人，熊镇登武、李协恒清阅千、把、外委六十六人。午正三刻毕，未正二刻归。中饭后围棋二局。洋人四人来见，一狄隆、一柏卓安、一敬妥玛、一威克，系遵照条约在金陵通商，新来勘定地基，在中关小河之下，近称下关，昔年救生局之地，上年刘连捷札营地处。与谈良久。申刻阅本日文件。旋核批札各稿。傍夕小睡。夜，将本日考阅将弁核校等第名次，二更后温《古文·辞赋类》，四点睡。

廿六日

早饭后清理文件。旋见客，坐见者二次，围棋二局，又坐见之客三次，赵惠甫谈最久。又见客一次，唐焕章谈亦久，送《牛氏家言》一册。牛雪樵廉访树梅，述其父愚山先生作麟之言也，真挚坚忍，为近世讲学家所不及。请陈舫仙、魏柳南等中饭，未正散。旋阅本日文件，阅《牛氏家言》。酉刻核批札各稿。傍夕小睡。夜再阅批札稿，二更后温《孟子》，四点睡。

廿七日

早饭后清理文件。旋见客，坐见者三次，围棋二局，又立见之客二次。午刻核科房批稿甚多。中饭后见客一次。旋阅本日文件。见段培元、席研香禀，知娄云庆所辖霆营于初九日在上杭忽叛，十分忧灼，不知所措，绕屋徬徨，无以为计。又与方元徵围棋二局。旋在后院看新修小楼，核批札各稿。傍夕登新楼与客鬯谈。夜核苏州减漕折，二更后与儿辈看星，四点睡。

廿八日

早饭后清理文件。旋见客，坐见者四次，万簏轩坐最久。围棋二局。画思一星图与儿辈看，经营良久，未得下笔。午刻核科房批稿。中饭后见客一次，阅本日文件，阅《韩弼元叔起诗集》。酉刻核信稿批稿多件。傍夕小睡。夜核苏漕折稿，二更后与儿辈看星。是日阅京报，四月十六日恭王复充军机大臣。又接娄云庆禀，其军因饥滋事，尚不十分决裂，为之少慰。然霆营之祸已成，不知何日得了，实有无穷之忧。

廿九日

早饭后清理文件。旋见客，坐见者二次，立见者一次，围棋二局，朱子典来一谈。又见客，坐见者一次，立见者一次。代陈舫仙改折稿一件。午刻，舫仙来久坐，未刻去。阅本日文件，改沅弟折稿一件，核批札信稿颇多。傍夕至楼上，一为眺览。王子蕃来一坐。夜改近日军情折未毕，二更后与儿辈看星，四点睡。

三十日

早饭后清理文件。旋围棋二局，将军情折改毕，罗茂堂来久坐。午刻核批札各稿。中饭后至幕府久谈。旋阅本日文件，又改片稿一件。傍夕至楼上与纪泽久谈。夜核批札各稿。二更四点睡，困倦殊甚。

五 月

初一日

早间小有不适，辞谢各客不见。饭后清理文件，围棋二局，见客，坐见者二次，立见者二次。拟作一告示解散霆营叛卒，经营良久，未得下笔。小睡。阅《钱辛楣文集》。午刻核科房批稿，倪豹岑来久坐。中饭后阅本日文件，阅《十驾斋养新录》。申刻与黎莼斋久坐，又坐见之客一次。晡时剃头一次。是日发报二折、三片。榜夕小睡。夜核批札各稿，二更后与儿辈看星，二更五点睡。是日因作告示未能迅速下笔，悠忽度日，未治一事，实为愧慊！

初二日

早饭后清理文件。旋见客，立见者二次，坐见者一次，围棋二局。见客，周朗山、郭远堂坐皆最久，朱星槛来一坐。作解散霆营告示，自巳正起至二更止，共千余字，尚未完毕。中饭，请魁将军、松织造小宴，未正毕。申初阅本日文件。傍夕接奉廷寄，饬余至淮徐督师。夜至幕府一谈，二更后与儿辈看星，三更睡。

初三日

早饭后清理文件。旋见客，坐见者四次，立见者一次，围棋二局，陈舫仙来一坐，将告示稿作毕。旋又见客，坐见者二次。接奉廷寄，知僧王于廿四日接仗失利，邸帅阵亡，命余赴山东剿贼，李鸿章署江督，刘郁膏护苏抚，为之诧叹忧愤。中饭后至幕府一谈。旋阅本日文件，李小湖来久谈，篪轩、省三来一坐，核批札各稿，小岑来久谈。夜核各信稿，二更与儿辈看星。三点睡，疲倦极矣。

初四日

早饭后清理文件。旋见客，坐见者二次，立见者二次，围棋二局。旋又见客三次。午刻核科房批稿，陈舫仙来久坐。中饭后写少泉信一件。阅本日文件，文辅卿来一谈，缦云来一谈，核改信稿札信稿甚多。傍夕至楼上与子密一叙。夜核批稿信稿，二更后与儿辈看星，旋再清理公事。四点睡。

初五日

是日因身体困倦，凡文武贺节皆谢不见。早饭后清理文件，郭世兄来一见。旋写澄、沅两弟信。午刻核科房批稿。畏热殊甚，小睡良久。李小湖送《梁山舟帖》，展玩良久。中饭后阅本日文件，与程伯敷谈极久，小岑来谈亦久。小睡数刻。傍夕至楼上与纪泽一谈。夜核批札各稿，二更后与儿辈看星，三点睡。

初六日

早饭后清理文件。旋围棋二局，见客，坐见者五次，立见者一次。旋核房批稿，又坐见之客三次。中饭后，陈舫仙来，坐甚久，阅本日文件。申刻又围棋二局。因天气奇热而北征之事茫无头绪，此心焦急，若不能自主者。旋核批札信稿。傍夕至楼上与纪泽一谈。夜小岑来久谈，二更后核信稿毕，温韩诗七古。三点睡。

初七日

早饭后清理文件。旋见客二次，围棋二局，又见客二次，周朗山谈最久。阅《姚惜抱文集》，核科房批稿。中饭后又阅《惜抱集》。旋阅本日文件。申正出门，至李小湖处久谈，观其先人春湖先生所藏四宝中之《丁道护碑》《善法寺碑》，又观明刻本《夏承碑》，傍夕归。灯后，陈舫仙、罗茂堂等来，议定带湘勇北征之事。旋核批札各稿，二更三点粗毕。是日接初二、初三日两次廷寄，皆催余迅速启程北征。

初八日

早饭后清理文件。旋围棋二局，见客二次。午刻，潘伊卿来坐甚久。将改折稿，经营良久，尚未下笔。中饭后见客，坐见者二次。又围棋一局。旋改折稿，至二更四点尚未毕，约改千余字，困倦殊甚。

初九日

早饭后清理文件。旋围棋一局，将昨日折稿作毕。见客，坐见者四次。雪琴于巳刻来，中饭后始去。作片稿一件，阅本日文件，又围棋二局。因张诗日言各勇纷纷思归，不愿北征，又与伊卿一商，旋再与潘、罗一商。傍夕接奉谕旨，饬余节制直隶、山东、河南三省文武。精力日颓而责任弥重，深为悚惧！至幕府久谈。写李少荃信，未毕。二更四点睡。

初十日

早饭后清理文件。旋见客，坐见者二次，衙门期也。围棋二局。巳刻，彭雪琴来久坐，至酉刻始去。潘伊卿来一坐，核科房批稿。中饭后阅本日文件。申刻，潘伊卿等复来一坐。旋核批札稿，清近日积压之件。傍夕小睡。夜核批札稿，二更四点睡。

十一日

早饭后清理文件。旋围棋二局，黄军门来坐极久。旋见客二次。午刻核科房批稿。倦甚，小睡。中饭后至幕府久谈。旋阅本日文件甚多，陈舫仙来久坐。小睡。旋写对联、挽帐多件。傍夕小睡。夜核批札稿极多。二更四点睡，疲乏极矣。

附记

鹤章开缺

十二日

早饭后清理文件。旋围棋二局，见客，坐见者三次，立见者二次，核科房批稿，写郭云仙信一件，刘松山来久坐。中饭后阅本日文件，见客，坐见者三次，核批札信稿颇多。见刘霞仙所作辨蔡寿祺诬劾一疏，置身甚高，辞旨深厚，真名作也。傍夕至幕府久谈。夜改折稿一件未毕，三更睡。

附记

去留单

十三日

早饭后清理文件，见客二次。旋围棋二局，作折稿毕，又见客三次，舫仙谈甚久，改片稿一件。中饭后又改片稿二件，阅本日文件。见客，坐见者三次，李小湖谈甚久。旋至幕府一谈。旋核批札各稿。傍夕小睡。夜又核批札稿，至二更二点未毕。倦甚。读小杜七律以自怡。是日接奉廷寄二件，发报折二件、片三件。

十四日

早饭后清理文件。旋见客三次，示刘松山以看图之法，围棋二局。见客，坐见者二次，立见者一次。午刻核科房批稿，阅恽子居古文。中饭后阅本日文件。旋又围棋二局，将应带各员酌定一单，核批札各稿，潘伊卿来久坐。夜至幕府一谈，二更后温《古文简本》，四点睡。是日接奉廷寄二件，始闻鼎甲之信，状元崇绮，蒙古人，探花杨霁，汉军人，国朝二百年所未有也。

十五日

早间，文武贺望者，皆谢不见。饭后见莫祥芝一次。围棋二局。旋又见客一次，写澄、沅两弟信一件，写少泉信一件。午刻，潘伊卿等三人来久谈。中饭后阅本日文件，倦甚。李小湖送其祖父诗集，粗阅数十首。核皖南保案四单，核批札各稿。傍夕至幕府一谈。夜核瓜栈章程刻本，二更后温《古文简本》，三点睡。

十六日

早饭后清理文件。旋见客二次，黄军门坐颇久，围棋二局，又立见之客二次，坐见者一次。午刻核科房批稿极多。中饭后，小睡片刻。阅本日文件，内有京报十余本。旋阅李松甫《韦庐诗钞》，写大字数十，核皖南保案毕。傍夕至幕府一谈。夜核批札信稿，未毕。二更三点后温《孟子》、韩文。三更睡。日内不肯见客，精神略旺。

附 记

泽儿三文

长江水师规制

十七日

早饭后见客，坐见二次。清理文件，围棋二局。旋见客，坐见者一次，立见者二次，彭笛仙谈甚久。小睡。阅《王阳明年谱》。午刻，坐见之客二次，核科房批稿。中饭后围棋二局，阅本日文件。写扁额、对联甚多，核批札稿。傍夕至楼上训戒罗婿。夜核批札信稿，二更三点睡。

十八日

早饭后清理文件。旋见客一次，围棋二局，李眉生、潘伊卿来，均久坐，又见客一次。午刻核科房批稿，李鹤章来久坐。中饭后见客一次，阅本日文件，李祥和来一坐，改纪泽寿文二篇。疲倦异常，小睡。夜核批札信稿。因说话稍多，气竭力倦，委顿殊甚。接沅弟信，知科四侄得取县案首，为之一慰，精神略振。旋又困怠，若万难支持者。二更三点睡，不甚成寐。

十九日

早饭后清理文件。旋见客，坐见者三次，立见者一次，围棋二局，阅王阳明《平濠书》。午刻核科房批稿。见客，坐见之客二次，彭笛仙谈颇久。中饭后至幕府一谈，魁将军来一谈，围棋二局，阅本日文件，写对联十付，申甫、小岑来久坐。夜至幕府略坐。旋登楼一看，核批札各稿。二更四点睡。

附 记

出门至北东　将军　昭忠　潘宅　卞祠
廿三至西南　司道　两山长　两军门　两织造　郭宅　季弟祠

廿日

早饭后清理文件。旋见客，立见者一次，坐见者四次，围棋二局。旋又见客，坐见者四次，立见者二次，疲乏甚矣。午刻核批札稿，小睡片刻。中饭后，宽十弟来久坐。阅本日文件，核现审各案供折十余件，核各手折，去其不必存留者。傍夕剃头一次，罗茂堂来一谈。夜写陈季牧信一页，核批札稿颇多，至二更四点未毕，即睡。钱子密出示其先世钱文端之母《夜纺授经图》，高宗及诸名臣题咏甚多，观玩甚久，信家宝也。子密述其堂兄启自京归，谓江浙语及沅弟，毫无闲言，与前魏龚之说又殊，可见毁誉之无定矣。

附 记

昭忠祠捐项　　湖南会馆捐项

岳庙捐项　　　内所银札台

廿一日

早饭后清理文件。见客二次，又立见者一次，围棋二局。旋出门至卞忠贞公拈香，又至昭忠祠，与舫仙、辅卿、伊卿等商捐银，以谋该祠垂久之计。旋又拜北城客二家，回署已午正二刻矣。请宽十、罗婿便饭。中饭毕，热甚，又围棋二局。阅本日文件，李眉生来久坐。阅纪泽所写寿屏二付。热甚，小睡良久。夜核批札稿，未毕，三更睡。

廿二日

早饭后清理文件，见客，坐见者二次。围棋二局，又见客，坐见者二次，立见者二次，核批札各稿。午刻核科房批稿。午正，钱子密来久谈。旋出城，至水西门迎接李少荃，旋与之同回公馆，谈至申初散去，渠于本日接总督印也。中饭后阅本日文件，坐见之客一次。酉刻，厉伯苻来久谈。倦甚，小睡半时许。夜，跋王阳明所书《君子亭记》，核批札各稿，二更四点睡。是日巳刻改折稿一件、片稿一件。

附 记

明日家信、二朱信　　训戒家人

寄廖、张信

廿三日

早饭后清理文件。旋围棋二局，见客三次。出门至少泉处久坐。旋至李小湖处，观其所藏《大观帖》三本，又欧《化度寺碑》、褚《孟法师碑》、虞《庙堂碑》、刘文清册页一本。又至宜春宇学使处，未初归。说话太多，疲倦异常。中饭后阅本日文件。在竹床小睡。旋又围棋二局，罗茂堂来一坐，少荃来久坐，灯后去。舫仙来一坐。旋改片稿二件。三更睡。是日写"忍敬"二字教诫罗婿，缀以数语。

廿四日

早饭后清理文件，题钱图诗二首。旋见客，坐见者六次，立见者四次。出门拜客，拜会者四处，不会者十余处。至季弟靖毅公专祠内作别，午正归。中饭后核批札各稿，见客五次，李小湖、彭雪保、李眉生、周缦云四起谈最久。告戒儿妇诸女。傍夕至幕府一谈。夜核批札各稿，二更三点未毕，而劳乏之至，不能再治事矣。是日午刻，教朱心槛之言甚详。申刻发报四折、五片、二清单。申刻围棋二局。

廿五日

早饭后清理文件。旋围棋二局。见客，坐见者三次，立见者四次。倦甚，在竹床小睡甚久。收拾诸物。午初出城，街上绅民设酒相送，将军等在城门相送。登舟后，见客十余次。中饭后，少泉、雪琴等登舟久坐，申末去。小睡良久。旋清理书案各物。灯后，雪琴又来久坐。二更后点检诸事，四点睡。

廿六日

早饭后清理文件。旋见客十余次，写澄、沅两弟信一件。巳正至罗婿船上一看，午正归。中饭后又见客数次。小睡片刻。李季荃来，与雪琴等同登舵亭上一看。傍夕小睡，夜间又睡。旋阅韩文。二更三点睡。是日见客极多，说话舌端蹇涩。

廿七日

早饭后清理文件。旋见客十余次。昨日舌根干涩，本日右喉作痛，不能多说话。见客过多，深以为苦。午间小睡。中饭后，李少荃来久谈，至傍夕始去。阅本日文件。夜核批札各稿。二更三点睡。何廉昉、李芋仙各送二诗，皆有警句。

廿八日

早饭后清理文件。旋见客，坐见者二次，立见者二次。小睡。因喉疼，不能治事。巳刻开船，行十八里至下关湾泊，入张仙舫局中一坐，闻各营遣撤者皆已开船归去，北征者皆已出城东行。未正复开船，行至燕子矶泊宿。在舟核批札各稿，阅江郑堂《汉学师承记》，与雪琴、昌岐等久谈。夜与纪泽一谈，旋温《古文·辞赋类》。

廿九日

早饭后清理文件。旋见客，坐见者一次，立见者一次，黄昌岐来一谈，阅《汉学师承记》。旋开船，行十里，至将出大江之际，因风浪甚大，暂行停泊。中饭再开船，过栖霞山黄无荡一带，夜宿泗源沟。是日行一百里。中饭后阅本日文件。坐见之客三次，立见之客三次。核批札各稿，阅《仪礼·乡饮酒礼》，写对联七付、扁二幅。夜温《文选·咏怀》等诗，二更三点睡。

闰五月

初一

早饭后清理文件。旋见客，立见者一次，坐见者二次。写对联、条幅二件，又杂写数件。巳刻开船，行五十里，未初至瓜州口内湾泊。见客，坐见者四次，立见者二次。酉刻，至新河口一看，所修河道来往约廿余里。是日在舟次阅《乡饮酒礼》。夜，雪琴来谈甚久，二更四点睡。

初二日

早饭后清理文件。旋开船，行六十里至扬州之五台山，未初湾泊。在舟中改纪泽所作王君墓志铭一首，子蕃之父也。中饭后阅本日文件，见客，坐见者七次，立见者二次。说话太多，疲倦殊甚。夜与纪泽论韩文，旋核批札各稿，二更四点睡。

附 记

札彭笛仙办金陵粮台
刘、朱、朱调北

初三日

早饭后清理文件。旋见客，坐见者九次，立见者二次。小睡甚久。中饭后阅本日文件，雪琴、质堂来坐。小睡半时。厉伯符来谈甚久。剃头一次。至罗茂堂、朱星槛、张田畯、吴伯华等营内各小坐，灯时回船。李季荃来一坐，核批札、信稿，二更三点睡，疲倦极矣。批纪泽文二首。

附 记

金宝圩恤案　　　雪琴禀恤案

初四日

早饭后清理文件，见客，坐见者一次，立见者一次。旋即开船，行四十五里至邵伯镇。在舟写赵惠甫横披一幅，约四百余字。午刻至邵伯，见客二次。旋登岸拜晏同甫同年。见客，坐见者五次，立见者二次，皆金陵及扬州来送行作别者。纪泽亦在此回金陵矣。申刻开船，行三十三里至露筋祠，登岸一看；又行十余里至八里湾停泊。申正阅本日文件。酉刻见客二次。夜，子密来久谈，彭笛仙来久坐。二更三点睡。是日申刻写家信一件。

附 记

正阳关杀厨子为香油饼
捆李显安，抢盐船
马牧受辱罚跪
金寄漕署

初五日

早饭后清理文件。开船，行廿里过高邮州，又行四十里，中饭后湾泊片时，旋又行廿七里，至界首之上七里闸湾泊住宿。是日在小舟中郁热殊甚，铺簟久睡。阅《三国志》华陀、管辂等传，王陵、钟会等传，核批札各稿。未刻写郭意臣信。申刻见客二次。在七里闸下乡间柳阴下久坐。戌刻，坐见之客二次。夜温陶诗，似有所得。二更三点睡，不甚成寐，因本日在舟中多睡，又天气甚热也。

初六日

早饭后清理文件。旋开船，行四十里停泊。大雨半时，雨止又行十余里，至宝应城北里许湾泊。共行五十四里。早间见客，坐见者一次，立见者二次。旋核批札信稿，至午初毕。阅《仪礼·乡饮酒》，至申初毕。酉刻见客，坐见者二次，立见者一次，与申夫、季荃、莼斋、伯常、舫仙、辅卿等至野外树下小坐，灯后归。阅薛晓帆之子薛福辰所递条陈，约万余言。阅毕，嘉赏无已。旋温陶诗。二更三点睡。

初七日

早饭后清理文件，见客，坐见者三次。舟行六十五里，至未刻遇雨停泊。申正雨止，又行廿里。酉正至淮安湾泊。巳午间核批札信稿。未刻阅《仪礼·燕礼》。酉初写少泉信一件。泊船后，坐见者三次，立见者六次，丁俭卿谈最久。是日闻英藩司被困于雉河集。拟改赴临淮驻扎，与营务处幕府等熟商。二更后温阮诗数首。三点睡。

初八日

早饭后，进淮安府城内拜丁柘唐，又拜数家。回船见客，坐见者一次，立见者二次。开船行四十里，午正至清江浦。在舟次睡甚久。中饭后，吴仲仙来久谈，又见客，坐见者三次，立见者二次。旋出门拜吴仲仙，与之久谈。至新公馆，即城外之普应寺也。入寺后，见客，坐见者四次。傍夕，李申夫、陈舫仙来，黄昌岐、李季荃亦来，久坐。二更三点，客散。旋睡，不能成寐。遍身癣痒异常，以本日说话太多故，神不安也。

初九日

早饭后清理文件。旋见客，坐见者七次，立见者七次。吴仲仙、钱楞仙二人两次坐最久。巳正小睡。核批札稿数件。午正至吴仲仙处赴宴，申初散。归，见客，坐见者一次，立见者一次。小睡片刻。核批札信稿颇多。灯后，黄军门来久坐，二更后去。温小谢诗三十余首。三点睡，竟夕不甚成寐。是日阴雨竟日，念陆军行走极难，焦灼无已！

初十日

早饭后清理文件。见客，立见者三次，坐见者二次。旋出门拜客，至钱楞仙处久谈，又拜三家，巳正归。在庙中楼上一看。阅楞仙所作骈文廿余首。李申夫、陈舫仙等在此便饭。李季荃，文辅卿来久谈，丁子静之子来一谈。酉刻，仲仙来，久谈一时许。傍夕小睡片刻。夜改折稿一件。三更睡，颇能成寐。

十一日

早饭后清理文件。见客，坐见者二次，立见者三次，黄昌岐谈甚久。旋核改折稿一件、片稿三件。午正小睡。旋赴楞仙处小燕，申初归。阅本日文件。见客，坐见者二次，立见者二次，陈舫仙谈最久。傍夕小睡。灯后，发报二折、三片，核改批札信稿，至二更四点睡。

十二日

早饭后清理文件。旋见客，立见者三次，坐见者三次。黄军门谈甚久，渠于本日带炮船七十余号至临淮也。巳刻，李季荃来，谈及英翰在雉河集冲围而出，得见其初七日与乔中丞之禀。雉河八千人之营，无故溃出，贼焰愈长。又闻刘松山之营闹饷，不肯渡江，忧灼尤甚！陈舫仙、李申夫来久谈，吴仲帅来一谈。中饭后，坐见之客一次，钱子密等来久谈，立见之客四次。夜清理出入大款目，至二更三点止。四点睡。

附 记

徐州临淮转运章程	批陈国瑞
应换湖船	京信数封交舫仙
家信附日记	各处饷项出入咨
阎信	苏信
筑圩告示	张锦堂信

十三日

早饭后清理文件。见客，坐见者一次，立见者三次。钱楞仙于辰末来，午初方去。旋又见客，坐见者三次，立见者一次。中饭后，李季荃来久谈，申甫、子密来久坐。客散后，申甫重来久谈。旋阅本日文件，略核各稿，日已瞑矣。夜，甫经治事，舫仙又来久谈，二更三点去。说话太多，是夕不甚成寐。

十四日

早饭后清理文件，吴仲仙来一谈，又立见之客三次，坐见者一次。至吴仲帅处一坐。阅《姚伯山文集》，写澄、沅两弟信一件，写两儿信一件。中饭后见客二次，核批札信稿甚多。小睡二次，郁热殊甚。改告示稿一件。夜作交代饷项款目咨，未毕。

十五日

早间，见各贺望之客。饭后见客，立见者五次，坐见者三次，清理文件。旋闻徽休两军大闹，逼令张道书一借券，限六、七月内清欠饷八个月，并有殴打之事，忧灼之至，行坐不安！围棋三局。巳刻，舫仙、季荃来，久谈三时许，未正始去。茂堂来一谈，阅本日文件，黎莼斋来久坐，钱子密来久坐。夜作饷项款目咨。二更三点温陶诗数章。是日批札各稿停阁未办，因徽事所关甚大，寸心如焚，不暇治事也。

十六日

早饭后清理文件。旋与屠晋卿围棋一局，与吴仲仙围棋一局。巳刻见客，坐见者一次，立见者一次。作饷项交代咨文，至未正未毕。申甫来久谈，酉初去。作咨文毕，阅本日文件。日晡久睡。灯后，甫治事而舫仙来，至二更三点去。连日积搁批札信稿甚多，夜深不及清理。本日闻刘松山之勇在龙潭纷纷告假，尚非闹饷恶态。刘松山准假若干人，耽搁四五日，已于十四日自仪征开行矣，为之少慰。

十七日

早饭后清理文件，见客，立见者一次，坐见者一次。出门至旱营一看，巳正归。见客，罗茂堂等一谈，阅张炼渠禀，果有被勇凶殴背伤齿折之事。围棋二局。中饭后写少泉信一封，阅本日文件。申初，舫仙来久坐。旋又见客，坐见者一次，立见者一次，核批札稿多件。酉正倦甚，久睡。灯后，改信稿三件。二更四点睡。

十八日

早饭后清理文件。旋见客一次。围棋一局，仲仙来此一坐。去后，又围棋二局。又见客，立见者二次，坐见者一次。巳正，李季荃等来久坐，中饭后始去。阅本日文件，核批札各稿。见客，坐见者二次，向伯常等坐甚久。傍夕小睡。夜，舫仙来坐甚久，二更四点睡。

十九日

早饭后清理文件。旋改信稿八件，围棋二局。见客，坐见者一次，立见者一次。小睡时许。写纪泽信一封。中饭后，舫仙、辅卿来辞行，坐颇久。写对联六付、挂屏二页。倦甚，不愿治事。夜添京信数页，交舫仙带去。二更四点睡，不甚成寐。

廿日

早饭后清理文件。旋见客，坐见者一次，立见者一次，吴仲仙来久坐，围棋三局。旋又见客，坐见者一次，立见者一次。巳正，申夫、季荃来坐，至未正始去。刘松山来一见，又见客，坐见者一次，立见者一次。改折稿未毕，钱子密来一谈。旋将折稿改毕。夜又改一折，又核陈国瑞留豫牍稿。二更四点睡。

附 记

印信再写由驿一分	联幅送吴
联、银送钱	发报二折、三片
撤詹橄	批刘二
悬赏告示	林士班

廿一日

早饭后清理文件。旋仲仙来一坐，作片稿二件。见客，立见者二次，坐见者□□。写挂屏四幅。中饭后阅本日文件，见客，坐见者四次。申正出门，至仲仙、楞仙两处辞行，傍夕归。夜写团扇一柄，核公事数件。二更后小睡。三更后睡，不能成寐。是日发报二折、三片。

廿二日

早饭后清理文件。旋见客，坐见者一次，立见者二次，围棋二局，核批札各稿，李季荃来久坐。中饭后核批数件。申初二刻上船，仲仙送行，一谈。旋开船，行十六里至三闸。余登岸步行，与申夫、伯常、莼斋等邕谈。在岸观各船缴车上三闸、二闸，余坐船于更初上二闸。申夫禀辞赴山东，二更四点始去。睡不甚成寐，因说话太多也。

廿三日

早饭后清理文件。旋见客，立见者一次，坐见者三次，李季荃坐甚久。过天妃闸后二里许，又小泊。李季荃、张树声等久坐，吴世熊等一坐。旋开船，行过五坝，在头坝之上入高良涧小河四里许湾泊。申刻至吴城七堡，昔道光廿七年黄河穿入洪泽湖之决口。看旧黄河影，今将成平畴矣。酉初归，钱子密等来久坐。体中小有不适，久睡亦不成寐。夜写吴仲仙信一件，核批札信稿多件，二更三点后温唐人七绝。睡不甚成寐，隐隐腹疼。

廿四日

早起，腹泻。是日泄泻五六次，体中小有不适。早饭后，小睡数次。清理文件。开船，行五十五里至高良涧之下十里湾泊，酉刻始到。巳刻核批札信稿。午正小睡。中饭后阅《古文·典志类》。又小睡片刻。剃头一次。坐小船登岸一看。岸即洪泽湖东岸之大堤，南至蒋家坝，北至束清坝，凡石堤长一百三十里。本日所登者，盖南距蒋家坝七十里，北距束清坝五十五里也。改信稿一件。夜颇燥热而飞虫奇多，不能近灯，背诵唐诗七绝。二更三点睡，尚能成寐。

廿五日

早起开船，行十里至高良涧，小泊片刻。旋过洪泽湖，行六十里至老子山，时甫午初。又行六十里至盱眙县驻泊，时方申正。早饭后清理文件，旋阅《清河县志》。小睡片刻。巳刻核公牍数件。中饭后，核雪琴咨来之水师营制章程。在盱眙见客三次。薄暮，登城一看。夜翻阅《左传》，二更后讽诵《古文简编》。三点睡，竟夕不甚成寐。

廿六日

早饭后，风色不顺，停泊良久，至巳初始开船。行廿余里在湖心搁浅，良久乃拖近南岸。申刻过旧县，未泊。又行五十里，灯后，乃泊于双沟之下十三里。水浅不满二尺，故在湖中而无风浪之害。辰刻清理文件。见客，坐谈颇久。旋小睡数次。午刻核批札信稿。中饭后核长江水师章程。因数目易淆，核阅一时许即行停止，精神不能久耐烦剧也。酉刻圈《古文·典志类》三篇。因风大湖宽，傍夕无栖泊之处，颇为焦急，频在船头候望。夜温《古文简编》，朗诵数首，二更四点睡。

廿七日

早饭后清理文件。开船行十三里至双沟，湾泊片时，各船皆于此会齐。旋又开行六十里至五河县洪泽湖。昔年自束清坝起即为大湖，至双沟止乃为湖尾，凡渡湖三百廿里。近则自束清坝以上皆淤成平陆，直至高良涧乃为大湖。自高良涧至老子山六十里，湖水一望无际；自老子山以西则湖面渐窄，自盱眙至双沟尤窄，犹彭蠡湖自南康以至湖口也。特彼之窄处在下流，此之窄处在上流耳。自双沟上三十余里为浮山口，即梁武帝筑堰处也。张编修锦堂来此迎接，与谈良久。在舟改折稿一件、片稿一件。至五河见客，坐见者五次，立见者六次。围棋二局。钱子密等来一谈，黎莼斋来一谈。说话太多，疲困之至。夜核批札稿。二更后朗诵杜、韩七古，四点睡。

廿八日

早饭后清理文件。旋与张锦堂、贺云舫至岸上旷野一行，约行十一二里回船。是日因等候陆兵，在五河停泊一日。辰刻，发报一折、一片，立见之客四次。小睡片刻。围棋二局。核批札稿数件。午初核科房批稿。倦极，小睡。中饭后见客一次，罗茂堂等谈颇久。旋小睡片刻。核改信稿八件，云舫来一坐。旋与向伯常、黎纯斋登岸行六里许，灯后归。夜，默诵《书经》《诗经》各十余篇章。四点睡。

廿九日

早饭后清理文件。见客，坐见者二次。旋开船，行九十里，申正至临淮关驻泊。见客，立见者八次，坐见者三次。是日在舟中围棋二局，写云仙信一封，阅《左传》十余页。余皆小睡。夜又见客，坐见者一次，立见者一次，默诵韩诗七古十余首。睡不甚成寐。

卅日

是日即在临淮驻札。早饭后，张锦堂来久坐。旋又见客，立见者一次，坐见者一次。清理文件，围棋二局，写少泉信一件，核批稿数件。小睡片刻。中饭后又围棋二局。因是日大雨竟日，小舟郁闷异常。旋核批札信稿，并阅本日文件颇多，知小洋集英藩司翰一军于廿六日攻克高炉集营垒，雉河之围从此可解，为之一慰。旋立见之客四次，子密等来久坐。夜，贺云舫来久坐，默诵《书经》《皋陶谟》、《无逸》等篇。二更四点睡。

六 月

初一日

早起，谢贺朔诸客不见。饭后清理文件，旋写纪泽信一件。见客，立见者六次，坐见者一次。围棋二局。小睡良久。计苇村来一谈，改复丁晏卿信稿。午正请张锦堂、贺云舫便饭，未正散。再围棋二局，阅本日文件，核批札各稿。傍夕小睡。夜见客三次，谕以水师巡夜事宜。二更后温"序跋类"。四点睡，不甚成寐。

初二日

早饭后清理文件。旋见客，立见者一次，冯鲁川来久坐，围棋二局，罗茂堂来一坐。登岸看营盘基址，约半时许归。小睡甚久。中饭后，核批札信稿，阅本日文件。见客，立见者四次，坐见者二次。又小睡片刻。薛福成来一坐，子密等来一坐，因令其至南岸看营基。天气热甚，至舢板上乘凉。又见客二次。夜默诵《古文·辞赋类》。二更四点睡，尚能成寐。

初三日

早饭后清理文件。见客，立见者二次。旋与冯鲁川围棋二局。又见客，坐见者五次，立见者二次。阅张锦堂所为《孝经释疑》。小睡二次。中饭后热甚，不愿治事，又与屠晋卿围棋二局。阅本日文件，接澄、沅两弟闰五月初五、六日信，知沅弟近日害病，面色黄瘦。悬系之至。立非常之勋绩而疑谤交集，虽贤哲处此，亦不免于抑郁牢骚。然盖世之功业已成矣，寸心究可自慰自怡，悠悠疑忌之口只可付之一笑，但祝劳伤积湿等病渐渐轻减耳。核改陈国瑞批稿，改至二更四点未毕。睡不甚成寐。

初四日

早饭后，与鲁川围棋二局。旋坐见之客四次。巳刻，又坐见者一次，立见者一次。清理文件，改陈国瑞批，改至酉刻始毕，约二千余字。登岸一看，营内拟盖屋三间住之。旋回船，向伯常等来久坐。夜核批札信稿，二更后温《古文·辞赋类》。四点睡，疲倦已极，不甚成寐。

初五日

早饭后，与冯鲁川围棋二局。旋又见客，坐见者一次，立见者二次。清理文件。小睡片刻。写家信一封。见客，坐客见者二次，立见者一次，刘开生之弟、宋于庭之侄坐颇久。中饭后，杨子厚同年福祺来久坐，戊戌翰林，曾任凤阳知府者也。阅本日文件，核批札信稿，幕府诸人来久坐。旋至岸上一看盖造新屋。夜温《古文·传志类下》。

附记

京买《郑注句读》

初六日

早饭后清理文件。旋与冯鲁川围棋二局，阅张锡嵘所著"章句"。大雨竟日，小睡良久。午刻阅《仪礼·燕礼》，良久不能清晰。甚矣，余之衰也！中饭后阅本日文件，核批札信稿，写零字甚多。又小睡片刻。夜温《孟子》，朗诵数十章，声气若不能相属者，而目又作疼，因不复看书。二更四点睡，不甚成寐。昨夜闻雉河集解围之信，本日接周盛波禀，乃得其详，为之一慰。

初七日

早饭后清理文件，旋与冯鲁川围棋二局，张笛帆来见久坐。小睡片刻。阅《圣祖庭训格言》。嗣后拟将此书及张文端公之《聪训斋语》每日细阅数则，以养此心和平笃实之意。午刻核批札各稿，中饭后至申初核毕。阅本日文件。又小睡良久。罗茂堂来一谈。旋至旱营看所起新屋，又至子密等船上一坐，灯后归。温《孟子》，二更后放声朗诵数十章，音节清越，有如金石，为之一慰。四点后睡，亦能成寐。

初八日

早饭后清理文件。见客三次，内鲁川围棋二局，锦常与谈最久。又立见者一次，坐见者二次，杨子厚谈甚久。已刻写少泉信，未毕。出外迎接乔中丞，渠自寿州来访也。在渠船久坐，渠又至余舟久坐。中饭后，子密来一坐。写少泉信毕，又写纪泽信，阅本日文件。小睡片刻。酉刻，坐见之客二次，立见一次，登岸看新盖之屋。夜核批札各稿，二更三点后阅小杜诗，四点睡。

初九日

早饭后清理文件。旋见客，林太守士班来一谈，与鲁川围棋二局，又坐见之客一次，立见者二次。已刻，乔中丞来一坐。午初作告示稿，未毕。未初，请乔中丞便饭，申初散。阅本日文件。酷热异常，因与鲁秋杭围棋二局，在舢板乘凉。至岸上一看新造之屋。灯后核批札各稿，二更后洗澡一次。四点睡，不甚成寐。

初十日

早饭后清理文件。旋见客，坐见者四次，立见者二次，乔中丞及河南委员崔廷绍坐甚久。与鲁川围棋二局。已正，坐见之客二次。酷热异常，不能治事，但在船久睡，令人摇扇，看《左传·襄公》以自遣。中饭后在船困卧，阅本日文件。酉刻，坐见之客二次，立见者一次，至乔中丞处一谈。傍夕，天大风暴。夜核批札稿，二更后温七言绝句数十首，二更四点睡。

十一日

早饭后清理文件。见客，坐见者一次，立见者一次。与鲁川围棋一局。作告示稿，直至未刻作毕，约千余字。酷热异常，未刻忽尔头昏目眩，几欲仆地。阅本日文件。忽然雷风大雨，一时余始开霁如初。酉刻核批札各稿。夜因公事生气，旋温放翁七绝。二更四点睡，倦甚矣。

十二日

是日为先妣江太夫人忌辰，船小未能设祭。早饭后清理文件，见客四次，李幼泉、张锦堂坐颇久。围棋二局，次局未毕而乔中丞来辞行，与之久谈。随往回拜送行，归时已午初二刻。坐见之客二次。酷热，不能治一事。中饭后，坐见之客一次，阅本日文件。在船上久睡，令人摇扇，汗流不息。阅《襄公·左传》三十页。剃头一次。钱子密等来一坐，刘松山来一坐。至岸上看新造之屋，业已成矣。夜在船乘凉，未治一事。二更后，坐见之客一次。四点睡，竟夕不能成寐。

十三日

早饭后清理文件。旋见客，立见者三次，与鲁川围棋二局。巳初登岸，移寓新屋三间之内。见客数次。小睡良久。中饭后核批札信稿，阅本日文件。见客，坐见者三次，立见者二次。酷热异常，汗下如雨，竟日不止。夜至营后小土堆一坐，向来袁营所谓将台者也。二更四点睡，颇能成寐。

十四日

早饭后清理文件。旋见客，坐见者三次，立见者一次，围棋二局，又见客，坐见者一次，立见者一次。酷热异常，在床小睡，汗透裀褥，虽喘息若被热气所逼，不得自由者。中饭后，斗发风暴，屋瓦欲飞，顿转清凉。核批札信稿，阅本日文件，刘省三铭传来谈甚久，又坐见之客一次。再核信稿。傍夕见客三次。夜写雪琴信一件，温《孟子》数十章。二更四点睡，闻风雨之声，恐淮水涨发不已，各营被淹，无处移避，实深焦灼。

十五日

早起，各贺望之客皆谢不见。旋清理文件。饭后见客，立见者三次，坐见者一次。天雨淋漓，新屋处处皆漏。旋围棋二局。见客，坐见者三次，梁文钰与刘铭传两次，皆久。说话太多，倦乏殊甚。中饭后与子密久谈，与晋卿围棋二局。申刻核批札信稿，颇多，酉正粗毕。与幕僚一谈。小睡片刻。夜温欧文数首。竟夕不能成寐。

十六日

早饭后清理文件。旋见客，立见者一次，坐见者三次，围棋二局。旋又见客，立见者二次，坐见者四次。派折弁进京，将京信等件料理。中饭后，疲倦殊甚。阅本日文件，核批札各稿，见客三次，与幕府谈二次。天气寒冷，有似深秋。淮水盛涨，营盘皆移渡南岸，独余所居之营未移。周围筑堤捍水，余周行堤上一阅，水大堤薄，甚为可虑。写添眉生等信三页。傍夕，小睡片刻。夜温"序跋类"，二更四点睡。

十七日

早饭后清理文件。旋见客，坐见者二次，立见者一次。围棋二局。意思困倦，不愿治事，阅《湖海文传》，在床久睡。旋又见客，立见者二次，坐见者一次。中饭后见客一次，坐颇久。阅本日文件，又围棋二局，阅《湖海文传》。申刻，坐见之客二次，立见者一次，核批札各稿，与幕府诸公久谈。傍夕小睡。夜温《古文·传志类》，二更四点睡。

附记

察哈尔都统阿、副都统廉咨：闰五月廿四日奏

头起官兵，即左翼也：

正营总厢黄旗佐领帕克巴札普　八月十四日改委绷楚克

副营总正白旗佐领精默特

国瑞派去之委参领克巴雅尔泰照料

领队官廿六员　兵四百六十五名　外官员兵三十五名，患病须补换

于廿日进口，廿一日启行

二起官兵，即右翼也：

正营总厢蓝旗记名参领佐领贡噶德里克　八月十四日改委那木吉勒色楞

副营总厢红旗轻车都尉佐领齐默特塔尔

国瑞派去之委参领栋鲁普照料

领队官三十员　兵五百名

于廿二日进口，廿三日启行

十八日

早饭后见客二次，坐颇久。又立见之客一次，围棋二局，又坐见之客三次，杨子厚谈最久。清理文件，阅《湖海文传》。午刻核批札各稿。中饭后，郁热若不自得者，再围棋二局。阅本日文件。小睡片刻。核信稿多件，傍夕未毕，与幕

友久谈。夜再核信稿,二更后温《史记》。四点睡,头昏目眩,若不克自主者。三更三点乃克成寐。

十九日

早饭后,见蒙城县令林用光、宿州牧张云吉,两次谈均久。旋过淮至南岸一看,拜刘松山、朱式云、张诗日、陈自明四处,均少坐一谈,又至袁公祠、朱家圩一看,午刻归。清理文件。围棋二局。惊风骤雨,满屋皆漏。中饭后小睡。阅《书经纂言》之《大诰》篇,阅本日文件甚多。又小睡。写纪泽信一件,困乏殊甚。傍夕与幕府久谈。夜,写文章得阴阳之美表与纪泽。二更后朗诵杜诗五律,似有所得。四点睡。

廿日

早饭后清理文件。旋围棋二局,见客,坐见者二次,立见者二次。小睡片时。午刻核批札信稿。中饭后阅本日文件,至幕府一谈。申正核改信稿甚多。酉正与幕府久谈。灯后,接少荃信,观所为辩殷兆镛、王宪成二疏稿及谕旨,殊为痛快。写少泉信一件。二更后阅《史记》,日见其生,反不如前数年之熟。甚矣,老境之迫也!

廿一日

早饭后清理文件。旋围棋二局,见客,坐见者一次,立见者一次,与幕府一谈,写少泉信一件,阅《三国志·蜀》《二牧传》、《先主纪》未毕。午正三刻,请杨子厚同年便饭,申初散。围棋二局,阅本日文件极多。申正后核批札各稿。傍夕至后土台一览。是日水势未涨,而屡次大雨,满屋渗漏,天气寒冷,有似深秋。通计今年仅六月初十,十一、二等日酷热,此外并未稍热。江淮并涨,岁事之歉收可知,深以为忧!夜改折稿一件,朗诵《诗经》数十篇,二更四点睡。

廿二日

早饭后清理文件。见客一次,谈颇久。请武进刘怿、长洲宋□□围棋,余二局,又观客二局。巳刻见客,坐见者二次,立见者二次,核信稿三件。因闻钦差瑞芝生、罗椒生至陕西查办事件,念霞仙甫被蔡寿祺之谤而又此相煎之举,何以为怀!与幕府谈颇久。中饭后阅本日文件,核批札信稿。至舟次送杨子厚之行,谈颇久。归,便道垒外捍水之堤,一律宽七八尺,可无溃决之害。而天气凉冷,绝似九月霜后之状。再核批稿信稿。傍夕又与幕府一谈。夜,倦极,温《书经》《多士》、《无逸》二篇。小睡一更许。二更三点睡后,却不成寐。

廿三日

早饭后清理文件,见客,坐见者二次,围棋一局,又观人对弈二局,与幕友一谈,阅《蜀志》诸葛、关、张、庞、法等传。午刻见客一次。中饭后,又阅《蜀志》列传三首,阅本日文件。见客,坐见者一次,立见者二次。申正后,核批札各稿。傍夕与幕府一谈。夜写零字甚多,二更后温《书经·立政》篇。四点睡,尚能成寐。

廿四日

早饭后清理文件。接奉廷寄,知沅弟新放山西巡抚。贺客纷纷,竟日不止。巳正围棋二局,又观人一局。午刻写澄、沅两弟信一封。中饭后阅《鲍觉生诗集》,阅本日文件。申刻核批札各稿。夜核圩长执照及各公牍,二更后温《书经·微子》篇,带叶亭甥看星,四点睡。是日腹泄四五次,四更时起泄一次。日来身体总觉不适,大约脾湿而腹中有寒耳。

廿五日

早饭后清理文件。见客,坐见者六次,围棋一局,又观人一局。小睡。写纪泽信一件。中饭后写两弟信一件,阅本日文件。倦甚,小睡。阅鲍觉生诗毕,又阅《湖海文传》。日内体中不适,每于早饭后困惫,若不克自持者。中饭后亦然。又有腹泄之疾,本日泻凡三次。诸事废搁,本日遂至不办一事,即见客亦系勉强支应,老境可叹,而颓惰亦可愧也!夜阅《左传·昭公》廿余页。未至二更睡,三点仍起洗脚。幸终夜熟睡,五更二点始醒,或无大病。

廿六日

早饭后见客,坐见者一次。旋围棋一局,又观人二局。又见客,坐见者二次,立见者一次。阅《蜀志》《二牧传》、《先主》,至未正毕。阅本日文件。申刻核批札各稿,至酉正毕。与幕府久谈。夜核信稿九件。二更后,温诵七绝数十首。二更三点睡,不甚成寐。

廿七日

早饭后清理文件。旋围棋二局，阅《蜀志》后主及甘夫人等传、诸葛公传、关张等传、庞统法正传。中饭后围棋二局，核批札稿，阅本日文件，改信稿十三件，内尹杏农信改甚多，约七百字，改至二更毕。是日北风大雨，气象悽切。营外之水暴涨三、四寸，时虞堤决，则营中被淹二、三尺矣。两淮居民露处略高之处，无衣无食，无地可避，实属目不忍睹。又接家信，知罗氏外孙于廿三日巳刻殇逝，孙女福秀亦病，殊为系念。惟接两弟家信，知纪瑞侄入泮，为之一慰耳。

廿八日

早饭后清理文件。旋坐见之客三次，围棋二局。巳刻，又坐见之客一次，阅《蜀书》许靖等传、董和等传、刘封等传。中饭后至幕府久谈，阅本日文件，核批札各稿。倦甚，久睡。竟日北风苦雨，水高于营约二三尺，而涨势尚未已。凉冷有似九秋，与《洪范》"五行"所称"恒寒恒风"者相类。酉刻接杨海琴信，寄到湖南永州等处金石各种及汇刻邓石如篆隶，又集《中兴颂》字为联见赠，展玩良久。杨以乙巳翰林出守永州，性耽金石，新升镇筸道者也。夜发各信，添写数行者三件。旋核札稿一件。二更后朗诵李、杜七古。三点睡。

廿九日

早间，立见之客一次。饭后，坐见者一次。清理文件，围棋二局，至幕府一谈，阅《蜀书》霍峻等传、杜微等传。凄风苦雨，竟日在濛濛水云之中，不知涝灾何所底止，忧灼之至！中饭后至幕府久谈。旋改告示稿一件，阅本日文件，核批札各稿。酉刻疲倦之至，至幕府一坐。傍夕，小睡良久。二更后温《古文·论著类》。三点睡，三更后稍能成寐。

七　月

初一日

早起，各文武贺朔，见客六次。饭后，立见之客七次，坐见之客五次，围棋二局，清理文件。巳正阅《蜀书》黄权等传，阅蒋琬、费祎传。中饭后至幕府久谈，阅本日文件，核批札信稿。张锦堂寄到《仪礼义疏》及《经传通解》，翻阅一过。倦甚，又与幕府一谈。傍夕，小睡片刻。夜写零字颇多，温《古文·辞赋类》，二更后朗诵《哀江南赋》。三点后睡，不甚成寐。

初二日

早饭后清理文件，核信稿札稿数件。小睡片刻。巳正，阅姜维传、邓芝等传、杨戏各赞，未毕。中饭后与幕府谈两次，阅本日文件，写李少泉信五页，将夕始毕。纪泽寄到《几何原本序》，似明算理，文亦清矫。至营后土台眺览良久。灯后，倦甚。湿气甚重，小虫极多。小睡，不愿治事。二更后温陶诗十余首。三点睡，尚能成寐。

初三日

早饭后清理文件。旋见客，立见者一次，坐见者二次，写纪泽信，凡六页。巳正阅《蜀书》杨戏传，未毕。王少庚自京师来，与之久谈。旋阅邓芝等传毕，阅孙坚传，未初毕，阅本日文件。见客，立见者二次，坐见者一次。核批札各稿。剃头一次。傍夕与幕府久谈。夜倦甚，小睡。二更后，诵苏诗七古廿余篇。三点睡，不甚成寐。

初四日

早饭后清理文件。旋见客二次，计苻村谈颇久，核信稿二件，写《金陵楚军昭忠祠上谕碑》，字三寸大，巳刻毕。小睡片刻。巳正，阅《三国志·吴》孙策传、孙权传，未毕。中饭后阅本日文件，至幕府一谈。碑有错误之处，改写二行。写澄、沅两弟信，核札稿数件。倦甚，不能治事，傍夕小睡。夜核批稿稍多，二更后温《史记》数首。三点睡，尚能成寐。

附 记

副都统衔参领乌尔图那逊、前协领春寿呈：
吉林营总　讷苏肯　　头起官兵二百七十六员名，起外官兵十七员名
黑龙江营总　白图善　　三起官兵二百七十九员名
土默特营总　六十七　　该起官兵一百十八员名，起外官兵十五员名

初五日

早饭后清理文件，见客二次，围棋二局，写家信一封、雪琴信一封。巳正，阅《吴书》孙权传毕，孙亮、孙休传，又阅孙皓传，未毕。中饭后至幕府久谈，阅本日文件。小睡片刻。核批札各稿，酉正毕。与幕客久谈。夜拟作折稿，倦甚，竟不能作。小睡颇久。二更后，阅《史记》《庄子》，择其有诙诡之趣者，乃不可多得。四点睡。

初六日

早饭后清理文件。旋围棋二局，见客二次。小睡片刻。巳正阅孙皓传毕，阅刘繇、太史慈、士燮传。午刻见客二次，刘开生谈最久。中饭后阅本日文件，与幕府一谈。旋阅折稿至二更止，未毕。傍夕至土台一览。二更后小睡，三点后登床，不甚成寐。

初七日

早饭后清理文件。旋见客，坐见者一次，立见者二次，围棋二局。小睡片刻。巳正作昨日折稿毕。午刻阅孙静等传。中饭后与幕府久谈，阅本日文件。旋改折稿二件、片稿一件。至土台与幕友一谈。灯后倦甚，不愿治事。二更后温杜

诗七律。三点睡，不甚成寐，三更末始得甘寝。

初八日

早饭后清理文件。旋见客二次，围棋一局，禹级三来谈颇久。旋又见客，坐见者二次，立见者二次。小睡片刻。已正阅孙贲等传，张昭、顾雍传，中饭后毕。与幕府久谈，阅本日文件。小睡片刻。核批札各稿至酉正二刻，未毕。登后台眺览。王少庚来久谈。夜核批札信稿，至二更粗毕。温《文选·幽通》等赋。四点睡。是日发报四折、一片，写纪泽等信一件。

初九日

早饭后清理文件。旋见客，坐见者二次，立见者一次，围棋二局。已刻过河，至南岸看新修之火药库，旋至刘松山及李祥和营各小坐片刻。至鼓楼上一看，拟于该处修米仓而不方便，遂议改修于北岸。午初三刻归。阅诸葛瑾传、步骘传，未毕。中饭后与幕府久谈。阅《步骘传》毕，阅张纮等传，阅本日文件。小睡片刻。核批札各稿，与幕府一谈。夜温《古文·传志类上》。二更三点睡，不甚成寐。

初十日

早饭后，坐见之客一次，清理文件，围棋二局。阅周瑜、鲁肃、吕蒙传，程普、黄盖等传，未毕。小睡片刻。中饭后，倦甚。与幕府久谈。旋围棋二局，阅本日文件，阅《易经纂言》。小睡片刻。核批札各稿。傍夕与客久谈。夜核批札稿毕，二更后温《史记》数篇。三点睡，尚能成寐。

附 记

陈瑞芝宿迁人，诸生，出家财练兵，耳聋

朱子善安东人，少孤母在，臂力过人，汪际云禀保

汪际云清河人，文生，七律四首，条陈四事

十一日

早饭后清理文件。见客，坐见者三次，围棋二局。旋又见客三次，李衔华、唐鹤九两起谈最久。阅《吴书》程普等传毕，阅朱治、朱然传。中饭后与幕府

久谈，阅本日文件，写雪琴信一件，改方元徵信稿，言地球作一大木球事。傍夕与幕友久谈。夜，倦甚。核批札稿毕。小睡。二更后温《诗经》廿余章。二更三点睡，尚能成寐。

附记

杨、赵案　　　晏书院　　　李滁事
催晋饷　　　　点营名　　　铺仓板
发折差　　　　遣刘、朱　　杜、庞事

十二日

未明起，设位拜牌，是日为慈安皇太后万寿期也。旋见客一次。早饭后清理文件。见客，坐见者二次，围棋二局。小睡片刻。阅《三国志》施绩、吕范、朱桓等传，虞翻、陆绩、张温等传。中饭后与幕府久谈，阅本日文件，围棋二局，见客二次，与黎莼斋等谈文。申正核批札信稿。傍夕小睡。夜作《地球图说》。二更四点睡，用心太过，不甚成寐。

十三日

早饭后清理文件。旋见客，坐见者二次，立见者一次。观人围棋二局。见客一次。阅《吴书》骆统、陆瑁等传，陆逊、陆抗传。午正二刻饭后，黄军门来，久谈时许。请唐鹤九等便饭，申正散。阅本日文件。见客，立见者二次，坐见者一次。写纪泽信一件，见客二次，与幕府一谈。小睡片刻。夜核批札稿，倦极，二更小睡。四点睡，颇能成寐。

十四日

早饭后清理文件。见客，坐见者一次，立见者四次。围棋二局，又观人一局。阅孙登、孙虑等传，贺齐、全琮、吕岱等传。倦甚，小睡。中饭后与幕府一谈，阅本日文件，写澄、沅两弟信，核批札各稿。傍夕小睡。接纪泽信，骇悉邵位西夫人于十二日去世。夜再核信稿，二更后温杜、韩七古。三点睡，颇能成寐。是日大雨竟日，凉冷特甚，有似深秋。

十五日

早饭后清理文件。旋见客，坐见者二次，立见者一次，围棋二局。阅《吴书》周鲂、钟离牧传,潘浚、陆凯传,是仪、胡综传。中饭后与幕府久谈,阅本日文件,黄军门来久坐,写少泉信二件、纪泽信一件。傍夕至土台久眺。小睡片刻。夜核批札信稿。二更后倦甚,不能治事。三点睡。是日接廷寄二道。其初九日一道,因久不奏事,严旨诘责。

十六日

早饭后清理文件。见客一次。旋点晋、裕两营之名。巳刻围棋一局,又观人一局。旋点仁字营之名。午初,阅吴范、刘惇、赵达传,诸葛恪传。中饭后与幕府久谈,阅本日文件。金陵寄到新刻《季公墓铭》,展玩良久。拟作会馆并戏台对联,良久不成。与刘开生等久谈。夜写零字甚多。因作联不成,遂将诸事废置。老来心如废井,若无水可以汲引者,为之慨然!二更四点睡,不甚成寐。

附　记

| 齐帅被挤告李 | 海琴联幅 |
| 刊书百金 | 瑞侄尧子贺仪 |

十七日

早饭后清理文件。旋见客一次,将对联作成。点星字左右两营之名。与幕府一谈,围棋一局,又观人一局,再作对联一付。中饭后点忠朴营之名。写对联数付、扁二幅,阅本日文件,至幕府一谈。小睡片刻。酉刻核批札各稿,至土台上一眺。夜写李少泉信二页、纪泽信一封,核科房批稿。二更三点睡,倦甚,尚能成寐。

十八日

早饭后清理文件。旋渡江至南岸点各营之名,因北风太大,人多谏阻。至刘松山营点五旗、六旗、八旗三营共一千五百人。巳正因北风太大,不能渡回北岸,又点易开俊部下一旗、二旗之名。中饭后,令营务处点刘部下四旗、十旗、副前旗之名。营务处张、罗二人上半日已点三旗、七旗、九旗之名。凡余点五营,张、罗点六营,老湘十一营皆点毕矣。申刻狂风大雨,竟不能渡回北岸,即在刘松山营内住宿。竟夕风雨,气象凄凉。夜间早睡,四更即醒,不复成寐。

附记

将起程四条札　　　　洋药咨

禁掳船札示　　　　　两镇缺

色尔固善所呈册折：

管吉林、黑龙江头起：伯都讷副都统高福一百七十一两零

所部官三十四员多者月支六十三两零，少者月支十一两零　　兵丁二百一十五名口分七两五钱零，夫一两二钱　　书识四名口分九两，夫一两二钱　共二百五十三人

勇号营总六十两零，参领廿六两零，防御廿三两零，骁骑校十七两零，以上三项有勇号者各加廿三两二钱三分八厘六毫

管吉林、黑龙江二起汉军：副都统温德克勒西　　所部官四十一员　　兵丁二百五十四名　　书识四名

领银均同上　　共二百九十九人

管吉林八起、黑龙江三起：已革副都统常星阿　　所部官十七员　　兵丁一百十三名　　书识一名

领银均同上　共一百三十一人

钦派率领吉林、黑龙江各起：宁古塔副都统色尔固善未拟

所部满官十四员、汉官四员满官同上，汉官未定　　兵十一名，勇十二名兵同上，勇粮夫共七两四钱零　　书识四名同上

共四十五人

四共七百廿八人

十九日

早饭后清理文件。自南岸刘松山营冒风雨渡回北岸，辰正抵营。围棋二局，阅昨日文件，习字一纸。阅《吴书》滕胤、孙峻、孙綝、濮阳兴传。中饭后与幕府久谈，再围棋一局，阅本日文件，核批札信稿颇多。傍夕小睡。夜再核批札稿，核一折、一片稿，二更后温《史记·游侠传》，三点睡。是日仍竟日风雨，气象愁惨，皖北已成大灾，曷胜焦灼！

廿日

早饭后清理文件，围棋二局。见客，坐见者二次，习字一纸，核札稿一件未毕。午刻阅王蕃、贺邵、楼玄、华核、韦曜等传。中饭后至幕府久谈，阅本日文

件，核批札各稿甚多。酉刻至黎莼斋处一谈。傍夕，小睡片刻。夜核京信稿、札批各稿，未毕。二更后倦甚，不能治事。三点睡，久不能寐，四更后乃稍假寐。是日仍大风苦雨，竟日不息。夜作沅弟信一件。

廿一日

早饭后清理文件。旋围棋二局，见客，坐见者一次，立见者一次。点黄金志马队之名。午刻阅《魏书·武帝纪》。中饭后至幕府久谈，习字一纸，阅本日文件，改折稿一件、片稿一件，见客二次。傍夕小睡。夜再改折稿一件、片稿一件。二更后温《史记》三篇，四点睡。是日雨息一日。

廿二日

早饭后清理文件。旋见客，立见者二次，坐见者五次，围棋二局，习字一纸，阅《魏·武纪》毕。中饭后至幕府一谈，阅本日文件。小睡片刻。写对联六付、"寿"字一幅。见客，立见者一次，坐见者一次。拟作折稿，未及下笔，与幕府一谈。小睡片刻。夜再与幕中久谈。作折，及二更五点未毕，已成六百字。接沅弟信，决计辞晋抚之任矣。淡于荣利，可敬；其病势未减，又可忧也。睡后，彻夜不寐。

廿三日

早饭后清理文件。旋见客三次，将昨日折稿改毕。辰刻出门至明陵，水路行六里，陆行十六里，至凤阳府城，又行十五里至皇陵。周围约一百里，中有旷野，其平如水，坐南向北，北面之东为凤阳府城矣，西为凤阳县城。罗围之内南北约三十里，东西约四十里，大致则浑圆，非椭圆也。围内之水由东北隅一圆山下出，山形如纬帽，高十余丈，坟高约二丈许。登坟一望，四面之山十余丈、廿余丈者，皆若俯出其下，天光极为圆聚，信异地也。未初看毕，未正归，来至凤阳府署小坐，回至营内已更初矣。阅本日文件，邹至堂来一谈，再将折稿核改。二更四点睡，颇能成寐，五更初醒。途次阅《文帝纪》《明帝纪》，未毕。

廿四日

早饭后清理文件。是日起程赴徐州，送行之客极多，凡见十余次。袁婿与黄上达口角争闹，再三询问调处。午初登舟，与黄军门久谈。中饭后发报三折、三片。未初开船，行廿里，因风大不顺，即行湾泊。在舟次核批稿十余件，亦以风大掀簸而止。阅《明帝纪》毕，又阅齐王芳、高贵乡公髦传。傍夕登岸一看。夜与邹至堂久谈，核批札稿数件，默诵《书经》数篇。二更三点睡，三更后颇能成寐。

廿五日

早饭后开船，行数里风仍不顺，开戗行走，共行七十里，申初至五河县泊宿。辰刻清理文件，将前二日所阅《魏书》略为题识，阅陈留王奂传、皇后传。中饭后写两弟信二封，核札批稿。泊船后见客，坐见者六次，立见者三次，围棋二局，黄军门来久坐。夜，王沐来一坐，核批札各稿毕。二更后温诵《书经》。四点睡，五更醒，近日五更后皆不复成寐矣。

廿六日

早饭后开船，行十余里搁浅，耽搁一时许。至未正又搁浅一次。酉初至泗州湾泊，凡九十里。五河至泗，本系小船，近因大水，凡田地皆淹没，如大湖然，竟日在高粱等地中行船。上半日阅董卓、袁绍、袁术、刘表传，吕布、张邈、臧洪传，未刻阅毕。旋核信稿数件。见客，坐见者二次，立见者四次。夜与至堂一谈，核批札稿。温《诗经》，默诵数十章，似有所会。三点睡，尚能成寐。

廿七日

早饭后清理文件。是日在泗州停驻一日。见客，坐见者四次，立见者四次，围棋二局。旋进城至释迦寺。泗州僧伽寺塔，唐时最为宏丽，李太白及韩、苏皆有诗，韩即《送僧澄观》七古一章，皆在旧泗州。今之泗州则虹县治所改，非僧伽之寺矣。而颇有树木，亦为江淮间所仅见。与客游玩良久。旋至州署一坐，午初三刻回船。阅公孙瓒、陶谦、张扬、公孙度传，中饭后半时许阅毕，又围棋二局，核批札各稿，部署明日登陆各事。夜又核公牍多件。倦甚，小睡。二更三点睡，三更后稍能成寐，未及五更醒。

廿八日

五更三点起，早饭后天始明，见客三次。起程登陆，行三十五里至长直沟，停歇一时许。又行三十五里，未正至灵壁县驻宿。坐见之客三次，立见者二次，清理文件，阅本日文件。出门至张敬堂家一坐。料理夫车各事。夜写少荃信一件。是日在轿中阅张燕、张绣、张鲁传，四曹、三夏侯传，二荀、贾诩传，未及乙识。料理夫车各发现钱等事，殊为烦猥。二更三点睡，三更成寐，五更一点醒。

廿九日

黎明起。饭后稍耽搁。再起程，行三十里至娄庄，张敬堂备饭饯别。饭后又行三十里，申初至大店驿驻宿。在舆中阅《魏书》袁涣、国渊、邴原、管宁等传，崔琰、毛玠等传，华歆、钟繇、王朗等传。阅本日文件，与幕客一谈，将昨日所阅史略加乙识。夜与至堂一谈。二更三点睡，尚能酣寝，五更醒。

卅日

早饭后清理文件。起程行廿里，至三铺打尖，小坐半时许。又行三十里，未初至宿州城内驻宿。在舆中阅程昱、郭嘉、董昭、刘晔、蒋济、刘放、孙资传、刘馥、司马朗、梁习、张既传。中饭后围棋二局。旋至幕府久谈。是日到城，共坐见之客四次，立见者九次，内徐州镇董奉高系带队来接者也。夜将四曹、三夏侯传乙识。二更三点睡，颇酣，五更二点醒。

八 月

初一日

是日在宿州停扎一日,因前途隔水,夫车不齐也。早饭后清理文件,围棋二局,旋见客,坐见者四次,立见者五次,至幕府久谈。午刻写对联横幅。中饭后将四曹、三夏侯传乙识毕,阅本日文件,与幕府久谈,阅二荀、贾诩传,乙识至二更毕。倦甚,小睡。三点睡,不甚成寐。

初二日

未明起,饭后行三十里至灵鹫寺,隔水一道,约三十丈,过渡后至庙内一坐。旋又行十里至褚庄打尖,又行廿里至夹沟驮住宿。陈舫仙至山西赴任,自京专人送信来,拆阅良久。中饭后见客,坐见者三次,清理文件。夜围棋一局,与幕府一谈。二更三点睡。在舆阅温恢、贾逵传,任峻等五太守传,张辽等五将传。

附 记

内用伏苓	余鹿胶
差折抽片	鸿儿文
舫件寄沅	张办宿圩
宿南潘桂堂	湖沟用吴

初三日

早饭后,行廿里至三王庙打尖,与张云吉久谈。旋又行廿五里至萧县之寺后胡姓圩内住宿。本拟在桃山驿住宿，因途多积潦而驿店荒败，故州县在胡圩供张也。在舆中阅李典等十将传，卞后、三王传，武文世王公传，王粲等传，桓阶等传。中饭后见客，坐见者五次，立见者四次，皆自徐州平接者也。围棋二局。夜写纪泽信，言郭宅姻事，二更二点毕。三点睡。

初四日

早饭后行三十里，至廿里铺打尖，因四铺、三铺等处皆有积潦，故绕走小路也。旋又行廿里至徐州府，马队等营迎接者甚多，下轿者四次，午末入公馆。见客，坐见者五次，立见者十次。中饭后清理文件。折弁呈出京信京报等件，查阅良久，阅本日文件，阅新自京城抄回之王而农《书经稗疏》。与幕友同观公馆中房屋，本系徐州考棚，局促尚不能安置多人也。傍夕小睡。夜阅《国史》循吏、儒林、文苑三传。家中旧有者在安庆先去，此另中京在新抄带出者。温《古文·奏议类》。二更三点睡，三更后成寐。

初五日

早饭后见客，立见者十四次，坐见者三次。巳初围棋一局，又观人一局。旋又坐见之客二次，立见者二次。倦甚。清理文件。中饭后至幕中一谈。将途次所阅袁涣等传、崔琰传乙识一过。又至幕府一谈。阅本日文件。夜，张振轩来一谈。疲倦已极，温杜诗五律，朗诵几不能成声矣。二更三点睡，颇能成寐。

初六日

早饭后清理文件，围棋一局，又观人一局。巳刻见客二次，谈甚久。午刻见李幼荃等，久坐。写澄、沅二弟信。中饭后选古人格言，书与纪瑞侄，末书"八本"，即余在安庆扁上语也。是日派人回家，信件甚多，添尧阶信三页，添啸山信一页，申正料理完毕。阅本日文件。倦甚，不复能看书治事，与客围棋一局，与幕府久谈。夜温《古文·诏令类》，似有所会。二更三点睡。

初七日

早饭后清理文件，围棋二局，见客三次，谈颇久。旋阅毛玠等传，钟繇等传，本在途次阅过者，今补行乙识耳。中饭后与幕府一谈，阅本日文件颇多。旋小睡片刻。核批札各稿。傍夕又与幕府一谈，张振轩来久谈。夜核批札各稿至二更二点。倦甚，不能复治事，在室中俳徊偃仰，默诵《孟子》。三点睡，尚能成寐。

初八日

早饭后清理文件，见客，坐见者二次，立见者一次，写刘韫斋信一件。出门拜客十余家，拜会者二家。登云龙山看书院及放鹤亭等处，午正归。围棋一局，见客一次。中饭后与申甫久谈，又围棋二局，阅本日文件，将程昱传乙识一过，英方伯来久谈，又与幕府久谈。夜添乔中丞信三页。小睡片刻。二更后温"书牍类"。三点睡，三更三点成寐。是日派折差进京。

初九日

早饭后清理文件，英方伯来久谈。旋见客，坐见者三次，立见者三次，围棋二局。巳正将郭嘉至刘放等传乙识一过。中饭后与幕府久谈，阅本日文件，核批札各稿。傍夕又与与幕府久谈。夜核各批札稿，倦甚，不能完毕。二更后温《孟子》廿余章。三点睡，尚能成寐。

初十日

早饭后清理文件，见客一次，谈颇久，围棋二局，写陈舫仙信三页。午刻乙识刘馥、司马朗等传。中饭后与幕府久谈。旋又围棋一局，阅本日文件，见客二次，核批札各稿。傍夕小睡，夜又清理批札各稿。二更后温《书经》。旋接纪泽信，内有方元徵信，言地球事极详，又有邵世兄信，载其父母与兄事略，并新刻《位西文钞》，详阅一过。二更五点睡。

十一日

早饭后清理文件。见客，坐见者一次，立见者二次，围棋二局，又坐见之客二次。午刻乙识任峻、苏则、杜畿传。中饭后至幕中一看四边房屋。阅本日文件颇多，核各批稿。途次积压之件，幕友至徐州补行拟批，至是始核毕。西末与幕客久谈。夜再核批札稿，温《古文简编》，朗诵欧文数首。二更三点睡。用紫毫写零字百余，似有所进。

附　记

禹级三事　　　牛斐然廪生，住曹市集

徽休饷给幼泉　　　袁思锐五品花翎，住袁家集

十二日

早饭后清理文件。见客，坐见者一次，谈甚久，围棋二局。旋阅郑浑、仓慈传，加以乙识。又乙识张辽等五将传，李典等二将传。中饭后阅本日文件，核批札稿甚多，子密来一谈。傍夕与幕府久谈。夜核信稿二件。二更后倦甚，假寐。三点睡，三更后成寐。

十三日

早饭后清理文件。见客，坐见者二次，立见者二次。围棋一局，又观人一局。写纪泽信一封，阅许褚等传，乙识毕。中饭后与幕一谈，阅本日文件。见客，坐见者一次，立见者一次，核批札各稿，倦甚。傍夕小睡。夜又核批稿信稿，二更初毕。朗诵《易经·系辞》。三点睡，尚能成寐。

十四日

早饭后清理文件。旋见客，坐见者二次，立见者一次。旋围棋二局，又观人一局。午刻与幕友一谈。见客，坐见者一次，立见者二次。阅卡卞后、三王传，武文世王公传，加以乙识。中饭后，写澄、沅两弟信，又围棋二局。旋阅本日文件。闻张炼渠没于安庆，为之怛然不释。盖炼渠于徽休闹饷时百计维持，大受殴辱，而余查办之札复过于严厉也。欷歔久之，不能治事，小睡片刻。夜温《古文·传志类》数篇，二更后温韩诗十余首。

附记

讷穆锦所带：六月十七日禀，失利后仅剩兵七十三员名，续拨八十二员名；剩马五十四匹，续拨新马一百零一匹

吉林五起官兵　官十六员，营总即讷；兵一百三十九名

前敌弁勇，四百零四员名　官十二员，勇三百九十二名。哨官八人，皆守备、千、把，每哨四十四人，四十五人不等；大旗勇三十八人

托伦布所带：六月廿七日册到

黑龙江二起　委营总讷尔恒额。带队官廿五员，当差官十四员，兵二百零八名，共官兵二百四十七人。

吉林二起　委营总喜贵。带队官廿八员，当差官六员，兵二百一十名，共官兵二百四

十四人。

十五日

早间，因昨闻张铄渠之丧，心绪不释，谢文武贺节者，概不请见。清理文件，围棋二局。旋阅《国史·儒林传》《湖海文传》。巳正乙识王粲等传，午刻乙识桓阶至卫臻传。中饭后阅本日文件甚多，改折稿一件。西刻核批札稿，写马谷山信，与幕府久谈。夜又核批稿。二更后温《古文·辞赋类》，若深有所得者。三点睡，五更醒，夜长睡足，不复成寐矣。

十六日

早饭后清理文件，见客一次，围棋一局。旋出门至西门外教场，将托伦布马队点名、看操，午初归。再围棋一局，见客二次，乙识卢毓传、和洽等传。中饭后见客，坐见者一次，立见者一次，阅本日文件甚多，改片稿二件。西刻与幕友久谈。夜核批稿，二更后温《古文·辞赋类》。三点睡，三更后成寐。是夕作新棉被，得奇温矣。

十七日

早饭后清理后，见客，坐见者二次，立见者一次，围棋二局，与申夫、莼斋一谈。见绅士李源等二人，皆正派和平，颇有识见。乙识杆袭等传，韩暨、崔林、高柔传，至未毕。与幕府畅谈，阅本日文件。邸报中见霞仙以本年复奏一疏降调，如此名奏议而后以获遣，颇不可解。核批札各稿，写对联六付。傍夕与幕友久谈。夜倦甚，不能治事，小睡半更。二更后温《书经》数篇。三点睡，三更醒一次，五更醒一次，余颇酣睡。是日发报一折、二片。

附　记

| 修己 | 安民 | 尊贤 | 远佞 |
| 勤政 | 节用 | 崇祀 | 诘戎 |

十八日

早饭后清理文件。见客，坐见者二次，立见者一次。旋出门至河滩看马队操演，午初归。围棋二局，乙识孙礼、王观传。中饭后乙识辛毗传。见客，坐见者一次，立见者一次，旋又围棋一局，观人一局。阅本日文件，与幕府久谈。傍夕与申夫一谈。夜核批札信稿，二更后阅《文选》。三点睡，五更醒。

十九日

早饭后清理文件。旋见客，坐见者一次，立见者一次，围棋二局。巳正乙识杨阜、高堂隆传，满宠传。中饭后写纪泽信一件，阅本日文件。见客，坐见者一次，立见者一次，核批札各稿。傍夕小睡。夜核各信稿，二更后温《古文·序跋类》。三点睡，五更醒。昨奉奇谕，令余驻扎许州。思维终日，不得所以复奏之方，从违俱有不善，焦灼之至！

廿日

早饭后清理文件。旋见客，坐见者二次，立见者一次。出门看马队操演，巳正归。围棋二局，乙识田豫、牵招、郭淮传。中饭后阅徐邈、胡质、王昶传，阅本日文件，写郭云仙信一封。又围棋二局。因心绪不安，借棋消遣，而神为之昏，志为之荒，以后当戒之。夜阅《湖海文传》廿余首，二更三点睡。是夕添陈作梅、陈虎臣、洪琴西等信各一页。

附 记

八月十三日九里关在黄安县

九月十四日堰驿

九月十八日邓州

正月初三日罗山县

正月十八日鄢陵县、广济县

三月曲阜县

廿一日

早饭后清理文件。见客，坐见者二次，立见者一次。围棋一局，又观人一局。坐见之客一次。阅王基传，王凌、毋邱俭、诸葛诞传。中饭后阅邓艾传。旋阅本日文件。申刻，坐见客一次，子密来久谈，写少泉信一件、纪泽信一件。傍夕与幕府久谈。夜核批札稿，二更三点未毕，因夜间写零字太多，稍有耽搁耳。

廿二日

早饭后清理文件，见客，坐见者一次。旋点树字前后两营之名，已初毕。围棋二局，见客一次，阅钟会传，王成谦来久谈。中饭后阅华佗至辂传，阅本日文件，张诗日来一谈。又坐见之客一次，围棋一局。旋核改信稿。傍夕与幕友一谈。夜核批札各稿，二更后温韩文十余首。四点睡，四更醒，不复成寐。是夕闻刘省三等在瓦店集、周家口大获胜仗，贼任柱等有窜山东之意。

廿三日

早饭后清理文件，坐见之客二次，围棋二局。自作一调度札稿，阅乌丸、鲜卑传。中饭后与幕友久谈，阅本日文件，核批札各稿，见客二次，坐颇久。傍夕与幕府久谈。夜核各信稿。小睡片刻。二更后温"辞赋类"。三点睡。

廿四日

早饭后清理文件。潘琴轩自济宁来见，一谈，又坐见之客二次。旋点树字左右两营及护军之名，巳刻围棋二局，坐见客一次，阅《魏志》东夷、倭国等传毕。《三国志》读一过。《志》本先魏而后蜀、吴，余偶先蜀、吴而后魏也。中饭后，朱金权自金陵来，极言吾兄弟五家之和协，后辈子侄之贤良，欣慰无已。阅本日文件。出门至潘琴轩处一谈。习字一纸。酉刻见客一次。傍夕与幕友久谈。夜与朱金权再谈，核批札各稿，未毕，倦甚。二更后温《诗经》数十章。二更四点睡。是日辰刻接信，闻周家口之贼已至山东开曹州。九月间为定陵永远奉安之期，恐其震惊畿辅，忧灼之至！

廿五日

早饭后清理文件，见客，坐见者二次，围棋二局，写家信一封，申夫来久谈。中饭，请王伯尊、梁□□等便饭。李幼泉来久谈，阅本日文件，又围棋一局。申正，桂中行来久坐，核批札各稿。夜又核批札信稿，二更后温《礼记·内则》篇。四点睡。

附 记

沈纯煆 江苏县丞 灵璧人

黄勋山西知县住城，张云吉薄之。在宿曾见，宿州人

廿六日

早饭后清理文件。见客，坐见者一次，立见者一次。点树字正副二营之名。围棋二局。旋习字一纸，温《左传》隐元、二年。中饭后与幕府久谈，幼泉来久坐，再围棋二局，阅本日文件，阅《吴促伦文集》。陈国瑞来久谈，与幕府一谈。夜核批札稿，二更后阅《吴仲伦集》。三点睡，竟夕不甚成寐。

廿七日

早饭后清理文件，见客，坐见者二次，立见者一次。围棋二局。温《左传》隐三、四、五、六、七年，阅《吴仲伦文集》。中饭后见客一次，阅本日文件，核批札各稿，阅湖团案内申夫所记编号节略，与幕府一谈，陈国瑞来久坐。夜温《古文辞类纂》中所选归熙甫文，又朗诵韩、柳文数首。二更三点睡。

廿八日

早饭后清理文件。旋见客，坐见者二次。出门看树字七营操演陈法。纯用洋人规矩，号令亦仿照洋人声口，步伐极整齐，枪炮极娴熟，余平日所见步队不逮此远矣。午正二刻归。中饭后，陈国瑞来久谈，围棋二局，阅本日文件，李幼泉来久坐。旋见幕府一谈，核批札各稿。夜又核，毕。二更后温《古文·序跋类》。四点睡。

附 记

王少庚信

王心牧吉中八营营务处

端木埰字子畤，江宁人，祁保得内阁中书。

李慈铭字莼客，宁波人

廿九日

早饭后清理文件。旋见客，坐见者一次，立见者一次，围棋二局，申夫来久谈。午刻温《左传》隐八年至十一年。中饭后与幕府一谈。旋见客，坐见者二次，罗茂堂谈颇久。阅本日文件，又与幕府一谈。旋核批札各稿，未毕。傍夕又

与幕中人一谈。夜写零字甚多。日内于作字之道,似有所得。旋改折稿一件,至三更始毕。睡不甚成寐,五更醒。

卅日

早饭后清理文件,围棋二局。旋出城点讷穆锦马勇之名,兼以看操,午正归。见客,坐见者一次,立见者三次。中饭后与幕府一谈,阅本日文件。旋改片稿一件,约改四百字,阅本日文件,核批札各稿。傍夕又与幕中久谈。夜又核批札各稿毕。倦甚,小睡,不能治事。二更三点睡,三更后成寐,五更醒。

附 记

澄信: 黄绍锡　　刘兆龙　　贺济霖
　　　朱增华
或衡州、长沙廿四都借屋七月十九
沅信: 鼓千锤　不能吃睡,头昏目眩七月廿日

九 月

初一日

早饭后清理文件,见客,立见者二次,坐见者二次。旋出门看马队操演,午初归。方元徵来一谈,围棋二局。中饭后至幕府一谈,阅本日文件,核批札各稿,发报一折、二片。傍夕再与幕府一谈。夜核改马步合队事宜三条,温《古文·辞赋类》。二更三点睡,五更醒。

初二日

早饭后清理文件,见客,坐见者二次,围棋二局,温《左传》桓公元年至十四年,与幕友一谈。中饭后再至幕中鬯谈,阅本日文件,核批札信稿。傍夕与幕友一谈。夜再核信稿,倦甚。温李义山、刘随州七言律诗。与子密言幕中事。二更三点睡,五更醒。

初三日

早饭后清理文件,见客,坐见者二次,立见者一次。围棋二局,阅《司马温公文集》。午刻温《左传》桓公十五年至十八年,庄公元年至十九年。中饭后至幕府一谈。旋又围棋一局,阅本日文件。见客,坐见者一次,立见者二次。闻捻匪已至郓城,势将渡运河而北,殊为忧灼。核批札各稿。傍夕又与幕府一谈。夜核改马勇章程,阅核信稿数件。二更后温《史记·儒林传》,寻究《左传》《史记》之所以异,稍有所会。四点睡,五更醒。

初四日

早饭后清理文件。桂中行来见,久谈。围棋二局。王少庚见,久谈。写澄、沅两弟信一件。午刻，温《左传》庄廿年至闵二年。中饭后阅申夫所为湖团案批，至幕府久谈，阅本日文件，写对联八付，核批札各稿。傍夕小睡。夜改江西孙方伯信一件，又核批札各稿。二更后温《文选》数首。三点睡，不甚成寐。

初五日

早饭后清理文件，见客，坐见者一次，立见者二次，围棋二局。旋坐见之客二次，改信稿二件。温《左传》闵公二年至僖公五年。中饭后至幕府一谈，李幼荃来久坐，阅本日文件，核批札稿，写对联八付。傍夕至幕府一谈。见客，立见者一次，坐见者一次。夜改马勇章程，发刻。温古文扬雄数首。二更三点睡，五更醒。

初六日

早饭后清理文件，围棋二局。朱式云来一坐，又坐见之客一次，子密平久坐，渠将又日内回家也。阅《左传》僖公五年至十六年。中饭后至幕府一坐，阅本日文件，写挂屏四幅，核批札各稿。傍夕至幕府一谈，张振轩来一谈。申刻添陈舫仙信三页。夜，倦甚，不愿治事。烈风凄雨，气象黯惨。阅《文选》数首。一人摆棋为戏。二更三点睡，颇能成寐。

初七日

早饭后清理文件。旋见客二次，围棋二局。改信稿四件，阅《左传》僖十六年至廿五年。又见客一次。中饭后至幕府一谈，阅本日文件，改张敬堂信稿一件，约五百字。旋又与幕中一叙。傍夕小睡。夜核批札稿。旋温《古文·论著类》。是日巳刻写纪泽信一封。二更三点睡，不甚成寐。

初八日

早饭后清理文件。见客，坐见者五次，围棋二局。拟作邵位西墓志铭。沉吟久之，未能下笔。中饭后至幕府一谈。旋阅本日文件，阅京报十余本，作幕志百余字。傍夕又与幕府一谈。夜核批札各稿，二更后小睡，阅韩文各幕志。三点睡，不甚成寐。

附　记

钱月三十金　　　王祭幛一、　周一

周二百金　　　　　内信

王子槐百金

初九日

早饭后清理文件。旋坐见之客二次，围棋二局，立见之客一次，写横披一张、对联一付。午初阅《左传》僖廿五年至廿八年，午正至云龙山，申夫请余及幕僚登高集，酒后登放鹤亭，酉刻归。折弁自京归，阅京信数件、京报十余本，阅本日文件。夜核批札稿，子密来久谈。二更后略温韩文，倦甚，不能治事。三点睡，五更醒。

附 记

吴元甲字世求，号育泉，桐城岁贡，吴汝纶之父，孝廉方正

闵凤来，带马队副将

孙文科，带徐左副将衔游击

王豹文，带徐左副将衔游击

初十日

早饭后见客，坐见者四次，立见者二次。旋围棋二局，阅湖团一案卷宗。是日子密还家，巳刻与之鬯谈。中饭后与幕府一谈，幼泉来久坐。阅本日文件甚多。见客，立见者四次。写挽联一付、祭幛二幅。傍夕又与幕府久谈。夜写纪泽信一封、夫人信一封。旋阅《刘文方诗集》。是日接奉廷寄，欲以李少泉赴河洛，吴仲仙任两江及李雨亭、丁雨生等递升督抚。措置太骤，竟日为之不怡。

十一日

早饭后清理文件，围棋二局。见客，立见者一次，坐见者二次，张云吉坐甚久。旋温《左传》僖公廿八至文公二年。申甫来坐久谈。中饭后又与幕府一谈，阅本日文件，改唐荫云信稿，约四百字。傍夕与幕中一谈。夜核批札稿，改信稿毕，温古文数首，又温苏、黄七古。二更三点睡。

十二日

早饭后清理文件。旋立见之客一次，围棋二局，立见之客一次，坐见之客三

次。阅《左传》文公二年至十四年。又坐见之客二次。郭筠陔自京归，与谈良久。中饭后，萧敔庭庶常晋卿来见，久谈。旋与幕府一谈，阅本日文件，核批札各稿，将方世兄恺《地球图说》加数签。傍夕又与幕友一谈。夜，李幼泉来一谈，写纪泽信一封。将韩文幕志拟立一表，以明行文无常态，金石无定例之义。二更四点睡，三更后成寐。

十三日

早饭后清理文件。旋坐见之客一次，围棋二局，作邵位西墓志。午刻写零字颇多，请萧敔庭等中饭。旋至幕府一谈，阅本日文件，又作墓志数行。傍夕又与幕友一谈。夜写零字甚多，将墓志序作毕，尚未作铭。二更四点睡，三更后成寐。本日宴客、作文，皆向所畏苦者，而尚颇成寐，是近日体气好处；而作文心不能锐入，则又衰老之征矣。

十四日

早饭后清理文件，坐见之客四次，围棋二局，又坐见之客一次。午刻阅文十五年至宣三年。中饭后至幕府一谈，阅本日文件，写李少荃信一封。见客一次，与客围棋一局。因用心稍过，虚火上炎，牙疼殊甚。夜间写零字甚多，不治它事。二更三点睡。

十五日

早饭后清理文件。旋将位西铭词作毕，核改信稿数件，围棋二局。见客，坐见者一次，立见者一次。中饭后至幕府一谈，阅本日文件，核批札稿，甚多。剃头一次。傍夕又与幕友谈论片时。夜改信稿一件，约三百字。二更后温韩文墓铭各篇。三点睡，至三更不能成寐，默改墓铭中数句。四点成寐，五更醒。

十六日

早饭后清理文件，见客，坐见者一次，围棋二局，拜发万寿折。午刻营务处各员来信，贼已破辛家集，去徐城仅百里，因命各营戒严。阅《左传》宣三年至十二年。中饭后与幕中久谈，写两弟信一件，阅本日文件，核批札各稿。警报频仍。见客，坐见者二次，立见者二次。傍夕与幕府一谈。夜登城看火光，测贼远近。此间人人言火光可照数十百里，余不信也。旋阅《欧阳公文集》廿余首。

二更三点睡，终夕不甚成寐。

十七日

早起，较常略早。点灯饭毕，出外看各土城站垛防守，出北门至坝子街，西至南菜园止，已正归。围棋二局。见客，立见者一次，坐见者三次。文辅卿自京城归，谈论最久。阅宣十二年至十五年，仅六页耳。中饭后与幕府久谈，阅本日文件。倦甚，不愿治事，又围棋一局，观人一局。核札稿二件。傍夕小睡。夜核批稿，阅《史记》五首。二更三点睡，颇能成寐。

十八日

早饭后清理文件。见客，坐见者二次，围棋二局。旋改折稿。午刻，罗茂堂来一谈。中饭后至幕府一谈，阅本日文件。见客三次，王鼎丞、文辅卿、张小山坐均甚久。改折，至灯时毕，约改千余字。疲乏殊甚，不复能治事矣，即在院中散步徘徊。二更三点睡，竟夕不甚成寐。

十九日

早饭后清理文件。围棋二局，坐见之客二次，又与刘开生围棋一局，至幕府谈二次。午刻温宣公十五年至末，成公元、二年。中饭后，坐见之客一次，阅本日文件，改片稿一件。懒于治事，又围棋一局，与幕中久谈两次。傍夕小睡。夜核批札各稿，二更后温韩文数首，写表百余字。二更四点睡。是日发报一折、一片。

廿日

早饭后清理文件。见客，坐见者三次，围棋一局，又观人一局。幼泉来久坐。温《左传》成公三年至十年。中饭，请文辅卿等便饭，坐良久，申初散。阅本日文件，见客三次。傍夕与幕府久谈。夜阅休宁陈兆麒仰韩所刻《国朝古文所见集》。二更后核批札各稿。派八人分守，口授告示稿札稿，更初办毕，四点令其出城。睡颇成寐，五更二点始醒。

廿一日

早饭后清理文件，改信稿一件。旋围棋一局，又观人一局。谭鳌、曾玉二等久坐，张道等久坐。温《左传》成公十一年至十六年，未正始毕，阅本日文件。申夫来久谈，乌参领等来一坐。核改批札信稿。酉刻至幕府一谈。夜又改信稿四件，二更后温《古文·序跋类》。三点睡，五点成寐。

廿二日

早饭后清理文件。立见之客三次，围棋二局，阅《左传》成十七、八年。中饭后至幕府一谈，写横披二幅，约三百余字。阅本日文件。见客，坐见者三次，翰林刘凤苞坐最久，立见之客一次。再围棋一局。傍夕至幕府一谈。夜改信稿三件，二更后温《古文·论著类》。是日写纪泽信一件。

廿三日

早饭后清理文件。旋围棋二局，又观人一局。见客，坐见者一次，立见者二次。写邵位西墓志，巳正起，至二更止写毕。写楷书约九分大，凡八百余字。午刻，申甫来久谈。中饭后至幕府一谈。未刻接阅本日文件。申刻见客，坐见者三次，立见者二次，文辅卿谈最久。二更后核批札信稿颇多。四点睡，劳乏过甚，不甚成寐。

附 记

笔墨　　几何序　　邵铭

廿四日

早饭后清理文件。见客，坐见者一次。围棋一局，又观人一局。坐见之客二次。阅《左传》襄公元年至八年。中饭后至幕府一谈，阅本日文件。见客，坐见一次，立见一次。因昨夜写楷字太多，眼蒙殊甚，杂录异诂各字。傍夕小睡。夜核批札各稿，二更后温《汉书》蔡义、公孙贺等传。二更三点睡，颇能成寐，五更醒。

廿五日

早饭后清理文件。见客，坐见者二次，围棋二局。位西墓铭有错落，改写半开，凡百三十字。写纪泽信一件，李幼泉来久谈，温《左传》襄公九年至十二年。中饭后与幕府一谈。文辅卿来辞行，久谈。阅本日文件，写两弟信，又围棋一局。傍夕与幕府一谈。夜，幼泉又来一坐，核批札信稿颇多，二更后温《古文·奏议类》。三更睡，不甚成寐。

廿六日

早饭后清理文件。见客，立见者三次，围棋二局，温襄公十二年至十九年。午刻，请刘凤苞采九便饭，未末散。阅本日文件。李幼泉来，一坐。汪致轩来，与开生围棋一局，余从旁观之，傍夕始毕。王沐等来，一谈。夜核批札信稿，二更后温《古文·书牍类》。三更睡，颇能成寐。接纪泽信，知少荃之母病势甚重，殊以为虑。

廿七日

早饭后清理文件。见客，坐见者一次，立见者一次。围棋二局，旋又观人一局。又立见之客一次，坐见者一次。阅襄公十九年至廿三年，杂录异诂各字。至未正毕，阅本日文件。见客，坐见者二次。写对联、扁数字，与幕友一谈。傍夕小睡。夜核批札信稿，二更四点毕。五点睡，不甚成寐。

廿八日

早饭后，徐城马步各队派出至湖团剿贼，各统领、营官前来禀辞。见客，坐见者二次，立见者四次。围棋二局，又观人一局，又立见之客二次，坐见者一次。温《左传》襄廿三年至廿六年。中饭后与幕府邕谈，阅本日文件。见客，坐见者四次，刘采九、王鼎丞谈甚久。接色副都统呈文，带队回徐，系因余廿日批有错误而来。正值丰县十分吃紧之际，忽然调开马队，一批之失，恐误大事，忧愧之至！因速办一批，令其仍折回丰县。旋与黎莼斋久谈，教以作文之法，兼令细看禀批。二更三点睡，倦甚，颇能成寐，五更即醒。是日巳刻放晴，未刻微雪，天气已骤寒矣。

附记

《佩文韵府》京购

廿九日

早饭后清理文件。旋写纪泽信一封。汪致轩来，观渠与刘开生围棋二局。阅

《左传》襄廿六年至三十年，至申刻毕。阅本日文件，核批札信稿。至幕府谈二次，莫子偲来久谈。夜，闻李幼泉等今日开仗，贼距城仅廿里，官军虽获小胜，而步队靠民圩站立，并未开仗。贼马三千余匹，官马仅七百匹，初时胜其游骑，杀贼百余后，亦彼此相持。城中空虚，深为忧灼，因部署守城事宜。见客十余次。二更三点睡。三更后，接幼泉信，贼已往西南窜去。城上人声犬声，扰扰不息，四更始能成寐，五更即醒。

十 月

初一日

　　早间，谢各贺朔之客。饭后清理文件。见客，坐见者四次，立见者五次。围棋一局，又观人一局。阅襄公三十年、三十一年。中饭后与幕友鬯谈，录记异诂各字，阅本日文件。见客，立见者九次，皆昨日出队在柳新庄打仗者，因贼已由萧县南窜，遂皆收队回徐。倦甚，不能治事。傍夕小睡。夜核批札各稿。旋温《诗经》廿余章，于《荡》诗若有所会。

初二日

　　早饭后清理文件。见客，立见者一次，坐见者二次。旋围棋二局，温《左传》昭公元年至三年。中饭后至幕府鬯谈，阅本日文件。见客，坐见者二次，立见者九次。倦甚，不愿治事，与幕府诸公鬯谈。夜核批札信稿。眼蒙殊甚，二更后小睡。三点睡，颇成寐。四更三点醒，不复能睡矣。

附 记

莫善徵

初三日

　　早饭后清理文件。旋见客，坐见者一次，立见者一次。阅《左传》昭公四年至七年。至幕府一谈。阅邵二云《尔雅正义》，莫子偲新送刷印较早者也。中饭后又至幕府久谈，阅本日文件，核批札信稿，再阅《尔雅正义》。小睡片时。傍夕与幕府一谈。夜阅阮文达《曾子十篇注释》，倦甚。二更四点睡，不甚成寐。

附 记

刘宝臣

初四日

早饭后清理文件。见客，坐见者二次，立见者一次。阅《左传》昭公七年至十三年，录异诂各字。中饭，请莫子偲便饭，未正散。阅本日文件，至幕府一谈，写纪泽信一件。酉刻写对联数付。傍夕小睡。夜核批札信稿。二更，阅《七家文钞》之恽、张二家。四点睡，不甚成寐。

初五日

早饭后见客一次，谈稍久。旋观府教授徐逢干与开生围棋二局。清理文件，见客二次，阅昭公十四年至十九年。中饭后坐见之客一次，立见之客二次，至幕府久谈，阅本日文件。傍夕又与幕中久谈。夜核批札信稿，二更后整理新抄古文。是日午刻写澄、沅两弟信。申刻写李少泉信。二更四点睡，颇能成寐，四更末醒。

初六日

早饭后清理文件。旋见客，坐见者二次，立见者二次，围棋二局。闻丰县之贼回窜山东鱼台，焦灼之至。李幼泉来久坐，温《左传》昭公十九年至廿三年。中饭后至幕府久谈。见客，坐见者一次，立见者一次。阅本日文件，核批札各稿，将王子朝事乙识。傍夕与幕府久谈。夜温《文选》《离骚》、《九辨》，二更四点睡，尚能成寐，五更二点始醒。

初七日

早饭后清理文件。旋见客，立见者一次。围棋二局，写沅弟信一封，加吴南屏信三页，温《左传》昭廿三年至廿七年。中饭后至幕府久谈，阅本日文件，核批札各稿，又与莫子毂一谈，小睡片刻。幼泉来久谈。夜温《反离骚》数遍，若有所得。旋温"识度"数首。二更三点睡，五更初醒。

初八日

早饭后清理文件。旋见客，坐见者二次，围棋二局，又观人一局，已午初矣。温昭公廿七年至末。见客，立见者二次。中饭后至幕府久谈，阅本日文件。抄录异诂各字，约抄七百字。再与幕府鬯谈。夜核批札信稿，目蒙殊甚。二更后温韩诗七古。三点睡，四更末醒。是日接潘琴轩信，知初四日又获胜仗，渠已速回济宁，为之稍慰。

初九日

早饭后清理文件。旋围棋二局。出门至教场点黄旗马队之名，午初归。温《左传》定公元年至八年。中饭后至幕府一谈，见客，坐见者一次，立见者三次。阅本日文件，核批札各稿。傍夕又与幕中鬯谈。夜写零字甚多，改折稿一件，约三百余字。二更四点睡，三更成寐，四更末醒。

初十日

是日恭遇慈禧皇太后万寿。早，赴文昌宫拜牌，辰初归。早饭后清理文件。旋改片稿四件，内一片改二百余字。至幕府一谈。午初，温《左传》定公八年至十三年。中饭后清理本日文件。是日，申夫请莫子偲便饭，即在余室内会食，未初散。旋核批札各稿，围棋二局，改片稿一件。傍夕与幕友一谈。夜写零字甚多。小睡半晌。二更后温《古文·哀祭类》。三点睡，三更成寐，五更二点醒。

十一日

是日余五十五生日，虚度又一岁矣。谢诸客不见。早饭后清理文件。旋温《左传》定公十三年至十五年、哀公元年至八年。午刻少息。中饭后见客一次，与幕府一谈，阅本日文件，申夫来一谈，围棋二局，核批稿数件。傍夕与幕府一谈。夜核信稿数件，写零字甚多，小睡片刻。二更后温《孟子》十余章。三点睡，四更末醒。是日发报一折、四片。闻山东之贼已悉数回窜河南，为之少慰。

十二日

早饭后清理文件。旋围棋二局，见客，坐见者四次。河南举人孙育均来见，英明沉实人也。温哀公八年至十五年。中饭后至幕府一谈，阅本日文件。见客，立见者二次，坐见者一次。核批札稿。小睡片刻。又与幕中一谈。夜写零字甚多，稍悟米南宫之法，前刷而后缩，李北海之法，前矫而后固。核信稿数件。二更后温《易·系辞》，若有所会。二更四点睡，尚能成寐，五更一点醒。

十三日

早饭后清理文件。围棋一局，又观人一局。见客，立见者二次，坐见者二次。温《左传》哀公十五年至末。中饭后至幕府久谈，阅本日文件。抄异诂等字，约五百字。傍夕又与幕府一谈。夜写零字甚多，倦甚，小睡。核批札稿。二更后，温《古文·辞赋类》。三点睡，三更成寐，五更醒。梦颇多，亦近岁所罕也。

十四日

早饭后清理文件。围棋二局。见客，坐见者二次，立见者一次。将《左传》分类，每事为四字目，识于册末。午刻见客一次。中饭后至幕府畅谈，阅本日文件，见客，坐见一次。再录《左传》分类事目，宣公毕。傍夕又与幕府畅谈。夜核批扎各稿，二更后温《古文·哀祭类》。二更三点睡，四更末醒。

十五日

早间，内署及各文武贺望，立见十一次，坐见之客四次。清理文件，围棋二局，李幼泉来一坐。阅《左传》成公，记分类事目。中饭后至幕府畅谈，吴汝纶来久谈。吴，桐城人，本年进士，年仅廿六岁，而古文、经学、时文皆卓然不群，异材也。阅本日文件，核批札各稿。傍夕又与幕友一谈。夜改信稿三件，皆改数百字。二更后倦甚，不能诵书。三点睡。是日申刻写澄、沅两弟信一封。

十六日

早饭后清理文件。旋见客，坐见者一次，立见者一次，围棋二局，抄《左传》分类事目，自襄公至哀公末，抄至二更始毕。中饭后至幕府一谈，阅本日文件。夜又与幕府一谈，温七言绝句。三点睡，不甚成寐。

十七日

早饭后清理文件。旋围棋二局，写纪泽信一件，写云仙信一件。中饭，请孙育均、吴汝纶等小宴，未正散。阅本日文件。周声澍来见，久谈。善化人，癸亥翰林，本年留馆者也。札批札稿甚多。傍夕与幕夕府畅谈。夜核信稿数件，二更后温《诗经》。四点睡，三更末醒。

十八日

早饭后清理文件。旋围棋二局，见客，坐见者三次，立见者二次，写零字甚多，李幼泉来久坐。中饭后至幕府一谈，阅本日文件。阅九月邸钞，见陈小舫参霞仙折，颠倒墨白，令人愤悒！写零字甚多，核批札各稿，见客一次。傍夕与幕府㢠谈。前日接澄、沅两弟二次信，系七月下旬、八月初旬两次所去之勇；本日接两弟信，系七月中旬去勇，为之一慰。又写零字百余，温《诗经》廿余篇。二更三点睡，四更末醒。

十九日

早饭后清理文件。旋围棋一局，又观人一局。见客，坐见者二次。剃头一次。写莫子毂之父墓表。中饭后与幕中久谈，见客，坐见者三次。袁保龄字子久，坐颇久，午桥之次子也。阅本日文件，又写墓表十余行。傍夕与幕中久谈。夜改信稿三件，二更后温《书经》三篇。三点睡，不甚成寐。

廿日

早饭后清理文件。见客，坐见者一次，立见者二次，围棋二局。旋写莫君墓表，因昨日写楷书吃力，本日改写行书，字约寸大许，自巳刻写至酉初毕，约千二百字。午初，计荋村来久谈。中饭后至幕府一谈。未正阅本日文件。申正，孙宇农来久谈。傍夕又与幕友一谈。夜核批札各稿。二更倦甚，至薛叔耘处一谈。三点睡，三更末醒一次，五更初醒。是日悟作书之道，亦分阳刚之美、阴柔之美两端。偏于阳者取势宜峻迈，偏于阴者下笔宜和缓。二者兼营并骛，则两失之矣。余心每蹈此弊。

廿一日

早饭后清理文件。旋围棋二局，写对联十余付、扁二方。午正请周瀛樵等便饭，申初散。阅本日文件。旋又与刘申孙围棋二局。傍夕与幕府一谈。夜将《左传》事目重编一类。二更、三点睡。是日批札信稿甚多，停搁未办。

附 记

桐城吴元甲　　　太湖王

廿二日

早饭后清理文件。旋见客，坐见一次，围棋二局，又坐见之客二次，吴汝纶谈最久。写挂屏二幅，每幅约百字。中饭后至幕府久谈，阅本日文件，周瀛樵来久谈，立见之客二次。傍夕小睡。夜核批札稿颇多。朱孙阳字仲我，元和朱骏声之子，寄所为文七首，细阅一过。二更后倦甚，又似甚畏寒者。老景侵逼，颓然若难任也。小睡片刻。旋又写零字六七十。三点睡，幸能成寐。四更末醒。

廿三日

早饭后清理文件。旋围棋二局，见客，坐见者二次。巳正出门，拜客二家。至袁世兄家久坐，渠在铜山县就婚，配高令孙女为继室也。归，写挂屏至未正毕。阅本日文件，孙育均来久坐，朱式云、张树珊先后来坐。酉刻与幕府久谈。夜核批札各稿。因说话太多，不复能治事。二更后温《易·系辞》。二更三点睡，四更二点睡，旋又稍稍成寐。

廿四日

早饭后清理文件。旋围棋二局，又观人一局。见客，坐见者三次，立见者二次。旋核改信稿数件。中饭后至幕府久谈，阅本日文件，又核改信稿多件。傍夕与幕中一谈。夜核批札稿。二更后倦甚，不能治一事，写纪泽信一封。接澄、沅两弟九月廿一日信，沅意欲再辞晋抚，坚卧不起。喜其知几之明，襟怀之达，反复筹思，将成其志。三点睡，不甚成寐。思吾兄弟出处进退之道，必能避荣而后可以远辱，但宜不露痕迹耳。

廿五日

早饭后清理文件。旋见客，坐见者二次，立见者二次。围棋三局，为时过久。袁子久来久坐。午初，将两弟近来各信清阅。中饭后至幕府一谈。写澄、沅信一件，凡六页。清阅本日文件。写沅信一件，凡四页。与幕府邕谈。夜核批札各稿。二更后写经书目录付钞。四点睡，不甚成寐。

廿六日

早饭后清理文件。旋围棋二局，见客，坐见者二次，立见者一次。将《左传》分类事目校对一过,习字一纸。中饭后至幕府一坐,阅本日文件,又围棋二局,吴汝纶来久坐。写李文森挂屏一付,约四百字。傍夕与幕府一谈。夜核批札稿,写零字甚多,将河南绅士呈细阅一过。三更后将《孟子》昔分之十类写毕。四点睡,五更醒。

廿七日

早饭后清理文件。旋见客,坐见者二次,围棋二局。写扁、对数事,习字一纸。中饭后,刘松山来一谈,至幕府一谈,又围棋二局,阅本日文件。莫子偲来一谈,渠明日将回金陵也。夜核批札各稿,至二更四点末毕。睡至三更成寐,五更初醒。日内荒淫于棋,有似恶醉而强酒者,殊为愧悔。

廿八日

早饭后写扁一幅,见客,坐见者六次,立见者二次,说话甚多。旋至子偲处送行。围棋二局。习字一纸。中饭后至幕府鬯谈,阅本日文件。见客,坐见者三次,薛世香、刘省三坐谈均久。核批札各稿。风雨凝寒,颇增愁思。傍夕小睡。夜写零字二百许。思余之书势应以"斗刷跌缩"四字为主,将命纪泽刻此四字为一小印。改折稿一件,约改四百字。二更后改片稿一件。旋朗诵《九辨》。三点睡,三更后成寐。

附记

贺霱若,壬子举人,咸丰五年胡保知县,蓝翎,七年胡保得缺后,以同知选用,八年十月挑发往安徽,九年七月到省,在唐河帅处当差。同治元年正月丁母忧回籍,九月唐奏调来皖,三年四月服满,五月曾委办五河监卡,七月赏换花翎,四年在京铜局捐足同知三班。

廿九日

早饭后清理文件。旋围棋二局,见客,坐见者二次,改片稿一件,习字一纸。午刻阅《尔雅正义》。中饭后至幕府一谈,阅本日文件,薛世香来久炎,核批札信稿。傍夕至伯苻处于坐。夜写零字甚多,二更后温《古文·奏议类》。三点睡,颇能酣卧,五更睡。

卅日

早饭后清理文件。旋见客一次，围棋二局，罗茂堂来一坐。旋写挂屏一付，习字一纸，改片稿一件，约二百字。中饭后写对联数首，阅本日文件，孙宇农来久坐，李幼泉、张田畯先后来坐，阅邵氏《尔雅正义》十页。傍夕至幕府一谈。夜写零字颇多，改信稿二件，发报一折、四片。二更后温《古文·序跋类》，朗诵数首。三点睡，不甚成寐，四更二点醒，不耐卧矣。

十一月

初一日

早饭后,谢绝各贺朔之客,清理文件。旋围棋二局,阅《尔雅正义》十三页。计芇村来久坐,张树声来久坐。中饭后至幕府一谈。阅本日文件,又围棋二局,习字一纸,写对联六付。傍夕至幕府一谈。夜核批札信稿,二更后写零字甚多,温《史记》公孙宏等传。三点睡,不甚成寐。

初二日

早饭后清理文件。旋围棋二局,写横披一张,约二百字。孙宇农等来辞行,久坐。写对联五付,阅《尔雅正义》。中饭,请刘省三等便饭。旋阅本日文件,又阅《尔雅》。坐见之客二次。傍夕至幕府一谈。夜核批札各稿。二更后温《古文·辞赋类》,阅《史望之先生行述》一过。三点睡,四更醒。

初三日

是日恭逢先妣江太夫人八十一冥诞,向在营中不设祭,由金陵寓中设祭也。早饭后清理文件。旋围棋二局,见客,坐见者二次,立见者一次,阅《尔雅正义》十三页,抄异诂等为《雅训类记》。中饭后至幕府久谈。旋阅本日文件,又围棋一局,杨宇庵来久谈。夜核批札信稿,写李小泉信三页,二更后温《古文·论著类》。四点睡,甚能成寐,惟畏寒特甚,亦老态也。

初四日

早饭后清理文件,朱式云来久坐,又立见之客一次,阅《尔雅正义》,抄

《雅训类记》约五百字。明日冬至拜牌，指示修理庭院，以作朝会之所。申夫来久谈。中饭后阅本日文件。阅邸报，霞仙复为陕西巡抚，因杨厚庵奏陕绅请留，而皇上命钦差瑞罗复奏，有褒无贬也。袁世兄来久坐。傍夕至幕府一谈。夜核批札信稿。二更后温《孟子》，朗诵，似有所得。三点睡，不甚成寐。

初五日

是日长至令节，五更二点起，率文武行礼。礼毕，坐待天明。天寒，胸次作呕吐之意。饭后清理文件。旋围棋二局，阅《尔雅·释诂》毕，抄《雅训类记》。中饭后阅《释言》十页，见客二次，阅本日文件，写澄、沅两弟信，又围棋一局，见客二次，刘咏黄、潘鼎新均久谈。傍夕与幕府一谈。夜写阎丹初信三页、陈作梅信一页，核批札各稿。二更后倦甚，不能作事。三点后睡，颇能成寐。

初六日

早饭后清理文件。旋围棋二局，见客，坐见者二次，阅《释言》十页，抄《雅训类记》。中饭后至幕府鬯谈，又坐见之客一次，阅本日文件，写纪泽信一件，核批札各稿。夜听李载珪弹琴，写零字颇多，温杜诗十余首。二更四点睡，梦颇多，且似有儆戒之意，为之悚然！

附　记　　松字军

黄冈易□□　　汉阳投诚，王平西　　湘潭宋德鸿　　湘潭二，俱出护军。杨玉书、曹仁贤　　盱眙李□□婺源王□□，俱出江北至薛军

初七日

早饭后清理文件。旋立见之客一次，围棋二局。阅《释言》，至申刻阅毕。抄《雅训类记》。中饭，请潘琴轩便饭。至幕府鬯谈，见客二次。傍夕又与幕府一谈。夜核水师永远章程，温《诗经》数篇。二更四点睡，颇能成寐。

附　记

平步青年底回信

初八日

早饭后见客,立见者三次,坐见者五次,皆武营诸将,逢八来见也。旋围棋二局,阅《释训》十五页。中饭后至幕府一谈,阅本日文件,抄《雅训类记》,见客一次。倦甚。与幕府鬯谈二次。夜核批札稿,核水师章程。因困倦,欲为各省武官数目立表而不果,乃请向伯常为之。二更三点睡,四更末醒,畏寒殊甚。

初九日

早饭后清理文件,见客一次,围棋二局。旋又见客,坐见者三次,阅《尔雅》《释训》、《释亲》。中饭后至幕府一谈。旋阅本日文件,写《雅训杂记》,写对联六付,又围棋二局。傍夕与幕府一谈。夜核批札稿,甚多,至二更四点末毕。睡尚能成寐。

初十日

早饭后清理文件。见客二次,坐谈颇久。围棋二局,阅《尔雅·释亲》毕,幼泉来久谈,抄《雅训杂记》。中饭后至幕府久谈,阅本日文件,再抄《雅训杂记》,见客一次。傍夕又与幕友久谈。夜核批札各稿,二更后朗诵张、班词赋,诵《送浮屠文畅序》。二更三点睡,尚能成寐,五更醒。

十一日

早饭后清理文件。见客,坐见者一次,围棋一局。出门李幼泉营久坐,又至朱星槛营久坐,午正后归。中饭后至幕府久谈,又围棋二局,阅本日文件,见客一次,核批札各稿。傍夕与开生一谈。夜改信稿多件,二更后朗诵汉文十余首。二更四点睡。是日下雪,夜,雪尤大,今年已见二白矣。

十二日

早饭后清理文件,见客,立见者二次。旋围棋二局。向伯常不能小便,病势颇重,屡往看视。阅《尔雅·释宫》。坐见之客二次,谈甚久。中饭后至幕府久谈,阅本日文件,又围棋二局,写李少泉信一封。雪大砚冻,难于治事。幼泉来久谈。夜核批信稿,二更后温古文,朗诵十余首。二更四点睡。

十三日

早饭后清理文件。旋围棋二局,阅汪龙庄先生辉祖所为《佐治药言》《学治臆说》《梦痕录》等书,直至二更。其《庸训》则教子孙之言也,语语切实,可为师法。吾近月诸事废弛,每日除下棋看书之外,一味懒散,于公事多所延搁,读汪公书,不觉悚然!酉刻,幼泉来谈,阅本日文件。夜阅批札各稿,二更后温《古文·气势之属》。四点睡。因将分内职事定一常课,作口诀曰:"午前治已事,午后治公文;有客随时见,查阅勤出门;二更诵诗书,高吟动鬼神。"因忆余昔年求观人之法,作一口诀曰:"邪正看眼鼻,真假看嘴唇;功名看气概,富贵看精神;主意看指爪,风波看脚筋;若要看条理,全在语言中。"二诀相近,聊附记之。

十四日

早饭后清理文件,见客二次,围棋二局。因向伯常病重,与诸友议所以治之之法。巳正阅《尔雅·释宫》。中饭后看伯常病,与诸友商议数次。阅本日文件极少,阅汪龙庄书,徘徊庭院,不能治事。傍夕与幕友久谈。夜核水师章程,二更后温《诗经》十余章,又温《庄子》。二更四点睡,不甚成寐。

十五日

早饭后清理文件。旋见客一次,围棋二局,见客,尹沛清谈甚久。屡看伯常之病,徐医言脉象不好,焦灼之至。陈松如自金陵来,久谈。阅《尔雅·释宫》毕。中饭后,众议多请诸医以治伯常之病。又围棋二局,阅本日文件,朱星槛来一坐,又与各友议治病事。夜核批札稿。阅水师章程,核对至二更三点,又改数条。温柳文永州山水各记。

十六日

早饭后清理文件。旋围棋二局,见客,坐见者二次。写澄、沅两弟信,甫写毕而两弟十月十六之信到,又写一页答之。又写一信与黄南坡,因送菲仪与家乡亲属三党,共七百余金,托黄在盐局总汇也,申正了清。阅本日文件。午正闻伯常大便,方以为喜,后屡泄不止,而小便癃闭如故,病势加重,深以为忧,与各友久谈。核批札各稿。夜核水师章程,二更二点温《书经》《无逸》、《顾命》等篇。三更睡，不甚成寐。

附 记

纪泽查武养廉

十七日

早起，见向伯常病已垂危，四肢及身腹俱已冰冷，万无生理，为之料理后事。自辰至未幸不气绝，旋有人言以水银吹入前阴玉茎之内，可将管内残精败血消化，并可引出小便，或者起死回生云云。诸友因试为之。即将水银吹入，则伯常尚能大声叫呼，一息奄奄，而声音忽粗，众喜其有生机也。又悬赏募人含其玉茎而吸之，始出血丝，继出如米如沙者数十颗，继出如脓，惟尚未吸出小便。然身体冰冷一日，忽能回暖矣；眼闭一日，忽能开目微视矣；牙关紧闭一日，忽能吞药矣。众皆欣讶，似有回生之望。伯常之病，由于梦遗太久，一旦病发，癃闭七日不能小便，遂至如此。向使早数日知水银吹入之法，募人将管中结塞诸物吸出，固非不起之症也，聊记于此，以广异闻。早饭后清理文件，围棋二局，李昭庆来一坐。中饭后阅本日文件，围棋二局，核批札稿数件，余皆与幕友谈病事。夜核水师章程。二更三点睡，竟夕不能成寐。

十八日

早饭后见客，坐见者四次，立见者二次，皆武营逢八衙门期也。清理文件，围棋二局。午初，向伯常去世。乃知水银等方强治无益，特不解已冷之身何以回暖至数时之久耳？与诸友商办诸事。写纪泽信。中饭后再围棋二局。阅本日文件，核批札各稿。傍夕与申夫久谈。夜核水师章程，至二更将事宜廿八条核毕，营制尚未核也。温《书经纂言·盘庚》。三点睡，三更二点成寐，四更末醒。

十九日

早饭后清理文件。见客一次，谈颇久。围棋二局，阅《尔雅·释器》。李幼泉来一谈。中饭后又围棋二局，阅本日文件，与幕友谈甚久。夜核水师营制至二更三点，未毕。睡，三更后略能成寐。

廿日

早饭后见客，坐见者一次，立见者一次，清理文件，围棋二局，将水师营制核毕。见客一次。中饭后至幕府曾谈，阅本日文件，核批札各稿。见客一次，阅《文献通考·经籍考》，直至二更三点，凡阅四卷。睡后，不甚成寐。

廿一日

早饭后清理文件，围棋二局，见客，刘申孙谈颇久，阅《文献通考·经籍考》。午初，向伯常出殡，料理一切。中饭后阅本日文件，写挽联扁对数事，又围棋二局。欲作唐、金两军闹饷结案一折，而惮于下手，闷甚。阅《夷坚志》数十则，与申夫久谈。夜将唐、金案细核一过，改折数行。贺胜臣自京归。二更四点睡，略能成寐。

廿二日

早饭后清理文件，围棋二局。旋见客，坐见者三次，立见者一次。将唐、金各卷再阅一过。中饭后见客，坐见者二次。阅本日文件。围棋二局。改折稿，直至二更二点止，约改一千六百字，未毕。核批札稿数件。三点睡，不甚成寐。

廿三日

早饭后清理文件，围棋二局。旋阅《文献通考·经籍考》。中饭后观人围棋一局，为时约十一刻。阅本日文件。酉正改折稿，直至二更三点改毕，约八百字，共二千余字。四点睡，不甚成寐。

廿四日

早饭后清理文件，围棋二局。见客，坐见者一次，立见者一次，胡莲舫同年平久谈，即留在馆内住。未正又围棋二局。申刻又与莲舫谈，阅本日文件，核批札各稿。李幼泉来久谈。夜作折稿约八百余字。三更登床，近年睡之最晚者，竟夕不甚成寐。

廿五日

早饭后清理文件。见客二次，谈颇久，围棋二局。旋与莲舫久谈。中饭，请莲舫小宴。饭后，请褚、徐二人对弈，众客同观，一局毕，已暝矣。夜与莲舫曾谈，渠言云仙抚粤名望之坏，多误于左孟辛、王壬秋二人。旋改片稿二件，核批札稿数件。二更三点睡，屡醒屡寐，尚属美睡。

廿六日

早饭后清理文件。旋围棋二局，与莲舫久谈。作折片一件，直至二更三点，仅作八百余字，未及一半。中饭后写挂屏一幅，约二百余字，阅本日文件。傍夕与莲舫久谈，直谈至二更止，余皆作折。日内于应核公牍诸多延阁，仅办奏及陪客二事而已。巳刻写澄、沅两弟信。夜，睡不甚成寐。

附 记

豫：　专信问袁　　刘委往　　咨省查
齐：　专信问毛　　方委往　　札琴查
　　　张鲁瞻

廿七日

早饭后清理文件。旋围棋一局。与莲舫久谈，送渠出城作别，午正归。中饭后见客一次，思作片稿而难于下笔，阅本日文件，阅张石朋所作《勋福论》等篇。作片稿不成，因姑置之。发报二折二片。傍夕与幕府久谈。夜核批札信稿。二更三点睡，颇能成寐。

廿八日

早饭后清理文件。旋立见之客一次，坐见之客三次，围棋二局，又坐见之客二次，谈均甚久。中饭后至幕府久谈，阅本日文件，写毛寄云、袁小午、刘省三、潘琴轩信各二页。傍夕又与幕府一谈。夜核批札各稿，料理专足至河南、山东等事。二更三点睡，不甚成寐。接澄、沅弟十月十九日信。

附 记

眷回，先住沅宅或家庙十月廿七沅信
鼎三不甚弱
因张办黔捐到县　　考棚可多坐童七千
本房生三孕五十月廿六澄信
内年内起行，正月到家，二月劼送妹至粤十月十九澄信
蒋不肯到廿十月十九沅信

廿九日

早饭后清理文件。见客，坐见者二次，立见者二次，围棋二局，李幼泉来一坐。改水师章程。中饭后至幕府一谈，又围棋一局，阅本日文件，又接澄、沅两弟十月廿六日信，核批札信稿。傍夕又与幕友一谈。夜核批札信稿颇多，二更后朗诵《古文简编》。三点睡，尚能成寐。是日未刻写纪泽儿信一件。

卅日

早饭后清理文件，围棋二局，阅《尔雅·释器》，申夫来久谈。中饭后与幕府久谈，写对联七付，又围棋二局，与黎莼斋谈文，至申夫寓所一谈，即在公馆旁也。夜阅《水浒传》二卷。二更三点睡。是日写雪琴文一首。

十二月

初一日

早,各文武贺朔,见客,坐见者六次,立见者七次。清理文件,围棋二局,阅《水浒》二卷。中饭后至幕府一谈,阅本日文件,写对联数付,围棋二局,核批札各稿。傍夕与幕友一谈。夜将所抄古文稍一编次,朗诵《至信》等篇。二更三点睡,不甚成寐。

初二日

早饭后清理文件。见客,立见者二次,坐见者二次,围棋二局,阅汪龙庄书。中饭后至幕府久谈,阅本日文件,又围棋二局。阅丁雨生、许缘仲诸人信,论盐务洋务,极长。傍夕与幕友久谈。夜改丁雨生信,约改五百字,二更后温古文。三点睡,三更后成寐。

初三日

早饭后清理文件。旋围棋二局,见客,立见者一次,坐见者四次,容闳及张敬堂坐皆极久。阅《水浒》一卷。中饭后至幕府一谈,阅本日文件颇多,核批札各稿,改许缘仲信稿。傍夕与幕友一谈。夜改陈小浦信稿,约改四百字。二更后温《系辞传》。三点睡,未至三更即成寐,五更二点方醒,近时罕得此美睡耳。

初四日

早饭后清理文件,张敬堂来久谈。旋围棋二局,看《水浒》三卷,见客一次。中饭后又围棋二局,阅本日文件,核批札信稿甚多。傍夕至幕府一谈。夜因眼蒙腰疼，不能治事，与伯敷久谈。二更后阅《古文辞类纂》。三点睡，颇能成寐，五更醒。

初五日

早饭后清理文件，见客，坐见者一次，立见者二次，围棋二局，又坐见之客二次，录《雅训杂记》。中饭后再围棋二局，写对联七付，阅本日文件，核批札各稿。傍夕与幕府久谈。夜再核批札信稿，阅明冯时宁以一所纂《古今将略》。二更四点睡，竟夕不能成寐。

初六日

早饭后清理文件。见客，坐见者一次，围棋二局，写澄、沅二弟信，写李少泉信，抄《雅训杂记》。中饭，请容纯甫、张石朋等便饭，久谈。饭后又围棋二局，阅本日文件，核批札各稿。傍夕与幕府一谈。夜，申夫来久谈，二更后批开生所作《历人解》，四点睡。

初七日

早饭后清理文件，见客一次，围棋三局，抄《雅训杂记》。午初阅《释器》。中饭后阅本日文件，核批札各稿，批黎纯斋等文二首。申正与幕友一谈，甚久。夜温古文三首。倦甚，阅《水浒》二卷。二更四点睡，尚能成寐。

初八日

早饭后清理文件，见客，立见者一次，坐见者三次。点桂字二营、松字新中营之名。见客，坐见者一次，立见者二次。围棋二局，抄《雅训杂记》，阅《释器》。中饭后至幕府一谈。阅本日文件，又围棋一局，观人一局，阅《释器》毕。傍夕至伯敷处一谈。夜答朱孔扬书，论转注，约五百字，未毕。二更四点睡，不甚成寐。

初九日

早饭后清理文件。旋见客，坐见者三次，立见者一次。复朱孔扬信毕，围棋二局。见客一次。抄《雅训杂记》。中饭后，申夫来久谈，阅本日文件，阅《释乐》。傍夕与幕府久谈。夜写纪泽等信一件，核京信稿十余件。二更后倦甚，不能治事,徘徊庭院,与幕友久谈。二更三点睡。

初十日

早饭后清理文件,坐见之客一次。点松字三营之名。围棋二局,抄《雅训杂记》,阅《尔雅·释天》十页。中饭后至幕府久谈,阅本日文件,写对联六付,又围棋一局,核批札各稿。傍夕与幕府一谈。夜温古文六篇。二更三点睡,尚能成寐。梦姚姬传先生谈文颇久。

十一日

早饭后清理文件,见客一次,又立见者三次。围棋二局。抄《雅训杂记》,阅《尔雅·释天》。中饭后至幕府一谈,阅本日文件,写对联五付、横披一帧,约百余字。见客二次。酉刻与幕友久谈,将入京折弁所送同乡炭敬料理一番。夜添黄恕皆、徐寿蘅、周荇农信各一页,核批札信稿。二更三点睡。

十二日

早饭后清理文件,拜发元旦贺折。旋点松字三营之名。见客一次,围棋二局。将京信中吴竹如、刘韫斋、黄晓岱、皮筱舲等各加信一二页不等,至未正写毕。阅本日文件。观人围棋一局,甚久,约一个半时,天已黑矣。申夫来久坐,直谈至二更后。客去即睡,不甚成寐。未正见客二次,又立见者一次。

十三日

早饭后清理文件,围棋二局,巳刻至城外阅张敬堂营内操演,午正归。中饭后又围棋二局,阅本日文件,核批札各稿,见客一次。傍夕与幕府久谈。夜核二批稿,约五百字,温古文数首,朗诵《系辞》上、下传。二更三点睡。是日接澄、沅弟十一月朔日信。辰刻、未刻阅武梁祠刻象及各碑数种。

十四日

早饭后清理文件。点亲兵护军及敬字营之名。见客,坐见者二次,立见者一次,围棋二局,抄《雅训杂记》。中饭后至幕府一谈,阅《尔雅·释天》,阅本日文件,写李少泉信一封。见客一次,谈颇多。又至幕府一谈。夜核批札各稿,再写少泉信一页,二更后诵杜、韩七古。三点睡,尚能成寐。

附 记

杨治邦吴都司之勇，现至寿州，在五河说
吴天保怀远人

十五日

早间谢绝诸客。饭后清理文件，见客三次，坐均甚久。旋围棋二局，抄《雅训杂记》，阅《尔雅·释天》。中饭后阅本日文件。出门拜客二家，写澄、沅二弟信，甚长。傍夕与幕友久谈。夜核批札各稿。二更后温《诗经》《离骚》。三点睡，甚能成寐，五更二点睡醒。

十六日

早饭时，折弁自京归。饭后见客五次，坐谈均久，又立见之客三次，围棋一局。抄《雅训杂记》。中饭后至幕府一谈，阅《尔雅·释地》，阅本日文件，围棋二局，写对联六首，见客二次。傍夕与幕中一谈。夜核批札稿，写零字颇多，二更后温东坡七古廿余首，三点睡。

十七日

早饭后清理文件。见客一次，围棋二局。阅济宁学宫各碑，北海《相景君碑》字及额最为古厚，《范式碑》与《郑季宣碑》阴之额亦殊奇古，爱玩久之。坐见之客三次，抄《雅训杂记》，阅《尔雅·释地》，中饭后至幕府一谈，阅本日文件。为朱式云营命案事，见客三次，商议良久。阅《经籍考》三卷。傍夕与幕府久谈。夜核批札信稿。二更四点睡，倦甚，不能成寐。

十八日

早饭后清理文件。见客，坐见者三次，立见者三次，围棋二局，申夫来久谈。中饭后与幕府一谈，阅本日文件。改复李眉生信稿，约千六百字，至二更改毕。傍夕与幕友久谈。二更后接各信，知湖北成大吉一军叛变，引捻匪深入，上至黄陂，下至黄冈、阳逻、沙口、㴐口，处处皆贼，势极危急，深以为虑！温《古文·诏令类》。三点睡，不甚成寐。是夜接沅弟十一月廿五夜信，气象平和稳实，慰甚。

十九日

早饭后清理文件。是日立春,贺客一概谢绝。围棋二局,见客,坐见者二次,立见者一次。阅《文献通考·经籍考》,是日共阅三卷。中饭后与幕府一谈,又围棋二局,写对联七付,阅本日文件。见客二次,与幕府久谈。夜核批札各稿,二更后温《古文·序跋类》。三点睡,颇能成寐。

廿日

早饭后清理文件,见客,坐见者一次,立见者二次,围棋二局。将水师事宜再核一过。中饭后至幕府一谈,申夫来久谈,围棋二局。阅本日文件,将水师营制再核一过。傍夕核批札各稿,与幕友一谈。夜改长江水师一折,至二更三点止,凡改六百余字,未毕。睡不甚成寐。是日接澄、沅二弟信,十一月十三日发者。

廿一日

早饭后清理文件,将长江水师折改毕,倦甚。阅《文献通考·经籍一》。午刻见客,坐见者三次。中饭后围棋一局,又观人一局。申刻,坐见之客二次,阅本日文件甚多,核批札各稿未毕。傍夕与幕友久谈。夜试笔,写零字甚多,核湖团一案之批,二更二点毕。三点睡,颇能成寐。

廿二日

早饭后清理文件,围棋一局。见客,坐见者三次,立见者一次,阅《经籍考》二、三卷。中饭后至幕府鬯谈,阅本日文件,见客四次,核批札各稿,下对联等款。酉刻再与幕友一谈。夜写零字甚多,二更后温《古文·辞赋类》。三点睡,三更后成寐。

廿三日

早饭后清理文件,围棋二局。旋阅《经籍考》一卷,坐见之客二次,申夫来一谈。中饭后至幕府一谈,阅本日文件,围棋二局。将改查办山东事件,久未下笔,傍夕始清厘头绪。夜改折约六百字。二更三点睡,尚能成寐。

廿四日

早起。饭后清理文件，围棋二局。见客，坐见者一次，立见者一次。阅《经籍考》一卷零七页。中饭后至幕府久谈，阅本日文件。因纪泽久不到徐，殊为廑系，派弁再往探接。见客，坐见者一次。改折约三百字。傍夕与幕友久谈。夜再改折约八百字，二更四点毕。睡尚能成寐，四更四点醒。

附记

核东折　　改豫折
写湘信　　札批积件

廿五日

早饭后清理文件。见客，坐见者二次。围棋二局，写纪鸿信一件，写澄、沅二弟信一件。与申夫久谈，见客一次。中饭后阅《经籍考》半卷，与幕府一谈，阅本日文件，围棋一局。傍夕，纪泽儿自金陵来，与语甚久。夜改折稿约三百字。二更三点睡，疲困极矣。

廿六日

早饭后清理文件。旋围棋二局，见客，坐见者一次。改河南查办折毕，约改五百字。中饭后至幕府久谈，阅本日文件，核近数日批札稿，酉刻粗毕。又与幕府一谈。夜改折一件，约改四百字。二更三点睡，幸尚成寐。

廿七日

早饭后清理文件。旋围棋二局，见客，坐见者二次，与申夫久谈。中饭后又围棋一局，阅本日文件，与幕友久谈。申正改一密片，至夜二更时毕，约七百余字。三点睡，三更二点成寐。

廿八日

早饭后清理文件。见客，坐见者四次，立见者一次，围棋二局。又改片稿一件，阅《经籍考》半卷。中饭后与幕友久谈，见客，坐见者一次，立见者一次。阅本日文件，核对本日应发之四折、二片、二清单，应改换者数处。近年奏事，以此次为最难，盖水师事宜营制关系本重，而查办山东、河南两折亦唯恐轻重失中，故再三审慎也。旋阅《经籍志》半卷。傍夕与幕友久谈。夜核批札各稿。酉刻发报。二更三点睡，颇能成寐。

廿九岁除日

早饭后清理文件。旋围棋二局，见客，坐见者二次。阅《经籍考》一卷。午刻请幕友中饭，旋与之久谈。阅本日文件，又围棋二局，阅《经籍考》二卷。与幕友久谈。夜又阅书一卷，核批札各稿。二更后倦甚，不能治事，三点睡。

日記　同治五年

正 月

初一日

早起。黎明，率文武各员拜牌。旋见客三十余次，皆各文武贺喜者。清理文件，围棋二局，又坐见客一次，阅《经籍考》一卷。中饭，请幕中各友，未刻散。阅本日文件，又阅《经籍考》一卷。围棋二局，与幕友久谈。夜又阅书一卷。倦甚，不欲治事，徘徊庭院良久。二更三点睡，尚能成寐。

初二日

早饭后清理文件。见客，坐见者一次。出门拜客，午正归。围棋一局。中饭后至幕府鬯谈，阅本日文件。见客二次，围棋二局。阅《经籍考》子部二卷、集部一卷。傍夕与幕友一谈。夜核批札各稿。二更五点睡，三更后颇能成寐。

初三日

早饭后清理文件。旋见客一次，围棋二局，阅《经籍考》集部一卷，写霞仙信一件。中饭后与幕府一谈，阅本日文件，又围棋二局，阅《经籍考》一卷，见客二次，与幕友一谈。夜与零字颇多，核信稿廿余件。二更三点睡，三更成寐。

初四日

早饭后清理文件。旋见客，坐见者五次，立见者三次，围棋二局。阅《经籍志考》三卷，至申刻阅毕。中饭后与幕府一谈，阅本日文件，又围棋一局。傍夕与幕友久谈。夜与零字甚多，改信稿二件，未毕。二更四点睡，尚能成寐。

初五日

早饭后见客,坐见者三次,立见者一次,清理文件,围棋二局。阅《经籍考》三卷,申夫来久谈。中饭后写对联五付、挂屏四幅、横披一幅,阅本日文件,围棋一局,核批札各稿,与幕府一谈。夜核改信稿十余件,温《诗经》廿余篇。二更四点睡。

初六日

早饭后清理文件。旋见客,坐见者四次,立见者一次,围棋二局,阅《经籍考》至未正毕。中饭后写对联八付,阅本日文件,围棋二局,申夫来一谈,写澄、沅两弟信。傍夕与幕友一谈。午核批札信稿颇多,温《书经》三篇。二更三点睡,三更后成寐。

初七日

早饭后清理文件。见客,坐见者二次,立见者三次,围棋二局。阅《经籍考》,至傍夕止,共阅五卷。凡《经籍考》七十六卷,近粗涉猎一过。中饭后至幕府一谈,写对联八付。围棋二局。傍夕又与幕府久谈。夜核批札信稿,二更后温陶诗廿余首,高声朗诵。三点睡,四更末醒。

初八日

是日恭逢王父星冈公九十三岁冥诞,营中未能设祭。早饭后清理文件。旋见客,坐见者四次,立见者一次。旋围棋一局,又观人一局。写李少泉信六页。中饭后写陈作梅信二页。至幕府久谈。阅本日文件,写横披一帧,约二百字。见客,坐见者二次,谈均久。核批札稿,改折稿一件。傍夕与幕友一谈。夜核改各信稿,二更后温《古文简本》。二更三点睡,三更后成寐。

初九日

早饭后清理文件。围棋二局,见客,坐见者三次,立见者一次。阅《尔雅》《释地》、《释丘》。中饭后至幕府久谈,阅本日文件。围棋二局。见客一次。阅《释山》一卷。傍夕至幕府一谈。夜核批札稿。倦甚,懒于治事,阅《皇甫持正集》。二更三点睡。是日大雪竟日,寒甚。

初十日

早饭后清理文件。见客，坐见者四次，立见者三次，围棋二局。阅《释水》一卷、《释草》五页。中饭后至幕府一谈，阅本日文件，又围棋二局。纪泽儿病已两日，请人诊治。见客二次，发谢赏"福、寿"字恩折，申夫来久谈。傍夕又与幕府诸人一谈。夜改折稿一件，约改三百余字，核批札各稿，温古文、诗、赋数首。二更三点睡。

十一日

早饭后清理文件。见客，坐见者四次。因纪泽病未痊，请两医诊治。旋观人围棋一局，阅《释草》十页。见客，坐见者二次，立见者三次。中饭后至幕府一谈。阅本日文件，围棋一局。倦甚，小睡。旋核批札稿。傍夕至幕中一谈。又小睡片刻。夜核信稿甚多，二更后温柳文数首，三点睡。

十二日

早饭后清理文件。见客一次，谈颇久。围棋二局。阅《释草》十页。中饭后至幕府一谈。眼蒙殊甚。阅本日文件，又围棋二局。见客，坐见者二次，立见者一次。阅《湖海文传》十余篇。夜改片稿二件，约改三百余字，核批札各稿。二更三点睡，尚能成寐。

十三日

早饭后清理文件。见客，立见者二次，坐见者一次。出城看操，午初归。围棋二局。中饭后与幕府久谈，阅本日文件，又与伯苻一谈。见客，坐见者一次，立见者一次。倦甚，小睡。核批札各稿。傍夕小睡，夜核信稿数件，二更后温陶诗。三点睡，不甚成寐。纪泽之病昨日小愈，本日又翻，为之不释。

十四日

早饭后清理文件。见客，坐见者三次，立见者三次。改片稿二件，围棋二局。阅《晋书》列传数首。中饭后与幕府久谈，阅本日文件，围棋二局，发报一折、四片，再阅《晋书》传数首。酉刻见客一次。傍夕与幕友一谈。夜核批札信稿，二更后温《古文·书牍类》。三点睡，尚能成寐。

十五日

贺节之客，概谢不见。早饭后清理文件。旋出城看马队操演，午初归。围棋二局。中饭后与幕府一谈，阅本日文件，写澄、沅两弟信。左腭上落一壮齿，不知何时已落，或吞入腹中矣。眼蒙，不能治事。偶思古文、古诗最可学者，占八句云："《诗》之节，《书》之括，孟之烈，韩之越，马之咽，庄之跌，陶之洁，杜之拙。"将终日三复，冀有万一之合。核批札各稿，与幕中久谈。夜核各信稿。温《庄子》数篇。二更三点睡。

十六日

早饭后清理文件。见客，坐见者三次，立见者三次，围棋二局。写纪鸿信一件，写郭意城信未毕。又坐见之客二次。中饭后与幕友久谈，阅本日文件，坐见之客一次，围棋二局。将意城信写毕，核批札各稿。与幕友久谈。夜核信稿甚多，二更后温《古文·辞赋类》。三点睡，不甚成寐。

十七日

早饭后清理文件。旋出城看老湘营操演，午正归。围棋二局。中饭后与幕友一谈，见客，坐见者一次，立见者一次，阅本日文件。阅《释草》十页，核批札各稿。傍夕与纪泽一谈，与张振轩一谈。夜写朱久翁信二页，核各信稿数件，二更后温古文及杜诗。三点后睡。

十八日

早饭后清理文件。见客，坐见者四次，立见者二次。围棋一局，又观人一局。阅《释草》十页，写纪鸿信一件。中饭后与幕府一谈。见客，坐见者一次，立见者一次。出门至李幼荃处送行。归，与幕府久谈，改一咨稿，约四百字。傍夕，申夫来久谈。旋改批札各稿。二更后倦甚，不能治事，小睡。三点睡，三更后稍能成寐。

十九日

早饭后清理文件。见客，坐见者二次，立见者二次。围棋二局，阅《尔雅·释草》毕。中饭后至幕府一谈，阅本日文件，又围棋二局，核批札各稿。申夫来久谈，论教八股试帖之法，颇有心得。傍夕与幕友一谈。夜核批札稿毕。二更后倦甚，小睡。阅张释之等传。三点睡，不甚成寐。

廿日

早饭后清理文件。张道等来坐，久谈。围棋一局，又观人一局。阅《释木》十二页。中饭后至幕府一谈，阅本日文件，又围棋三局。见客，坐见者一次。午刻改信稿，申刻改信稿，至夜又改信稿，共计改四十余信。傍夕与幕府久谈。二更后朗诵《易·系辞》及古文十余首。三点睡，尚能成寐。

廿一日

早饭后清理文件，阅京信十余件。出城看吉中八营操演，午正归。又阅各京信毕。中饭后阅《封爵敕书》。前半之文，清、汉皆系于锦中织成者，后半则系续写褒封之谕旨，即三年六月廿九日谕旨也。为字无多，而写者颇有错落。沅弟封威毅伯一轴，错落尤多。近年，凡领诰轴皆系如此。沅弟今年进京，拟一商之可改领否。阅京中购买之书，围棋一局，又观人一局，祝爽亭来久坐。阅《释木》十页，核批札各稿。酉刻与幕府久谈。夜核批稿毕，温《孟子》数十章。二更三点睡，不甚成寐。

廿二日

早饭后清理文件。见客一次，围棋二局。阅《释木》《释虫》十页，写云仙信一封。中饭后与幕府久谈，又围棋一局，观人一局，阅本日文件极少。写扁二方，阅程易畴《通艺灵》。傍夕与幕中久谈。夜核批札稿，阅《通艺录》。二更后温序跋中史迁各文，似有所得。三点睡，颇能成寐。梦阮文达公以无数佳砚见示，赏玩未毕而醒。

廿三日

早饭后清理文件，围棋二局。见客，坐见者一次，立见者一次。阅《释虫》十余页，阅程氏《通艺录》。见客，坐见者二次。写少泉信一件。中饭后写对联八付、扁二方，阅本日文件，核批札各稿，与幕友一谈。倦甚，傍夕一睡。夜温《古文·传志类》。二更三点睡，不甚成寐。

廿四日

早饭后清理文件，见客一次，围棋二局。旋又见客二次，魏申先春农自陕西来。接霞仙信并寄《石经》一部，共廿六套，内十二套略为水所渍，因晒掠，逐页翻揭。阅《释鱼》十页。中饭后与幕友一谈，阅本日文件。计蒂村来，坐谈颇久。阅《湖海文传》廿余首，写挂屏二幅，约二百字，写纪鸿信一件。傍夕与幕友一谈。夜核批札各稿，写零字甚多，二更后温《史记》三首。三点睡，甚能成寐。

廿五日

早饭后清理文件。见客，坐见者二次，谈颇久。围棋二局，阅《尔雅·释鱼》十余页。中饭后至幕府一谈，阅本日文件，写对联十五付、挂屏二幅，写澄、沅二弟信，核批札各稿。傍夕与幕友久谈。夜阅《石经·周易略例》，二更后温韩诗，黎纯斋来久谈。三点睡，甚能成寐。

廿六日

早饭后清理文件，见客一次，围棋二局，阅《尔雅·释鸟》十页。倦甚，小睡。中饭，请祝爽亭等小宴，申初散。阅本日文件，写对联八付，核批札各稿。傍夕与幕友久谈。夜又核批稿，温《诗经》《鸿雁》至《无羊》。《石经》字大，夜间温之，稍省目力，即以校对装裱之有错误否。二更三点睡，三更后成寐。

廿七日

早饭后清理文件，见客，坐见者二次，围棋二局。阅《尔雅·释鸟》十余页。又见客一次，谈颇久。中饭后与幕府谈甚久，阅本日文件，写对联八付。又围棋一局，观人一局。核批札信稿。傍夕与幕友一谈。夜再核信稿，写零字颇多，温《诗·节南山》五篇，将《石经》一校。二更三点睡，三更三点后稍能成寐。

廿八日

早饭后清理文件，见客，坐见者二次，立见者二次。围棋二局，阅《释兽》

十页。中饭后至幕府一谈，阅本日文件，写对联十付，核批札各稿。剃头一次。申夫来久谈，夜方去。阅王而农《宋论》《通鉴论》，温《诗》《小宛》至《北山》止。二更三点睡，三更三点后稍能成寐。

廿九日

早饭后清理文件，见客一次，谈颇久。围棋二局，又观人一局，阅《尔雅·释兽》十余页。中饭后，申夫来一谈，见客一次。阅本日文件，写对联九付。倦甚，小睡。夜写零字甚多，温《诗》《无将大车》至《大田》止。二更三点睡，极倦，颇能成寐。

卅日

早饭后清理文件。接奉廷寄，沅弟简授湖北巡抚，从此三江两湖联为一气，于办捻较有把握，为之欣慰。见客一次，围棋二局。阅《尔雅·释畜》，邵二云《尔雅》阅毕。旋阅《石经·穀梁》。见客一次。中饭后至幕府久谈，阅本日文件，写对联八付。又围棋二局，申夫来久谈。夜核批札各件，二更后温古文，朗诵十余首，二更三点睡。

二 月

初一日

早饭后清理文件。各文武贺朔，见客八次，坐见者二次。围棋一局，又观人一局。阅《穀梁》隐公毕，又阅桓公、庄公、闵公。中饭后至幕府久谈。旋阅本日文件，又围棋二局，写沅甫信一件。倦甚，小睡。夜温《史记》。倦甚，如有病者然。写纪鸿信一件。二更后又小睡，牙疼。三点睡，尚能成寐。

初二日

早饭后清理文件。旋见客二次，又立见之客一次，围棋二局。阅《穀梁》僖公、文公。午刻又见客一次。中饭后至幕府一谈，阅本日文件。坐见之客一次，立见之客二次。写对联十二付、扁二幅。倦甚，小睡。倦夕与幕友一谈。夜核批札各稿，至二更三点睡。

初三日

早饭后清理文件。见客，坐见者二次，立见者一次，围棋二局。阅《穀梁》宣公、成公。牙疼，少睡。中饭后阅本日文件，又围棋二局，写对联九付。傍夕，小睡。夜核批札各稿。二更后倦甚，小睡。三点后睡，三更三点成寐。

初四日

早饭后清理文件。见客二次，围棋二局。阅《穀梁》襄公、昭公，写沅弟信一件。中饭后至幕府一谈。阅本日文件，阅《穀梁》定公、哀公毕，写对联七付。再至幕府一谈。傍夕小睡。夜核批札各稿，二更后温《书经》，朗诵数篇。三点睡，倦甚，如不自胜者然。

初五日

早饭后清理文件。见客一次，谈甚久，围棋二局，至幕中一谈。拟改折稿，踌躇长久，尚未动笔。写李幼泉信二页。中饭后又围棋二局，阅本日文件，见客，坐见者二次，改折稿数行。傍夕至幕府久谈。夜核咨札稿，改折稿三百余字，未毕，写乔鹤侪信一页。二更四点睡，不甚成寐。

初六日

早饭后清理文件。见客一次，围棋二局。旋改折稿，至中饭后改毕，约二千余字。改者强半，即湖团一案，张振轩所拟稿也。又见客一次，围棋一局，阅本日文件，改折稿一件。傍夕与幕府久谈。夜改折稿一件、片稿二件，核批札各稿。二更三点睡，三更后成寐。

初七日

早饭后清理文件。见客一次，坐甚久。核改片稿五件，围棋二局，见客一次。中饭后见客二次，又坐见之客二次。写对联十五付、扁二付，与幕友一谈。核批札信稿，至二更粗毕。倦甚，不能更事，温七律廿余首。三点睡。

初八日

早饭后清理文件。旋出门辞行，拜客四家，午初归。围棋二局。中饭后阅本日文件，见客四次，下对联各款，发报三折、七片，核批札信稿。清理各件，至夕清毕。夜将明日起程之事清厘一番，与刘开生久谈，劝其厉志好学。二更后小睡。三点睡，不甚成寐。

初九日

早饭后见客一次。旋起程赴山东济、兖等处查阅。卯正出城，行五十里，午初至柳泉庄驻宿。清理文件，与幕客久谈。中饭后围棋二局，核批札各稿。见客，坐见者二次，立见者一次，与幕友久谈。夜阅本日文件，阅《文献通考·兵考》十页。二更三点睡，尚能成寐。

初十日

早饭后，起行三十五里至利国驿驻宿，巳正三刻即到。天大风。在轿中阅《兵考》一卷。围棋二局。见客，坐见者五次，立见者二次。中饭后阅本日文件，核批札各稿，与幕友久谈，又围棋二局，写纪鸿儿信一件。夜写沅弟信，又阅《兵考》五页。与泽儿论古人诙诡之趣、雅淡之趣。二更三点睡，殊不成寐。

十一日

早饭后，行十三里至韩庄，过河小坐。纪泽儿从此分手，坐炮船下江南。又行三十五里至沙沟驿住宿，山东兖州镇、道、府、县俱来迎接。见客，坐见者五次，立见者二次。是日在轿中阅《兵考》十余页。申刻后又阅十余页。围棋二局，与申夫谈甚久，阅本日文件。夜与幕客久谈。二更三点睡，不甚成寐。

十二日

早饭后启行，行廿五里至西仓桥住宿，因前途无可住之处，故少行也。见客，坐见者三次，立见者一次。清理文件，围棋二局。在途阅《兵考》，下半日又阅十余页。阅本日文件，核批札各稿。夜将《兵考》三卷题识，与幕友久谈。二更三点睡，倦甚。

十三日

早饭后，行五十里至南沙河打尖。尖后，又行十八里至滕县住宿，在道一书院作公馆。见客，坐见者四次，立见者二次，围棋一局。中饭后又围一局，写潘琴轩信一件，与幕友一谈，阅本日文件。在舆中阅《兵考》一卷，申刻又取一阅。申夫来久谈。倦甚。傍夕坐见之客一次。夜改信稿二件。二更后小睡，三点睡，三更后稍能成寐。

十四日

早饭后，行廿里至北沙河打茶尖。又行廿里，至界河住宿。清理文件，见客二次。在舆阅《兵考》第五卷。中饭后围棋一局。潘琴轩自济宁来，久谈，又见客二次。阅本日文件，将《兵考》二卷酌加题识，幕友来一谈，核批札稿数件。傍夕小睡。夜改折稿一件，潘琴轩复来一谈。二更三点睡，尚能成寐。

十五日

早饭后，启行廿五里至两家店打茶尖，又行廿五里至邹县住宿。见客，立见者四次，坐见者四次。中饭后清理文件，阅本日文牍，与幕友一谈。申初谒孟子庙，拜宗子孟广均。归后，见客一次。是日在舆中阅《兵考》一卷，酉刻酌加题识。夜，小睡片刻。围棋二局，核批札各稿，阅《曲阜县志》。二更三点睡，尚能成寐，五更醒。

十六日

早饭后，启行三十里至宣村打茶尖。宣村之东六里曰凫村，孟子之母宣献端范夫人之墓在焉，因往展竭谒，孟子之父郯国公同冢。墓在凫山之背，俗名马鞍山，即"龟蒙凫绎"之凫也。策马登凫山顶一望。回至宣村，又行廿里至曲阜县，衍圣公孔祥珂出城迎接。至公馆见客，坐见者五次，立见者一次。

未刻谒至圣庙，衍圣公陪同行礼。旋至殿上及后殿敬谨瞻仰，即圣配行官夫人之寝殿也，又至东边谒孔氏先世五王，名崇圣祠。阅历代支派图碑二座。阅孔壁，相传即鲁恭王闻金丝之壁，今仅一寻常照壁耳。壁之西为孔子古井，其南为诗礼堂，在此小坐饮茶。茶罢，至大成门内阅孔子手植之桧。环以石栏，高仅尺许，有似立石，色微红，有似肉芝。桧栏之北为杏坛，有似楼观。旋出大成门外，阅御碑亭十三座，其九为国朝碑，其四为唐、宋、金、元碑。旋至西边谒启圣祠，又至后殿瞻圣母颜夫人寝殿。又阅金丝堂，观各乐器。皆衍圣公陪同周历各处。旋出庙至衍圣公府一会，叙谈颇久，酉正归。围棋一局。夜核批札稿，阅本日文件，与幕友久谈。二更三点睡，不甚成寐。

是日在舆中阅《曲阜志》约三十页。酉正至颜子复圣庙瞻拜，行两跪六叩礼。又至后殿，为复圣夫人寝殿。至西边阅杞国公颜路祠，其后殿为端献夫人祠。出外为乐亭，亭前稍西有井，相传即陋巷井。其南有一古桧，传为唐树。两庑配享为颜歆、颜之推、真卿、杲卿等八人。

十七日

早饭后出城北门，谒至圣林。约三里许，有万古长春坊。稍北，有红墙夹甬道，道皆有古柏，仪树匀挑。又北有楼观，即林墙门也。过下马牌后，有洙水桥。桥北入大门，至享殿下行礼。殿后甬道之右为子贡手植之楷，稍北为乾隆驻跸亭、康熙驻跸亭。又北为宋真宗驻跸亭。又北即圣人墓。墓之东为伯鱼墓，其南为子思墓，其西南为子贡庐墓处。旋至周公庙行三跪九叩礼，庙之规模甚小。周公墓在陕西，相传此为鲁太庙遗址，两庑配享鲁三十三公也。旋行十里许谒少昊陵，《曲阜志》颇以此墓为可疑，然坟冢叠石为之，广八丈九尺，高二丈，规模奇古，云是宋时所为，则其来已旧矣。又行廿里许，谒启圣王林，行六叩礼。圣兄孟皮墓在其南，享殿坍塌，不蔽风雨矣。

午初三刻回城，往返约六十里。作一联写赠衍圣公云："学绍二南，群伦宗主；道传一贯，累世通家。"未正至衍圣公府赴宴。茶罢，阅乾隆三十六年所颁周朝铜器十事：曰木鼎，曰亚尊，曰牺尊，曰伯彝，曰册卣，曰蟠夔敦，曰宝簠，曰夔凤豆，曰饕餮觥，曰四足鬲。古泽烂然，信法物也。又观吴道子所画至圣像，无题识，绢本，有小印二方，一曰"会稽太守章"，一曰"绍兴"。又观赵子昂所画至圣像，绫本，无题无印。又有一册，画明君臣像，如太祖、成祖、世宗、宪宗等君，徐达、常遇春、邓愈、汤和、刘基、宋濂、方孝孺、杨士奇、于谦、王鏊、王守仁、湛若水、李东阳、谢迁等臣，俱有画像，而无题识。又有大轴元世祖、明太祖像二幅。又出示元明两朝衍圣公及孔氏达官所留遗之冠带衣履，彩色如新，亦生平所未见也。酉初入筵，灯后始散，归寓甚倦矣。阅本日文件，核批札稿，见客四次。写昨日日记。二更四点睡，颇能成寐，五更醒。

十八日

早饭后，自曲阜起行三十五里，至兖州府。见客，坐见者二次，立见者四次。在舆中阅《兵考》一卷。至公馆围棋二局。中饭后见客一次。写昨日日记，写纪鸿信一件，阅本日文件，核批札各稿。二更三点睡，不甚成寐。

十九日

早饭后，自兖州起行。登西门城楼，一为眺望。行四十里至孙氏店打尖。尖后，坐见之客二次。又行廿里至济宁州。见客，立见者四次，坐见者六次。中饭后，围棋一局未毕，毛寄云来久谈。晡时客去，阅本日文件极多。夜倦甚，围棋二局，阅孔荭轩所著书。是日在舆中阅《兵考》三十页。二更四点睡，尚能成寐。

廿日

早饭后清理文件。旋与客围棋二局，局未毕而丁方伯至，与之久谈。客去，又将前局围毕。又见客一次。午初出门拜客，会者三家，不会者五家。未初，至铁塔寺毛寄云住处，僧王有长生禄位在该处，拈香拜谒。与寄云久谈，小宴盛筵，酉初始归。阅本日文件。夜核批札各稿。二更四点睡，尚能成寐。

廿一日

早饭后清理文件，见客一次。旋出城阅鼎军操演，未初归。请毛寄云、杨子厚便饭，皆戊戌同年也，申正散。阅本日文件，见客，坐见者二次，立见者二次，围棋一局。夜闻贼信甚紧，将有窜山东之意。核批札各稿。二更后小睡，三点睡，不甚成寐。

廿二日

早间，丁稚璜来久谈。饭后清理文件。见客，坐见者五次，立见者二次，围棋二局，又见客一次。写对联十付。中饭后又围棋一局，见客二次，阅《宗涤楼诗集》，毛寄云久坐二时许。旋写扁二幅，与幕友久谈，阅本日文件。夜阅《宗涤楼文集》。倦甚，小睡。二更二点后核札稿，四点睡。

廿三日

早饭后清理文件，围棋二局，见客二次，丁方伯谈颇久，阅《方正学集》。中饭后写对联八付，阅本日文件。阅《兵考六》，酌加题识。与幕友久谈。酉正小睡。灯后，核批札稿，二更二点始毕。三点睡，竟夕不甚成寐。

廿四日

早饭后清理文件，见客三次，坐均久，围棋二局。阅《兵考》十五页。午刻，李眉生来，久坐时许。中饭后阅本日文件，又围棋二局。见客，坐见者三次，立见者三次，与眉生久谈。夜核批札各稿，阅《宗涤甫文集》。二更三点睡，倦极，尚能成寐。

廿五日

早饭后清理文件。见客三次，坐均甚久。围棋二局，阅《兵考》十余页。午刻与眉生等一谈，请渠与诸幕友便饭，申初散。阅本日文件。见客，坐见者二次，立见者一次。又围棋二局，核批札各稿。傍夕至寺外一看。午正写纪泽信一件。夜核批稿各件，二更后温《古文·序跋类》。三点睡，甚能成寐。

廿六日

早饭后清理文件。围棋二局，见客一次，坐颇久。出门拜客，会者二家，午初归。阅《兵考》廿页。中饭后与幕友一谈，见客二次，又立见者二次。阅本日文件，写对联七付，核批札各稿。夜核信稿，温《古文·论著类》。小睡颇久，二更三点睡。

廿七日

早饭后清理文件。见客一次，围棋二局，与眉生等久谈，阅《兵考》三十页。见客一次，坐颇久。中饭后与幕友久谈，见客一次，又围棋二局。阅本日文件，核批札各稿，将《兵考》酌加题识。傍夕与眉生久谈，祝爽亭来谈最久。夜写少泉信一件。二更后，眉生来谈一晌，三点后再写少泉信二页。四点睡，说话太多，疲倦极矣，尚能成寐。

廿八日

早饭后清理文件。见客一次。旋出门阅视济宁州城外土圩，从玉露庵登圩，城东北隅也。转而正北常清门，正西青云桥，至西南隅运河、府河相抄之处小坐，又由正南之兴隆门、东南隅之韦驮棚、正东之杨家坝，归玉露庵。午正回寓，凡三十四里。济宁州三面皆水，运河自西北而来，绕至城南，从东南而去，下入南阳湖、微山湖，以达于江南。府河自东北而来，绕城北、城西二面，下入马场湖，汇运河而去。府河即泗水，由兖州城而来，故曰府河也。济宁之土圩，南则穿于运河及月河之外，北则穿于府河之外，故辽阔弯曲，难于设守。

中饭后围棋二局，阅本日文件，核批札各稿，阅《兵考·马政》廿页。傍夕小睡。夜温《古文》"辞赋"、"秦议"二类。小睡颇久。二更三点睡，竟夕不甚成寐。

廿九日

早饭后清理文件。眉生禀辞，久谈。围棋二局。见客，坐见者三次，立见者三次。阅《兵考》廿页，中饭后又阅十余页，酌加题识。《兵考》十三卷阅毕。见客，坐见者一次，立见者一次，与幕友久谈。闻王心安廿八日战败，捻匪日益猖獗，可忧之至！阅本日文件，核批札各稿。夜核信稿。二更后小睡。三点睡，尚能成寐。

三 月

初一日

早间,谢绝文武贺朔之客。饭后清理文件。旋围棋三局,见客一次,坐谈颇久。阅《文献通考·职官考》二卷。《职官考》曾于甲子年阅过一遍,今渐忘之,故再一温习。中饭后与幕友久谈,阅本日文件甚久,核批札各稿。傍夕至圩上一阅。夜阅陶公《述酒》诗,为南宋鄱阳汤文清公汉所注,于陶公瘦词微旨尽得解释,慰悦无已。改信稿数件。二更三点睡,倦困极矣。是日午刻写潘琴轩、李少泉信二件。

初二日

早饭后清理文件。见客,坐见者四次,立见者一次。围棋二局。阅《职官考》一卷。中饭后与幕友久谈,见客,坐见者二次,立见者二次。阅本日文件甚多。倦甚,至寺中亭上久坐。傍夕小睡。夜核批札稿,阅铜沛条议湖田一案,斟酌甚久,各件未及阅毕。二更四点睡。

初三日

早饭后清理文件。见客,坐见者二次,立见者二次。围棋一局,阅《职官考·侍中省》一篇未毕。中饭后与幕友一谈,阅本日文件,又围棋二局,改折稿一件,约五百字。傍夕至圩上散步。申刻见客四次。灯后见客一次,谈颇久,核批札各稿。二更后温《诗经》,三点睡。

初四日

早饭后清理文件。旋围棋二局,与幕友一谈。接沅弟二月十三日信,病将全愈，拟于三月初赴鄂履任。改折稿，至中饭后毕，约改千余字。阅本日文件，阅《职官考》《侍中省》《中书省》毕，倦甚。与幕友久谈。小睡片刻。夜核批札各稿，阅王渔洋《声调谱》，温太白七古数首。二更三点睡。

初五日

早饭后见客二次，清理文件，围棋二局，写沅弟信一件、纪泽儿信一件，阅《职官考·尚书省》。中饭后与幕友一谈，阅本日文件，阅《韵鹤轩笔谈》，近人所著小说也。再围棋二局，发报二折、一片，将《职官考》二卷酌加题识。傍夕与幕友久谈。小睡片刻。夜核批札稿信稿。二更三点睡，三更后成寐。

初六日

早饭后清理文件。旋见客，坐见者三次，立见者一次，围棋二局。阅《职官考》廿页。中饭后见客，坐见者一次，立见者一次，与幕友久谈。阅本日文件。阅《韵鹤轩笔谈》，悟右军鹅颈通于作书之法。写澄、沅两弟信。小睡片刻。核批札各稿。傍夕又小睡。夜核信稿甚多。二更三点睡。

初七日

早饭后清理文件。旋设香案行礼，拜发万寿折。围棋一局，阅《职官考》廿页。午初小睡片刻。中饭后，体中不适，小睡良久。阅《渔隐丛话》，阅本日文件。酉初写功牌一纸发刻。剃头一次。与幕府久谈。夜核批札稿。二更后温苏诗七古。三点睡，三更后成寐。

初八日

早饭后见客三次，清理文件，围棋二局。旋阅《职官考·御史台门》廿余页。早饭后闻潘琴轩于初六日大获胜仗，为之欣慰。午正得琴轩信，乃知是日之伏先胜后挫，又闻任、赖、牛等一股已渡沙河，将窜山东，不怿者久之。中饭后将《职官考》酌加题识，又围棋二局，阅本日文件，核批札各稿，将湖田拨归铜沛学校一案细为酌核。傍夕与幕友谈极久。夜核学校公田案，未毕。二更三点睡，竟夕不甚成寐。

初九日

早饭后清理文件，见客，坐见者二次，围棋二局。接李幼泉信，初七日战又小挫，郁闷之至。写幼泉信一封、少泉信一件，阅《职官考·学士院》，至中饭后廿页毕。与幕友久谈，阅本日文件。小睡片刻。写对联十付，核批札各稿。傍夕与幕友久谈。夜核批札各稿。二更四点睡，不甚成寐，盖以捻逆猖獗，中原祸乱未知所届，深为忧慄耳。

初十日

早饭后见客一次，坐颇久。清理文件，围棋三局。祝爽亭屡次来见，皆久谈。阅《职官考·学士院》卷、《列卿》卷廿页。未刻毕。中饭后与幕友久谈，见客一次，阅本日文件，核批札信稿。旋与幕友谈极久。夜核信稿九件。二更后忽然头晕，若不自持，小睡片刻。三点睡后，弥复昏晕，右腿麻木，有似将中风者。殆因昨夕忧煎不寐，本日说话太多，夜间治事太细之故与？然老境骎骎，不复能有为矣！三更四点后，尚能成寐。

十一日

早饭后清理文件，见客一次，围棋二局。阅《职官考》廿页。午正小睡。中饭后与幕府久谈。旋阅本日文件。又围棋二局，核批札各稿，与幕友一谈。傍夕小睡。夜核批二件，写幼泉信一件。二更四点睡。

十二日

早饭后清理文件。见客一次，说颇久。写阎中丞信一件，围棋二局，阅《职官考》廿页。午刻小睡。中饭后与幕友一谈，将《职官考》酌加题识，阅本日文件，核批札信稿。与友人久谈，同至土圩墙上一观，灯时归。夜温《古文·序跋类》。二更三点睡，尚能成寐。

十三日

早饭后清理文件。旋见客二次，谈颇久，围棋二局。旋又见客二次，阅《职官考》廿页。午初小睡。中饭后与幕友久谈。旋阅本日文件，写对联五付、横幅一帧，约二百余字，核批札信稿。傍夕与幕友久谈。夜写零字颇多，略有所会。于昔年"体如鹰"四句之外又添四句，曰："点如珠，画如玉；体如鹰，势如龙；内跌宕，外拙直；鹅转颈，屋漏痕。"阅《亭林文集》廿余首。二更三点睡。

十四日

　　早饭后清理文件。旋围棋二局，与幕友一谈，阅《职官考》三十页。午刻小睡片刻。中饭后又至幕府一谈。旋阅本日文件。再围棋二局，核批札各稿。傍夕又与幕友一谈。夜阅《亭林文集》。二更三点睡，三更后始成寐。

十五日

　　早间，见贺朔望各员。饭后见客，坐见者三次，立见者三次，围棋一局，幼泉来久谈。去，又围棋一局。巳刻坐见之客三次，立见之客二次。阅《职官考》十三页，着批数处。午刻小睡。中饭后至幕府一谈，阅本日文件，再阅《职官考》八页，酌加题识，阅《亭林文集》廿余页。接沅弟廿四日县城发信，知将履鄂抚之任。至幕府谈极久。夜温《古文·论著类》，核批札各稿。二更三点睡。

十六日

　　早饭后清理文件。旋围棋二局，幼泉来久坐，写两弟信一件，颇长。巳正阅《职官考》。午刻见客一次，小睡片刻。请幼泉来便饭。闻后股任、赖等贼已入东境，过曹县，焦灼之至。阅本日文件，再阅《职官考》六页，写李少荃信，约六百字。傍夕又围棋一局，与幕友一谈。夜核批札信稿，写零字百余。二更三点睡。

十七日

　　早饭后清理文件。旋围棋二局，阅《职官考》廿页，与幕友一谈。午刻小睡。王鼎丞来一谈。中饭后至幕府一谈，又围棋二局，阅本日文件，写李幼泉信一封，接两弟二月初九日信。见客，坐见者一次，立见者二次。又与幕府一谈。傍夕小睡。夜温《古文·论辨类》廿页。二更三点睡。

十八日

　　早饭后清理文件。旋见客，坐见者一次，立见者四次，围棋二局，与幕友久谈。阅《职官考》十页。午刻小睡。中饭后又与幕友一谈，围棋一局。阅本日文件，核信稿数件，又阅《职官考》十页，核批札各稿，与幕友一谈。夜核信稿数件，写零字颇多。倦甚，不能治事。二更三点睡，三更三点乃稍成寐。

附记

二月初九沅信：三月十七到二月初三写兑契。穿靴费力。

澄信：三百八十余亩，兑二百五十余亩，找六千六百串。王家冲批明入竹亭公。

十九日

早饭后清理文件。见客，坐见者二次，立见者一次。围棋二局，阅《职官考》廿页，与幕友一谈。小睡片刻。见客二次。中饭后阅《池北偶谈》，阅本日文件，围棋二局，写纪泽信一封。将作折稿而懒于动笔，又阅《池北偶谈》十余页。向来每作文辄半日不能落笔，或竟日无一字，积习已久，老而不能改也。见客四次。本日恐贼匪抢渡运河，寸心悬系，如负重疚，终日钦钦。傍夕与幕友一谈。夜写零字颇多，改片稿三件。二更三点睡，三更三点后成寐。

廿日

早饭后清理文件。旋见客一次，谈颇久。围棋二局，改折稿一件。午刻核札稿信稿数件，至幕府一谈。中饭后稍睡片刻。旋又改折稿一件，阅本日文件，见客三次，谈颇久，改信稿札稿数件。灯后，见客二次，又改密片稿四百字。本日军书填委，似觉过劳，夜深头晕，不克支持矣。二更四点睡，尚属成寐。

廿一日

早饭后清理文件。旋围棋二局，见客二次，谈颇久。改密片稿二百字。午刻出外，看兵勇民团试站墙垛，以贼氛太近，恐有疏失也。未初归。中饭后又续片稿二百字，毕。阅本日文件。见客，坐见者一次，立见者二次。写对联五付，核信稿三件。傍夕至外闲游，疲乏殊甚。夜小睡片刻，核批札各稿。二更后，发报三折、四片、一清单。三点睡，不甚成寐。

廿二日

早饭后见客，坐见者一次，立见者一次。清理文件。围棋二局，至幕府一谈，阅《职官考》廿页。小睡片刻。中饭后至幕中久谈。又小睡片刻。阅本日文件，阅《池北偶谈》。核批札各稿，幼泉来坐颇久，写横坡二幅。傍夕与幕友久谈。夜倦甚，小睡，温《古文·论辨类》。二更三点睡。

廿三日

早饭后清理文件。见客，立见者二次，坐见者一次。围棋三局，与幕友一谈，阅《职官考》廿余页。午刻小睡。中饭后，刘松山又来久谈，阅本日文件，写对联六付。阅《池北偶谈》一卷。见客，坐见者一次，立见者一次。核批札各稿。傍夕小睡。夜，头晕殊甚，核咨札稿。二更三点睡。是日恭逢皇上万寿，黎明率文武行礼。夜间大雨如注，一洗近日炎燥之气。

附记

宋通直郎以上系朝官，承务郎以上系京官

廿四日

早饭后清理文件。旋围棋二局，阅《职官考》廿页。午刻小睡。中饭后阅《池北偶谈》。倦甚，小睡。阅本日文件，核刘省三信稿一件，约改四百字。写挂屏二幅，约二百字。小睡片刻。傍夕至寺外登眺。夜倦甚，睡数刻，二更后温《诗经》。三点睡，四更后始成寐。是夕风大如吼。闻贼匪全数南窜，吾所调刘、周诸军甫经到齐，未及接仗，而贼已他遁，深为可虑。

廿五日

早饭后清理文件。旋见客，坐见者二次，立见者二次，围棋二局，至幕府一谈。阅《职官考》廿页。午初小睡。中饭后又与幕中一谈。见客，坐见者一次，立见者二次。阅本日文件，将《职官考》酌加题识，写挂屏二页，约二百字。核批札信稿，约五百字。傍夕小睡。夜核信稿，约二百余字。二更后温《汉书》公孙贺、杨王孙等传。三更睡，疲乏已极，不甚成寐。是夕寒冷异常，仍用重衾。

廿六日

早饭后清理文件，围棋二局。见客，坐见者一次，立见者一次。阅《职官考》廿页，与幕友久谈。午刻，小睡大半时。中饭后又与幕府一谈，阅本日文件，写对联十一付，核批札信稿。傍夕又与幕中一谈。夜写沅弟信一件。二更后温《汉书·冯奉世传》。三点睡，颇能成寐。

廿七日

早饭后清理文件。见客一次，围棋二局，与幕府一谈。阅《职官考》五十页。午初小睡。申夫请至太白酒楼小宴，在南门城楼之旁。纯皇帝曾经巡幸两次，有御制诗二碑，一乾隆廿年乙酉，一系三十九年甲辰也。饭后至曾子读书台，扁书"宗圣遗址"四字，台已颓败，中塑曾子、子思、孟子三像。申刻归。阅本日文件。刘仲良自宿迁来，久谈。又坐见之客二次，立见者一次。傍夕与幕府久谈。夜核批札稿。倦甚小睡。二更后温柳文数首。三点睡，三更后成寐。

廿八日

早饭后清理文件。见客，坐见者二次，立见者二次，围棋二局，与幕友一谈。巳刻阅《职官考》数页，酌加题识。抄《雅训类记》，即《职官考》中之字也。《职官考》阅两遍，略加批识，是日毕矣。阅本日文件，写对联十付。刘仲良、李幼泉等来久谈，又坐见之客二次。傍夕与幕府久谈。因说话太多，倦甚。夜查应抄之文，写一目录，交人抄缮。二更后小睡。核批札稿。三点睡。

廿九日

早饭后清理文件，见客，祝爽亭谈颇久，围棋二局。旋与幕友一谈，阅《文献通考·选举考》一卷。小睡甚久。中饭，请刘仲良等便饭，申初散。阅本日文件。倦甚，又久睡。傍夕与幕友久谈，夜阅《古文·论辨类》，二更后温《诗经》。三点睡，三更二点成寐。

四 月

初一日

早饭后清理文件。见客，坐见者四次，立见者四次，皆贺朔者也。出门至刘仲良处一谈，巳正归。围棋二局。阅《选举考》七页。午刻见客，刘仲良等谈颇久。小睡片刻。中饭后，体中不适，如欲呕吐者然，小睡。旋阅本日文件。阅《选举考》十余页。见客，坐见者二次，立见者一次。倦甚，又小睡。傍夕，与幕友久谈。夜，眼蒙殊甚，不能治事。二更后温《书经·盘庚》。三点睡，颇能成寐。

附 记

刘秉铄花翎

初二日

早饭后清理文件。见客，坐见者二次，立见者一次。围棋二局，阅《选举考》廿页，酌加题识。见客，坐见者二次，立见者一次。小睡时许。中饭后至幕府一谈，阅本日文件。写横披一幅、对联六付。见客，坐见者二次，立见者四次。折差归，阅京信京报各件，核批札各稿。傍夕又小睡。夜改信稿五件，二更后温杜诗五古。三点睡，不甚成寐。

初三日

早饭后清理文件。旋见客二次，方存之自安庆来谈极久。阅《选举考》廿页。阎中丞自东平来谈极久。未初请存之便饭。申刻阅本日文件。申正门拜阎中丞，谈颇久。酉刻见客一次，写沅弟信一件。夜核批札各稿。二更后温《史记》汲黯等传。三点睡，三更成寐。是日说话太多，倦甚。

初四日

早饭后清理文件。见客，立见者一次，坐见者一次。围棋二局。又坐见之客二次，立见者一次。阅《选举考》廿余页。午刻睡颇久。未刻至阎中丞处赴宴，酉初归。阅本日文件，与幕府久谈。小睡片刻。夜改折稿，未毕。二更三点睡，尚能成寐。

初五日

早饭后清理文件，立见之客二次，围棋三局，改折稿四百字，阎中丞来久谈。午正小睡。中饭后改折毕，阅本日文件，写对联五付。见客，坐见者二次，立见者一次。与幕府久谈。傍夕小睡。夜核批札信多件。二更后默诵杜诗。三点睡，三更三点成寐。

初六日

早饭后清理文件。见客，坐见者一次，立见者二次。围棋二局。又坐见之客一次。阅《选举考》廿页。小睡片刻。中饭后至幕府一谈，阎中丞来久谈，阅本日文件，又围棋二局。见客，立见者三次，坐见者二次，祝爽亭谈甚久。与幕府久谈。夜核批札信稿甚多，又写毛寄云信一件。是日申刻写澄、沅两弟信一件。二更三点睡。因是日办事太多，围棋太多，睡不安神，梦魇殊甚。

初七日

早饭后清理文件，写李筱泉信约四百余字，发报一折、一片。辰正登舟，与阎中丞同去阅视黄、运两河，巳初开船。将《选举考》三、四两卷再看一遍，以前日看不仔细也。午正起至酉初止，凡七十页，觉神思格外清澈，酌加批识，比平日稍为精当。一则舟次毫无应酬，一则本日未尝围棋，神较清爽也。中饭时，火食船未到，全无菜蔬，尚能甘之。申刻阅本日文件。酉刻至长沟登岸，查看圩墙。潘琴轩新扎三营在此，与琴轩及阎中丞阅视一周。旋又开船行廿里，一更四点至柳林闸下，等齐后帮船至乃可启闸板。二更三点过闸，三更一点湾泊于分子龙王庙下。是日巳刻、酉刻，在船久睡。灯后，核批札稿。又小睡良久，故夜间不甚成寐。自济宁起程时，尚恐单是之贼回窜郓、濮，心中十分悬系。傍夕接刘省三信，知贼已全由单县南窜砀山，乃稍放心。

初八日

早饭后，船行百步许，上岸谒分水龙王庙，行六叩礼。庙对汶水，有大禹殿，有宋尚书礼祠，配享者为白老人潘同知。此间运河两边，岸高如山，约十丈有奇。当日开河之土，覆于两岸也。登庙后高坡一望，乃知南旺湖现已涸成平陆，车马可行。向来恃有一湖，此段全不设守，今乃知其疏矣。与阎中丞徘徊久之。旋登舟平行，围棋二局，清理文件。至开河登岸一看，该处民圩太大，营墙太低，商议颇久。又行十八里至袁口，中饭后登岸一看。旋又行三十里至靳家口，申正停泊，与中丞登岸一看，即在民间场上久坐一时有余，戌初回船。阅本日文件。是日阅《选举考》五、六两卷，酌加批识，未毕。傍夕小睡。夜核批札各稿，二更后温韩诗七古十余首。三点睡，三更成寐。

初九日

早饭后清理文件。自靳口开船，行三十里至安山闸小泊。阎中丞来久坐。旋又开船，行三十里至戴家庙，午正二刻即到，水深风顺故也。未正又开船，行十八里至申家口，出黄河湾泊。登岸小坐。见客，坐见者一次，立见者八次，刘印渠制军来久谈。灯后，坐见之客二次，皆直隶司道也。印渠又来，谈至三更。睡，不能成寐。是日在舟阅《选举考》四十余页，围棋二局，又小睡三次。

初十日

早饭后与印渠久谈。旋见客一次，卫晴澜谈片刻许。辰正开船，与印渠、丹初同查阅黄河，将由刘家堤以至张秋。行廿里，至刘家堤尚欠二里许，因逆风逆水，溜急异常，纤索屡断，竟不得上。未初即在该处湾泊，丹初请余与印渠小宴。甫登席而狂风乍起，至戌正方止，即在该处住宿。是日阅《选举考》四十余页，酌加批识。申刻见客，坐见立见各一次。酉正小睡良久。灯后，印渠来畅谈，至二更二点散去。三点睡，尚能成寐。

十一日

早饭后清理文件。开船行廿里，至大王庙上岸，将赴张秋。过渡三次，皆黄河之分汊也。辰正至张秋，余与印渠、丹初分住公馆三处。见客，坐见者六次，立见者三次。午初，至印渠公馆久谈，未初入席小宴，申初散。复过渡三次，回至申家口。围棋二局，坐见之客二次，阅本日文件。傍夕，至印渠船上小坐，旋小睡片刻。灯后，印渠、丹初来谈，二更二点始散。三点睡，三更后稍稍成寐。是日辰刻在舟次、轿中阅《选举考》约廿页。

十二日

早起，至印渠船上辞行。旋早饭毕，印渠来送行。开船即遇大雨，沈家口一带河窄水浅，舟屡搁浅。大雨如注，各勇下水拖舟，风大作寒，行路甚苦。午后始抵戴庙，风雨不止，遂不复行。在舟中阅《选举考》三十余页，酌加批识。申夫来久坐。中饭后，至丹初舟次少坐，旋回船。围棋二局，方存之来久谈。丹初中丞来久坐。酉刻阅本日文件。傍夕小睡。夜核批札信稿。二更三点睡，尚能成寐。

十三日

早饭后，自戴庙开船，行三十里至安山登岸。行十五里入东平州城，拜阎中丞，午初三刻到，即留余小宴，亦盛馔也。申初散。至公馆，围棋二局，观刘石庵手卷，与幕府一谈。阎中丞来谈极久，一更四点去。又见客一次，阅本日文件。二更后倦甚，不能治事。三点睡，不甚成寐。

十四日

是日将至泰安府登礼泰山。黎明自东平启程，阎中丞送至城外。行廿八里至须城围打一茶尖，又行三十二里至夏套围。巳正到，吃中饭。午初又启行，约行五十里至安驾庄住宿。未至安驾庄前十里有一山，不便行车，山西为东平州辖，东为泰安县辖。见客，坐见者一次。清理文件，围棋一局。阅本日文件。倦极，不能治事。灯后，小睡二次。二更三点睡，三更后成寐。二日阅《选举考》第十一卷，昨日仅阅八页，本日仅阅廿页，皆以神气昏倦，不甚清澈。大在舆中阅《泰安府志》十余页。

十五日

黎明，早饭后启行，约五十五里至夏张打尖。巳正中饭。又行四十五里至泰安府，在考棚作公馆。清理文件，兼阅本日文件，围棋二局。剃头一次。

酉正至岱庙。头门凡五门：正中曰正阳门，左右曰掖门，又左曰仰高门，又右曰见大门。余入仰高门，院中左有《宣和碑》，右有《祥符碑》。二门曰仁安门，院中左右皆有乾隆御碑亭，余碑甚多。正殿曰峻极殿，祀东岳大帝；后殿曰寝宫，祀大帝与碧霞元君。正殿丹墀之下，东有古柏如龙爪，有藤萝绕之；西在新柏如凤翼，有倒挂嫩枝，葱翠异常；又有一柏正当甬道，名曰独立大夫；稍南有一太湖石，甚奇，名曰扶桑石；其西院有环咏亭，自宋元以来题咏各碑环嵌壁间，李斯刻碑亦自山顶移嵌于此。其内为东岳帝之便殿，陈列朝所颁法物珍器于此。中有乾隆间颁镇圭，长三尺许，厚二寸许，上青、中白、下绀色，首为凉玉，邸为温玉。环咏亭之南有唐槐，苍古无匹。旋赴东院，有炳灵宫，宫前有汉柏六株，尤为奇古。又登仰高门、正阳门之楼一望岳色。暝时还寓，料理明日登岱各事。

十六日

黎明，早饭后与幕客六人登岱。出泰安北门三里许，过岱宗坊，旋至玉皇阁小坐。有孙真人化身。据道士云：孙某在此修炼，年九十四岁，康熙四十年化去，今手足后骨尚在，加干腊然，惟头系土塑耳。又至关帝庙小坐，有盐当会馆。旋过飞云阁，有孔子登临处坊。旋过万仙楼下，未登楼。旋至斗母阁小坐，水声清激可听。旋过水帘洞。在大路之西，图中误刻于东。旋阅石经峪。峪在大路过溪之东，约步行小半里。其上为摩天岭，岭上泉流涧中，巨石铺于涧底，纵横五亩许，刻《金刚经》其上，字大径尺四寸许，中署三大字，曰暴经石。又有明汪玉者著论谈文，其子汪坦刻之石上，侧署二大字曰经正。旁一巨石曰试剑石。旋还大路，过一小桥，土人名曰东西桥。自此桥以下，路在溪之西，自此桥以上，路在溪之东矣。夹道翠柏成列，土人名曰柏洞。旋至壶天阁小坐。自城至此凡十八里。又过回马岭，至二虎庙。登岱程途，至此行半矣。该处路稍平夷，微有陟降，名曰快活三里。稍北为云母桥，该处有瀑布，名曰御帐坪。小坐，盖途中最胜之处也。遥望东边石壁，摩崖一碑，曰万丈碑。过朝阳洞，有元君殿，今颓毁矣。旋至五松树，小坐，有石坊曰五五大夫松。秦时松久不可见，今亦有虬松数株，又北为对松山，溪之两岸，古松森列，与东西桥之柏洞皆岱岳茂林也。自此以上为慢十八盘，过升仙坊为紧十八盘，岱岳中最为险峻之处。至南天门小坐。旋折而东，行里许，为碧霞元君庙，又东北一百步许为东岳大帝庙。余即在此停住。卯初自城起程，午初一刻到此，不觉登陟之难，盖号为四十里，实不过三十二、三里。小憩片时，旋至两庙各行三跪九叩礼。因捻匪未平，发愿默为祈祷。中饭后，小睡片刻。旋与幕友步行登览各处。

先至岱顶，即所谓天柱峰也。中有玉皇殿，殿外有巨石陂陀，相传为山之巅顶。门外有无字碑，广二尺许，厚一尺五、六寸，高丈二、三尺，《志》称为汉时立石。顶之西南为青帝宫，又西为寝宫，内有元君卧像，门锁，未得启视。其南为北斗台，台上两石幢，高二尺许。寝宫之西为孔子殿。以上宫殿四处及北斗台皆已颓败。旋至岱顶之东，有乾坤亭，因纯皇帝书"乾坤普照"扁而名之也。又东为日观峰亭，亦有纯皇帝诗碑，其后一碑题"孔子小天下处"。此亭本可观日出，今已颓毁，上无片瓦，不如玉皇殿东轩看日出之便。又东南为舍身岩，改名爱身岩。岩之侧为仙人桥，两石壁之间，三石相衔，下临深谷，有如飞桥。又东为东神霄山，即日观峰迤东之耸起者，实一山耳。遥对西神霄山，即南天门迤西之耸起者。傍夕归，观东岳殿后唐明皇摩崖《纪泰山铭》。其旁小泉曰圣女池。凡岱顶之可观者，略尽于此。此外如丈人峰，不过三石，略具人形。东天门、西天门、北天门，不过各立二石而已。

大抵泰山自北而南，分两大支、一小支：西大支由西神霄峰而南，至卧马峰、傲来峰一带；东大支由东神霄峰而南，至乾坤山、老人寨、二虎山、摩天岭一带；中一小支自东支之二虎山分出，南至马蹄峪、水帘洞、白杨洞一带。东大支及中小支皆不甚长，惟西支自傲来峰以西绵亘三、四十里，重峦巨嶂，惜不及遍游也。水亦分两支：西支发源于南天门，目下干涸，至对松山始见流水，下经傲来峰出郡城之西门外，名曰黄西河，又名溮河；东支发源于二虎山，自二虎山以南大路皆在此溪之沿，名曰中溪，又曰环水。余粗识脉络于此。余不及详。

是夕阴云作雨，闻贼又窜曹州，恐其渡运河而东，焦灼之至。睡不甚成寐。

十七日

因昨夕阴云微雨，计五鼓断不能观览日出，遂高卧不起。而幕友黎纯斋及薛叔芸、王鼎丞、叶亭甥等四人登玉皇顶东轩。五更，严风微雨过后，竟得一睹日出之胜。乃知天下事未阅历者不可以臆测，稍艰难者不可以中阻也。

卯初二刻，起行下山，中过水帘洞、万仙楼，均小停登眺。至山麓王母池小坐，辰正一刻即入郡城。下山行走极速，盖登岱者别有一种山轿，长六尺许，两损弧而向上，如一弓小桥然。舁夫以皮带承肩，上下石磴，轿皆横行，舁夫面皆向前。以直行，则皮带正负在项后，横行，则皮带斜曳在肩侧也。在郡见丁方伯宝桢、鲍学使源深，又见长清令张曜。写昨日日记，约五百字，未毕。午初二刻又起程，行四十五里至夏张宿。途次，饱看傲来峰以西诸山。又写日记七百余字，毕。围棋二局，阅本日文件。连日积阁批札等件甚多，夜间清厘数件。倦甚，竟不能全了矣，愧歉之至。

此次登岱所心赏者，在庙则为镇圭，为李斯碑，为汉柏、唐槐，为龙爪柏，为扶桑石。在山则为玉皇顶、无字碑，为《纪泰山铭》，为南天门，为御幛坪。外此虽有胜迹，非所钦已。

十八日

黎明，早饭后起行。四十里过汶河，廿里至冈山屯打尖，系宁阳县境。饭后行十余里，滂沱大雨。冒雨行廿里，至宁阳城住宿。县令程西池，桐城举人，颇有循声。见客一次，写昨日日记，阅本日文件。闻贼复窜曹县、定陶，在曹、单攻破民寨多处，甚为猖獗，忧灼之至！核批札信稿，至二更未毕。疲倦殊甚，不复能治事矣，小睡刻许。三点后又核一信稿。睡不甚成寐，三更三点乃成寐。

十九日

黎明饭后，因道路泥泞，改而坐车。行四十里至高梧桥打尖，系滋阳县境，兖州镇总兵及王守、彭令在此迎接。巳初中饭后，又车行四十里至马家井茶尖，系济宁县境。程牧等在此迎接，见客三次。旋坐轿，行廿里回济宁城。见客，坐见者一次，立见者二次，清理文件，并阅本日文件。小睡片刻。灯后，写零字颇多，核批札信稿，至二更四点未毕。睡不甚成寐。前所阅《选举考》十一、十二卷不甚仔细，昨日重看三十余页，本日重看廿余页，车中摇簸，殊费目力耳。

廿日

早饭后清理文件。见客，立见者三次，坐见者三次。围棋一局，又观人一局。徐琴舫编修自亦师来，与谈颇久。又立见之客四次，坐见者二次。再围棋一局。将《选举考》末二卷酌加题识，未初毕。阅本日文件，核批札各稿，将途次停阁之件概为清厘。酉正复围棋一局。与幕友久谈。夜核信稿，尚未完毕。二更三点睡，尚能成寐。

廿一日

早饭后清理文件。见客，立见者二次。围棋二局，又观人一局。潘琴轩来久谈。写少泉信一件，约七百余字。左辅齿疼殊甚。与方存之久谈，渠携有《鲁通父诗文集》，翻阅良久。中饭后复阅二卷。见客一次。申正，因齿疼，久睡一时有余。傍夕与幕府久谈。夜写沅弟信一件，核批札稿，二更后温韩诗七古。三点睡。

廿二日

早饭后清理文件。祝爽亭来久坐，围棋二局。齿疼殊甚。与申夫一谈，阅《文献通考·学校考》廿页，写郭云仙信一件，约六百余字。宗涤楼来谈颇久。中饭后至幕府一谈，阅本日文件，再围棋二局。核批札信稿颇多，途中积压之件为之一清。与幕友同至庙外圩墙一看。夜诵杜、韩七古颇多，似有会于古人沉郁顿挫之义。二更三点睡。是日得沅弟初五日信，知脚痛甚苦，殊为廑念。又接纪泽初一日信，安庆邮封太缓，可怪也。

廿三日

早饭后清理文件。围棋二局，又观人一局，见客一次，阅《学校考》廿页，至幕府一谈。中饭后，齿疼殊甚，又围棋二局。阅本日文件甚多。新得李北海《灵岩圭碑颂》，石在长清，东平州所送，用油纸摹写一页。申刻，坐见之客一次，核批札各稿。傍夕小睡。夜核信稿数件。二更后，朗诵韩诗七古十余首，以畅襟怀。

廿四日

早饭后清理文件，习字一纸。围棋二局，又观人一局。徐琴舫来谈颇久，阅俞樾荫甫所著《群经平议》之十四卷论《考工记》世室、重屋、明堂之制，驳正郑注，思通鬼神，有超乎戴氏《考工记图》者。凡三十六页，阅毕。见客，坐见者一次，立见者一次。午正小睡。中饭后至幕府一谈。阅本日文件。批识俞氏之书，改折稿一件。又围棋二局。齿疼殊甚，与幕友一谈，小睡片刻。阅王甥叶亭所为《游泰山记》，条鬯雅润，深为喜慰。夜改片稿一件，核批札各稿未毕。二更三点睡。

廿五日

早饭后清理文件。见客，立见者二次，坐见者二次，围棋二局。旋改片稿一件，写澄、沅两弟信一件，写纪泽儿信一件，至幕府一谈。中饭后见客一次，谈颇久。小睡片刻。阅本日文件。遍身奇痒，甚觉不适。至幕府一谈，习字一纸，核批札各稿。傍夕与幕府一谈。阅王鼎丞所为《游泰山》诗七首，仿杜公纪行诗体，语有斟酌。夜背诵杜、韩七古十余首。写零字颇多，悟北海上取直势，下取横势，左取直势，右取横势之法。大约直势本于秦篆，横势本于汉隶；直势盛于右军暨东晋诸帖，横势盛于三魏诸碑。唐初欧公用直势，褚公用横势，李公则兼用二势。二更后小睡。三点睡，迄不能成寐。颈项奇痒，小颗肿起，大者如桃，小者如豆。四更，爇火视之，捉一蚤四虱，不知何以毒气甚重如此。

廿六日

早饭后清理文件。围棋二局。因昨夕疼痒极苦，命人寻捉床铺，得大臭虫四、五，形扁而阔，比寻常臭虫大至倍许。或曰："此去冬蛰伏之虫，今年新出，故饥而悍也。"竟日遍身奇痒，不欲治事。阅李西沤所纂《清修宝鉴》，阅《学校考》廿页。午正至王甥床上小睡。中饭后见客一次，又坐见之客二次，钱子密新来，谈甚久。阅本日文件，又阅《清修宝鉴》。齿疼殊甚，再围棋二局。傍晚写对联七付，小睡片刻。夜核批札稿，二更后温《汉书》数首，三点睡。

廿七日

早饭后清理文件。围棋二局，坐见之客一次，阅《清修宝鉴》，阅《学校考》廿页。午刻与钱子密久谈。小睡片刻。天气渐热，体痒心燥。习字一纸。中饭后至幕府一谈，阅《清修宝鉴》，阅本日文件甚多。写对联七付，笔败已久，殊不适意。至子密处久谈。核批札各稿。小睡片刻。灯后，齿疼弥甚，不欲治事。写霞仙信数行，因目昏停止。朗诵放翁七绝数十首。在庭院与方存之一谈。二更三点睡，差能成寐，在此月为美睡矣。

廿八日

早饭后清理文件，围棋二局，见客一次，习字一纸，写霞仙信一件，约八百字，阅《清修宝鉴》，至申夫处一谈。写刘省三信未毕，中饭后毕，约四百字。

至幕府一谈，阅本日文件。牙疼殊甚，又围棋二局。近日围棋尤多，因寄心于棋则疼暂忘也。写对联七付，将《学校考》三卷酌加题识。倦甚，小睡时许，不寐。灯后，与友院中一谈。核批札信稿多件，温山谷七律。二更四点睡，虽遍身多痒，差能成寐。

廿九日

早饭后清理文件，围棋二局，习字一纸。见客，立见者二次，坐见者二次。阅《学校考》廿余页。午初小睡半时许。中饭后至幕府一谈。又围棋二局，阅本日文件。虽挚甫自桐城来久谈，核批札稿。傍夕与幕友一谈。夜核批札稿颇多，二更后诵杜、苏七律数十首。三点睡，三更后成寐。

卅日

早饭后清理文件。见客，坐见者二次。围棋二局。习字一纸，悟古人用笔之法，戏为诗二句云："龙作欠身戏海水，鹰揩倦眼搏秋旻。"阅《学校考》廿余页。午刻小睡，成寐。午正，请子密、挚甫等中饭，饭毕热甚。阅本日文件，又围棋二局，黄军门翼升自金陵来久谈。旋核批札稿，未毕。军门又来，与之同至庙外观新麦登场，灯后便饭。潘琴轩来一谈。客去，改信稿数件，约三百字。二更三点睡。

五 月

初一日

早饭前后见客,立见者七次,坐见者四次。清理文件。旋围棋二局,习字一纸,阅《学校考》第六卷,黄昌岐来一坐。午刻小睡半时许。中饭后至幕府一谈,阅本日文件,写对联八付。至申夫处,与昌岐久谈。旋核批札信稿。傍夕又睡数刻。日来牙疼殊甚,本日两次成寐,疼稍平矣。夜温钞本"传志类上",朗诵至二更,三点睡。竟夕大雨,心以麦收未毕为忧。

初二日

早饭后清理文件,围棋二局,写字一纸,阅《学校考》廿页,至幕府一谈。牙疼殊甚。午刻小睡。黄军门来。是日,潘琴轩请余与黄军门至太白楼小宴,因雨大不能去,乃移席来余公馆。午正二刻登席,余以牙疼不能饮食,强坐时许,殊以为困。饭后阅本日文件,又围棋二局。心有所寄,牙疼稍愈。旋将本日所阅《文献通考》酌加题识,《学校考》阅毕。改信稿二件,黄军门来久谈,又改信稿二件。傍夕小睡。夜改信稿七件,二更后温韩诗七古。三点睡,尚能成寐。接沅弟四月十八日信,知纪泽母子已到阳逻,纪瑞母子已自湘来鄂矣。

初三日

早饭后清理文件,习字一纸。阅王而农先生《礼记章句》廿页。先生著书三百余卷。道光庚子、辛丑间,其裔孙王半帆刻二百余卷,邓湘皋、邹叔绩经纪其事。咸丰四年贼破湘潭,板毁无存。同治二年,沅甫弟捐资,全数刊刻,开局于安庆。三年移于金陵,欧阳小岑经纪其事。四年冬,毕工刷样本,来请予作序。余以《礼记章句》为先生说经之最精者，拟细看一遍，以便作序，因以考校对者之有无错误。旋围棋二局，至幕府一谈，又阅《礼记》十页。午刻小睡时许。见客，坐见者一次。中饭后阅本日文件，至幕府久谈，写沅弟信一件。写对联七付。剃头一次。傍夕小睡半时。夜核批札稿信稿，二更粗毕。温韩文各传、志。二更三点睡。是日牙疼一二次，食地黄炖肉而稍愈。

初四日

早饭后清理文件，围棋二局，阅《礼记章句》十页。出门拜黄军门，巳正归。牙疼殊甚，不能治事，又围棋二局，至幕府一谈。中饭后阅《礼记》十五页，阅本日文件颇多，写意城、次青信，各添一页，啸山信添数行，写对联四付。酉刻至庙外场上观打麦。小睡片刻。夜核批札稿，写零字甚多，二更后温韩文十余首。接沅弟暨纪泽四月廿一日信。是日，以金银花、卜荷煎水服之，牙疼稍愈。

附 记

澄信送日记
啸信送二对
沅弟言倪事

初五日

早间，本辕文武贺节。饭后，外间贺节者概谢不见。习字一纸，清理文件，围棋二局，黄军门来一谈。阅《礼记章句》十五页。刘省三、张振轩来久谈。倦甚，午刻小睡。中饭，请黄军门小宴。旋阅本日文件，写澄、沅两弟信。现定逢三日写沅信，由驿递至湖北抚署，寄每旬日记。每月初四、五写澄、沅信，由专人送至湘乡本宅，寄每月日记，十四、五，廿四、五写两儿信，近则专人，远则驿递。计一月六次矣。再阅《礼记》十页，微加批识。又围棋二局。见客，坐见者一次，立见者四次。傍夕小睡。夜核批札稿，温《古文·辞赋类》。二更三点睡，疲困殊甚，盖说话稍多即困，本性然也。

初六日

早饭后清理文件。见客一次，又立见者一次。围棋二局，习字一纸，阅《礼记》廿六页，与幕客一谈。午刻小睡。中饭后再围棋二局，阅本日文件，坐见之客一次，写对联九付，改信稿十余件，夜又改十余件。二更后温黄山谷七律、陶诗数十首。二更三点睡。

附　记

张胜琪　张沛之铭军
吴信要《仪礼》

初七日

早饭后清理文件，围棋二局。刘省三来鬯谈。习字一纸，阅《礼记·檀弓》廿一页，酌加批识。午刻小睡。中饭后阅本日文件，又围棋二局，至幕府一谈，核批稿十余件、信稿十余件。傍夕在院中与幕友久谈。夜核信稿数件。倦甚，小睡半时。二更三点睡，三更二点成寐。

初八日

早饭后清理文件。旋围棋二局，黄军门来坐最久，阅《礼记章句》廿五页，《檀弓上》毕。见客，坐见者一次，立见者二次。午刻，小睡半时。中饭后至幕府一谈，阅本日文件，又围棋二局。倦甚，不愿治事，在竹床上信手翻阅《清修宝鉴》，阅十余页。旋核批稿信稿十余件，未毕。傍夕，李幼泉自丰县来久谈。客去，又改批稿数件。二更后温杜诗五古。因说话太多，疲困殊甚，三点睡。是日闻河南诸军四月廿八日在归德打仗败挫，宋庆、蒋希夷两军伤损尤多，为之焦愤。盖官兵挫一次，则贼焰长一次，势将燎原矣。而河南乃以胜仗入奏请奖，殊为可怪。

初九日

早饭后清理文件，阅《礼记》十五页，围棋二局，又阅廿页，见客二次。午刻小睡半时许。昨夕为臭虫所啮，本日又奇痒难耐。中饭后至幕府久谈，阅本日文件，又围棋二局。倦甚，不欲治事，与戈什哈李纛汉细问李希庵家事。酉刻核鲍营薪水、口粮单，未毕。李幼泉等来久谈。夜又核鲍营单，毕，二更后核批札稿未毕，温王摩诘五律十余首。三点睡。是夕服人参二钱。

附记

松生百金、信

松岩百金并幛,交黄军门

初十日

早饭后清理文件。旋围棋二局,见客,坐见者三次,阅《礼记》廿一页,《檀弓》阅毕。又将鲍营薪水、口粮单一核。午刻小睡。中饭后写霞仙信二页,见客,坐见者一次。接京信,见大考单,吾乡周荇农二等第二,余三人皆三等。闻厚庵具疏自请治罪,另简贤能。甘肃事势日坏,殊为可忧。本日文件极少,颇为可喜,而不得清江捻股消息,又以为虑。再核鲍营清单。毕。写对联九付,核批札各稿未毕。傍夕与幕友小坐庭院一谈。夜核批札稿毕,写李眉生信二页,温韩诗七古,朗诵十余首。三点睡。

十一日

早饭后清理文件,写朱久香信一页,围棋二局,黄军门来久坐,阅《礼记章句》十七页,黄军门又来一谈。午刻小睡。中饭后,前云南提督傅振邦来久坐。阅本日文件,知刘仲良于三十、初一接战,刘寿卿初三日接战,获胜,文报皆梗阻未到。又围棋二局,写对联、祭幛等五件。写沅弟信一件,约五百余字。李幼泉来来久谈。傍夕与幕友久谈。夜写纪泽儿信,约三百字,核批札稿未毕,温韩诗七古。闻捻匪又至丰县,焦灼之至。二更三点睡。

十二日

早饭后清理文件,见客二次,李幼泉谈颇久,围棋二局。旋至幕府久坐。阅《礼记》廿四页,中饭后酌加批识。阅本日文件,又围棋二局,写陈婿信一件,核批札稿甚多。傍夕倦甚,小睡半时。夜又核批札信稿。二更三点睡,三更末始成寐。

十三日

早饭后清理文件,祝垲来久谈,围棋二局,黄、传二军门来一谈,颇久。阅《礼记》廿页,《王制》毕。午刻小睡。中饭后又阅《中庸》廿页。船山先生《大学》《中庸》皆全录朱注，而以已说衍之，仍第于《礼记》中，以还四十九篇之旧。余因先生说《礼》多通于性命之原故，急取《中庸》阅之。阅本日文件，写对联七付，又围棋二局，核信稿三件，与幕友一谈，李幼泉来一谈。夜核信稿数件，二更三点睡。闻捻匪张、牛、任、赖两股均集于徐州城外，各军熟视而无如之何，焦灼无已。

十四日

早饭后见客一次，谈颇畅。旋写竹如信五页，渠于本年致仕，侨居山东之诸城县，方存之将往访视，故寄书候之也。围棋二局。阅《王制》廿页。潘琴轩将出队剿贼，来谈颇久。又立见之客二次。午刻小睡。寓居庙内屋后有一小院封闭数月，本日启开，芟除芜荑，为之豁明。又围棋二局，阅本日文件。天气骤热，余畏热年甚一年，不敢治事。小睡良久，不能成寐，在床看《戴东原文集》廿馀页，酉刻始起。核批稿未毕。傍夕与幕友久谈。夜核批稿，至二更三点粗毕，信稿则积阁尚多。睡后不能成寐，三更后烧蚊数只，三更末始寐。

十五日

早，谢绝文武贺望各员。饭后见客二次，又坐见之客二次，黄昌期坐甚久。围棋二局，阅《月令》廿五页。阅赫德所呈《时外旁观论》，系二月廿三日密谕中寄来者，共十八页。小睡半时许。中饭后，阅本日文件，又围棋二局。阅威妥玛所呈《新议论略》，亦密谕中寄来者，共三十页。见客三次。傍夕与吴挚甫一谈，见客三次。小睡片刻。夜在院中与幕友一谈。旋核批札信稿，未毕。二更三点睡，三更后成寐。

十六日

早饭后清理文件。旋围棋二局，见客二次。阅《王制》毕，阅《曾子问》五页。午刻小睡。中饭后至幕府一谈，又围棋二局。阅本日文件，核批札稿，添黄恕皆、徐寿衡信各百余字，又改信稿二件。傍夕与幕友庭院纳凉，久谈。又改刘开生信稿。二更后温韩文数首。三点睡。

十七日

早饭后清理文件。洪贞谦来一坐。旋与刘申孙围棋二局，又观人一局，阅

《曾子问》廿页。午刻小睡。中饭后阅本日文件。倦甚，小睡。核批札信稿多件。酉正与幕客庭院纳凉，久谈。夜又改信稿三件。二更后温《古文·辞赋类》，朗诵之下，气若不能接续，盖衰退之象也。三点睡。

十八日

早饭后见客，坐见者三次，立见者二次。清理文件，围棋二局，阅《曾子问》、《文王世子》廿页。午刻小睡。接澄、沅两弟四月初八、廿八日等信，并寄郭云仙、意城信。至幕府一谈，中饭后又一谈。阅本日文件，写对联十一付，李幼泉来一谈，核批札信稿。傍夕又与幕友院中久谈。倦甚，小睡。夜写零字甚多。旋温《史记》淮阳侯、季布栾布等传。是日因说话稍多，疲困殊甚。昨夕为臭虫所噬，是日搜捕一过，移床于西室。二更三点睡。

十九日

早饭后清理文件。旋见客，坐见者一次，立见者一次，围棋二局，至幕府一谈。倦甚，小睡半时。午正阅《文王世子》八页，于"庶子之正于公族"章，探索良久。中饭后至幕府一谈，阅《礼运》廿二页，写挂屏五页，约三百余字。至幕府一谈。傍夕与客纳凉庭院，久谈。夜核批札信稿，未毕。二更后倦甚，小睡。三点睡。酉刻幼泉来一坐。

廿日

早饭后清理文件。见客，坐见者一次，立见者一次。围棋二局，至幕府一谈。小睡片刻。午刻阅《礼运》十六页。中饭后阅《礼器》八页，阅本日文件。又围棋二局。写挂屏三页，核批札稿。剃头一次。又与幕友院中久坐。夜核信稿十件。二更后朗诵《诗经》廿余章，并诵《九辨》、《反骚》诸篇，似有所得。三点睡。

廿一日

早饭后清理文件。见客，坐见者二次，围棋二局，至幕府久谈。小睡半时。午刻阅《礼器》十二页，中饭后又阅八页。阅本日文件，又围棋一局。小睡片刻。改折稿一件、片稿一件，约四百余字。傍夕在庭院与幕友久谈。夜核批札稿，二更后温韩诗七古，三点睡。

廿二日

早饭后清理文件。见客，坐见者四次，前太原镇田在田坐颇久。围棋二局。小睡片刻。巳正阅《郊特牲》廿二页。中饭后又围棋二局，阅本日文件，写沅弟信五页。见客，立见者一次，坐见者一次。小睡片刻。核批札信稿多件。傍夕与幕友久谈。夜饭后，困倦殊甚，竟不能治一事。久睡，至二更三点乃起，洗脚，脱衣而再睡，幸能成寐。数年以来，未有灯后不治一事而长睡者。此次昏倦异常，盖由于夜短少眠，而日间亦未甚休息耳。

附 记

礼三　兵四　小学四　诗文三　修齐三　经籍三

廿三日

早饭后清理文件。旋围棋二局。小睡片刻。阅《郊特牲》《内则》共廿二页，中饭后，将朴目记录少许。又围棋二局，阅本日文件，写扁二方、挂屏三页，核批札稿。傍夕在庭院一谈。小睡片刻。夜核信稿数件，二更后温韩诗五古。三点睡，三更三点成寐。是日天气酷热，余在大屋高棚之中，尚可自适，军中则蒸灼难堪矣。余将有桃源、宿迁之行，亦畏难而不遽去。

廿四日

早饭后清理文件。围棋二局。阅《内则》十页。小睡片刻。旋又阅十二页。至幕府一谈。中饭后阅本日文件，又围棋二局，核批札各稿。天气郁热异常，与幕友一谈。酉初小雨，登床睡至灯初，不能成寐。雨势渐旺，是夕竟夜雷雨，倾盆不息，涤除郁炎，亦恰慰农家之望也。灯后，改信稿数件，二更后温杜、韩五古，三点睡。

廿五日

早饭后清理文件。旋看《红楼梦》三卷，写纪泽儿信一封，阅《内则》十二页。中饭后又阅小说十余页，阅本日文件，围棋二局，核批札稿。天气郁热殊甚。酉刻与幕友久谈。傍夕小睡。夜核信稿数件，二更后温《古文·序跋类》，三点睡。

廿六日

早饭后清理文件，阅《红楼梦》二卷，阅《玉藻》十六页，围棋二局。中饭后至幕府久谈。见客，坐见者一次，立见者二次。阅本日文件，又围棋二局，杂记朴目约五百余字，核批札信稿。傍夕小睡。夜又核批稿，毕。二更后温《古文·奏议类》，朗诵十余篇。三点睡。是日天阴而郁热殊甚，夜间大雨如注，竟夕不停，直至次日辰刻乃止。

廿七日

早饭后清理文件。旋围棋二局，见客，坐见者二次，写少泉信约六百余字。中饭后又围棋二局，阅本日文件，阅《玉藻》廿二页，于古人衣冠韠笏之制若有所会。至幕府一谈。傍夕写筱泉信二页。夜核批札稿，二更后温《古文·书牍类》。小睡片刻。三点睡，三更二点成寐。

廿八日

早饭后清理文件。见客，立见者四次，坐见者三次。围棋二局，阅《明堂位》《丧服小记》廿页。午刻倦甚，小睡。中饭后又围棋二局，阅本日文件。困倦殊甚，久不得舒适。录朴目约三百余字。见客，立见者一次，坐见者一次。与幕友久谈。

余近日每于早饭、中饭后，乏困异常，盖脾为食所困，阳气不能鼓荡运化也。勉强围棋之后，虽脾气稍得醒豁而疲困如故，看书会客皆十分勉强从事。申夫言饭后散步数千步，可以医脾困。因忆余于道光廿九年问陶凫香先生养生之法，渠言每日两饭后各行三千步，或早饭后有事耽搁，则中饭后补之。两饭后均耽阁，则傍夕或灯后补之。四十年未尝间断，故八十余岁而壮健异常。余时癣疾正剧，偶尔效其所为，辄觉身轻体适。以后当日日遵行此法，并劝澄、沅两弟及子侄辈行之。与幕友久谈。夜在室中散步，竟不治事。二更后核批札各稿，未毕。四点睡，尚能成寐。

廿九日

早饭后散步三千步。旋坐见之客一次，清理文件。旋围棋二局，阅《丧服小记》《大传》廿五页。小睡片刻。中饭后，散步三千步。是日大雨倾盆，自巳刻起至三更,未尝少息。室中黑暗闷甚,又围棋二局。阅本日文件,阅小说,就厅上天光稍明,申正室内亦明。写云仙信三页,未毕,小睡。夜将云信写毕,约七百字。读《古文·哀祭类》,倦甚,不能朗诵,仅翻阅十余首。二更四点睡,尚能成寐。

六 月

初一日

是日谢绝贺朔之客。早饭后三千步，表上约三刻之久。清理文件。旋围棋二局，阅《大传》《少仪》廿三页。午刻小睡。中饭后散步。阅本日文件，围棋二局，阅小说二卷，核批札各稿。傍夕与幕府久谈。小睡片刻。夜温《史记》数篇，目光益蒙。从此，夜间竟不复能看书，学有日退，无日进矣。接沅弟五月十六日信，知足疾已愈，为之大慰。二更三点睡。是日申刻，坐见之客二次。

初二日

早饭后清理文件，围棋二局，看小说一卷，阅《学记》《乐记》三十页，至幕府一坐。午刻小睡。中饭后散步，与早饭后各三千步。阅本日文件。写沅弟信约四百余字。写对联八付。见客，坐见者一次，立见者一次。至幕府一谈，写朴目杂记。傍夕小睡。夜核批札稿，二更后温《古文简本》。三点睡，竟夕不能成寐。是夜闻贼复回窜定陶，焦灼之至。

初三日

早饭后散步三千，清理文件，围棋二局，见客二次，看小说一卷。巳、午两时阅《乐记》三十页。小睡片刻。中饭后散步。阅本日文件，又围棋二局，核批札各稿。与幕友庭院中久坐。旋小睡片刻。改信稿数件，温李、韩七古。二更三点睡，尚能成寐。

初四日

早饭后散步，清理文件，围棋二局。见客，坐见者二次，立见者一次。阅

《乐记》《杂记》廿余页。午刻小睡。中饭后散步，阅本日文件，围棋二局，记录朴目，核批札各稿。傍夕与幕友院中久谈。夜温李、杜七古。疲倦殊甚，目若无所见者。甚矣，老境之逼人也！因不复治事，上床小睡。二更三点后乃睡，幸能成寐，杂梦甚多。本日闻贼窜定陶之信不确，为之少慰。

初五日

早饭后散步三千，清理文件。见客，坐见者三次。围棋二局，阅《杂记》廿二页。中饭后散步，阅本日文件，写澄弟信约六百余字。体中觉有不适，两次至幕府久谈。傍夕小睡。夜核批札稿。体中若甚有病者，与吴挚甫一谈。二更三点睡，筋骨作疼，盖新棉被微觉轻适，或连日阴雨受寒之咎与？

初六日

早饭，病未愈，仅吃半碗许。是日不食油荤蔬菜，腹泄五次。近数年夏间，每患腹泄，盖病之颇轻者。不能健步，每次千步，分三次。午正散步始毕，立见之客三次。阅《杂记》廿二页，清理文件。中饭后围棋二局，又观人一局，散步一千。夜又补一千。至幕府一谈，见客，坐见者一次，阅本日文件，核批札各稿。因腹泄困倦，屡在竹床小睡。傍夕在庭院小坐。夜又核批札稿，至二更三点未毕。连接沅弟两信、纪泽两信。沅弟脚疾全愈，洋人医药奇效，为之大慰，而又以其太速疑之。

初七日

早饭后散步一千。清理文件，改信稿三百余字。辰正，由济宁起程至嘉祥县，将谒曾子林庙。大雨之后，积潦盈途，行三十里至新开河茶尖。沿途见运河堤墙概行坍卸，忧虑之至，因思一律改为板筑，与程牧绳武商议良久。又行十八里至嘉祥县，未正始到，住嘉祥书院。见客，坐见者三次，立见者二次。在舆中阅《杂记》《丧大记》廿五页。中饭后陆续散步三千，小睡半时许。记录朴目。酉初至宗圣庙叩谒，行三跪九叩礼。庙中规模扁小，朽败已甚。左，子思配享；右，曾子配享，后为启圣庙，名养志楼，尤朽敝不能庇风雨。旋至宗子五经博士广莆家一坐。其头二门及大堂等一概颓毁无存，内室亦甚残陋，即雍正间所赐"省身念祖"扁亦无悬挂之处，仅庋置于桌上。余前闻嘉祥圣裔式微，久思有以任恤之，本日捐祭产银千两，又赠广莆银四十两。及见此景况，则又愀焉不安，怒焉不忍，而非人力所能遽振也。傍夕归。阅本日文件，改信稿一件，再阅王氏《礼记章句》，温近日所已看者。二更三点睡，尚能成寐。

初八日

早饭后散步二千。旋由嘉祥至南武山，本不过四十余里，因路上处处隔水，绕道行五十余里始至南武山，未刻到。巳正在纸坊集打尖，即住宗驿庙之东省身堂。庙在南武山下，山高约五十丈，一片顽石，不生草木，庙外内柏数百株，大约二尺围上下，殆嘉庆间所植。附近居民和五谷者少，皆种蓝及烟。曾氏阖族人丁不过三百，贫苦特甚。文生曾毓鉴等来，备述窘状。

未正谒庙。先拜莱芜侯庙，在正殿之西，后有寝殿。旋拜宗圣庙，庙修不知始于何时，初系宗圣在前殿，莱芜侯在后寝。明正统间重修，始改为宗圣在中，莱芜在西。至万历间重修，有太仆少卿刘不息碑记，载曾质粹之孙名承业者，承袭时兴讼事，碑立于万历七年，在庙庭之东南。至国朝雍正七年，请帑重修，规模始大。后有寝殿，前有御碑亭，刻纯皇帝《宗圣赞》。两庑祀弟子阳肤、乐正、子春，东西各五人。中有宗圣门，前有石坊三座。酉刻谒林墓，在庙西南里许。北、东、西三面皆石山，墓在平地。今雨后，墓道被淹，石马、翁仲皆在水中，仅坟未淹耳。享堂及门颓败异常，几于片瓦无存。有碑曰"郕国公宗圣曾子之墓"，缘宗圣公墓久已佚亡，不知所在。明成化初，山东守臣奏：嘉祥县南武山有渔者陷入一穴中，得悬棺，有石镌"曾参之墓"。弘治十八年，山东巡抚金洪奏请建享堂、石坊，即今林也。余观山石顽犷，地势散漫，不似葬圣贤者，殊以为疑。薄暮归，补行四千步。是日在舆中阅《丧大记》《祭法》廿五页。申刻写日记。夜在庭中纳凉。二更三点睡，不甚成寐。

初九日

早饭后行千步。旋自宗圣庙启行回济。卯正成行，潦水盈途，舆马深厉浅涉，远或半里，近或数丈、数十丈，行四十四里，至午正始抵新开河。中饭后千步，旋又行三十里至济宁。是日天气郁热异常，在舆中有似釜甑炊爨之时。阅《祭法》《祭义》三十页，盖不看书则心无所寄而愈热也。补行二千步。阅昨、今两日文件，写日记约五百字。至庭院中与幕友纳凉，久谈。夜饭后在竹床睡，天热不能治事。二更三点睡，不甚成寐。

初十日

早饭后行二千步，午初补行千步。卯正见客，坐见者一次，立见者一次，清理文件。旋出门至韦驮棚看新筑之墙：高六尺，基厚一尺六寸，顶厚一尺二寸，长五丈余。以河沿堤墙全塌，故欲改为板筑，令程牧先修数丈为式。观者以为筑成后半月不雨，可保三年也。辰正三刻归。围棋二局。天气奇热，至幕府一谈。阅《祭文》《祭统》廿页。中饭后，两次散步三千。又阅书五页。阅本日文件，围棋一局，观人一局，至幕府久谈。近四日未大解，体若不甚适者。奇热，忽转大风，懒于治事。傍夕看小说十余页，夜核批札稿。三日内积搁已多，至二更三点未毕。睡尚能成寐。

十一日

早饭后，两次散步三千。清理文件，围棋二局。见客，坐见者一次。阅《祭统》《经解》《哀公问》。小睡刻许。中饭后散步三千，阅本日文件，将五日内所阅之书酌加批识，记录朴目。申刻小睡。申正核霆营杂款单。傍夕与幕友久谈。夜核批札稿，改各信稿，约近千字。二更三点睡，尚能成寐。

十二日

是日先太夫人忌辰，斋戒一日。早饭后散步三千，清理文件，围棋二局。见客，坐见者三次，立见者一次。阅《仲尼燕居》《孔子闲居》《坊记》廿五页。午刻，袁小午来久谈。中饭后散步二千。阅本日文件，写沅弟信一件。天气郁闷。阅本日文件，再围棋二局，补行五百步，核批札各稿。傍夕，方存之来，渠至诸城省视吴竹如先生，往返二千余里，与之畅谈。夜改信稿十余件，甚觉劳乏，目光昏暗。二更四点睡，不甚成寐。

十三日

早饭后，因散步三千太多，断难有恒，改为二千。清理文件，围棋一局，又观人一局，阅《坊记》《中庸》三十页，至幕府一谈。中饭后散步二千。袁小午来鬯谈时许，阅本日文件，改折稿未毕。酉正小睡。夜改折稿，至二更二点毕，约改六百字。倦甚，不能复治事。是日申刻写对联十付。二更三点睡，三更后稍能成寐。是日天气阴寒，至申酉间大雨竟夕，雨如倾盆，冷如深秋，北之粱菽，南之稻田，俱恐伤稼，深为焦虑。

十四日

早饭后散步二千。清理文件，围棋三局。天雨，闷甚。改片稿一件，约三百字，阅《中庸》廿二页。见客，坐见者一次。中饭后散步二千。阎中丞自东平来济送行，久坐二时许。申正出门拜客，会者二家，酉正回。核批札稿，发报一折、二片。夜又核批札稿，困倦殊甚，未能了者尚多。二更四点睡，似用心稍过，说话稍多，竟夕不能成寐。

十五日

早饭后散步一千五百。清理文件，核批札稿数件，见客二次。巳初起程，出城拜阎中丞，久谈，渠又至余舟久谈。中饭后开船，将自宿迁、桃源、临淮以达周家口也。见客，立见者三次，坐见者一次。旋泊船拜袁小午。在船与屠晋卿围棋二局。申刻至赵村闸观张锦芳、李昌乐所为堤墙式样，即在赵村泊宿。阅《中庸》《表记》三十页。酉正与幕客一谈。夜核批稿，至二更三点毕。舟次颇热，加以劳乏，不甚成寐。

十六日

早饭后散步二千，船舱数尺之地，不能成步，略存其意而已。清理文件，阅《表记》《缁衣》三十页。卯刻开船，行廿六里至新闸湾泊，因前系湖面，天气阴雨，恐有风暴也。写纪泽信一件，约四百余字。午刻围棋二局，又观人一局。请袁小午便饭，未正末散。因天气开朗，又行船三十六里，暝时至枣林闸泊宿。酉刻阅小说一卷。申刻散步二千，核批稿信稿。傍夕小睡。夜改信稿二件，内蒋申甫信改甚多，因来函作古文甚佳也，二更三点毕。四点睡。

十七日

早饭后见客一次，散步二千，清理文件。开船，行十二里至南阳镇，因风逆即行停泊。围棋二局。阅小说一卷，阅《缁衣》《奔丧》《问丧》廿六页，至未正乃毕。中饭后散步二千，阅本日文件，将近三日所看书酌加批识，抄录朴目，又阅小说一卷。小睡片刻。核改信稿三件。至船楼顶上乘凉。夜又改信稿二件，添幼泉信二页。洗澡一次。二更三点睡，三更后稍成寐。

十八日

是日东南风大，竟日逆风，不能开船，在南阳镇停泊未动。早饭后散步二千，清理文件。围棋二局，又观人一局。阅《服问》《间传》《三年问》《深衣》共廿六页，阅小说一卷。郁势异常，小睡片刻。中饭后散步二千，又围棋二局。小睡半时。将《仪礼》《士丧礼》、《既夕》、《士虞礼》三篇与《读礼通考》一对。热甚，郁闷之至，不欲治事。见客一次，申夫来久谈。傍夕至船楼顶上乘凉。夜添毛寄云信二页，核批札稿。二更后温韩诗七古、杜诗七律。二更三点睡，尚能成寐。

十九日

是日仍逆风，在南阳镇守风，不能开船。早饭后散步二千，清理文件。见客，坐见者一次，立见者一次。阅书，大雨入窗，打湿所看之书，日记则透湿如渍矣。少停一晌。旋阅《儒行》《大学》《冠义》，围棋二局，又观人一局。许缘仲观察解江北漕米四万进京，来此久谈。中饭后散步二千，又阅《昏义》，共阅四十七页。添李幼泉信二页，申夫等久谈。小睡半时许。申正后改信稿九件。傍夕至船顶乘凉，若将呕逆者然。盖久泊小河之中，虽水大异常而两面皆街，遏闭郁蒸，又周围皆水，无一寸干土可以登览，故感湿热而作恶也。夜背东坡七律，目光疲困，不耐久视，灯下尤以为苦。二更三点睡。

廿日

早饭后散步二千。旋围棋二局，又观人一局。因风已平息，辰正开船。阅《乡饮酒义》《射义》《燕义》《聘义》。中饭后阅《丧服四制》，又补阅《投壶》，因昨日打湿晒干也，凡四十七页。船山先生《礼记章句》校读毕。未刻散步二千。本日竟无文件，虽因舟行湖中，驿夫不测其所在，亦缘不作地方官，公事日少耳。核批稿数件，将近三日所看之书酌加批识，兼录朴目。傍夕泊船于宋家闸下八里之敞家口。是日凡行八十八里，与方存之在船顶久谈。夜又批《礼记》二条。余阅此书，本为校对讹字，以便修板再行刷印，乃复查全书，辩论经义者半，校出错讹者半。盖非校雠家之体例，然其中亦微有可存者，若前数年在安庆、金陵时，则反不能如此之精勤。此军营事简，老年差可慰悦之境；而流寇纵横，制敌无术，体衰目昏，学问无成，则又深为忧灼之境也。诵苏东坡、杜牧之七律二、三十首。二更三点睡,热甚,久不成寐。

廿一日

早饭后散步二千。开船行三十六里,至午刻抵夏镇湾泊。清理文件,围棋三局,阅王船山先生《四书稗疏》廿二页。中饭后散步二千,申夫来一谈,阅《船山文集》中《先世行述》、《九昭》等,约四十页,又阅《六十自定稿》,约三十页,涉猎而已。见客,坐见者一次,钱子密等来一坐。傍夕至河干散步,与袁小午等一谈。本日因风逆,不能过湖。溽暑蒸逼,酷热异常,时而骤雨,船窗不敢打开。夜间大雨数次,而酷热如故,不能治事,睡后亦不成寐,盖在今年为极热矣。

廿二日

早饭后散步二千。开船,行三十五里至赤山口,又三十五里至韩庄泊宿。在舟次围棋二局。巳刻阅《四书稗疏》廿三页。中饭后散步二千。申正至韩庄。见客,坐见者二次,立见者十次。天气酷热,疲乏殊甚。未刻在船改信稿八件,阅本日文件颇多。傍夕在岸上草坪久坐,与申夫鬯谈至二更后。郁热迥异寻常,风暴大雨,而无解于其热。夜睡不能成寐。

廿三日

早饭后,申夫来久谈。渠将至涂州,即由鄂回蜀省亲,在此分手也。散步二千。至申夫处一谈。见客二次,围棋二局。巳正二刻开船,沿途察看堤墙,自韩庄以下东岸皆系砂砾,土质绝少,修筑难于坚实,且水涨丈余,与平日情形迥异。所修之墙,坍塌大半,且无子墙可以立足,殊不可靠。登岸二次。阅船山《四书稗疏》《诗经稗疏》三十页,至申刻毕。中饭后散步二千。申正至台庄湾泊。写沅弟信一件。见客,坐见者一次,立见者三次。酷热异常,不能治事,又围棋一局。傍夕在岸上乘凉,与客久谈。阅本日文件。二更三点睡,尚能成寐。

廿四日

早饭后见客一次,旋即开船。散步二千,清理文件,围棋二局。阅《诗经稗疏》,陆续三十八页,天气奇热,心不能入,涉猎而已。看视堤墙。自台庄以下,高者或二尺余,低者或一尺或数寸;堤东亦有积水,至滩上以下十余里,则堤身全淹，一片汪洋而已。过滩上四里许，船触堤埂，浅阻半时。欧阳利见来迎，一谈。适值逆风，即停泊二时许。中饭后散步二千，又与刘申孙围棋三局，汗出如洗。申刻又开船，行三十余里至马家集泊宿。是日凡行八十九里，凡虽逆而水尚流也。东岸堤墙被淹者十分之六，即未淹者亦须另行修筑，深为可虑。是日并无公事，即批札稿亦未能核，热极烦闷故耳。傍夕在岸上乘凉，与幕客久谈。南风甚大而无改于其热，在竹床睡至三更，始行登床，不甚成寐。

廿五日

早饭后散步二千，清理文件。开船，行十八里至窑湾停泊半时。见客，坐见者二次，立见者一次。旋又开船，行廿五里，逆风甚大，湾泊甚久。中饭后散步二千。又开船，行六十二里，酉正至宿迁停泊。是日巳刻围棋三局，余阅《诗经稗疏》三十页，阅小说一卷。酉刻见客，坐见者三次，立见者二次。天气郁热，连日体汗未干。欧阳健飞言："宿迁极乐庵甚大，可假馆消停数日。"余因清江须换船入淮，雇船须数日乃齐，因于傍夕登岸住极乐寺，拟先派人至杨庄雇船，而在此小停二、三日。夜核批札稿，未毕。二更三点睡，身体之汗已干，然亦不甚成寐。

廿六日

是日住极乐寺。早饭后散步二千。旋围棋一局，又观人一局。见客五次，清理文件，将昨日公事办毕。阅《诗经稗疏》廿七页，申刻始完。午刻，何敬之自湖北来，与之久谈。中饭后散步二千，又围棋二局。天气骤雨骤晴，湿热郁蒸，虽居岸上庙中尚觉不适。写纪泽儿信一封。酉刻与幕友一谈。疲困殊甚，傍夕小睡。灯上，夜饭后久睡，幸能成寐。二更三点后，洗脚复睡，俱得甘寝，近日所未有也。

廿七日

早饭后散步二千。围棋二局。阅《诗经稗疏》，屡次共四十七页。天气奇热，心绪烦躁，不能仔细，聊一涉猎而已。接山东咨文，言任、赖股匪又将河南回窜山东，焦灼之至。中饭后散步二千，又围棋一局，观人二局，阅本日文件稍多。傍夕又围棋二局。本日为棋所困，亦因军事不定，心志怫乱而为此也。接沅弟十三日信，贼尚未入鄂境。傍夕小睡。夜改信稿二件。小睡良久。二更三点睡，尚能成寐。

廿八日

早饭后散步二千。清理文件。围棋二局，又观人一局。阅《周易稗疏》，陆续四十五页，至酉刻阅毕。见客，坐见者二次，立见者三次。午刻在竹床小睡。中饭后散步二千，至幕府一谈，又围棋二局。见客，坐见者一次，立见者一次。阅本日文件。酉刻与幕府久谈。夜核批札稿，将连日所阅《稗疏》捡点一过。二更二点洗澡一次。三更后睡。是日立秋，夜雨微凉，尚能成寐。

廿九日

是日仍住宿迁。盖因天气太热，本思多歇几日，而阎中丞咨贼匪回窜山东，又不能不在此听候确信也。早饭后散步二千，清理文件，围棋二局，又观人一局。见客，坐见者一次，立见者三次。阅王船山所注《张子正蒙》三卷五十八页。船山氏最推重《正蒙》一书，以余观之，亦艰深而不能显豁。其参两篇，言天地日月五行之理数，尤多障碍。中饭后散步二千，围棋一局，又观人一局，阅本日文件。酉初阅书毕。体中若不适者，小睡良久，呻吟，不甚成寐。夜饭后核批札稿数件。倦甚，不愿治事。二更三点睡，三更二点乃稍成寐。

七 月

初一日

早间，见各贺朔之客。饭后，又见客……二千。阅《张子正蒙注》《神化篇》、《动物篇》……七篇，酉刻始毕。巳刻围棋二局。湖……迤东道丁寿祺先后来见，谈均久。午正……谈极久。中饭后散步二千，又围棋……赖股匪窜至睢州，焦灼之……热异常。傍夕小睡。夜，……

初二日

早饭后散步二千。清理文件……阅《张子正蒙注·诚明篇》……信一件。中饭后散步……道光丁未年六月初九、十等日……耐，以为生平畏暑……遭酷暑，此二日殆……正，改折搞一件。酉正……札稿未毕。二更四点睡，……

初三日

早饭后散步二千。见客……局。阅《正蒙注·至当篇》。作……续阅五十一页，至申刻止……狈，移于佛殿，席地而坐。中饭……申正阅本日文件，酉正粗毕……幕客久坐，二更二点始入。四点睡，略……

初四日

早饭后散步二千，围棋二局，清理文件……殿久坐。巳正，魏盘仲、左孟辛来一谈，午……《大易篇》毕，《乐器篇》阅二页。中……天气奇热，申正客去，仍以热极不能……一片。又围棋二局，汗下如雨。傍夕至……不止。二更后微转北风。在竹床夕睡……尚成寐。

初五日

早饭后散步二千，清理文件，围棋二……《王禘篇》、《乾称篇》上、下，陆续阅五……十八卷，至是校阅完竣，约……过不能细也。巳刻写对联……之热汗下如沈。中饭后散……文件。傍夕至后院树下……外核批札稿，至二更二……甚成寐。

初六日

早饭后，申夫来……者七次，立见者二次。辰……仲兴之南岸数里，即桃……成子河看视。捻窜清江之……水路又不通，舢板遂不……里，至双兴闸泊宿，距杨庄……高邮、兴化、东台、盐城俱被水淹……在贼矣，不胜焦灼悚息。巳刻围棋……《周易内传》，王氏说"理"之书，每失之……蒙注》相同，因不果阅，改阅《读通鉴……五十页，每段为之标题。午正散步……正，写澄弟信五页。傍夕在堤上……亦来谈。风暴骤起，几于不能……去。三点睡，不甚成寐。

初七日

早饭后开船，行十二里至杨庄湾泊……见者一次，立见者三次。巳初，吴仲仙漕帅……二刻方散。又见客，坐见者二次，立见者四次……见者三次，立见者二次。阅本日文件，倦……通鉴论》陆续看四十页，至二更始毕……成寐。

初八日

早饭后散步二千。见客，坐见者……高梁涧过洪泽湖，因登岸……搬移。见客，坐见者三次，立见者……至二更方止。中饭后散步二千……二次。阅本日文件，核批札各稿……见客，坐见者一次，立见……书稍久，夜间不愿治……更后，渐觉竹簟太凉，命即……

附　记

陈、李　　　　潘□
脚上盘旋

初九日

早饭后开船，幸遇东北顺风，行九十……宿，因幕府及随员各船未到，等至申正……步二千。阅《读通鉴论·东汉》，陆续看五十页……中饭后散步二千，围棋二局，钱子密来久谈……弟六月初一、初四、初六日三信。小睡三次。夜核……诵《扬子云传》诸文。三点后睡，疲乏殊甚，不……

初十日

早饭后清理文件。自高良涧开船渡湖，行百□十里，午正已至□□。等候各船，至申正始到，遂在此湾泊。卬刻散步二千。阅《读通鉴论·东汉》凡六十页，陆续阅至未初毕。中饭……者二次，立见者三次。申正围棋二局，阅本日文件。酉正登岸……章所书《第一山碑》。夜阅核批札稿，二更……在竹床小睡，三点登床睡，热甚……二点睡，尚能成寐。

十一日

早饭后散步二千。南风逆而甚……局。阅《读通鉴论》东汉、三国……止。天气奇热，汗出不止。中饭……庙前湾泊。打扫圣庙，入内……拜牌也。蓬蒿没人，芟除时许……皆来庙乘凉，与之久谈，至更初……件。三点睡，尚热……

十二日

早起，至圣庙拜牌，遥祝慈安皇……甚顺，取横热尚可成行。行至午正……停。中饭后，未正复开船，行七……午正两次，各散步二千。阅《通鉴论》……至酉刻毕。自午正后，酷热不可耐，日……乘凉，二更始归本船。是日见……更，欲写一信与沅弟，意以……睡，在外则南风过大，登床则热……以风大颠簸，竟夕不安，始觉得役太劳……

十三日

西南风逆，不能开船，即在双沟湾泊一日。此处无……奇热，竟日汗未尝干。早饭后散步二千，清理文件，围棋二局。阅《读通鉴论》东晋、宋，陆续看六十三页，至酉初毕。中饭后又散步二千，围棋二局，幕友来谈二次。自……直至二更三点始回本船歇息，在舱……终不成寐，南风极大而炎焰不改……屡获胜仗，为之少慰。

十四日

早饭后，因西南风逆，未能开船。散步二千。……辰正三刻风稍顺，开船，行至□山口下搁……正，抵五河湾泊。阅《读通鉴论》……毕。中饭后散步二千。郁热……耐。酉初登岸，至贺焘若……作，一洗烦焰。夜与王鼎丞久……点睡，在近日为佳眠矣。

十五日

早饭后，自贺宅下河开船……件。围棋二局。阅昨日……陆续看至酉初始毕。巳……有余。未正复开船，顺风…纤复行数里，因雨又暂难……北，屡次变换。余见客五次……鳌来见，坐最久，谭别去时已……隔十里，忽于酉正二刻大风暴……附近舢板翻沉二只，余船亦倾倒，……下水拖船上岸。大风将头篷二篷绳……中而船乃定。戌初二刻风稍息，乃庆……死矣。舢板覆溺八只，死者四人，各船在下……幸得保全。余生平经江湖风波之险，道路……安陆河中，与郭云仙、凌荻洲同舟，狂风竟夜。咸丰四年三月初七日带水师在岳州南津港，大风猛起，湖中各……中之水被风卷去，各船皆搁于干□凡二日……活，不谓老年又受此惊吓也。夜遣人……点睡，不能成寐。

十六日

早饭后开船，行十里至临淮湾泊。散步二千。……去年旧营所造之屋。见客，坐见者三次，……府诸人一谈。中饭后散步二千。围棋二局。……十页，写沅弟信。小睡片刻。夜核批札……睡不甚成寐。

十七日

早饭后散步二千，清理文件。见客，坐见者……二局。阅《读通鉴论》隋、唐三十页……围棋二局，出汗甚多。又小睡片刻……写少荃信未毕，与幕中……温李、韩七古。洗澡一次……而料理。雨渐微乃止，天气乍凉，一洗……

十八日

早饭后，坐见之客三次，立见者二次……二局。将少泉信写毕，约八百字，阅……至未正毕。中饭后又散步二千，又围棋……未及二件，而天已昏暝，盖秋阴始……夜核批札各稿，二更后温《易·系辞》……

十九日

早饭后散步二千，清理文件，围棋二局，见客……二次，贺云舫谈最久。阅

《读通鉴论》唐……至申初止。中饭后散步二千，围棋一局，眼蒙之至……撑不开。何敬之、张敬堂来，先后久谈。阅本日文件。核□□□未毕。傍夕小睡。夜核信稿数件，二更二点后温杜□□律。三点睡，疲困之至。今年大热之后，衰态弥增，实不能胜此巨任矣。

附记

潘信批刘、杨暂扎河西

刘、张亦暂扎河西

廿日

早饭后清理文件。散步二千。写纪泽信一件。见客，立见者四次，坐见者一次。又写潘琴轩信二页，阅《读通鉴论》唐三十六页，至未正毕。中饭后散步二千，疲困殊甚，阅小说十余页。阅本日文件，写对联、挽幛等三件，核批札稿，因中有帐目□□，□吟□久，与莼斋久谈。小睡。夜，张敬堂来久谈，请渠看脉。今年出汗太多，精神委顿之至，此二日服大参三钱。参，李少泉所送，极上之品，因夏间稍霉坏，不甚有力，然本夜睡后略觉安神。敬堂亦以为汗多大伤精液，宜服大参，宜节劳，少看书。□□五月以来，阅王船山之书较平日稍多，以后□□□□减耳。

廿一日

早饭后散步二千。清理文件，围棋二局，见客一次，阅《读通鉴论》三十三页。中饭后散步二千，围棋二局。阅本日文件，核批札信稿颇多。傍夕与幕友久谈。夜，张敬堂来久谈，二更去。核信稿二件。三点睡，尚能成寐。

廿二日

早饭后，黄昌期来一谈。散步二千。清理文件。渡河至南岸拜张敬堂，遍阅敬字三营。至谭春浦处吊唁，已正归。围棋二局。见客，坐见者一次，立见者三次。中饭后散步二千。阅本日文件。是日在□次阅《读通鉴论》三十五页，陆续看至申刻毕。见客，立见者一次，坐见者二次。体中甚觉不适，筋骨酸疼，畏寒头疼，因加绵衣，盖两被。自西正睡至四更，微汗，稍觉轻松。呻吟甚久，狼狈之至。衰病催迫，万难当此巨任矣。

廿三日

早饭后散步，未计数。清理文件，张敬堂、黄昌期来问疾，久坐。旋围棋二局。筋骨酸疼，畏寒如故，又加腹痛作胀，大溲又不爽快，常在床上歪睡。阅《读通鉴论》唐德宗以下三十三页，陆续看至申正止。中饭后散步。申正围棋二局。酉正张敬堂来，劝服药一、二帖，因举方桂枝汤，渠亲自拣药煎药。至二更三点，守候余服药后乃去，昌期亦同来同去。夜觉身体稍为轻松，但腹胀如故。大解两次，俱不畅利。

廿四日

早起，外感之寒稍觉轻松，惟腹疼作胀，筋骨尚痛。早饭后散步一千。清理文件。围棋二局。常在床上欹枕小睡，体气甚觉不适。阅《读通鉴论》，陆续看四十页，至申刻止。枕边倦眼，病中朦胧，不甚清晰，涉猎而已。午刻写沅弟信一封。服桂支汤第二帖，服后觉发热腹疼，甚有瞑眩之象，至申刻乃稍平靖。傍夕，疲困之至。昌期、敬堂诸人均来候视。病有增加之势。夜二更三点后睡，幸能成寐，至五更乃醒，则病□□□减矣。乃知药之对病者亦须阅八、九个时辰，或酣睡一觉，乃能奏效也。五更后亦略成寐。

廿五日

早起，觉病大减，於脉亦平和。饭后散步千余。清理文件，围棋二局。局终，大汗透湿重衣，虚弱不能用心，一至如此！汗后又觉烦躁。本日接奉廷寄，有朱学笃劾予之件，阅之不无郁悒。午刻，与钱子密久谈，阅《读通鉴论》唐末廿页，至未正毕。阅本日文件甚多，内有沅弟六月廿二、七月初□及儿侄等信。翻阅时许，遂觉太劳，身体又大不适，坐卧靡宁。傍夕，昌期、敬堂诸人来视，余坚持不服药之说。夜小睡二次，俱略成寐。二更三点后睡，凡醒者四、五次，成寐者亦四、五次。尚不至一味烦躁不安，无唤人索火求茶等事，外症要不重耳。

廿六日

早起，诊脉者皆言有湿滞，余但请人诊视，而坚不吃药。饭后散步千余，围棋一局。第二局未毕，汗已湿衣，遂不终局而罢，小睡片刻，阅小说十余页。傍友皆劝不宜看书，本日刻书不观。中饭后大溲，粪中有冻一块如卵白者，似已转成痢疾。卯辰间两次粪俱黑，或胸腹积滞稍出矣。阅本日文件颇多，而神思清爽，不似昨日、前日未申间烦郁气象。酉初，张敬堂、黄昌期等久谈。晚饭，仅食姜及腐乳之类。客散后，因病渐轻减，朗诵陶诗、杜诗，并温《诗经》数十篇。二更三点睡，尚能成寐。除腹微疼外，似已无他病，但不如有反复否。

廿七日

早起，诊脉如故。饭后散步千余。清理文件，围棋一局，看小说十余页。小睡半时许。午刻改片稿一件。中饭后散步二千余，又改一折、二片，至幕府一谈。小睡片刻。申正阅本日文件。核批札稿多件，至酉正止。自觉太劳，登时发热，病加重。张敬堂来诊，脉象不好。昌期、叶亭及从人等均有忧色，劝余服药。因又定服桂支汤，直至三更四点始煎好服之。睡不安神，四更四点始稍成寐。

廿八日

早起，昌期、敬堂等见，诊脉。饭后洗道斌等来见，病势稍愈。辰刻拿舟开行，顺风扬帆，行九十里，申初至怀远县。途次久睡。阅《读通鉴论》十余页。乔中丞自寿州至怀远来迎，会晤，申刻久谈，灯后又来谈。又见客，唐鹤九等二次。又张敬堂等来诊病，久坐时许。余以外病已去，仅有腹疼，寒在下焦，因议定服姜附，二更服之。是夜竟得酣睡，五更始醒。

廿九日

早饭后见客三次，唐鹤九等坐最久。又张敬堂、黄昌期先后来作别。辰正开船，沂涡河而上，顺风扬帆，申正三刻，至距蒙城以下十五里地方湾泊。名为一百三十里，实不止此数也。在舟中，上半日甚爽适，阅《读通鉴论》十六页，下半日体中仍觉不适，腹中作疼，屡次小睡。夜饭，因事生气，叶亭甥在此久谈，二更方去。三点睡，穿两夹衣，未盖被。五更醒来殊觉其寒，恐其复感外邪，为之悚息。

卅日

早饭后开船。节节浅阻，未刻行至蒙城上数里之七里沟地方，胶浅一时之久，因在该处湾泊。派人至上游探看，浅滩甚多，不能再进，乃于酉刻退回蒙城县外河下泊宿。或称宜退回怀远，仍由正阳沂沙河而上，或称宜在蒙城登陆，商议不定。见客，坐见者二次，立见者一次。幕府来谈者三次，叶亭甥两次谈甚久。是日阅《读通鉴论》唐末、五代，凡三十页，未初毕。下半日，体中又小不适，盖余邪之未净者。小睡多次。灯后，仍觉清爽。夜睡至三更四点，汗透衣襟，有似医家之所谓自汗者，盖三帖共服桂支一两八钱，为分太重之咎。乃知凡药皆可伤人，悔不坚守弗药之戒。

八 月

初一日

早起,议定以老湘营第十旗护卫者,改为登陆行走,腾出该营船只吃水少浅者,换给幕府及随从各员,檄调树字营车辆来亳州,迎接者改至雉河来迎,将笨重之物仍出怀远沂淮西上,余亦改坐小舟。自卯至午,各舟次第换毕。巳刻围棋一局。旋阅《读通鉴论》三十页。未刻开船,至王家围子过沟滩,十分吃力,即昨日之七里沟也。自过此滩却不甚浅,行廿五里至小涧集泊宿。病体似已全好,余邪略有未净,腹亦微胀。傍夕,叶亭甥来久谈。二更三点睡,尚属成寐,五更醒。

初二日

早饭后开船,行五十余里,酉刻至雉河以下十里泊宿。涡水清深,并无浅阻之处。辰刻大溲甚畅,与寻常好人无异,从此腹胀等症或可除矣。阅《读通鉴论》三十八页,陆续看至午正止。屡次小睡。中饭后,过高炉集小停,因闻有浅滩,故步队在此等候也。酉刻见客,坐见者三次,立见者三次,幕府诸人来谈者两次,叶亭甥久谈。夜核批札稿数十件。二更三点睡,五更醒。右上腭最后壮齿大动,即日当辞去矣。

初三日

早饭后清理文件,围棋二局。开船行十里至雉河集,登岸一看新涡阳县城基,即彭恬舫定澜所相视之处也,隍已浚而城未修。又至雉河街上西头新筑土圩,知县即住其中。旋回船开行,顺风行七十里,至白龙王庙以上十里地方泊宿，实逾八十里矣。阅《读通鉴论》廿五页，凡三十卷阅毕，酷热之后继以疾病，涉猎一过，校出错字甚少。阅《宋论》十二页，陆续看至未初毕。申刻写沅弟信一页、纪泽信一页。旋核批稿，盖十日内所积阁者。酉刻见客，坐见者一次，立见者一次。登岸散步良久。夜与叶甥一谈，默诵杜、韩诗数十首。二更三点睡，尚能成寐，五更醒。

初四日

早饭后开船，扯纤上行竟日，至酉正抵亳州北门外泊宿，约行七十里。自蒙至亳，水路实有二百五十里。自怀远至蒙城百五十里，凡行涡河四百里，惟蒙城上七里王家围子最浅，余虽有浅处，尚可行走。巳刻围棋一局，英方伯翰来久谈。阅《读通鉴论》五十二页，陆续看至未初止。旋温杜诗五古甚多。目光作疼，目力久衰，病后尤不耐多视。申刻以后，燥热如夏，迭次小睡。幕府来见者三次，又坐见之客二次，叶甥直坐至二更三点始退。是日各船多未到齐。

附 记

党参膏　牛乳　桂元　米汤

初五日

是日因船未到齐，在亳州停住一日。饭后清理文件。旋进亳州城公馆小驻时许。见客，坐见者三次，立见者四次。午刻回船阅《宋论》四十二页，至未正毕。小睡片刻。围棋二局，汗透中衣，天固燥热，亦由病后全不能用心耳。料理陆行事宜，自为收拾书籍。酉刻剃头一次。阅本日文件，内有沅弟七月廿三等日信三件，盖已接余临淮受惊之信。近日来往信，此为最速矣。纪泽信言鸿儿患背痛潮热等病，为之悬系。于《论》《孟》中各择最切身心者朝夕默诵，遂将《论》《孟》全默识一遍，各选八章，与往年所书帐檐微有异同，默诵之时稍久。二更三点后又改信稿一件。四点睡，不甚成寐。

初六日

早饭后，卯正自亳州起行。周家口张镇派来迎接之大车、轿车共六十辆，又在亳州雇牛车数辆，夫五十余名。行廿里，至十八里铺打茶尖。又行四十里，午正至鹿邑县住宿。名为六十里，实不足也。见客，坐见者三次，立见者二次。中饭后清理文件。在舆中阅《宋论》四十二页。申刻围棋二局。至幕府久谈。傍夕，刘子恕来久谈。折差王幼山自京回。阅京信多件，兼看邸报。二更三点睡时，颇觉疲劳，尚能成寐。三更末盗汗甚多，殊为不怪。

初七日

早饭后，行廿五里至赵村集打尖，又行廿五里至石郎集，午初即到，在此住宿。清理文件。见客，坐见者三次，立见者三次。中饭后阅本日文件。在肩舆中阅《宋论》四十三页。未正围棋二局。接奉延寄，河南不愿办沙河、贾鲁河之防，谕者允许，焦灼之至！有号冤者闯入室内，派员讯问，不觉生怒。幕友两次来谈。夜核批札稿。是日陈州府、县来接。二更三点睡，不甚成寐。

初八日

早饭后，起行三十六里至戴家集打尖，又行三十六里，至午正三刻抵陈州府。名为七十二里，实有八十余里。见客，会见者四次，立见者四次。在舆阅《宋论·高宗》四十四页，申正出门，至袁端敏公祠行礼，与小坞久谈，酉正归。与幕友一谈，阅本日文件，闻张总愚捻股回窜许州，忧灼之至，办札调度。三更印发后睡，稍成寐。

初九日

早饭后，起行十八里至李集打茶尖，又行三十六里至周家口住宿。名为五十四里，实有六十五里。陈州路极蛮，俗称"走过陈州路，两步当一步"，盖路之远相传久矣。在舆阅《宋论》四十七页。至周家口见客，坐见者四次，立见者十次。中饭后清理文件，围棋二局。至营墙上周览一过。黄军门来久谈。傍夕小睡颇久。夜默诵《诗经》数十章。因钞本书四本未见，不觉恼怒。又反复筹思进退身世之宜，百感交集。二更三点睡，久不成寐。昨日在途见朱刻刘石庵所书"读圣贤书"十六字，本日又见其朱刻挂屏六幅，爱慕无已。

初十日

早饭后清理文件。见客，祝爽亭坐谈最久，又坐见之客四次，立见者三次，围棋二局。阅《宋论》廿八页，《宋论》十五卷阅毕。中饭后写澄弟信五页、沅弟一片。见客，坐见者二次，立见者一次。阅本日文件，核信稿一件，改折稿未毕。停夕乏甚，小睡。夜将折稿改毕，核批札稿，二更后温《孟子》数十章。三点睡，中更三点醒。

十一日

早饭后清理文件。见客，坐见者三次，立见者三次。围棋二局。又因小事自生恼怒，已而悔之。阅孔㢞轩《声类》等书。中饭后写横披二幅，约四百字，改片稿二件，约二百字，阅本日文件。夜写零字甚多。眼疼殊甚，旋阅陶、谢诗。二更三点睡，四更三点醒。是日，阜阳令程兆和等开补药方，申刻服一帖。

十二日

早饭后清理文件。见客，坐见者四次，立见者一次，祝爽亭谈最久。围棋二局。改片稿一件。中饭后与幕友久谈。翻阅《微波榭丛书》，阅本日文件，写沅弟信，约四百余字，阅本日文件。是日眼疼殊甚。傍夕与幕友等周视围墙，灯时归。夜疲乏殊剧，若有大病在身者然，小睡良久。二更三点睡，四更又盗汗。是日发报，已请假一月医调矣。

十三日

早饭后清理文件。见客，立见者二次，坐见者一次。围棋二局，写横披一幅，约百七十字。黄军门来久坐。中饭后阅本日文件，核改信稿十余件，与幕友久谈。傍夕小睡。夜核批札各稿。眼疼殊甚，略阅《易·系辞传》，以不能久视而止。二更三点睡，尚能成寐。

十四日

早饭后清理文件。见客，立见者一次，坐见者二次。围棋二局，又见客，立见者二次，坐见者一次。写横披一幅，约二百字。中饭后写纪泽信一件、沅弟一片，阅本日文件甚多。日内久不得刘省三等信，未知贼踪何如，焦虑之至，屡与幕府久谈。眼疼，不敢看书。牙齿疼痛，浮火上烁，体中殊觉不适，食蒸梨数个，略好。夜核信稿多件，二更后朗诵杜公及各家七律，微有所得。三点睡，尚能成寐。

十五日

早间，谢绝各贺节之客。饭后见客，坐见者一次，立见者二次。围棋二局，阅王渔洋选古诗。午刻请黄昌期便饭,添写朱久香信四页。申刻添写李眉生信一页。见客,坐见一次。阅本日文件,核信稿数件。酉刻至营墙上游览良久,与幕府久谈。灯后核信稿二件,温杜公七律甚久。二更三点后改批一件。四点睡,尚能成寐。

附 记

宋庆祝三,行六

十六日

早饭后清理文件,坐见之客二次,围棋二局,核信稿批稿数件。接刘省三信,知朱仙镇一带安稳,贼未东窜;铭、鼎两军在汴梁以北代豫军修濠二千余丈。又闻刘松山与豫军宋庆和好之至,为贼所畏。二者俱可欣慰。黄昌期来久谈。中饭后,阅本日文件甚多。见客二次,核批札信稿一时许,与幕友谈二、三次。薛叔耘新自无锡来,闻江以南甚丰稔也。夜核信稿五件。疲乏殊甚,温杜诗七律数十首,若不能成声者。与叶亭甥一谈衰病之状。睡不甚成寐。次早展视四体,两臂、两腿、腰脊,瘦去一半,膝以下更甚,断不能再服官矣。

十七日

早饭后清理文件,围棋二局,与幕友久谈时许。午刻写李少荃信,约四百余字。中饭后见客一次,又围棋二局。阅本月文件甚多,核批札各稿。傍夕小睡。夜核信稿数件。旋温杜、韩诗。二更后接郭宝昌禀,当即办批办札行各处,四点办毕。睡尚能成寐。连日牙疼,上焦有浮火,多食蒸梨。本夜四更后,觉已稍愈。

十八日

早饭后清理文件,见客,坐见者三次,围棋二局,又坐见之客一次,与幕友久谈。因不能用心,遂不看书治事。中饭后阅本日文件。阅《周易传义音训》十余页。又围棋二局,与吴挚甫一谈。傍夕,得刘省三、潘琴轩信,贼于十六日二更自朱仙镇以上豫军余承恩所守汛地东窜。防河月余,全功尽弃,大局益坏,忧灼之至。旋与幕友谈两次,办檄咨行各处,二更三点毕。睡后,竟夕不能成寐。内忧身世,外忧国事,有似戊午春不眠景况。

十九日

早饭后清理文件。见客，坐见者三次，刘仲良自朱仙镇来，谈最久。接沅弟及两儿信，知纪鸿儿于初十日子刻生一子，忧愁煎迫之时得抱孙之喜信，为之一慰。看人围棋二局。祝爽亭来久坐，与幕友谈三次。中饭，请刘仲良、黄翼升便饭。饭后阅本日文件，围棋二局。见客，立见者四次，坐见者二次。与幕友谈三次。夜核批札各稿，核信稿二件。二更后小睡，三点后睡，三更成寐。醒三次，尚算美睡。

廿日

早饭后清理文件。见客，坐见者三次，观人围棋二局，至幕府久谈。午刻，坐见之客一次。中饭后阅本日文件甚多。接奉廷寄，知霞仙业已开陕抚之缺。申刻核批札各稿。未刻，阅《文献通考·帝系考》三十页。近因病不能用心，十一日后未尝看书，帝系、封建、物异等考，在《文献通考》中最为易看者，聊一涉猎，当作小说遮眼而已。酉刻，改折一件。灯后改密片一件，共改六百余字，甚觉疲困。二更三点睡，烦成寐，而不甚甜适，四更末醒。

廿一日

早饭后清理文件。见客，坐见者二次，观人围棋二局，阅《帝系考》二卷廿二页。见客，坐见者一次，立见者二次，与幕友谈二次。中饭后阅本日文件，围棋二局。筋骨酸疼，令剃头匠捶按一回。见客，坐见者二次。改片稿二百字。傍夕小睡。夜又改四百字，未毕。二更三点睡，尚能成寐，三更醒一次，四更末醒。昨夜改折用心，今日牙疼殊甚，不愿再用心而无可如何也。

廿二日

早饭后清理文件。见客，坐见者一次，立见者三次。将昨夜之片作毕，共一千三百余字。旋观人围棋二局，与幕府久谈，又坐见之客二次，阅《帝系考》三卷廿六页。中饭后阅本日文件，坐见之客一次，写沅弟信三页，写纪泽等信二页，疲乏殊甚，不敢再治事，与幕友久谈。傍夕小睡。夜改折稿一件，二更二点毕。温杜诗数十首。三点睡，四更末醒。

廿三日

早饭后清理文件。见客，坐见者二次，立见者二次。改片稿一件，又将昨日密片斟酌一番。围棋二局，写李少泉信五页，阅《帝系考》第四卷廿五页。中饭后与幕友久谈。见客，坐见者一次，立见者一次。阅本日文件，发报二折、三片，核批札各稿。傍夕小睡。夜接沅弟信，知甲五侄于八月初一日辰时生子，科三侄于初四日申时生子，先大夫于十日之内得三曾孙，真家庭之幸也。又核批札稿。二更后温杜诗五律，疲乏殊甚，若不能举其声者。三点睡。

廿四日

早饭后清理文件。见客，立见者一次，坐见者二次。围棋二局，又观人一局，阅《帝系考》廿七页。中饭后见客一次，与幕府久谈，阅本日文件。剃头一次。核批札各稿。傍夕小睡。夜写零字甚多，写沅弟信六页，朗诵《诗经》廿余篇。三点睡，尚能成寐，五更醒。

廿五日

早饭后清理文件。见客，立见者二次，观人围棋一局，日弈一局。又写沅弟信三页，阅《帝系考》七、八两卷数十页，七卷载开元礼、纳后纳妃仪，草草一翻，未细看也。中饭后与幕府久谈。黄军门来久谈，阅本日文件。又同人围棋一局，核批札信稿。傍夕小睡。夜核信稿甚多，二更后诵《古文·识度之属》，若有所得。三点睡。

廿六日

早饭后清理文件。见客，坐见者二次，立见者二次。围棋一局，又观人一局。阅《帝系考》八、九卷四十余页。又坐见之客一次，与幕友一谈。中饭后又与幕中一谈，阅本日文件，写对联六付，核批札信稿。傍夕小睡。夜又核信稿三件。二更后温杜诗七律廿余首。接奉廷寄，有御史参劾之章，为不怿者久之。三点睡。

廿七日

早饭后清理文件，见客，坐见者二次，围棋二局，阅《帝系考》三十余页，与幕府閒谈二次。中饭后阅本日文件，写对联七付，又与幕友久谈，核批札信稿。傍夕小睡。夜又核信稿二件，温陶、杜诸诗。三点睡。

廿八日

早饭后清理文件。见客，坐见者四次，立见者二次。围棋一局，又观人一局。午刻阅《帝系考》十九页，《帝系考》十卷阅毕。又阅《封建考》十页。中饭后与幕友久谈。写对联八付，阅本日文件。见客，坐见者一次，立见者一次。接澄弟七月三十日信，核批札各稿。傍夕小睡。夜阅《明史·熊廷弼传》，二更后温《古文·辞赋类》。三点睡。

廿九日

早饭后清理文件。见客，坐见者一次，立见者三次。围棋一局，又观人一局。阅《封建考》三十余页，与幕府閒谈。中饭后阅本日文件，写对联六付，见客二次，刘松山谈最久。阅《明史》杨镐、袁应泰、袁崇焕等传。傍夕小睡。夜写零字甚多。因余作字不专师一家，终无所成，定以后楷书学虞、刘、李、王，取横势，以求自然之致，利在稍肥。行书学欧、张、黄、郑，取直势，以尽睨视之态，利在稍瘦。二者兼营并进，庶有归于一条鞭之时。二更后诵诗，气弱，在室中散步。三点睡。

卅日

早饭后清理文件。见客，坐见者三次。围棋一局，又观人一局。写楷书横幅三百余字，阅《封建考》二卷。与幕友一谈。中饭后又与幕府一谈。阅本日文件，写对联六付，将所阅《封建考》酌加题识。见客一次，与幕府久谈。傍夕小睡。夜核批札稿极少，诵黄山谷七律，若有所得。三点睡。

九 月

初一日

早,谢贺朔之客。饭后,刘寿卿来谈甚久。清理文件。围棋一局,又观人一局。阅《封建考》五十三页,略一涉猎,都不仔细。与幕府久谈两次。中饭后阅本日文件。疲倦,不愿治事,又围棋三局。见客一次,久谈。核批札各稿。傍夕小睡。夜核信稿六件,二更后温《汉书·霍金传》。三点睡,尚能成寐,四更末醒。

初二日

早饭后清理文件。见客一次。围棋一局,又观人一局。阅《封建考》七十余页,西汉王候,平日尚熟,故涉猎较易也。中饭,请何敬之便饭,未正散。阅本日文件。偶思胡忠简事,遂翻《宋史·胡铨传》一阅,并阅道学周、程、张、邵传。写对联五付,写沅弟信一件。傍夕小睡。夜核批札稿,温《孟子》、韩文颇多。二更三点睡。

初三日

早饭后清理文件。围棋二局,又观人一局,殊觉疲乏。阅《封建考》东汉二卷。见客,坐见者一次,立见者一次。中饭后与幕府一谈,阅本日文件,写郭云仙信一件。见客一面。谈颇久。核批札各稿,与幕友久谈。傍夕小睡。夜温韩文、韩诗颇多。二更三点睡,尚能成寐,四更三点醒。

初四日

早饭后清理文件。见客,坐见者一次,围棋一局,又观人一局。阅《封建考》魏晋二卷，习字一纸。中饭后与幕府一谈，见客，坐见者三次。阅本日文件，写对联三付、挂屏二页。申正，李子和中丞来久谈，灯后始去。核批札稿。二更后温韩诗七古。三点睡。

初五日

早饭后清理文件。见客二次。旋出门拜李子和，久谈。归，围棋一局，又观人一局。阅《封建考》宋、齐、梁、陈一卷。中饭后，燥热殊甚，又围棋二局。阅本日文件，李子和来久谈。酉刻，尹杏农来久谈，灯后去。夜核批札稿。二更后倦甚，小睡。三点睡。

初六日

早饭后清理文件。旋围棋二局。巳刻，李子和、尹杏农来，先后久谈。与幕府一谈，写澄弟信。中饭后写泽、鸿二儿信，阅本日文件。接沅弟信，知廿六日已拜疏劾同事官相矣。与幕友谈良久，又添纪泽信三页。酉刻，张子青漕帅来谈良久，灯后去。夜核批札信稿多件，疲惫殊甚。二更三点睡。

附记

吴元炳，编修，因得保开坊。光州人，现在京子青言
张鸿远，编修，现丁忧在籍。辛亥解元子青言
于锦堂，西华人，文园门人艮竹之徒来见

初七日

早饭后清理文件。出门至张子青处久谈。归。于锦堂来见，一谈。围棋一局，又观人一局，子青又来一谈。阅《封建考》北魏一卷。中饭后与幕友久谈，阅本日文件。申刻写对联一付、挂屏二幅，核批札稿。傍夕小睡。夜，倦甚，温《古文四象本》，旋选付钞手。二更三点睡，屡次梦魇，向来疲乏之后即有此病。

初八日

早饭后清理文件。见客，坐见者一次，立见者一次。围棋一局，观人一局。阅《封建考》齐、周、隋一卷，唐一卷。见客，坐见者二次。阅何腾蛟、瞿式耜传。中饭后阅本日文件，与幕友久谈。阅孙传庭、史可法传。核批札各稿。傍

夕小睡。夜，眼蒙甚，不能治事，默坐良久。二更三点睡，尚能成寐。

初九日

早饭后清理文件。见客一次，坐谈颇久。围棋一局，又观人一局。阅《封建考》唐一卷。又坐见之客一次，与幕友一谈。中饭后又与幕友一谈。阅本日文件，得知刘省三、潘琴轩等初一日大获胜仗。写对联三付、挂屏两页，约百余字。改军船局告示稿，改片稿一件、折稿一件，均未甚删润。核批札各稿。傍夕小睡。夜改信稿数件，因王鼎丞所作骈体信稿多不工稳，批令自为改正。疲乏殊甚，头眩目昏。二更三点睡，不甚成寐。

初十日

早饭后清理文件。坐见之客一次，围棋一局，又观人一局。阅《封建考》宋一卷，《封建考》阅毕。中饭后，坐见之客一次，与幕府鬯谈。阅本日文件，写对联二付、挂屏百余字，又围棋二局，核改片稿二件。傍夕与幕友一谈。小睡片刻。核批札各稿，二更后温韩诗七古。三点睡，疲乏殊甚。

十一日

早饭后见客一次。清理文件。围棋一局，又观人一局，核信稿二件，约改四百字。与幕友一谈，阅王船山《叶韵辨》。中饭后阅本日文件，写对联四付、挂屏四幅，核批札信稿。酉正至垒上眺览。傍夕小睡。夜核批札咨稿彼多，倦甚。二更后，诵义山七律，气若不能属者，盖衰征也。三点睡。

十二日

早饭后清理文件。旋围棋二局，又观人一局。见客，坐见者一次，立见者二次。核改信稿二件。中饭后写沅弟信一件，阅本日文件，挂屏写小字跋百余字，核批札稿信稿甚多。傍夕与幕友一谈，小睡片刻。夜改折稿一件、片稿一件，又核改批札各稿。二更后温《易·系辞》。三点睡，不甚成寐。

十三日

早饭后清理文件。见客，坐见者一次，立见者一次。围棋一局，又观人一局。又坐见之客二次，立见者一次。阅《明史》陈瑄、宋礼、周忱传，核信稿札稿数件。中饭后阅本日文件，写对联五付、挂屏二幅，核批札稿稿多，发抒三折、五片，与幕友谈二次。傍夕小睡。夜核批札信稿，甚多，未毕。二更后倦甚，在室中徘徊偃仰，不复治事。三点睡。

十四日

早饭后清理文件。旋围棋一局，又观人一局，习字二纸。阅《明史》杨嗣昌传，罗伦、舒芬等传，徐溥等传，未毕。立见之客二次。中饭后与幕友一谈，阅本日文件，写对联四付、挂屏一幅。旋核批札各稿。傍夕捶按一回。与幕府一谈。夜核信稿三件。接沅弟信，知霆军在襄樊初五夜几因索饷而哗；又所造二轮小车笨重瓠脆，但愿以不便推行中途委弃，所失犹小，若仓卒遇贼，车混队乱，因而败挫，则所失大矣，焦灼之至，不复治事。二更三点睡。

十五日

早间，谢绝文武贺望各客。饭后清理文件，围棋一局，又观人一局，见客一次。阅《明史》谢迁、王鏊、李东阳等传，李自成传。与幕府一谈。中饭后阅本日文件，见客一次，谈颇久。习字一纸，核批札信稿，又围棋二局，与幕友久谈。傍夕小睡。夜改李子和信稿一件。渠恐贼决黄河，与这反复究论。写零字甚多。二更后阅《王船山文集》。三点睡。

十六日

早饭后清理文件。见客，坐见者一次，立见者一次。观人围棋，一局未毕，袁小午来，久谈，刘省三、潘琴轩来，久谈。旋议守贾鲁河直至京水镇止，又改李子和信稿。中饭后围棋一局，又观人一局，阅本日文件，写对联三付、扁一帧、挂屏一页，核批札各稿。傍夕小睡。夜再核信稿批稿，旋温《古文·识度之属》，朗诵十余首。二更三点睡。

十七日

早饭后清理文件。围棋一局，又观人一局，刘省三来久坐，与幕友凼谈。阅《明史》杨、左等传。中饭后阅本日文件，与幕友一谈，写对联五付，坐见之客一次。写沅弟信四页、纪泽信三页，灯后始毕。傍夕小睡。夜作《王船山书序》约二百余字，未毕。二更三点睡，不能成寐，至四更始寐。昔在京每作诗文即不能寐，近年无复此病，本日以围棋看书稍多，而作文又稍吃力，故不寐耳。

十八日

早饭后清理文件，围棋一局，又观人一局。作《船山遗书》序，申正毕，约六百余字。午刻，坐见之客一次，与幕友谈二次。未刻阅本日文件。申刻写对三付。酉刻剃头。傍夕，雪琴来，谈至二更二点去。核批札各稿。三点睡。是日巳刻，阅严嵩、马士英传。睡时疲极，颇能成寐。四更末醒。

十九日

早饭后清理文件。见客，坐见者一次，立见者一次。观人围棋，未毕，彭宫保来久坐，直中饭后始去。阅本日文件，围棋二局，改信稿五件，将寄京城。与幕府久谈。傍夕小睡。夜核批札各稿颇多，二更二点粗毕。温《古文·识度之属》。三点睡，尚能成寐，五更醒。

廿日

早饭后清理文件，拜发成寿折，围棋一局。出城拜雪琴，久谈，归未久，雪琴旋来一谈，又坐见之客□□。阅《刘孟涂文集》十余首，其子所送也。请雪琴便饭。申初客去，阅本日文件，围棋一局。添京信三页。傍夕与幕友一谈。夜核批札稿甚多，二更后温《古文·气势之属》。二更三点睡。

廿一日

早饭后清理文件。围棋二局。见客，坐见者二次，立见者二次，雪琴来久坐，未刻始去。阅《仪礼·士丧礼》，以张稷若句读、张皋文图为主，而参看徐健庵、江慎修、秦味经诸书，申初止。阅本日文件，坐见之客一次，核批札各稿。傍夕小睡。夜阅《惜抱集》，核信稿多件。二更三点睡，甚能成寐。

廿二日

早饭后清理文件。见客，坐谈一次，围棋一局，又观人一局。阅《士丧礼》，中饭后止。阅本日文件，又围棋一局。雪琴来久坐，至灯后始去。写沅弟信一件。夜核批札信稿，二更后温韩诗。说话稍多，气若不能属者。三点睡，三更二点后乃克成寐。

廿三日

早饭后清理文件。坐见之客二次，围棋二局，与幕府一谈。阅《士丧礼》，中饭后止。将张皋文《仪礼图》酌加批识，阅本日文件。申初，雪琴来久谈，灯后始去。核批札信稿颇多。二更后，与叶亭甥一谈。三点睡。

廿四日

早饭后见客一次，谈甚久。旋围棋一局，又观人一局，见客二次。竿初阅《士丧礼》，至中饭后止。巳刻与幕府一谈，黎莼斋丁嫡母艰，将奔丧于黔，殊不易易。午初见客，坐见者一次。未刻阅本日文件。申刻雪琴来久谈，至夜始去。核批稿数件。小睡。二更三点睡。

廿五日

早饭后清理文件。旋围棋二局，又观人一局。阅《既夕》篇，将张皋文《图》酌加批识，至未正止。阅本日文件，雪琴来一坐，核批札各稿，与幕府久谈。夜改信稿数件，二更二点后温杜律数首。疲乏殊甚，三点睡。

廿六日

早饭后清理文件。祝爽亭来久谈，路渔宾来一谈。围棋一局，又观人一局，闻放星使锦尚书森、谭侍郎廷襄至河南查办事件。河南无事可查，想系至湖北查案，悬系无已。雪琴来久谈，中饭始去。阅本日文件，阅《既夕礼》，申正毕。见客二次，曾恒德自口外买马回营，询问一切。写李少泉信三页。傍夕小睡。夜又写李信三页，毕，核批札各稿。二更三点睡，因食羊肉稍多，太饱，不能成寐。三更后成寐，四更末醒。

廿七日

早饭后清理文件。围棋一局，又观人一局，阅《既夕礼》。雪琴来久谈，中饭后始去。阅本日文件，又阅《既夕礼》。申正写对联五付，与幕府久谈。傍夕小睡。夜核批札信稿颇多，二更后温杜、韩七古。三点睡，尚能成寐，五更醒。

廿八日

早饭后清理文件。坐见之客一次，围棋一局，又观人一局。写册一幅。阅

《士丧礼》及《既夕记》，未正毕。阅本日文件。雪琴来，观我围棋二局，申正去。改信稿一件，约改四百字。傍夕小睡。夜写沅弟信，核批札信稿多件，倦甚。二更二点后温《古文·识度之属》。三点睡，梦魇。

廿九日

早饭后清理文件。围棋一局，又观人一局。阅《读礼通考》《疾病》、《正终》二卷，及《始死》《开元》《政和》《二礼》《书仪》《家礼》等，考证异同。阅《衍石斋记事稿》。中饭后与幕友一谈，阅本日文件。写扁三付，雪琴来久谈。傍夕小睡。夜核批札各稿，改信稿一件，二更后温《古文·识度类》，三点睡。接沅弟廿三信，知将以廿六日出省矣。

十 月

初一日

早饭后清理文件。围棋一局，又观人一局。将《古文四象》编成目录，以为三复之本。雪琴来久谈，又坐见之客一次。中饭后阅本日文件，阅《读礼通考》《中袭》及《小敛》《大敛》《后世各仪》，写对联七付。见客，坐谈颇久。傍夕接沅弟十九日信，内有密折搞，阅之妥惬详明。焦灼弥月，至是始放心矣。夜核批札各稿，二更后清理《古文读本》，将"辞赋类"朗读数过。三点睡，尚能成寐。

初二日

早饭后清理文件。旋围棋一局，又观人一局。见客，坐见者一次，立见者一次。午初，雪琴冒雨步行来谈，中饭后去。阅《读礼通考》五页，阅本日文件。写沅弟信，交专兵带去。周镇来一谈。傍夕小睡。夜，将作《彭氏谱序》，翻阅《湖海文传》中各家之文，又阅《宰相世系表》，遂忘作文之事矣。二更四点睡。

初三日

早饭后清理文件。旋围棋一局，又观人一局，将《唐书·宰相世系表》细阅数族。雪琴来久谈，中饭后去。阅本日文件，写对联八付。申刻作《彭氏族谱序》，至二更四点毕，约五百余字。至三更四点后乃稍成寐，五更初醒。向来偶作诗文即不能甘寝，此故态不足异也。

初四日

早饭后清理文件。围棋一局，又观人一局，雪琴来久谈。因昨夜不寐，精神困倦殊甚。中饭后客去,阅《丧服》,阅本日文件,与幕府久谈,核批札各稿。傍夕小睡。夜核批札稿信稿。二更与叶甥一谈。三点睡,尚能成寐。

初五日

早饭后清理文件。围棋一局,又观人一局,见客二次,阅《丧服》。余于古人冠服制度向未究心,故考核较难。雪琴来久谈,又坐见之客一次。中饭与幕友一谈,再阅《丧服》。申正写对联六付。酉刻核批札各稿。傍夕小睡。夜再核批稿。旋温《汉书》严、徐、朱、王、贾等传,朗诵数过。二更四点睡,尚能成寐。

附 记

取唐镜海先生行述
罗山文集,年谱

初六日

早饭后清理文件。围棋一局,又观人一局,至幕府一谈。写澄弟信一件。弟查季弟恤典,因将第二次恩旨加内阁学士衔者部文抄出付回;其第一次恩旨照按察使赐恤者,第三次恩旨予以直隶州补用者,部文未查出,因将谢恩折抄出付回。阅《丧服》,雪琴来一谈,阅本日文件。《丧服》阅至申正止。将雪琴求作《谱序》以八分大行书书之,书二百字。旋核批札稿。夜又书《谱序》百字,核信稿十件。二更后温韩诗七古,朗诵十余首。三点睡,不甚成寐。

初七日

早饭后清理文件。围棋一局,又观人一局,与幕府一谈。午刻阅《丧服》,中饭后阅至申初止。阅本日文件,写《谱序》三百余字,毕。易敬臣来一谈。傍夕雪琴来,夜深始去。倦甚,不能治事。核批札稿数件。二更后在室中散步游衍,阅欧文数首。三点睡,甚能成寐。

初八日

早饭后清理文件。围棋一局,又观人一局。见客,坐见者一次,雪琴来久谈。阅《丧服》至午正二刻,赴雪琴舟次便饭,申初归。阅本日文件,围棋一局。见客一次，与幕府一谈，核批札各稿。傍夕小睡。夜写册页二开。日内作字，手甚吃力，拟用"趋欹注卷"四字诀为之，用力轻匀，或转可历久不变。温相如、子云各赋。二更五点睡，三更后成寐。一更后，阅桐城张承华蓉溪所为《学庸臆解》三十四页毕。其言《大学》，文须用古本而不烦补，"传义"须宗朱子而不取阳明，与余平日之说相结合，余亦多独得之见。

附记

张承华 阎承观 新郑人

曹肃孙 洛阳人　　苏源生 鄢陵人

方存之、张蓉溪说

徐廷英 杞县人，易斋

初九日

是日恭逢先大夫七十七冥寿，向在军不具馔设祭，今亦仍之。早饭后清理文件。见客，坐见者一次，立见者一次。观人围棋一局，雪琴来一坐，何绍彩来，坐谈片刻。阅《丧服》"齐衰不杖期"章。中饭后围棋二局，阅本日文件，核批札各稿。乔鹤侪来久谈，渠自寿州赴秦抚任，自此经过也。傍夕打辫子时，忽觉右腰肋微疼。夜核信稿数件，立见之客二次。二更后，欲温古文而疲乏殊甚，腰疼转剧。三点睡后，腰愈疼，不能成寐。四更二点用镇江膏药贴之，稍愈，亦仍不能酣睡，展转床褥。五更后，因明日拜牌，客已至矣。

初十日

是日恭逢慈禧皇太后万寿。五更三点起。乔鹤侪、彭雪琴俱在此一同行礼，黎明礼毕。早饭后见客，立见者一次，坐见者二次。阅本日文件，围棋一局，又观人一局，腰疼不止。阅《丧礼》，张稷若本三页，秦味经本廿页。中饭后至幕府一谈，阅本日文件，见客一次。申刻出门，至河干拜乔鹤侪，久谈，傍夕归。雪琴来，与之夜饭，因腰疼，吃酒五杯。送客后，核批札信稿。临睡，又饮酒四钟。自来未饮酒如此之多，而腰疼似觉稍愈，睡后亦尚成寐。是夜阅彭咏莪《松风阁诗》，廿五卷中约抽看二三卷。

十一日

是日为余五十六生日，各客一概不见。惟雪琴一早即来，在此同早饭，辰正归去；午初又同来中饭。辰初清理文件，围棋一局，又观人一局，写沅弟信一件。又阅彭咏莪诗集。中饭后阅本日文件，写纪泽儿信一件，又围棋二局。傍夕小睡片刻。夜改折稿一件，约五百余字。二更三点睡，腰冬异常，三更三点愈疼愈紧。将镇江膏药揭去，另换张家口狗皮膏药。四更后略能成寐，五更醒。

十二日

是日，本请乔中丞便饭，因腰疼恐难陪客，遣人辞之。早饭后清理文件，英中丞翰来久谈。请祝爽停来於脉，渠谓："腰疼，因用心劳伤，心肾不交，病在本源，非骤感风寒者。膏药追骨换搜风，地于霸道，故愈觉其疼。"因立将狗皮膏药拔去，而疼稍减。乃知药不对病，虽膏药且足为患，况煎药乎？雪琴来辞行，至申初去。阅本日文件。巳刻围棋一局，又观人一局。申刻写寿对一付，改折稿二件。傍夕小睡。夜与叶亭甥及幕友久谈，议及具折开缺事。又改片稿一件。二更三点睡，腰冬较前二夜稍减，尚能成寐。

十三日

早饭后见客，坐见者一次，立见者一次。围棋二局，英中丞来久坐。阅《仪礼·丧服》，至未正止。阅本日文件。出门至河干拜英西林，酉初归。核批札各件。傍夕与幕府一谈。灯后发报四折、五片、一清单，内一折请开各缺，一片请注销封爵。核各信稿。二更后温《系辞》，与叶亭甥一谈。三点睡，四更三点醒。

十四日

早饭后清理文件。围棋二局，英中丞来久谈。阅《丧服》至申正止。阅本日文件，核批札各件。闻纪鸿儿将到，察看其所住之室。剃头一次。夜核信稿多件，二更后温古文，文家之有气势，亦犹书家有黄山谷、赵松雪辈，凌空而行，不必尽合于理法，但求气之昌耳，故南宋以后文人好言义理者，气皆不盛。大抵凡事皆宜以气为主，气能挟理以行，而后虽言理而不厌，否则气既衰苶，说理虽精，未有不可厌者。犹之作字者，气不贯注，虽笔笔有法，不足观也。二更四点睡，四更四点醒。

十五日

早饭后清理文件。围棋一局，又观人一局。巳初，纪鸿儿来，问家常琐屑事。又立见之客二次，坐见者二次。阅《丧服》，至未正止。阅本日文件甚少，与幕友久谈，核批札各稿，见客一次，写少泉信一件。傍夕小睡。夜核信稿数件。与鸿儿一谈。说话微多便觉疲困，腰疼弥甚，深以为苦。二更三点睡，勉强成寐，四更三点醒。腰疼不耐更睡，披衣起坐约半时之久，又复倒睡，老病之态，近年所未见也。

十六日

早饭后清理文件。观屠晋卿与薛叔耘围棋一局，又观纪鸿与叔耘一局。见客二次，谈均甚久。午初阅《丧服》，中饭后即不敢再阅，因医言腰疼由于用心太过也。与幕友久谈，阅本日文件，阅《明史·儒林传》一卷，核批札各稿。傍夕小睡。夜阅《明史·文苑传》一卷。盖读史本易于读经，而《丧服》尤经中之极精深者，是以病中阅之吃力。二更后核信稿数件，温《子虚》《上林》等赋。三点睡，三更后成寐，五更后醒，在近日为美睡矣。

十七日

早饭后清理文件。围棋一局，又观人一局，祝爽亭来久谈。巳正阅《丧服》，至中饭后毕。与幕友久谈，阅本日文件，写挽幛、对联。酉刻核批札各稿，与鸿儿一谈，与幕府一谈。夜阅《明史·儒林传》一卷，未毕，二更后温《古文·气势之属》。三点睡，三更甫成寐，片刻即醒，四更后成寐。是日腰疼略愈，而夜间仍不得熟睡。

十八日

早饭后清理文件。观人围棋二局。阅《丧服记》，至未正止。阅本日文件。鄢陵苏菊村，名源生，送所辑《中州文征》四函、《鄢陵文献志》二函，又《记过斋丛书》一函，内刻《读书录》《儒门法语》《省心纪》《严陵讲义》《圣学入门》书诸种，又《记过斋藏书》，则其所自著文稿。《省身录》《大学臆说》诸种，略一涉猎。见客，坐见者一次，立见者一次。旋将《儒门法语》细读一过，又将《读书录》阅一卷，此昔年曾阅之书，故翻阅较易。二更后温《古文·识度之属》。三点睡，四更四点醒。

十九日

早饭后清理文件。观人围棋二局，见客二次，阅《丧服记》毕。中饭后阅本日文件。因《丧服记》"衽二尺有五寸"句，制度苦思不得，又命纪鸿及吴挚甫代之筹思。改信稿数件。夜将制衽法想出，挚甫亦另思得一法，各为记出。阅《明史》蔡懋德传、赵南星等五人传。是日接奉寄谕，严旨诘责，郁抑久之。二更三点睡。三更后成寐。四更四点醒。

廿日

早饭后清理文件。观人围棋二局。见客一次，谈颇久。与幕府阅张皋文《丧服四表》。中饭后，金可亭来久谈，申正去。阅本日文件，核批札各稿，与幕友久谈。小睡片刻。夜间，心绪抑郁，茫然若无所向。阅《明史》卢象升等传。旋默坐，不作一事。二更后与王子云一谈。三点睡，四更四点醒。

廿一日

早饭后清理文件。见客，坐见者二次，观人围棋一局。出门拜金可亭，久谈，午正归。阅《士虞礼》，至申初止。阅本日文件。折差归，阅京信数件、京报数十本。至幕府久谈。傍夕小睡。夜核批札各稿，二更后温《古文·识度之属》。五点睡，尚能成寐，五更后醒。

廿二日

早饭后清理文件。观人围棋二局，见客一次，写沅弟信一件，阅《士虞礼》。中饭后与幕友一谈，接澄弟、沅弟信，阅本日文件，会见之客二次，阅《元史·儒学传》一卷。傍夕小睡。夜阅《湖海文传》十余首，又借阅《通鉴纲目续编》十余页。二更三点睡，五更醒。

附 记

《五礼通考》　　　《文献通考》
《衍义补》　　　　《元明国朝兵食略》
《宋元明续鉴》

廿三日

早饭后清理文件。见客三次，围棋一局，又观人一局，阅《士虞礼》并《记》，未毕。午刻，坐见之客一次。未初请金可亭便饭，邕谈，申正散。阅本日文件，立见之客二次，核批札稿。傍夕小睡。夜核批稿，观吴挚甫、张敬堂所为《明堂说》，又观《大戴礼·明堂》篇。二更后与挚甫久谈，教以说经之法。说话太多，舌端蹇滞。二更三点睡，四更末醒。

廿四日

早饭后清理文件。见客，立见者一次，坐见者一次。围棋一局，又观人一局。立见之客二次。阅《士虞礼》《特牲馈食礼》，至未正止。阅本日文件，写对联七付，与幕府一谈，核批札稿。傍夕小睡。夜核信稿数件。阅吕晚村所选八家文，阅纪鸿所读四书文本。二更三点睡，腰疼，不甚成寐。

廿五日

早饭后清理文件。见客，立见者四次，观人围棋二局。阅《特牲馈食礼》。中饭后与幕友久谈。见客，立见者一次，坐见者一次。阅《特牲馈食礼》。接奉廷寄，令予进京，少荃暂署钦差关防。阅《仪礼》，申末毕。核批札各稿，与幕友久谈。夜与纪鸿儿一谈，二更后温《周易·屯卦》。五点睡，竟夕不能成寐。

附记

沅弟信
纪泽信：带曾文煜《仪礼句读》
少泉信

廿六日

早饭后清理文件。见客，张敬堂谈甚久，观人围棋二局。午刻见客，坐见者一次，立见者一次。阅《仪礼·特牲礼》，写少泉信。中饭后再阅《仪礼》。因昨夕不眠，看书不能入。写沅弟信一封、纪泽信一封，阅本日文件，核批札各稿，与幕府久谈。傍夕小睡。夜倦甚，与鸿儿一论八股。二更后阅《易》《屯卦》、《蒙卦》。三点睡，四更三点醒。

廿七日

早饭后清理文件。围棋一局，又观人一局，祝爽亭、张敬堂先后久坐。阅《特牲礼》，至申初止。阅本日文件，核批札各稿，与幕府久谈二次。傍夕小睡。

夜核咨稿，写纨扇一柄，二更后温《论》、《师》二卦。五点睡，四更五点醒。

附 记

复霞仙信　复韫斋信

廿八日

早饭后清理文件。见客，坐见者一次，谈颇久。围棋一局，又观人一局。阅《特牲礼》毕。中饭后，可亭步行来，久谈。阅本日文件，写对联三付、挂屏四幅。约二百余字。与幕府一谈，核批札各稿。傍夕小睡。夜将桌上丛杂清理，良久乃毕，二更后温《易》《比》、《小畜》二卦。是夕闻东股贼回窜太康一带。二更五点睡，四更末醒。

廿九日

早饭后，坐见之客二次，围棋一局，又观人一局，与幕友一谈。午刻阅《少牢礼》。中饭后阅本日文件，与幕客一谈，写对联三付、横披三张，约三百余字，扁一幅。见客一次，谈颇久。傍夕与幕友一谈，夜核批札信稿，二更后温《易》《履》、《泰》二卦。五点睡，四更五点醒。

卅日

早饭后清理文件。见客，坐见者三次，围棋一局，又观人一局，阅《少牢礼》，坐见之客一次。中饭后改信稿一件，约五百字。与幕友一谈，阅本日文件，写扁三幅，核批札各稿。傍夕见客，坐见者一次，立见者一次。闻贼匪自陈州来，距周家口仅廿余里。营中戒严，各营于夜间出队截剿。核信稿五件，共改五、六百字。二更后温《易》《否卦》、《同人》、《大有》。四点睡，四更四点醒。

十一月

初一日

早间，谢绝贺朔之客。旋见客二次。早饭后清理文件，围棋一局，又观人一局，阅《少牢馈食礼》。中饭后至南圩外湖广会馆，名禹王宫，金可亭在彼陪同行礼。楚人在周家口者，黄陂人最多也。申刻归。阅本日文件，写刘韫斋信，写霞仙信。傍夕登圩墙一望。本日，杨少铭、张敬堂等出队获胜，贼已从下游渡沙河而南矣。夜改折搞一件，杨、张等来久谈。二更后温《谦》、《豫》二卦。四点睡，四更四点醒。

初二日

早饭后清理文件。见客，坐见者一次，观人围棋一局，改片稿一件，约改四百字。又坐见之客二次，阅《少牢礼》。中饭后与幕友一谈，刘仲良来久谈。阅本日文件，又改片稿一件，写沅弟信一件，发报一折、二片。傍夕与幕友久谈。夜核批札稿，写零字甚多，温《易》《随》、《蛊》二卦，阅吴挚甫所为《明堂考》。二更四点睡，五更醒，是夕尚为美睡。

初三日

是日为江太夫人八十二生日，在营历未设祭。见客，坐见者三次，立见者一次。清理文件，围棋一局，又观人一局，刘仲良来久坐，立见之客五次，坐见者一次。阅《少年礼》毕，又阅《有司彻》，至申正止。中饭后与幕府久谈，阅本日文件，酉初写纪泽信一封，令其无庸来营。傍夕，灯后，坐见之客二次，谈甚久。夜核批札各稿，二更后温《易》《临》、《观》二卦，温韩诗七古。四点睡，五更醒。

初四日

早饭后清理文件。见客，坐见者一次，立见者二次。围棋一局，又观人一局。阅《仪礼·有司彻》，至申正止。中饭后与幕府一谈，阅本日文件。申刻写对联七付、扁三幅。剃头一次。夜核批札信稿甚多，二更后，疲困之至，诵韩诗七古数首。二更三点睡，四更四点醒。

初五日

早饭后清理文件，见客一次，谈颇久。围棋一局，又观人一局。与幕府一谈。阅《仪礼·有司彻》，至未正止。阅本日文件，写澄弟信。申正后写扁字廿余。傍夕小睡。夜写零字甚多，核批札各稿，温《易》《噬嗑》、《贲》二卦，写少泉信二页，未毕。二更三点睡，三更后成寐，五更醒。

初六日

早饭后清理文件。见客一次，围棋一局，又观人一局，阅《有司彻》，写少泉信一封。中饭后与幕府一谈，再阅《有司彻》，阅本日文件，接奉延寄，令余回江督本任，仍拟恭疏辞之。写对联八付。傍夕小睡。再与幕友一谈。夜核批札信稿，写零字甚多，写册页二幅，百余字，温《易》《剥》、《复》二卦，温《太史公自序》。二更四点睡，四更五点醒。

附 记

抄信与沅

初七日

早饭后清理文件。围棋一局，又观人一局，坐见之客一次，写沅弟信一封。阅《有司彻》，至申初阅毕。阅本日文件。金可亭求作《试律诗序》，申正为作一首，约三百余字。旋写扁字十余方，与幕府久谈。傍夕至圩意一看。夜核批札信稿甚多，约改五、六百字，二更后温《易》《无妄》、《大畜》二卦。是日治事太多，用心太劳，疲乏之至，腰冬心亦疼。三点睡后，深以为苦。三更后勉强成寐，四更四点醒，犹觉筋络疼痛。

初八日

早饭后清理文件。围棋一局，又观人一局。见客，立见者一次，坐见者二次。因体中不适，本日全不看书，不治事，但在室中偃仰，与幕友闲谈而已。中饭后阅本日文件。自申刻以后久睡，直至灯时始起。夜阅《五礼通考》中《宗庙时享仪》节，二更后不复阅看。三点睡，屡醒屡寐。四更末，觉病已减矣。

初九日

早饭后清理文件。围棋二局，又观人一局。阅《五礼通考·宗庙时享仪》一卷零十页，至未正毕。阅本日文件，刘仲良、金可亭先后来久坐。傍夕小睡。夜核批札各稿，写册页一幅。二更后，不作一事，在室间偃仰闲适，阅王船山《诗经稗疏》"裏将"、"黄流在中"等条，心折者久之。三点睡，三更后梦魇殊甚。

初十日

早饭后清理文件。围棋一局，又观人一局。见客一次，久坐。阅《宗庙时享仪》一卷。中饭后，刘省三来久坐，阅本日文件，写扁字十余方，与幕友久谈，傍夕小睡。夜核批札稿，写可亭回信，约二百余字。二更后温《古文·识度之属》。三点睡，三更成寐，五更醒。

十一日

早饭后清理文件。围棋一局，又观人一局，彭笛仙来久谈，阅《宗庙时享仪》，仅五页，见客一次。中饭后与幕友一谈，可亭来久谈，至傍夕始去。又与幕友一谈。夜阅本日文件。疲乏殊甚，因说话太多，舌端蹇滞。核批札各稿。二更后，偃息室中，不复治事。三点睡，四更四点醒。

十二日

早饭后清理文件。围棋一局，又观人一局。见客，立见者二次，王孝凤来久坐，又坐见之客一次。阅《宗庙时享仪》半卷。请彭笛佩便板，久谈。阅本日文件，坐见之客一次，与幕府一谈。夜核批札稿，二更后温《易》《颐》、《大过》二卦。三点睡，上腭右辅一壮齿久已将脱，仅挂一丝者又半年矣。至是脱去。四更醒，旋又微睡。

十三日

早饭后清理文件。围棋一局，又观人一局。见客，坐见者一次。阅《宗庙时享仪》十一页。中饭后与幕友谈二次，与彭笛仙谈一次，阅本日文件，核批札信稿。夜，笛仙又来一谈，核批札各稿。二更后温《坎》《离》二卦。三点睡，三更后成寐，五更醒。

十四日

早饭后清理文件。围棋一局，又观人一局。见客，坐见者一次，阅《宗庙时享仪》。午刻，刘仲良未久坐。中饭后与幕府一谈。阅本日文件极少。阅《宗庙时享仪》至酉刻毕，酌加题识。王孝凤来久坐。夜核批札信稿，二信约四百余字。二更后，温《易》《咸》、《恒》二卦。倦甚，阅鸿儿在鄂所为文三首，小睡。三点睡，五更醒。

十五日

早，谢绝贺望之客。饭后清理文件。围棋一局，又观人一局，见客，坐见者二次。阅《宗庙时享仪》，至中饭后毕。阅本日文件，刘仲良来久坐，阅钱楞仙《制义》十余首，与幕府久谈。傍夕供帐，为明日拜牌之所。夜改折稿一件，约改四百余字。疲乏殊甚，二更后小睡。三点睡，幸尚成寐，四更三点醒。

十六日

早饭后清理文件。围棋一局，又观人一局。阅《宗庙时享》汉魏至齐梁，共三十三页。中饭后与幕友一谈。金竺虔之世兄庆澜来见，一谈。阅本日文件，改折稿一件。傍夕与幕友久谈。夜改片稿三件，约改三百余字。二更后，疲乏殊甚，温韩诗七古廿余首。二更三点睡。是日五更三点，未明，行冬至庆贺礼。日间治事甚多，睡后幸尚成寐。四更一点即醒，为时太骤，老境益增矣。

十七日

早饭后清理文件。围棋一局，又观人一局，阅《宗庙时享》陈及三魏隋唐。与幕友一谈，中饭后又一谈。阅本日文件颇多，发报二折、三片，核批札各稿。

傍夕与幕友久谈。夜与彭笛仙一谈，核信稿多件，二更后温《古文·气势类》。三点睡，二更后成寐，五更醒，旋又微寐。

十八日

早饭后清理文件。围棋一局，又观人一局。见客一次，写少泉信一件，改信稿二件。中饭后与幕友久谈，阅本日文件。见客，立见者一次，坐见者二次。核批札稿，核信稿多件。傍夕与幕友久谈。夜写纪泽信一件，核批札稿。二更后温《易》《遁》、《大壮》二卦。旋选《制义》数首，将命纪鸿及叶甥抄读。

十九日

早饭后清理文件。围棋一局，又观人一局。阅《士丧礼》，因前次未将张蒿庵本圈点，故此次补加圈点，未正毕。阅本日文件。将钦差大臣关防封好，派文武二员赍送徐州交李帅祗领。阅纪鸿所选《制义》三十篇，半多以辞掩意，柱义不明，廓大颟顸之作，拟另为选二三十首。傍夕与幕友久谈。夜核批札信稿，二更后温《易》《晋》、《明夷》二卦。三点睡，四更一点睡，旋又小睡。

廿日

早饭后清理文件。围棋一局，又观人一局，至幕府一谈，阅《既夕礼》。中饭后将《五礼通考·丧礼》题识一册，殊觉疲乏。核批札各搞。傍夕与幕友一谈。夜核信稿二件，二更后温《易》《家人》、《睽》二卦。是日未刻阅本日来文，仅一件，闲适之至。惟看书稍多，略觉疲乏。夜间不愿多治事，向来用心过则梦魇。二更三点登床，甫成寐即梦魇矣，竟夕不得佳眠。

廿一日

早饭后清理文件。围棋二局，至幕府一谈。阅《既夕礼》并《记》，申初毕。阅本日文件，核批札稿，写沅弟信未毕，与彭笛仙一谈。灯后，李幼泉来一谈，将沅弟信写毕，并查弟履历所奉谕旨。旋温《项羽本纪》一过，二更后温《易》《蹇》、《解》二卦，疲倦殊甚。三点睡，三更后成寐，五更醒。

廿二日

早饭后清理文件。围棋一局，又观人一局。见客，坐见者一次，立见者一次。与幕府一谈。阅《五礼通考》中《丧服》篇，补加题识。中饭后见客，坐见者二次，立见者二次。阅本日文件，与幕友久谈，阅《丧服》廿页。傍夕打辫子。近每日暮时常打辫子，未及写记。每日早饭、中饭后，行走各千步，亦未写记也。夜核批札各稿，温《史记·荆轲传》，二更后温《易》《损》、《益》二卦，阅路闰生文数首。二更三点睡，四更四点醒，旋又小寐片刻。

廿三日

早饭后清理文件。见客，坐见者三次，立见者二次。围棋一局，又观人一局。阅《丧服》篇，补加题识，至申正始毕，中饭后，刘仲良等来一坐，阅本日文件，写李少泉信一件。接澄弟十月三十日信、纪泽十一月初三日信，又接沅弟廿日信，内有筠仙一信，议论透快。傍夕与幕友久谈。夜核札信稿，写零字颇多，二更后温《易》《夬》、《姤》二卦。三点睡，四更五点醒。

廿四日

早饭后清理文件。围棋一局，又观人一局。见客，坐见者一次，立见者一次。阅《丧服》篇，《丧礼或问》补加题识，中饭后毕。至幕府一谈。阅本日文件，写对联十付。申刻，幼泉、仲良、省三来，坐谈良久，傍夕去。又与幕友一谈。夜核批札稿信稿，疲乏殊甚。二更后温《易》《萃》、《升》二卦，旋又阅小说十页。三点睡，五更方醒。是夕，可谓佳眠。

廿五日

早饭后清理文件。见客，立见者三次，围棋一局，又观人一局。阅《大夫士庙祭》一卷廿九页，中饭后始毕。与幕中一谈，计苇村来久谈，阅本日文件，写对联六付、横披一幅，核批札各稿。傍夕又与幕友一谈。夜写零字甚多，近觉小楷少有长进。改折稿一钉，即报销简明清单折也，约改三百字。二更后温《易》《困》、《井》二卦。三点后，稍能成寐，四更三点即醒。是夕睡殊不甜。

廿六日

早饭后清理文件。见客，立见者一次，围棋一局，又观人一局，坐见之客二次。阅《仪礼·特牲馈食》。将《五礼通考》二卷补加题识，至中饭后毕。与幕友一谈，阅本日文件。见客，坐见一次阅时文廿余首，将选与儿侄辈读。傍夕与幕俯久谈。夜阅《墨选观止》廿余首，旋核批札信稿。二更后温《易》《革》、《鼎》二卦。接澄弟十一月十一日信。纪泽儿亦有一禀，知全眷于初十日到家，大小平安。三点睡。是日疲乏。夜间梦魇，仍无佳眠。

廿七日

早饭后清理文件。见客，坐见者一次，立见者二次。围棋一局，又观人一局。刘省三所作各体诗，求加题识，为题二百余字于卷首。午刻，坐见之客一次，阅《少牢馈食》、《有司彻》。中饭后酌加题识。阅本日文件，省三等来久坐。旋至幕府邕谈，写对联六付。傍夕阅时文数首。夜核批札信稿。二更后温《易》《震》、《艮》二卦。问鸿儿，言每日多吐浓痰，为时已久，为之悬系。三点睡，改盖新厚被，因昨夕被略薄，本日不适也。

廿八日

早饭后清理文件。折差自京回，带有京信邸抄，细阅一过。内有御史穆缉香阿劾予之折，奉旨为之剖晰。旋围棋一局，又观人一局，已午初矣。接沅弟信，知郭子美在德安获一胜仗。阅《大夫士庙祭》一卷。中饭后与幕友久谈，阅本日文件。写对联六付、祭幛二幅，写纪泽儿信一件。接奉廷寄，仍令余回江督本任。傍夕与幕友一谈。夜核批札各稿，彭笛仙来久谈，二更后温《易》《渐》、《归妹》二卦。三点睡，不甚成寐。

附　记

湖北抄祝、易

廿九日

早饭后清理文件。见客一次，围棋一局，又观人一局。阅《五礼通考》中《士大夫庙祭》十页，未正毕。至幕府一谈，阅本日文件，与彭笛仙一谈，核批札各稿。傍夕与幕府一谈。夜改复尹莘农信，约五百余字。申刻写册页二幅，约二百字。二更后，温《易》《丰》、《旅》二卦。三点睡，三更二点后始略成寐，后亦屡醒。

附　记

写笛仙横波

开李翥汉回湘礼毕

核铭保单

三十日

早饭后清理文件。见客一次，围棋一局，又观人一局。阅《士大夫家祭》中《书仪》等篇十一页。午正，坐见之客一次。未正阅书毕。接京信数封，与幕友一谈，阅本日文件，开单送礼数处，写彭笛仙横披一幅，约二百余字。傍夕与幕友久谈。夜核批札稿，写内子信未毕，笛仙来一谈，核铭营保单毕。二更后温《易》《巽》、《兑》二卦。三点睡，不甚成寐。新棉被太厚太硬，五更令人更换，仍未酣睡。

十二月

初一日

早饭后见客一次。清理文件。围棋一局，又观人一局。阅《五礼通考》中《朱子家礼·察礼》，至申刻始毕。午刻，坐见之客二次，将家信写毕。中饭后与幕府一谈，料理李翥汉回湘事宜，见客二次。阅本日文件，核批札各稿。傍夕又与幕友一谈。夜核保单二件，改折稿一件，约改四百字。二更后温《易》《涣》、《节》二卦。三点睡，尚能成寐，是日接沅弟信，郭军有四营小挫之说，为之忧灼！

初二日

早饭后清理文件。立见之客一次，围棋一局，又观人一局。阅《朱子祭礼》，至申正毕。午刻，坐见之客一次。中饭后与幕友一谈，阅本日文件，写沅弟信一件。又接沅信，言郭军廿六日皂市之战互有胜负，尚无妨碍。申正核批札各稿。酉刻与幕府鬯谈。夜核改折稿一件、片稿二件，二更后温《易》《中孚》、《小过》二卦。三点睡，不甚成寐。

初三日

早饭后清理文件。围棋一局，又观人一局。阅《士大夫家祭》一卷，至申刻毕。中饭后至幕府一谈，阅本日文件，见客一次，核批札各稿。剃头一次。又与幕友鬯谈。夜，发报二折、三片、一保举单，阅四书文十余首。二更后温《易》《既济》、《未济》二卦。三点睡，尚能成寐，五更醒。

初四日

早饭后清理文件。见客一次，围棋一局，又观人一局。阅《五礼通考》中《冠礼》，至中饭后止。与幕友一谈，阅本日文件，写李少泉信，写沅弟信。又与幕友一谈，核批札各稿。夜阅四书文十余首，二更后温《系辞上传》九章，三点睡。

初五日

早饭后清理文件。围棋一局，又观人一局。阅《冠礼》八页。中饭，请唐焕章、金庆澜便饭。未刻阅本日文件，至幕府一谈，核批札各稿，写云仙信，未毕，傍夕又与幕友久谈。夜写云仙信毕，约五百余字。旋阅江郑堂《汉学师承记》。二更二点后眼蒙，不能再看。三点睡，三更后成寐。

初六日

早饭后清理文件。围棋一局，又观人一局。写澄弟信一封，阅《冠礼》毕，坐见之客一次。中饭后又坐见者一次，与幕府一谈。再阅《冠礼》，写对联八付。傍夕与幕友久谈。夜核批札信稿，二更后温《易·系辞上传》毕。三点睡，三更成寐，五更醒。

初七日

早饭后清理文件。围棋一局，又观人一局。阅《冠礼》廿页，疲困殊甚，神不清爽，看书不能不能入理。至幕府一谈。中饭后阅本日文件，又至幕府一谈，王孝凤来一谈，写对联八付，改信稿数件。夜核报销简明清单，又改信稿十余件，二更后温《易·系辞下传》。三点睡，尚能成寐，四更三点醒。旋又小寐片刻，五更一点醒。

初八日

早饭后清理文件。见客一次，围棋一局，又观人一局。阅《开元礼·皇帝及皇太子冠》，申刻始毕。仅阅十页，盖余目光素钝，偶求精审，辄迟慢异常也。中饭后与幕府久谈，阅本日文件，写挂屏四幅，约三百字，写对联一付。傍夕与吴挚甫等一谈。渠本日作《读荀子》一首，甚有识量也。夜核批札信稿，核定送同乡京官炭敬单。二更后温《易·杂卦传》至末。祝氏所刻《程传》《朱义》《吕氏音训》，至是温一遍毕。闻祝氏此版现存汉口，当多买几部遍给家中子侄。三点睡，四更末醒。

初九日

早饭后清理文件。坐见之客一次，围棋一局，又观人一局，已午初矣。甚矣，横之费日力也。阅《冠礼》《开元礼》。见其所拟亦有与《仪礼》不合者，至申正毕。中饭后至幕府一谈，阅本日文件。申刻写对联四付，至幕府一谈。夜核批札各稿，再阅京官单，二更后温杜公七古。三点睡，不甚成寐。

附 记

《五朝纪览》一岁　　《五礼通考》二岁
《文献通考》一岁　　《兵食考略》一岁

初十日

早饭后清理文件。围棋一局，又观人一局。阅《宋世冠礼》，酌加批识，至申刻始毕。中饭后与幕友久谈，阅本日文件，旋核批札各稿。傍夕又与幕友久谈，写少泉信一封。夜改刘寿卿信，改京信数件。二更后温《古文·气势之属》。二更三点睡，四更四点醒。是日始严重寒，砚冰笔冻。望雪甚殷，温天皆有雪意而竟不成雪。自八月至今，五个月无雨无雪，麦不能下种，明岁必大灾歉，忧灼曷极！

十一日

早饭后清理文件。围棋一局，又观人一局。阅《冠礼》十页，至未刻止。中饭后至幕府一谈，阅本日文件。见客，坐见者二次，立见者二次。写寸大楷书百余，因纪鸿字画不圆，故书以示之。添京信五封中或一页或二页，写对联三付，与幕友久谈。夜核批札各件，料理京信等事，二更后温《古文·辞赋类》。二更三点睡，五更醒。

附 记

伟勇一案　　　　密考式

十二日

早饭后行礼，拜发元旦贺折。清理文件。围棋一局，又观人一局。又添信一页，清理京信廿余件。见客，坐见者二次，立见者一次。中饭后至幕府鬯谈，阅本日文件。接沅弟初七、初八及初九夜信，知郭子美军于初七日在安陆之臼口挫败，忧灼之至。既虑弟名之日损，又虑流寇日炽，不可收拾也。傍夕与幕客久谈。夜核批札各稿。倦甚，不能治事。二更后假寐，三点睡，三更三点成寐，五更醒。

十三日

早饭后清理文件。围棋一局，又观人一局。阅《五礼通考》中《冠礼》，至未正毕。中饭后见客一次，与幕府久谈。阅本日文件，核批札各稿。傍夕又与幕友一谈。夜写大楷壹百字，核批札信稿颇多，二更后疲乏，不愿治事。阅《古文·辞赋》数首。三点睡，四更醒，旋又成寐数刻。

十四日

早饭后清理文件。围棋一局，又观人一局。阅《昏礼》一卷，至未正毕，酌加题识，中饭后与幕友一谈。阅本日文件，知陕西之贼由临潼渡至渭北，忧灼之至。阅陆淳《春秋纂列》《苏辙集解》。傍夕又与幕友久谈。夜核批札信稿，写大楷百字，二更后温苏诗七律。四点睡，四更三点醒。

十五日

早饭后清理文件。围棋二局，又观人一局。午刻阅《仪礼·士昏礼》，至申初止，仅阅大页。中饭后至幕府一谈，阅本日文件，写对联九付，傍夕与幕府久谈。夜核批札各稿，二更后温苏诗七律，写大楷一百。二更三点睡，三更二点成寐，四更末醒，旋又微成寐。

十六日

早饭后清理文件。见客一次，谈颇久，围棋一局，又观人一局，与幕府谈二次，计帯村来义谈。中饭后阅本日文件，坐见之客一次。阅《士昏礼》，至申正毕。写对联三付，又与幕府久谈。大风，声震如吼，惊沙涨雾，一片迷漫。久旱六月，明岁荒歉，流寇又将日增。此岁诸军五万人入楚，合之鄂军将七万人，乃鄂军两次挫衄，而客军未及一战，深为可惜。而余以衰病辞位不获，从违两难。闻此风声震撼，百感交集，不能自安。夜核批札各稿，核老湘营保单，核片稿一件。二更后温苏诗七律。三点睡。

十七日

早饭后清理文件。围棋一局，又观人一局。见客，坐见者一次，阅《昏礼》廿页。中饭后至幕府一谈。阅本日文件，核各保举单。傍夕与幕府久谈。夜写大楷一百字，核批札各稿，二更后温苏诗七律。四点睡，四更末醒。

十八日

早饭后清理文件。见客，坐见者一次。围棋一局，又观人一局。阅《昏礼》十余页。中饭后至幕府一谈，阅本日文件。抄《仪礼诂训类记》，见客一次。傍夕与幕府久谈。夜接十二、十三日两次寄谕，写信与沅弟，约五百余字，核批札各稿，二更后温东坡七律。四点睡，竟夕不甚成寐。

十九日

早饭后清理文件。见客一次，围棋一局，又观人一局。阅《五礼通考》中《士相见礼》廿页。中饭后与幕府一谈。阅本日文件，录《诂训类记》。傍夕与幕友久谈。夜核批札信稿甚多，二更后温苏诗七律。三点睡，尚能成寐，五更醒。秋冬亢旱五个月，天气过暖。昨日下雪寸许，本日始有寒意，夜间则严寒矣。

廿日

早饭后清理文件。围棋一局，又观人一局。阅《士相见礼》。中饭后阅本日文件，至幕府一谈。接沅弟十三、十四日两信，云各军被围于沙港，焦灼之至。写复信一封。甫毕，又接十六日两信，云十一日鏖战获胜，为之少慰。然贼已东窜，下游空虚可虑，又写少荃信一封。傍夕与幕府一谈。夜改折稿、片稿各一件，约改五百字，二更后温苏诗七律。三点睡，四更三点醒，旋又小寐。

廿一日

早饭后清理文件。围棋二局。见客，坐见者一次，立见者二次。改信稿数件，阅《五礼通考》中《军制》，未能看清。中饭后，坐见之客三次，至幕府久谈，阅本日文件甚少，写对联九付，又与幕府久谈。夜核批札各稿，发报三折、五片、一保单，温苏诗七律毕。东坡七律共五百余首，向所选《十八家诗钞》中全数抄之，此次约选一百五十七首，将另行抄录，以为三复之本。二更后温《古文·识度之属》。三点睡，三更二点成寐，五更醒。

附 记

再与少泉信　　　抄复幼、鹤两信

廿二日

早饭后清理文件。围棋二局。阅《军制》数页，写沅弟信一件。中饭后与幕府邕谈，阅本日文件极多，写对联九付。傍夕又与幕府久谈。夜写大楷一百，核批札各稿，二更后温放翁七律。三点睡，尚能成寐，五更睡。

廿三日

早饭后清理文件。围棋二局。写少泉信，约三百字，写纪泽信，约五百字。阅《军制》，于"遂人"、"匠人"之说多不能通，改阅《乡饮酒礼》，于申初阅毕。至幕府一谈，阅本日文件。申正写对联六付，添郭意城信二页。傍夕与幕府久谈。夜核批札信稿，二更后阅放翁七律。三点睡，四更热甚，大汗，旋又少成寐。

附 记

改毕各信稿　　　作刘碑　　　定车单

廿四日

早饭后清理文件。围棋一局，又观人一局。见客，坐见者二次。阅《乡饮酒礼》，至申初止。请金世兄便饭。饭后阅本日文件。申刻写对联九付。傍夕又与幕府久谈。夜核批札信稿甚多，二更后温小杜七律，又选苏、陆二家诗之可为对联句者。三点睡，三更后成寐，五更醒。余数十年来，常夜梦于小河浅水中行舟，动辄胶浅；间或于陆地村径中行舟，每自知为涉世艰难之兆。本夜则梦乘舟登山，其艰难又有甚于前此者，殊以为虑。

廿五日

早饭后清理文件。旋围棋二局，阅《乡饮酒礼》毕。中饭后阅本日文件。阅十二月邸钞，与幕府久谈，写沅弟信，添毛寄云信，共五百余字，写对联九付，又与幕友一谈。夜核批札稿，添朱久香信一页，二更后温杜公七律。四点睡，尚能成寐。

廿六日

早饭后清理文件。围棋一局，又观人一局。见客，坐见者一次，立见者一次。阅《乡饮酒仪》。中饭前与幕友久谈。饭后阅本日文件，写寸大楷字二百。又至幕府将车单细核，为正月移营之用。写对联十付。见客，坐谈者一次。傍夕又与幕友久谈。夜又写楷字二百。前写二纸与鸿儿，二纸与叶甥，以作摹本。本日所写四纸，寄瑞侄各二纸。核批札信稿颇多。二更后温杜公及王右丞五言律诗。三点睡，五更醒。

廿七日

早饭后清理文件。见客一次，谈颇久。围棋一局，又观人一局。与幕友久谈，阅《乡射礼》，至申初毕。中饭后阅本日文件。申刻写对联七付、横披一幅，约百余字。傍夕与幕友久谈。夜核批札各稿。是日接披一幅，约百余字。傍夕与幕友久谈。夜核批札各稿。是日接沅弟廿一日信，言十九、廿日接仗获胜，为之一慰。午初复信，并将密考式专人送去。夜核信稿颇多，二更后温《文选·蜀都赋》。三点睡，三更成寐，四更四点醒。

廿八日

早饭后清理文件。坐见之客一次，围棋一局，又观人一局。接沅弟信，知张总镇树珊于廿一日阵亡，伤悼忧灼，不能自已。旋写信于少泉，约六百字。阅《乡射礼》，申刻毕。与幕友久谈，阅本日文件，阅刘印渠为其父母行述，未毕。见客一次，谈颇久。夜将刘家《行述》阅毕，信盛德长者也。将作墓志，眼蒙不能起草。核批札各稿。二更后不能治事。念捻匪猩獗如此，大局竟难挽回，百感交集。三点睡，五更醒，在近日可为美睡。

廿九日

早饭后清理文件。坐见之客三次，路朝霖谈颇久，淮宁令璜之子也。围棋二局，天已晏矣，未看书，写添李次青信三页。中饭后与幕府久谈，阅本日文件。将作刘太公墓碑，久未下笔。勒少仲新送笔五支试开，写二寸大行书二百余字。傍夕与幕友久谈。夜写零字甚多，作墓碑仅数十字。文思艰涩之至，不知偶然机滞耶，抑衰老而心血已枯耶？二更三点睡，四更末醒。

卅日

早饭后清理文件。围棋一局，又观人一局。接沅弟廿六、七日两信，知鄂抚署中五福堂于廿二日黎明焚烧，幸人口无恙，上房无恙，然受惊不小矣。旋作墓碑，至夜二更止，约作六百字，尚未完毕。中饭后阅本日文件，至幕府邕谈，写大楷百字。剃头一次。傍夕又与幕府邕谈。夜写零字颇多，二更后核批札各稿。本年治军毫无成效，捻匪较去冬之势更盛，殊为焦灼。惟一年看书未甚间断，《三礼》略有所得。二更三点睡，四更四点醒。

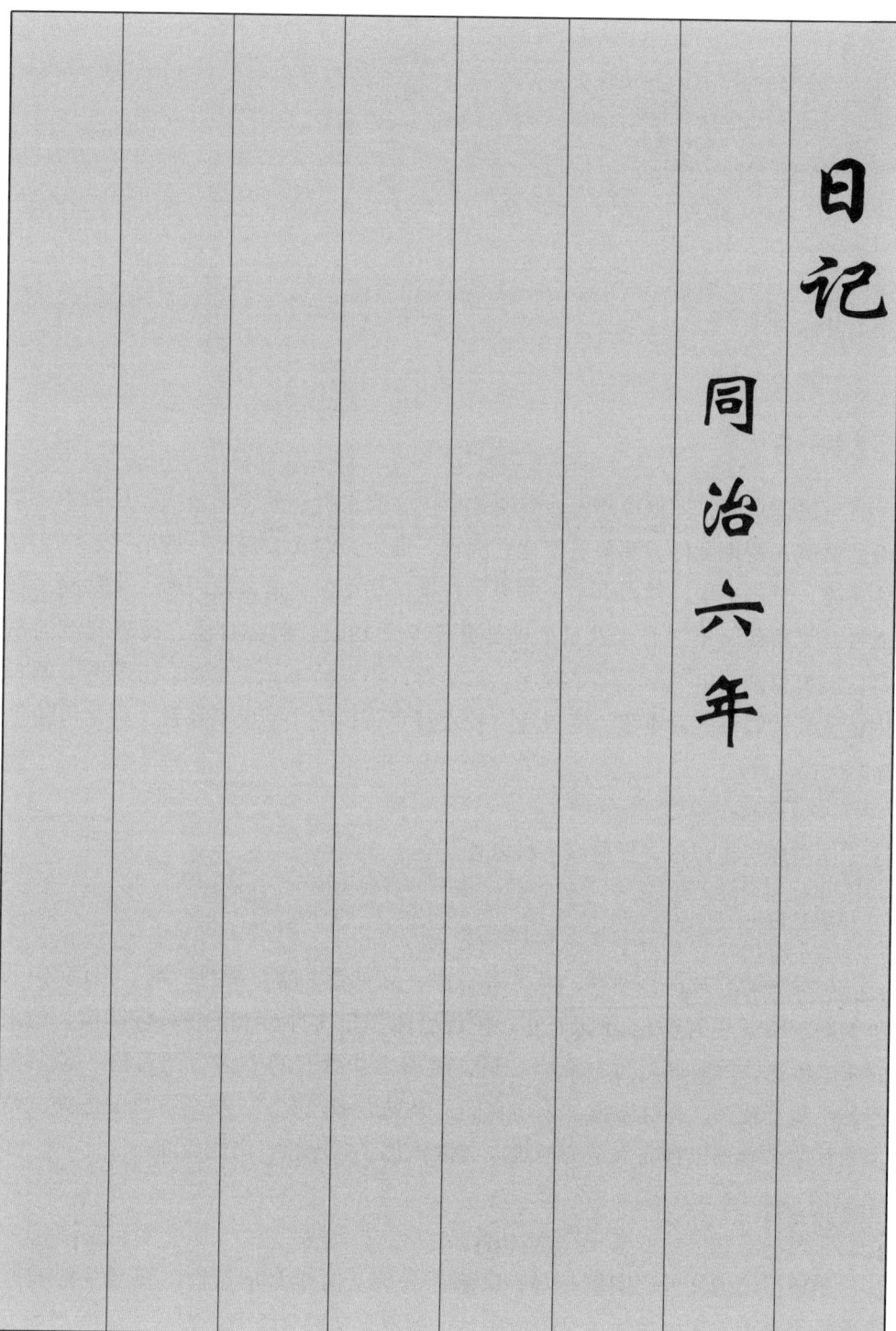

日記 同治六年

正 月

初一日

五更三点起,率僚属拜牌,黎明礼毕。文武来贺,见客廿余次,辰初毕。早饭后试笔,清理文件。至幕府贺喜。围棋一局,又观人一局。写楷书一百字,又作墓碑,至二更毕,约六百字,共千二百余了。中饭,请幕友两席。未刻阅本日文件,见秦兵于十二月十八日大败,几于全军覆没,贼势日盛,深恐其渡河窜晋,震惊京师。申刻,写零字颇多。二更后,不复治事。三点睡,五更醒。两日内作文甚觉艰难,而本夜尚能成寐,较之昔年每作诗文彻夜不寐者,犹觉稍胜。

附记

书箱样　挽幛银寄任尊叔　科九侄贺礼

初二日

早饭后清理文件。见客,坐见者一次,立见者一次。围棋二局。出门拜年,午初归。阅《乡射礼》,至未正止。中饭后阅本日文件。未正,写沅弟信,约六百字。申正,写对联三付、挽幛一付,将寄家中挽任尊叔者。与幕府一谈。傍夕,小睡。夜,核批札各稿。未申之间,坐见之客四次。二更后温韩文志铭,悟作文写字二者均以神完气足为最难。疲倦殊甚。三点睡,尚能成寐。

初三日

早饭后清理文件。围棋一局,又观人一局。写少泉信一件,阅《乡射礼》。见客,坐见者二次。中饭后至幕府一谈。阅本日文件。坐见之客一次。写对联九付、横披二幅，约二百字。至幕府一谈。小睡片稿刻。夜核批札信稿甚多。二更后，背诵《诗经》廿余篇。三点睡，三更成寐，五更醒。

初四日

早饭后清理文件。围棋二局。阅《乡射礼》，因心中杂事甚多，看书全不能入。写澄弟信一封，料理专人回家之件。中饭后阅本日文件。与幕府久谈。写对联九付。新作书架八个，指示木匠一切琐事。傍夕小睡。夜核批札各稿颇多。二更后温苏诗七律。三点睡，四更四点醒，旋又小成寐。

附 记

愚公寨举人李长仁，周口东北隅。十二月廿二夜，勋左营百余人哗言贼至。

初五日

早饭后清理文件。围棋一局，又观人一局。见客，坐见者五次，立见者二次。收捡各件，明日启行赴徐，有须亲为料理者。中饭后，坐见之客一次，立见者一次。阅本日文件。与幕府久谈，旋又清捡各件。写高丽纸横幅一件，约百六十字。夜，略核各稿。温《古文·气势之属》。二更三点睡。天气严寒，又因傍夕微雪，颇以行路为虑。

初六日

早饭后自周口起行，天气阴寒作雪，行四十五里至李家集打茶尖。又行十八里至陈州府城，未正到。见客，坐见者一次，立见者二次。中饭后，至城外太昊伏牺陵庙。傍夕，清理文件。在舆中阅《乡射礼》。灯下，将张皋文之图一为核对。眼蒙，不耐细看。二更后，路朝霖来见，久谈。路大令璜之子，号访岩，年廿三岁，聪明异常，送余五排五十韵，英器也。三点睡，尚能成寐，五更二点醒。

初七日

早饭后，自陈州起行，行廿五里至临蔡城打尖。见客，坐见者一次。又行十余里，天气微雪，道涂泥泞，因改而坐车，行五十五里至安平寨住宿。共行八十里，路甚蛮，实不啻九十里。是处属鹿邑管。鹿邑杨令来见，一谈。清理文件。

中顿无大米饭，即以饼为饭，近亦颇惯食饼矣。习字一纸，阅本日文件。夜阅《乡射礼》，将本日在舆中所阅之《乡射》批点一过，《燕礼》则未点。二更三点睡，不甚成寐。是日，接奉廷寄，因十二月十八日秦兵之败，霞仙革职。业经告病开缺之员，留办军务，致有此厄，宦途风波，真难测矣，然得回籍安处，脱然无累，犹为乱世居大位者不幸中之幸。

初八日

早饭后，自安平寨起行。天气放晴，路仍泥泞难行。行四十里至柘城县中饭。县令余锦淮，号妙泉，广东人，辛丑进士。公馆有一联云："江左依然怀谢傅，淮西从此识裴公。"即该令所作也。又行三十里至扶湘城住宿，共七十里，实不啻八十矣。见客，坐见者二次。清理文件。与幕府一谈。在舆将《燕礼》阅毕，阅《大射礼》十页。夜，围棋二局，阅批稿数件。二更后写零字甚多。三点睡，五更醒。

初九日

早饭后清理文件。自扶湘城起行，行三十里至麻姑堆打尖。旋又行三十里，未刻至归德府住宿。在舆中阅《大射仪》，又阅公牍五十余件。中饭后，与幕府久谈，围棋二局。傍夕小睡。风雨严寒，天气愁惨。夜，又阅公牍廿余件，将《燕礼》过笔数页。二更后，眼蒙殊甚，不能治事。三点睡，五更醒。

附记

陈州府刘拱宸，号伯瑗。己亥甲辰。江西新昌。
袁绳武，号镜堂。捐班。直隶。
归德府王祺海，号观亭。癸卯甲辰。山东诸城。
淮宁县路璜，号渔宾。壬辰乙巳。贵州。
鹿邑县杨维宗，号雪峰。广东。
商邱县孙嘉臻，号苣堂。其父在商邱殉难。世袭云骑尉。闽县。
柘城县余锦淮，号妙泉。壬辰辛丑。宛平，原籍山阴。

初十日

因昨夜雨雪，本日早间雪未断，遂小住一日未行。早饭后清理文件。见客，坐见者一次。围棋二局。核批札稿数件。将《燕礼》批点，中饭后又批，灯后方批毕。未刻，至幕府久谈。阅本日文件。写沅弟信一封，约四百余字。二更后，眼蒙，不复能治事。三点睡，四更四点醒，旋又小成寐。天气奇冷，为去冬所未有。

十一日

早饭后，自归德起程，雨雪纷纷。坐车行五十里，至王集寨小坐。旋又行廿里至虞城县住宿，未正即到，小车及挑子等则到甚迟。在车不能看小字书，将《古文·气势之属》阅一过。清理文件。申正，虞城县令胡叔珊在庭中嚷闹，有喊冤之辞。询之，则谓戈什哈贺献臣撕其衣服。问其仆，则云："尚未撕，但执其衣耳。"遍问巡捕等，皆云："贺献臣开酒席单，语言不顺，将单撕碎，而无撕衣之事。"余以初七日车夫投诉被贺献臣所打，两次皆戈什哈不应管之事，遂行棍责革去。夜阅《大射仪》，又阅《古文·辞赋类》，又阅本日文件，核批札稿数件。二更三点睡，三更后成寐，严寒异常。

十二日

早饭后，自虞城起行。因道涂泥泞，仅行三十五里，即在大阳集住宿。路蛮，亦近四十里矣。清理文件，写沅弟信一件。中饭后，与客围棋二局。是日，在舆中将《大射仪》阅毕，申刻批点数页。各幕友来，久谈。夜又批点数页。二更后，眼蒙殊甚，不复治事。是日，早饭后呕吐，旧有此疾，近久不发，竟日胸膈作恶。三点睡，五更醒。

十三日

早饭后，自大阳集起行，至小阳集廿里，小坐。旋又行三十五里，至砀山县住宿，未初到。清理文件。见客，坐见者一次，立见者二次。中饭后围棋二局，与幕友久谈。是日，在舆中阅《古文·辞赋类》。夜，将《大射仪》批点数页。胸隔间尚作恶，是以本日吃饭较往日略少。砀山去年水灾，居民穷苦异常，饥饿老幼夹道乞食。有一僧名明亮者，募化施主，养饥民一百一十七名。因每人给钱一百，以答该僧之意，又另发钱十五千，分给各难民，盖杯水车薪耳。二更三点睡，屡醒，尚能成寐。

十四日

早饭后，自砀山县起行，行四十五里，至唐家寨打尖。尖后，又行四十五里，至郝家集住宿。名为九十里，实不啻百里矣。署萧县令周力城来见，又立见之客二次。少时曾读《子虚》《上林赋》，未甚成诵，年来好看汉赋，亦未熟读。是日，在舆中戏将《子虚赋》细读，居然能背诵四遍。酉刻，始到止宿之处。夜，清理文件后，又读《上林赋》一段。二更三点睡，三更后成寐，屡醒。

十五日

早饭后，自郝家集行三十里，至郝家寨打尖。徐州道李眉生及郡守高令等在此迎接，与之久谈。又行廿里至王家闸，李少泉宫保在此，丁雨生、陈心泉等司道均在此迎候，坐谈少顷。又行廿里，申正至徐州府城，仍往考棚之内。见客，坐见者二次，立见者数次。中饭后，少泉来坐甚久，二更始去。清理文件。是日，在舆中读《上林赋》千余字，略能成诵。少时所深以为难者，老年乃颇能之，非聪时进于昔时，乃由稍知其节奏气势与用意之所在，故略记之。然衰年读书，不数月亦必忘矣。二更三点睡，三更梦魇，旋又成寐，五更醒。

十六日

早饭后见客，立见者九次，坐见者四次，谈均颇久。折差自京回，阅邸报、京信等。巳正，至云龙山拜少泉，久谈，便饭，未正归。又阅京信各件。与幕府久谈。坐见之客一次，立见者一次。阅本日文件。夜，将《上林赋》温习。因日间说话太多，疲乏殊甚。二更后，眉生来谈良久。四点睡，不甚成寐。

十七日

早饭后清理文件。见客，立见者五次，坐见者五次。围棋二局。出门拜客多家，均未拜会。归，又坐见之客一次，立见者一次。中饭后，与幕府一谈。阅本日文件，写纪泽信一件。见客三次。将《上林赋》读毕。傍夕小睡。夜核批札各稿。二更温《古文·辞赋类》。阅禀报，张敬堂编修锡嵘于初六日在西安阵亡，痛伤之至！四点睡，不甚成寐。

十八日

早饭后，李少帅来久坐，午刻始去。清理文件。又坐见之客三次。中饭后，坐见之客二次。围棋二局。阅本日文件，核批札各稿。与幕友久谈。傍夕小睡。是日，出题三个：一题作小讲，一题作提比，一题作一段，令纪鸿儿与叶亭为之。夜，略加批改。二更三点睡，尚能成寐，五更二点醒，近日无此美睡。

十九日

早起。饭后清理文件。见客二次。围棋二局。巳刻，李少帅处送来江督及钦差关防二颗、盐政印信一颗，行拜阙拜印各礼。文武僚属来贺，坐见者二次，立见者十余次。潘琴轩来，谈甚久。中饭后阅本日文件。又坐见之客二次。申初，少泉来久坐，灯后始去，谆劝余回金陵久任江督，言皆准情酌理。夜核批札信稿。二更后，核奏稿一件。三点睡，尚能成寐。

廿日

早饭后清理文件。见客，坐见者二次，立见者一次，丁雨生谈甚久。围棋二局。午刻出门，至少泉处，贺渠得湖广总督之喜，未刻归。中饭后见客，坐见者三次，立见者三次。阅本日文件。是日巳刻，改片稿一件。傍夕，与幕友久谈。夜核改片稿三件，核批札各稿、信稿多件。与少泉通信二次。二更三点睡，四更醒。

廿一日

早饭后清理文件。见客，立见者一次，坐见者三次。围棋二局。李眉生来久坐，午正始去。中饭后，坐见之客二次，谈颇久。阅本日文件，核各科稿件，未毕。与幕府久谈。傍夕小睡。夜，再核各科稿件。二更后，温《汉书》《邹阳传》、《苏武传》,《子虚》《上林》二赋。三点睡，四更末醒。

廿二日

早饭后清理文件。见客，坐见者三次，立见者三次。围棋二局。写沅弟信一件，阅《大射仪》，批点五页。中饭后，至幕府一谈。见客，坐见者二次，立见者一次，丁雨生谈甚久。阅本日文件。又与幕友久谈。夜核批札各稿，核信稿甚多。二更后温《古文·识度之属》，朗诵数首。二更三点睡，三更二点成寐，五更二点醒。

廿三日

早饭后，清理文件。见客，坐见者一次，立见者一次。围棋二局。巳初，少泉来久谈，因便饭，申刻乃去。阅本日文件。与幕府㘄谈。核批札各稿，写祭幛二付。傍夕小睡。夜核信稿。二更后，略教纪鸿及叶甥作文之法。接奉部文，李小泉授江苏巡抚而暂署楚督、刘韫斋授湖南巡抚、丁雨生授江苏藩司。从此诸事可以顺手，而沅弟亦得安其位，为之喜慰。二更四点睡，四更二点醒，五更微得假寐。

廿四日

早饭后清理文件。见客，坐见者一次，立见者一次。围棋二局。出门至少泉、雨生两处一谈，未初归。中饭后见客，坐见者二次，立见者一次。阅本日文件，批纪鸿、叶甥之文，倦甚，不能改一字。是日说话较多，舌端塞滞、精神困乏。与幕客谈二次。傍夕小睡。夜核科房各稿。二更后，温诵韩诗，气弱不能成声矣。三点睡，尚能成寐，五更醒。

廿五日

早饭后见客，坐见者一次，立见者一次。清理文件。围棋二局，尚斋又来一谈。又坐见之客一次。阅邸报，见官相处分，仅不作楚督而已。公道全泯，亦殊可惧。阅《大射仪》。中饭后，与幕友一谈。阅本日文件。剃头一次。核科房批稿。傍夕，与幕中久谈。夜核改各信稿。二更后温杜、韩七古。闻幻鸿喉病又发，颇以为虑。三点睡，五更醒。

廿六日

早饭后清理文件。围棋二局。见客，坐见者二次。少泉来坐甚久。双坐见之客一次。中饭后，阅本日文件，写霞仙信一件、沅弟信一件，共七百余字。见客，坐见者一次，立见者一次。傍夕，与吴挚甫久谈。夜改片稿二件，改信稿三件，核科房批札稿多件。二更后，温杜、韩七古。疲乏殊甚。洗澡下身。四点睡，五更醒。

廿七日

早饭后清理文件。见客，坐见者二次，立见者二次。围棋二局。又立见之客一次,坐见者一次。阅《大射仪》六页。中饭后,清理文件。见客,坐见者二次。与幕府久谈。体中甚觉不适,不能治事。写祭幛二幅、对联数付。夜核批札各稿,二更后温杜诗五律。三点睡,三更后成寐。

廿八日

早饭后清理文件。见客,坐见者一次,立见者一次。围棋二局。丁雨生来久坐。阅《大射仪》。午正,请少泉便饭,申正始散。阅本日文件,灯初始毕。与幕府一谈。核批札各稿,习字一纸。写小信二次与少泉。二更后,又核公牍。三点睡,四更末醒,旋又微成寐。

廿九日

早饭后清理文件。见客,坐见者四次。围棋二局。将《大射仪》阅毕,又阅《聘礼》六页,至未正毕。中饭后,阅本日文件甚多。丁雨生来谈甚久,与幕府一谈。核科房批札稿。傍夕小睡。夜,申夫自京回,与之久谈。二更后,核批稿信稿。四点睡,不甚成寐。心中郁郁,常思解去要职,以免疑谤。不觉梦魇,声粗非常,从人皆为惊起。自是竟夜不得安眠,殊自惭学养之未深耳。

二 月

初一日

早饭后清理文件。围棋三局。见客，坐见者二次，立见者二次。阅《聘礼》。午初，李宫保来久坐，便饭，申刻去。阅本日文件。又坐见之客二次，立见者一次。又阅《聘礼》五页。与幕友久谈。夜核批札各稿，二更后批叶甥文章，又核稿数件。三点睡，五更醒。

初二日

早饭后见客，坐见者一次，立见者二次。围棋二局。又见客，坐见者一次，立见者二次。出门至李宫保送行，渠于明日赴豫也，归，午正见客二次，谈稍久。中饭后，又见客二次，李眉生谈甚久，阅本日文件。阅《聘礼》三页。李宫保来久坐，凌筱南来一坐，又立见之客一次。傍夕，与幕府一谈。夜阅子密所为先人年谱，阅核批札各稿。二更后，疲倦殊甚。因本日说话太多。遂若衰颓不堪者，盖自此学问德业日见其退矣！三点睡，五更醒。

附 记

沈随李　　何随沅　　祝回直
钟回齐　　三司月折月评　各局旬报
胡、萧祠　二张请恤各片

初三日

早饭后出门，至城外二里之段家庄送李少泉出师赴豫，巳刻归。清理文件。

围棋二局。见客，坐见者二次，立见者二次。写沅弟信一件。中饭后阅本日文件。见客，坐见者二次，立见者二次。阅《聘礼》二页，核批札各稿。又坐见之客二次。傍夕小睡。夜核科房稿件，与幕友一谈。二更后，核信稿四件。三点睡，三更后成寐。

初四日

早饭后清理文件。见客，坐见者三次。围棋二局。巳初，申夫、眉生先后来，谈最久，在此便饭，申初散。阅本日文件。又见客，坐见者一次，立见者二次。核批札各稿。傍夕小睡。夜又见客一次，核折、片稿二件，核信稿数件。二更三点睡，是日说话太多，疲乏之至，幸尚能成寐。

初五日

早饭后清理文件。见客，坐见者三次，立见者四次。围棋二局。又坐见之客。写澄弟信一件，约四百字。阅《聘礼》。中饭后，申夫来久坐。又坐见之客一次，立见者一次。阅本日文件极多，近日所仅见。又阅《聘礼》。傍夕，与幕友一谈。小睡片刻。夜核科房批札稿，二更后温《古文·辞赋类》。三点睡，不甚成寐。

初六日

早饭后清理文件。张敬堂之子志敦与其师在五河县贡生凌允熙来久谈。感念敬堂，弥增伤悼。围棋二局。见客，坐见者一次，立见者一次。阅《聘礼》。是日戏读《羽猎赋》，陆续读至一半，夜间颇能成诵。盖余近年最好扬、马、班、张之赋，未能回环朗诵，偶一诵读，如逢故人，易于熟洽。但衰年读书，未必能久记耳。中饭后，与幕府久谈。阅本日文件。又阅《聘礼》。坐见之客。核批札各稿。傍夕小睡。与挚甫谈文。夜核信稿廿余件，温《古文·辞赋类》。二更三点睡，虽屡醒，尚幸成寐。

初七日

早饭后清理文件。见客，坐见者一次，立见者一次。围棋二局。又读《羽猎赋》，阅《仪礼·聘礼》。午初，申夫来久谈，便饭，申初去。阅本日文件。与幕府久谈。又温《羽猎赋》。傍夕小睡。夜核科房批札稿甚多。二更三点睡，五更醒。是日，将明日折弁事料理，三折、四片、四清单校阅完毕。申正，写对联六付。

初八日

早饭后清理文件。见客，立见者二次。围棋二局。改亦信稿二件，约改五百余字。阅《聘礼》。中饭后，阅本日文件，又阅《聘礼》。李眉生来久坐。核批札稿二件。傍夕小睡。夜核科房稿件甚多。二更甚倦。是日，陆续将《羽猎赋》读毕，又读《长杨赋》一半，默诵二遍，小睡。三点睡，不甚成寐。

初九日

早饭后见客，坐见者一次，立见者一次。清理文件。围棋二局。读《长杨赋》一半，毕。阅《聘礼》，毕。阅《公食大夫礼》。中饭后，写少泉信一件，阅本日文件，坐见之客一次。写对联九付。傍夕小睡。夜，申夫来久谈。旋核科房批札各稿。二更三点睡，三更后成寐。是日，接腊月廿五日家信，知修整富厚堂屋宇用钱共七千串之多，不知何以浩费如此，深为骇叹！余生平以起屋买田为仕宦之恶习，誓不为之。不料奢靡若此，何颜见人！平日所说之话全不践言，可羞孰甚！屋既如此，以后诸事奢侈，不问可知。大官之家子弟，无不骄奢淫逸者，忧灼曷已！

初十日

早饭后清理文件。见客，坐见者一次，立见者一次。背诵《羽猎》《长杨》二赋。围棋二局。又坐见之客二次。阅《公食大夫礼》。中饭后，与幕府一谈，方子可恺来一谈。阅本日文件，又阅《公食大夫礼》，核批札各稿，核信稿二件。写对联八付。傍夕，与幕府一谈。夜核信稿数件。二更后，批叶甥与鸿儿之文。鸿因病，仅作一小讲而已。三点睡，五更醒。

十一日

早饭后清理文件。见客一次。围棋二局。又坐见之客二次，立见者一次。写沅弟信一件，约四百余字。接少泉信，言任、赖复窜麻黄。恐鄂境久被蹂躏，沅将渐失民望，深为忧灼！午刻，申夫、眉生来久谈，申初始去。阅本日文件，添陈舫仙密信一页。欧阳定果自湖北来一谈。核批札稿甚多，夜始核毕。将叶亭文批毕。酉刻，写对联五付。二更后眼蒙，不复能作事，欲核折片各稿，竟不克为之矣。三点睡，幸尚成寐。

附 记

李安邦_{营务处}　牛广烈　邱心坦
叶荣_{管帐}

十二日

早饭后清理文件。见客，坐见者一次，立见者一次，围棋二局。改折稿一件，约三百字。午刻阅《公食大夫礼》。中饭后，与幕府久谈。阅本日文件，又改折稿一件。核批札各稿，未毕，灯后始毕，酉刻，写对联七付。夜，又改片稿一件。读《解嘲》四分之一，因近日读书颇能背诵，拟择汉文之尤者多读熟数篇，以资讽味玩索之乐。惟老年记书，微觉头晕，或因治公事太多，不能兼营与？二更三点睡，五更醒。

十三日

早饭后，将《解嘲》读毕，此篇本平日最好者，故尤易于成诵。清理文件。见客，坐见者一次，立见者三次。围棋二局。写纪泽儿信一件。午刻阅《公食大夫礼》。至李眉生署内赴宴，申夫在坐，申刻归。阅本日文件。阅邸钞，见御史阿凌阿劾余骄妄，虽蒙圣谕鉴原解释。而群疑众谤，殊无自全之道，忧灼曷已！改片稿一件，约三百余字。凌晓南来一谈。夜又改片稿一件，五百余字。二更后，核批札各稿。三点睡，天气暖热，久不成寐。三更末始成寐五更即醒。念沅弟屡被朝旨诘责，而贼复蹂躏鄂省，久不出境，左右又无人赞助，所处殆如坐针毡。霞仙、云仙绵见讥于清议，而余又迭被台谏纠劾，进退两难，展转焦思，深叹高位之不易居耳！

十四日

早饭后清理文件。见客一次。围棋二局。阅《公食大夫礼》，阅《觐礼》，至未正阅毕。自去年九月廿一日始读《仪礼》，至是粗毕。老年能治此经，虽嫌其晚，犹胜于终不措意者。昔张蒿庵三十而读《仪礼》，至五十九岁而通此经，为国朝有数大儒。余今五十七岁略通此经，稍增炳烛之明。惟蒿庵以前，明儒穷

《仪礼》者绝少，能于荆棘荒芜之中独辟康庄，斯为大难。余生本朝经学昌明之后，穷此经者不下数十人，有蒿庵之句读、张皋文之图，康庄共由之道而又有人以扶掖之，则从事甚易矣。阅本日文件，发报三折、六片，写对联六付。坐见之客一次。与幕友一谈。夜核批札稿。倦困殊甚。盖因昨日治事太多，夜未安眠，本日又用心稍过，遂觉衰惫不堪。二更三点睡，五更醒。

十五日

早饭后，眉生来久坐。清理文件。围棋二局。方元徵来一坐。写沅弟信一封。与幕府一谈。中饭后，出门至各处辞行，申初归。阅本日文件。清理积牍，核批札信稿多件，以明日将起行也。酉刻，坐见之客一次。傍夕，与幕友久谈。夜又核信稿数件，二更后批鸿儿、叶亭文稿。困乏殊甚，三点睡，一梦似佳。四更醒，旋以稍稍成寐。

十六日

早饭后，自徐州起行，五十里至柳泉驿打尖。见客二次。中饭后，又行三十五里至利国驿打茶尖。见客一次。又行十二里至韩庄登舟。见客，坐见者三次，立见者八次。是日，在舆中背诵《诗经》，其记不确者则翻书一对，至《秦风》末。登舟后，又温诵至《豳风》末。清理文件。夜饭后，申夫、眉生来久谈，至二更三点始散，接家信，内有泽儿责鸿儿之信，余深用为忧。睡后，久不成寐，因与申、眉说话太多之故。三更末略成寐，五更初醒。

十七日

早饭后清理文件。见客，坐见者二次，立见者二次。开船，行八十三里至台庄小泊。见客，坐见者一次，立见者三次。旋又行三十五里至夹口泊宿。风暴大作，舟中昏暗，幸河小无大浪耳。辰正，围棋二局。巳刻温《小雅》。至二更后，温不能成诵处颇多，勉强记之。至二更二点后，疲乏极矣。三点睡，幸能酣寝，五更醒。

十八日

早饭后开船，行廿里至滩上，稍一停泊。见客一次。旋又开船行三里许，大风，不能复行，遂在此泊宿。竟日狂风，至四更始息，辰刻清理文件，旋将《小雅》背诵一遍。午初，申夫来久谈，共饭，未正始去。与客围棋二局。剃头一次。阅本日文件极多。酉正，温《文王之什》，灯后毕。核批札稿颇多，二更二点粗毕。三点睡，不甚成寐。

十九日

早饭后开船，风不顺而微，下水扯纤。傍夕，至九龙庙以下湾泊，距宿迁尚近廿里。是日，行百廿余里。辰刻背诵《诗经》，清理文件。旋围棋三局。巳正温《诗经》《生民之什》、《荡之什》廿一篇，至酉初始熟，盖后半弥生矣。午刻，坐见之客一次，立见者一次。酉刻，坐见之客一次，立见者一次。接沅弟信，闻澄弟之孙元五于二月一日殇亡，忧系之至。家中人口不旺，又子弟读书全无法脉，深以为虑。夜，搬移一船，因至鸿儿等船上教以读书之法。旋归新移之船。申夫来久谈，二更四点始去。睡后梦魇，因说话太多也。尚能成寐。

附记

八本　八理　八情　八正　八疑

八德　八气　八趣　八哀　八滞

廿日

早饭后开船，风仍不顺，扯下水纤行数里，风雨交作，不复能行，遂在此泊宿，距宿迁仍欠八九里许。辰刻，见客二次。背诵《大雅》三十一篇，旋温《周颂》三十一篇。午刻，围棋二局。中饭后，温《鲁颂》《高颂》，申刻毕。自廿岁后未尝背诵经书，老年将此经背诵一过，亦颇有温故知新之味。申夫来久谈，论吏治以听断、催科、缉捕三者为要务。傍夕，殴阳健飞来，谈及民间苦况。因念余自北征以来，经行数千里，除兖州略好外，其余目之所见，几无一人面无饥色，无一人身有完衣，忝为数首军民之司命，忧愧实深。又除未破之城外，乡间无一完整之屋，而余家修葺屋宇用费数千金，尤为惭悚。夜核批札稿甚多。二更后，疲乏殊甚。三点睡，甚能成寐。

廿一日

早饭后清理文件。开船行四十里，午刻遇同年石襄臣赞清之船，渠由湖南藩司内召为太常寺卿，从此北上也。渠来船拜会，余往回拜，邕谈时许。未刻复开船,行五十余里,酉刻至众兴集驻泊。辰巳间,将《诗经》选八十篇,分为十种,每种八篇,以便讽咏玩味。午刻写沅弟信一封。中饭后,点诵《诗经》数十篇。核批札各稿。酉刻,坐见之客三次,立见者二次。傍夕,申夫来久谈。旋阅本日文件。二更后,又核批札稿,未毕。三点睡,尚能成寐。

廿二日

早饭后,登岸往看桃源防务,往返约六十里。行看成子河长圩,圩约十里,余看六里许,至南寨门止。去时由圩外行,回时由圩内行,至北寨门茶尖。出圩后,由奶奶庙旧路回。看五堤头长圩,圩约五里许,北抵运河南岸,南抵黄河南岸。成子河圩北抵卜家湖,南抵洪泽湖。午正回船。见客,坐见者二次。中饭后开船,灯时至杨家庄。途次,坐见之客三次,立见者一次。申酉间,核批札稿甚多,阅本日文件。未刻围棋二局。夜,张子青漕帅来迎,一谈。又坐见之客二次,立见者一次,已二更二点矣。将鸿儿、叶甥文略批。三点睡,劳乏殊甚。

廿三日

早饭后见客,坐见者一次,立见者一次。旋由杨庄登岸,行廿里至清江浦。先后拜钱楞仙、钱莒甫,皆久谈一时许。午初,至张子青署内中饭。饭后,至其西荷舫书院一坐,久谈。该处养四鹤,饲之以鱼,貌甚闲逸。申初散。至普应寺小坐。盖余登岸时,坐船即由杨庄下惠济、通济等闸,故在此小息,以候船到。旋至欧阳镇署内一坐。酉正登舟。见客,坐见者五次,立见者五次。灯时,吴竹如来久谈。渠于五年三月由户部侍郎告病开缺,寄居山东诸城,至是将回居江南也。又坐见之客一次。二更后阅本日文件。三点后睡,三更后稍稍成寐。接沅弟信,报泽儿于正月廿六早子时生女。泽儿自报之信,已于昨日接到矣。

廿四日

早饭后见客,坐见者三次,立见者六次。自清江开船,行三十余里,巳末湾泊于淮安府城之南。围棋二局。见客,坐见者五次,立见者二次。中饭后清理文件。竹如来久谈,自未初至灯后方去。又坐见之客二次。核批札各稿,阅本日文件。二更三点睡,科房稿未核毕。睡后,尚能成寐。

廿五日

早饭后见客二次。开船行四十里,至宝应之下停泊。见客,坐见者三次,立见者二次，围棋二局。阅《潘四农全集》，八股最胜，诗次之，古文次之。中饭后，至竹如船上一坐。又开船行七十里，至马棚湾之上十里许湾泊。写纪泽信一封，核批札各稿。酉刻，坐见之客一次。傍夕，竹如来久谈。将二更时，申夫又来。因令二客对谈，而余自阅本日文件。三点时，客去即睡。竹如年七十五而精神强固，娓娓不倦，余则疲乏甚矣。是日未申间，将《仪礼》诂训钞记数条。

廿六日

早饭后清理文件。逆风甚大。勉强行十里至马棚湾，将出高邮湖内以行，风大不能去，即在此湾泊。去年六月廿九日清水潭决口，距马棚湾十里。程敬之观察国熙承修此工，于十月廿二日兴工，十二月初九日合龙，凡修运河西堤四百丈，实做埽工二百九十丈，余坐轿至该处验工。由西堤行走东堤，工程仅及三分之一，尚有深塘埽工未做，余始得见挂缆进占之法。阅毕，即在敬之处便饭，未刻回船。得工次见客七次，坐见者三次，丁雨生来久谈。核批札各稿，未毕。阅本日文件，毕。傍夕，至竹如翁船上一谈。夜核批札稿极多，二更四点粗毕。睡后，不甚成寐。

廿七日

早饭后清理文件。见客，坐见者二次。大风，不能开船，仍在马棚湾守风一日。围棋二局。将《仪礼》诂训杂录廿余条，申刻毕。巳刻，接少荃廿二日咨，知彭杏南十三营于十八日在黄州之六神口败挫，忧系之至。急作书与沅弟，稍慰安之。中饭后，接沅弟十七日信，知有言官劾弟收馈送三千金之事，尤为廑虑，再加写一片。未刻，坐见之客一次，立见一次。阅本日文件，核批札各稿，未毕。竹如来久谈，说理论事皆中肯要，论及沅劾官相之事，渠不以为非也。灯后去。又核批札各稿，二更三点始毕。睡尚成寐。

廿八日

早饭后清理文件。是日逆风尤大，守风一日，不能开船。见客，坐见者一次，立见者二次。围棋二局。将《仪礼》诂训杂钞十余条。中饭后，申夫来谈二次，程敬之来谈一次，又立见之客二次。阅本日文件。核批札稿，未毕。酉刻，接沅弟十九日二信，知十八日又系大败，与去年十二月初六郭松林之败几同，表弟彭杏南暨葛承霖等阵亡。亲邻中在该军者甚多，想伤亡不知凡几。沅弟久处顺境，今忽处此非常拂逆之遭，不知能自持否，实深忧灼！捻势日盛，家国同患。灯后，与儿辈一谈，旋又核札咨，批信各稿，二更四点粗毕。睡后，虑及湖北事，竟夕不甚成寐。稍寐，辄即惊醒，有似怔忡者然。

附记

金信订陈　　　　招刘、朱来
江西练兵　　　　请少入鄂
张、朱对调　　　　质堂北征
练兵助鄂

廿九日

早饭后，发万寿本章，清理文件。见客二次。转西北风，开船出高邮湖，行三十里至高邮州。在湖中围棋三局。写少泉信一封。黄昌岐军门来见，又坐见之客三次。昌岐在此中饭。饭后又开船，行六十六里至邵伯镇泊宿。写沅弟信一封。行船时，见客四次，阅潘四农《李杜诗话》，钞《仪礼》诂训类记，至傍夕毕。见客，坐见者六次，立见者六次，皆自扬州、金陵来迎接者，至一更五点始休。接沅弟廿日信，忧危之状可虑，而字迹尚有精神。二更后，疲乏殊甚，不能治事，因昨夕未得熟睡也。三点睡，尚能成寐。

卅日

早饭后，自邵伯开船，辰末至扬州。在舟见客三次，清理文件，又写沅弟信一页。在扬见客，坐见者五次，立见者五次。派贺胜臣坐轮船至黄州看沅弟，稍慰其焦灼之怀。中饭后，出门拜客，会者二家，申刻归。又坐见之客六次，立见之客六次。舌强，不能说话，遂不复见客。阅本日文件。黄昌岐来一坐。夜阅本日文件，核科房各稿甚多，二更四点始毕。睡后，念湖北之贼恐难退出，祸无已时，忧灼之至。三更后成寐。

三 月

初一日

早饭后清理文件。见客二次。出门至官秀帅船上拜会，巳刻归。坐见之客六次，立见者一次。围棋二局。午初，至厉伯苻家一叙。午正，至丁雨生家吃饭。饭后，看渠所藏书。其富甲于江苏之官绅，最精者有宋刻世彩堂韩文、《东都事略》等书，渠欲以之饷余。余素不夺人之好，因取其次等者如明刻《内经》、东雅堂韩文、《笠泽丛书》三种，携之以归。酉刻，见客二次，均久谈。夜，黄昌岐在此便饭。阅本日文件，添舫仙信三页，核批札稿，至二更三点未毕。是日，大雨严寒，自廿九日过湖。雪雹，至是凝寒三日矣。睡，尚能成寐，五更三点乃睡。

初二日

早饭后，坐见之客二次，谈甚久。旋开船，因河窄船大，倒退以行。行七里许然后顺行，用小轮船施带，未初至瓜洲。坐见之客三次，立见者三次。巳刻围棋二局。写沅弟信一封。中饭后，坐船至新河，看瓜栈及河堤、东坞、西坞。余三年二月至此议挖新河、设立瓜栈为过挈之地，其时尚是荒江寂寞之滨，今则廛市楼阁，千樯林立矣。舟去舆归，傍夕回船，往返经十八九里。又坐见之客二次。阅本日文件。申夫来久坐，二更三点始去。睡，三更后成寐，四更大汗，五更又成寐片刻许。

初三日

早饭后清理文件。见客二次，又坐见之客三次。围棋二局。午刻，李质堂来坐甚久，未正始去。逆风竟日，不能出瓜口溯江上行。登岸小步。核批札各稿甚多。酉刻，坐见之客二次。灯后，黄昌岐来一坐。夜接沅弟廿四日信。旋写复信一件。闻扬州、镇江均有轮船信局，二日可达湖北，因试在此寄去。二更后，读韩诗五古。三点睡，尚能成寐。

初四日

早饭后见客一次。清理文件。逆风甚大，不能开船溯江上行。又坐见之客三次。围棋二局。抄《仪礼雅训》廿余条，约八百余字，中饭后毕。守风太久，心绪不宁，因命火轮船拖带。申初开行，酉正至仪征泊宿。在舟习字一纸，读《离骚》百句，夜又读百句，均能背诵。写李少泉信一封。傍夕，坐见之客一次，立见者三次。二更三点睡，四更醒。出汗，天气已暖，非病也。

初五日

黎明，自仪征开船，行百四十里，申初至下关，申正至旱西门泊宿。在下关见司道。在旱西门，坐见之客八次，立见之客六次。早饭后，又诵《离骚》六十句。昔年本未成诵之年，勉强记诵，殊为吃力，心怔头眩，遂不复读之。习字一纸。中饭后，抄《仪礼雅训杂记》。夜，疲倦殊甚，不能治事，写零字百余。二更三点睡，尚能成寐。

初六日

卯正，自旱西门登岸，由水西门进城。民间家家香烛爆竹迎接，殊觉内愧。至公馆见客，坐见者十一次，立见者三次。说话太多，舌强而津干，深以为苦。中饭后，又坐见之客三次，立见者一次。清理文件。诵《离骚》七十句，虽头目晕眩，而业已读熟大半，不能止也。傍夕小睡。夜，阅本日文件。二更后，因目疼不敢治事。三点睡，三更后成寐。

初七日

早饭后清理文件。见客，坐见者八次，立见者十一次。疲乏殊甚，围棋二局。诵《离骚》三十余句，凡《离骚》三百廿四句诵毕。老年读生书成诵，稍补少壮之缺陷，亦一乐也。中饭后见客，坐见者二次，立见者二次，李季荃谈极久。疲乏殊甚。剃头一次。写澄弟信一件。傍夕小睡。夜核批札稿。日内积压科房科件甚多，仅能核判十分之一。二更后朗诵《离骚》。目光不复能办公事，诵书聊省目力耳。三点睡，幸能成寐。

初八日

早饭后清理文件。折差自京归，阅京信京报等件。见客，坐见者六次，立见者六次。巳正，彭雪琴宫保来久坐，又坐见之客二次。中饭后，李小湖、周缦云、陈虎臣三人先后来久坐。围棋二局。疲倦殊甚，小息片刻。旋核批札各稿。傍夕小睡。夜又核科房各稿至二更三点，仅核十分之四。睡不甚成寐。是日卯刻，背诵《离骚》一遍。

初九日

早饭后清理文件。见客，立见者八次，每次十余人，皆佐杂及武职等；坐见之客一次。围棋二局。彭雪琴来一坐。因与同至湖南会馆，观方子恺所为大地球，周览馆中各屋。旋至李少泉署中，与季泉一谈，并见其太夫人及诸后辈。又至雪琴船上一谈，午末归。中饭后见客，坐见者四次，立见者二次。阅初一至初五日文件，皆包封至途次而又折回者，直至夜二更始得阅毕。傍夕，小睡片刻。二更后翻阅《四书》。因明日考书院，久不理八股故业，故出题须略审慎。读宋玉《九辩》三章。三点睡。

附　记

革吟差	慰梁忧	勘澄讼
勉春忠	太湖章	江西章
写绫幅		

初十日

早饭后清理文件。见客，坐见者一次，立见者四次。围棋二局。出门拜客，会者四家。至朝天宫看新修文庙，午正回署。中饭后，吴竹如来久坐，申正始去。又坐见之客一次，立见者三次。习字一纸，阅本日文件，核科房各稿。傍夕小睡。夜又核科房各稿，二更二点粗毕。温韩诗七古。三点睡。

十一日

早饭后清理文件。见客，坐见者三次，立见者三次。围棋二局。巳正出门，至城北拜将军，旋拜李小湖，又亲拜之客数家。未正归。中饭后，李雨亭来久坐。习字一纸，阅本日文件甚多。疲倦殊甚，未能核批札信稿。傍夕小睡。夜核科房稿甚多，半月内积压之件，至是打发净矣，二更后朗诵《离骚》。三点睡，三更后成寐。

十二日

早饭后清理文件。见客，坐见者四次，立见者二次。请庞省三、倪豹岑来阅书院甄别之文。巳正出门，至陈虎臣家拜寿，其母九十生日也。又拜客，会者二家，亲拜五家，未正归。中饭后，与豹岑等鬯谈。李壬叔等来久谈。是日早间，贺胜臣自鄂归，闻沅弟体气尚好，民望未减，为之一慰。巳刻围棋二局。申刻写沅弟信一件，约五百余字，核科房批札稿。傍夕小睡。夜又核批札稿，至二更三点后，疲乏极矣，尚未核毕。三点睡，幸能成寐。

十三日

早饭后清理文件。见客，坐见者二次，立见者二次。围棋二局。习字一纸，核信稿三件。疲倦殊甚，不能多治事。中饭后，见客三次，坐谈颇久。阅本日文件，核批札信稿，内刘韫斋、丁雨生各信沉吟良久。傍夕小睡。夜核科房批札稿，至二更三点未毕，尚余三分之二。是夜，不甚成寐。

十四日

早饭后清理文件。见客，坐见者三次。围棋二局。核昨日科房批札稿，又核信稿二件。午刻，坐见之客二次。中饭后，与各阅卷者久谈。阅本日文件。周缦云来久谈。申正核批札稿甚多，至酉正三刻毕。傍夕小睡。夜改复鲍春霆信稿，至二更二点毕。鸿儿于初八九作三文一诗，十一二作经文五篇，本日作策三道。夜间腰疼头疼，加站立不稳者，因命其不必再作。又闻其日间不能吃饭，殊深忧灼。睡后，久不成寐。念两儿与诸侄体气皆弱，悬系之至。四更略睡，旋即醒。

十五日

黎明，至文庙拈香，行三跪九叩礼。归，早饭后请李小湖、周缦云来书院课卷，与之久谈。清理文件。围棋二局。时至外间与诸君商定各卷。午刻核信稿数件。请小湖诸君小宴，未初散。昨日派轮船至瓜州接刘韫斋中丞，未刻出城迎接，申初同入吾署久谈，至酉正方散，即在署斋便饭。旋阅本日文件。傍夕小睡。夜核批札各稿。二更三点睡，三更三点成寐。

十六日

早饭后清理文件。见客，坐见者四次。围棋三局。又坐见之客一次，立见者一次。核信稿二件，未毕。请刘韫斋中丞小宴，未刻毕。阅本日文件甚多。纪鸿昨日睡不能起，本日服参、蓍、术、附等药，壮热大作，舌有芒刺。乃知前夕之病非仅因作经策太劳也，实有外感伏于其中。接涂阆仙、石荠南先后来症，略带疫症，尚不重耳。核李幼泉信稿，未毕，灯后始毕。又核科房各稿，二更后未毕。疲乏已极，不复能治事矣。三点睡，劳乏之余，不甚能酣眠。

十七日

早饭后清理文件。见客一次。围棋二局。又坐见之客一次。出门至船上拜刘韫斋，久谈，巳正归。吴竹如来看鸿儿病，因在此中饭，谈至申正方去。阅本日文件。酉刻至幕府一谈。小睡片刻。夜核批稿，至二更三点未毕。三点睡，尚能成寐。

十八日

早饭后清理文件。见客，坐见者三次，立见者一次。辰正出门，至钟山书院送诸生上学。旋至凤池书院一看，将留为竹如住眷属之地。又至缦云宅中，送尊经书院诸生上学，午初三刻归。围棋二局。中饭后，竹如来久谈，至申初始散。写纪泽信一封，写沅弟信一封，阅本日文件，核科房批稿。傍夕料理医药等事。夜又核批札各稿，二更毕。核折稿一件。纪鸿之病是日加重，竹如以犀角、生地治之。傍夕，谵语壮热。夜服药二次，热微减而舌有芒刺。盖初病由于虚弱之症，用心太过，十六日误服参、蓍、术、附，遂致邪热日盛。深为焦灼！

十九日

早饭后清理文件。见客，坐见者一次。围棋二局。刘伯山等来久谈。巳刻，请竹如来看鸿儿。遍身疹子发得极满，大便亦通，而壮热不退，舌苔不减。竹如谓须服石膏，因强令服一帖。李小湖来一谈。中饭后，韫斋来一谈。有一湘潭刘姓医来诊鸿儿之病，非疹也，痘也。余闻之尤为忧灼，盖悔此四日半之药无一不错也。旋请一老痘科刘叟来诊，果痘也。遍身无一隙地，舌上、喉中、发际皆有，各客纷纷来看。阅本日文件，粗粗一过。乃打扫屋宇，择花园中厅净室敬奉痘神。傍夕沐浴，灯后拈香行礼。核批札各稿，二更后写李少泉信一件。是日巳初习字一纸。申刻核片稿一件。二更三点睡。念鸿儿年已廿，体气素弱，此次错服诸药，痘多而重，竟夕不能成寐。四更后，至其窗下潜听，气息尚匀，为之少慰。

廿日

是日，衙门堂期，因心绪怫乱，谢绝诸客。早饭后清理文件。鸿儿之痘甚险，而尤可虑者在咽喉不能进饮食。盖一则毒火冲塞喉膈间，二则舌上、喉内痘颗甚多，三则平日虚火，喉间双蛾多痰，此际蛾愈大而痰愈壅，以致药水难入，本日刘叟所开之药方，午刻灌入六匙。未刻，强服米汤半茶碗，咽喉微有疏通之意。酉刻，吃黄松鱼及鸭翅掌汤一茶碗，灯后又服米汤半茶碗，二更后吃干饭一杯，由是喉关稍通，渐渐有生机矣。早间痘色尚暗。午后渐觉红润，及至灯初，面上之暗而低者亦有起色，阖署为之稍慰。余竟日未甚治事。辰正、未正，共围棋四局。巳初习字一纸。未初阅本日文件。酉刻见客一次。核批札各稿，均草草了事，余则绕室徬徨而已。巳刻发报二折、五片。申刻接澄弟及纪泽信。泽儿寄七律十五首，力学义山，而单行崛强处亦颇似山谷。二更三点睡，三更三点成寐，五更醒。

廿一日

早饭后清理文件。见客，坐见者二次，立见者二次。围棋二局。出城至船上送刘韫斋。归，又见客三次，陈作梅谈甚久。习字一纸。中饭后至幕府一谈，阅本日文件。申正核批札各稿。傍夕小睡。夜温诵《离骚》及扬、马各赋。二更三点睡，五更始醒。鸿儿之痘，是日大有转机，自黎明至三更，凡吃饭一次，吃米汤三次，吃黄松鱼鸭翅汤二次，吃肉汤一次，吃药二次。前数次尚喉间疼痛，后数次渐觉其易。痘色一律红润饱满，已有五六分可靠。盖全赖神佑，非由人力，钦感无已。

廿二日

早饭后清理文件。见客，坐见者一次，立见者一次。围棋二局。又坐见之客三次。中饭后至幕府一谈，写沅弟信一件、纪泽信一件，阅本日文件。申正核科房批稿。傍夕，黄军门来一谈。夜将《仪礼雅训杂记》录毕。是日，鸿儿痘症与昨日相似，渐渐灌浆。凡吃药一次，吃鱼汤一次、肉汤二次、米汤五次。色俱红润。余以二更三点睡，三更后成寐。

廿三日

是日恭逢皇上万寿，寅初起，至贡院拜牌，寅正一刻行礼。贡院新添号舍二千八百间，因与司道同去查视一过，卯初二刻归。饭后清理文件。围棋二局。习字一纸。李雨亭来畅谈。午刻核信稿数件，中饭后又核二件。阅本日文件。申正核批札各稿。未正阅《五礼通考》中《飨燕礼》十页。傍夕，小睡片刻。夜又核批札各稿。二更后温《古文·气势之属》。三点睡，甚能成寐，五更醒。是日，鸿儿之痘甚为稳顺，凡吃米汤四次，每次三茶碗，肉汤，鸽子汤四闪，药一次，燕窝两次。各痘灌浆四五分，色俱红润。

廿四日

早饭后清理文件。见客，坐见者三次。围棋二局。习字一纸。午刻核改信稿二件，阅《五礼通考》中《飨礼》。又立见之客二次。中饭后，见幕府，一谈。阅本日文件，阅《昏礼》汉以后廿页，核批札各稿。赵元青来一谈。傍夕小睡。夜核批札稿。昨日考惜阴书院诗赋经解，本日将各卷略一翻阅，凡翻百余卷。二更后，温《古文·辞赋类》。三点睡。是日，鸿儿痘症尚属平顺。惟灌浆不甚饱满，又大便二次。医者以为不宜。凡吃米汤五次、肉汤四次、燕窝三次、药一次。胸中烦躁，不愿盖被，虽由天气本热，究因阴虚发躁耳，殊以为虑。

廿五日

早饭后见客，坐见者三次，衙门期也。清理文件。围棋二局。习字一纸。又坐见之客二次。午刻核信稿二件。中饭后至幕府久谈。阅本日文件。申正核批札各稿。又坐见之客一次。阅《昏礼》隋唐，未毕。傍夕小睡。夜核批札稿，阅《今体诗选》。二更三点睡，屡醒，不甚成寐。是日鸿儿痘症甚顺，吃粥五次，每次四茶碗，凡廿碗；燕窝三次，肉汤二次，每次半碗许；吃药一次，内有大参一钱及黄蓍、熟地等味。九日已满，余之忧系少释。惟日内未接鄂信，深为系念。

廿六日

早饭后见客，坐见者二次，立见者一次，围棋二局。清理文件。黎福保来，携其尊人樾乔侍御新刻诗集，与之久谈。客去，阅其诗数十首。习字一纸。午刻核信稿二件。中饭后，至幕府鬯谈。旋坐见之客二次。阅本日文件。剃头一次。朱星槛自临淮来，与之久谈。核批札咨稿。傍夕小睡。夜看《五礼通考·唐昏礼》，未毕。二更后温《古文·传志类》。三点睡。是日，鸿儿痘症甚为顺适，头面业已结痂，身上尚有灌浆者。吃粥四次，每次多少不等，燕窝、肉汤及补药与昨日同，已能嚼精肉，目光能开视矣。

廿七日

早饭后清理文件。见客，立见者一次，坐见者二次。围棋一局。又坐见之客三次，陈虎臣等坐其久。习字一纸。午刻核信稿二件。又坐见之客一次。中饭后，至幕府一谈。旋阅本日文件。申刻核批札咨稿。庞省三来久坐。旋阅《昏礼》。傍夕小睡。夜阅《昏礼》隋唐毕。二更后，疲乏殊甚，不能治事。三点睡，甚能成寐。鸿儿痘症顺畅如常。是日食粥四次，每次五六碗不等，食肉汤、燕窝、补药均与昨二日同。

廿八日

早饭后清理文件。围棋二局。见客，立见者二次，习字一纸。接少泉信，内有宋国永等公禀，知鲍军门受病甚重，焦虑之至。核信稿数件。中饭后至幕府一谈，阅本日文件。申刻见客一次。核批札信稿多件。近日因忧煎太过，左下腭壮齿疼甚。酉正后，久睡大半时许。午刻及申刻，写沅弟及纪泽儿信二件。夜料理各信，将派人至鄂看鲍军门之病。二更后温东坡七古。三点睡。是日，鸿儿痘症平顺如常。食粥四次，凡廿碗，燕窝比昨日减一次，未服人参，换以洋参，肉汤、鸭汤均能食其精者，痘痂亦落十之一二。此次由至险而得至安，实初意所不到。一则赖痘神祐助，一则刘叟之老练精慎，叶亭之劳苦维持，均难得也。

廿九日

早饭后见客，坐见者二次。清理文件。围棋二局。又立见之客一次，坐见者一次。写李少泉信四页。料理调娄云庆及专人至湖北各函牍。中饭后至幕府一谈。坐见之客一次。习字半纸，阅本日文件。申刻会客二次，谈均甚久。核批札咨稿。牙疼殊甚，傍夕小睡。夜倦甚，不能治事，略看《刘随州集》。二更后小睡，三点果睡，竟夕熟寐。是日，鸿儿痘症平安，所食诸物与昨日同。

四 月

初一日

早间，谢绝诸客。饭后清理文件，习字半纸。围棋二局。请缦云及诸君阅敬敷书院卷，与谈颇久。阅《昏礼》廿页，至申刻毕。午刻，坐见之客一次。核信稿五件。中饭后，与阅卷诸君久谈，与幕府一谈，阅本日文件。申正阅核批札奏咨稿。倦甚，小睡，傍夕又睡。夜温《古文·辞赋类》。精神不振，二更后不复治事。三点睡。是日，鸿儿痘症平顺，所食诸物与昨日同，但改食干饭四顿耳。

初二日

早饭后清理文件。见客，坐见者三次，立见者一次。围棋二局。习字半纸。余近习字非求字佳，老年手指硬拙，有如姜芽，借古帖使运动稍活耳。季君梅来久坐。省三等来阅卷，与之久谈。李小湖代看惜阴书院课卷毕，余稍一翻阅。阅《五礼通考》中《昏礼》毕，陪阅卷者周、庞、倪诸公中饭。饭后，久谈。阅本日文件。李雨人来久坐。核科房批札各稿。将《五礼通考》近日所阅二册题识书面。傍夕小睡。夜将《九辩》末一首读熟。《文选》仅选前五首，余前亦仅熟前五首，兹添读末首，其六、七、八三首则不读之矣。二更三点睡，不甚成寐。鸿儿痘症平安如昨三日，唯业已十八日，尚不能起床坐立，盖其病极重，幸而医治得法耳。

初三日

早饭后，坐见之客二次，立见者一次。清理文件。围棋二局。与阅卷者周、倪、庞诸公一谈，季君梅来久谈。阅《飨燕礼》中《仪礼》、《燕礼》、《戴记·燕义》。与周、倪诸君中饭后，阅本日文件。又坐见之客二次，立见者一次。核科房批稿，习字半纸，阅《春秋享燕礼》一卷毕，题识书面。李翥汉言照李希帅之样打银壶一把，为炖人参、燕窝之用，费银八两有奇，深为愧悔。今小民皆食草根，官员亦多穷困，而吾居高位，骄奢若此，且盗廉俭之虚名，惭愧何地！以后当于此等处痛下针砭。傍夕小睡。夜温《古文识度之属》，温《书经》《尧舜典》《皋陶谟》。二更三点睡。是日，鸿儿痘症平安如常。仍服清润之药，未服补剂。

初四日

早饭后清理文件。见客，坐见者二次，立见者五次。围棋二次。出门至河下拜季君梅、李雨人，两处谈均久，巳正归。见客，坐见者三次，立见者一次。习字半纸。中饭后至幕府一坐，又坐见之客四次。阅本日文件。写对联七付，祭幛一悬，核批札各稿，未毕。傍夕小睡。夜又核批札咨稿，至二更二点始毕。温《离骚》《九辩》。二更三点睡，尚能成寐。是日，鸿儿痘症平安如常，各处痂已落毕，惟头面与脚板尚未尽落。

初五日

早饭后清理文件。见客，坐见者四次。围梅二局。习字半纸。午刻阅《公食大夫礼》，写澄弟信一件。中饭后见客，坐见者二次，君梅辞行，谈甚久。阅本日文件，阅《汉唐飨燕礼》，写对联六付，白绫写"天地正气"等字五幅。核科房各稿，未毕。酉正，坐见之客一次。傍夕小睡。夜接沅弟廿二日信，观其字迹，手疼殊甚。人言弟精神气色好及每日看书，皆宽慰余之辞。昨黄冠北见余，亦言弟气色尚好，退而见朱心槛，则言弟容颇憔悴，焦灼之至！除贼退出境外，则别无可宽弟心之事也。唯闻鄂中官民于弟并无怨言，似可稍慰。核批札各稿毕，核奏稿一件。二更三点睡，三更四点成寐。

初六日

早饭后清理文件。见客，坐见者一次，立见者二次。围棋二局。料理各件，派人送信回湘。又坐见之客二次。习字半纸，阅《宋元明享燕礼》。中饭后，潘伊卿来久谈。至幕府一谈。阅本日文件，将《享燕礼》书面题识。申正核批札咨稿。酉刻至楼上一眺，又至幕府一谈。午刻核信稿。傍夕小睡。夜核改片稿一件。二更三点睡。是日，鸿儿之痘平安如常，面上痂尚未脱，亦未服药。

初七日

早饭后见客，坐见者二次，立见者一次。清理文件。围棋二局。旋又改片稿，习字半纸，阅《五礼通考》中《大射仪》《乡射礼》。至幕府一谈。中饭后见客，坐见者一次，立见者二次。阅本日文件。旋核批札稿，写对联、扁额，阅《经传》各射礼，题识书面。傍夕小睡。夜发报一折、四片，再核批札咨稿。二更三点睡，四更久醒，五更略睡。是日，鸿儿药中用辽参六分，以服清凉之剂太多，故补之。

初八日

早饭后清理文件。是日，礼送痘神。余作祭文一首，四言三十二句，令叶亭缮写。辰初读文，行四拜礼。金陵之俗，送痘娘娘者纸扎状元坊一座，扎彩亭三座，又扎纸伞、纸旗之类，亲友亦以伞旗及爆竹送礼。是日，送纸伞者三十余把，爆竹十余万。辰正礼送出门。余许以二千金修痘神庙，保金陵城内男女永无痘灾，亦于祝文中详言之。旋围棋二局。见客，坐见者二次。写沅弟信一件，习字半纸。午刻，请医生江宁刘叟蔚堂、湘潭刘竹村小宴，黄昌期、潘伊卿等同饮。李小湖来久谈。中饭后阅本日文件。旋至幕府一谈。申正，核批札咨稿。傍夕小睡。夜又补核各稿。淮扬呈请办淮水仍复故道大工，细将全案一阅，二更尚未阅毕。倦甚，小睡。三点睡。

初九日

早饭后清理文件。见客，立见者一次，坐见者一次。围棋二局。旋又坐见之客两次。写郭云仙信一封，习字半纸，阅《五礼通考》中《投壶礼》。倦甚，小睡。至幕府一谈。中饭后尤倦，不能治事。余向于夏月饭后疲乏不振，盖脾困也。至后园一闲游。阅本日文件。申正核批札咨信各稿，酉正粗毕。傍夕小睡。夜又核二稿，阅益阳民蒋于斯一冤狱案，复周缦云信，批定书局章程。二更后，温《古文·识度之属》。三点后睡。念鸿儿痘症用钱太多，恐情过于礼，蹈薄孝厚慈之讥，悚惕无已。

初十日

早饭后见客,坐见者三次,立见者二次。清理文件。围棋二局。习字一纸。接沅弟信,手疼尚剧,深为焦虑。弟亦专望家中各房丁口繁盛。不知家运如何,能如吾兄弟之期望否?又见客,立见者三次,将《射礼》、《乡饮酒礼》一本阅毕,又阅《饮食礼》廿页,申初阅毕。中饭后至幕府一谈。旋阅本日文件。申正微睡片刻,以息目力。盖看书稍多,目光蒙翳,甚苦也。旋核批札咨稿,至酉正三刻毕。傍夕小睡。夜核信稿数件。二更后,阅《古文·趣味之属》。三点睡,是日,鸿儿微患腹泻,将满一月而面痂尚有一半未脱,盖脾虚气弱之故耳。

十一日

早饭后清理文件。验看江西武官二员。出门至楚军昭忠祠,察建立御碑亭之所,周视一番,巳正归。见客,坐见者三次,汪梅村等谈最久。围棋二局。阅《饮食礼》之《姓氏族》。中饭后至幕府一谈。吴竹如来久谈,申正二刻始去。阅本日文件,核批札咨题各稿,习字半纸。傍夕小睡。夜又核批札信稿,内应道一信最有关系,二更二点核毕。疲乏殊甚。三点睡,三更三点后微成寐,竟夕不得安眠。

十二日

早饭后清理文件。见客,立见者一次,坐见者一次。围棋二局。习字半纸,写沅弟信一封、纪泽儿信一件。李壬叔来一坐。围棋二局。又坐见之客二次。阅《饮食礼》门中十五页。中饭后,至幕府与缦云久谈。阅本日文件。见客一次,朱南桂遣其侄来此,欣然愿来带勇,为之一慰。申正后,核批札信稿,酉正二刻毕。傍夕小睡。夜将淮安举人丁显所陈《淮水复故道议》细阅一过。二更后倦甚,不愿治事。三点睡,极得酣眠。是日,鸿儿下床与郭慕徐坐谈大半日。

十三日

早饭后,坐见之客二次。清理文件。围棋二局。习字半纸。阅杨性农寄来所刻诗、古文,阅《饮食礼》门中《历代惇叙宗族》。折差自京回。阅京报。中饭后至幕府一谈。见客,坐见者二次,李雨亭谈甚久。阅本日文件。申正阅核批札咨奏稿,酉正三刻未毕。傍夕小睡。吴竹如示以方植之先生所为《大意尊闻》,

教子孙之言也。未申间阅数十条，夜又阅数十条。将批札各稿核毕。又阅淮南故道之案，二更后粗毕。眼蒙，不复能治事。三点睡，颇能酣眠。

十四日

早饭后清理文件。见客，坐见者一次，立见者一次。围棋二局。旋坐见之客五次。习字半纸，阅《饮食礼》门中《宗法》。余素不信宗法之说，是日批于书眉。中饭后至幕府久谈。阅本日文件。申刻核批札咨稿，至酉正未毕。傍夕小睡。夜将各稿核毕。沐浴一次。李雨亭言求雨之法：亲笔书南方朱雀之神、风云雷雨之神两牌位，黄纸朱书；又亲笔朱书祈雨文，迎神于大堂，三跪九叩；旋即迎于净室，屏去从人，亲自读文，两跪六叩，每日早晚两次独自拈香行礼，余仍照常办公。余是夜作祭文，六言，凡二百字，三更毕。睡后，不能成寐。

十五日

早闻止院，不见各客。饭后，用黄纸亲写祭文，至大堂行九叩礼；迎神入花园之中厅，亲自读文，读毕，行六叩礼。旋见客，坐见者一次，立见者二次。围棋二局。习字半纸，阅《饮食礼》中《立后之属》。午刻见客，坐见者一次，立见者一次。中饭后至幕府一谈。核折稿一件。坐见之客一次。阅本日文件，写对联七付。又坐见之客二次。核批札奏咨各稿，晡时毕。小睡片刻。灯后，对折片各件，改信稿二件。二更三点睡。是日写楷书较多，作事甚繁，又以枯旱不雨，忧焦之至，不甚成寐。

附 记

沅信交瑞　　出门送行　　京信稿
鸿定家信　　黎陶林

十六日

早饭后见客，坐见者一次，立见者一次。围棋二局。出门至李太夫人处送行，又至倪豹岑处一坐。巳正见客三次。习字半纸，核京信稿二件。陈虎臣来久谈。中饭后，会客一次，久谈。阅本日文件。至幕府一谈。申正写对联六付，核批札咨稿，闻秦贼锐意渡河犯晋，又天久不雨，忧灼之至。傍夕小睡。夜因焦虑过甚，倦乏，不能治事。吴挚甫来久坐。二更后小睡，三点后登床，尚能成寐。

未正写沅弟信一件。

十七日

早饭后见客，坐见者二次，立见者三次。围棋二局。习字半纸，阅《立后》门。张春皆自京来，陈作梅自苏回，先后谈甚久。中饭后至幕府一谈。见客，坐见者二次。阅本日文件。申正写对联四付，核改丁雨生信稿，凡改八百余字，至灯后始毕。夜核批札各稿。二更后倦甚，不能治事。三点睡。

十八日

早饭后清理文件。见客，立见者一次，坐见者二次。围棋二局。习字半纸。又坐见之客二次，立见者一次。阅《立后》门，《饮食礼》阅毕。中饭后至幕府一谈，见客一次。叶云岩送各项洋枪来看，阅验良久。阅本日文件，核改总理衙门信稿，又核批札各稿，至二更三点始毕。傍夕小睡。三点睡，三更后微成寐，五更初醒。

十九日

早饭后清理文件。围棋二局。出门至小湖、竹如处畅谈，至新衙门一看，午正归。中饭后习字半纸。至幕府一谈。阅本日文件。见客二次。核批札咨稿。剃头一次。傍夕小睡。夜核信稿数件。二更二点温《离骚》。三更睡。

廿日

早饭后见客，坐见者二次，立见者三次。围棋二局。习字半纸。写少泉信一封。午刻，坐见之客二次。中饭后至幕府一谈。旋阅本日文件。坐见之客二次。写对联八付，阅核批札各稿。傍夕小睡。夜阅核信稿，二更后粗毕。温韩诗七古。三点睡，甚能成寐。

廿一日

早饭后清理文件。见客，立见者一次，坐见者二次。围棋二局。习字半纸。作梅来久坐，又立见之客一次。阅《五礼通考》三页。中饭后至幕府一谈。阅本日文件。坐见之客二次。写沅弟信一件。巳刻至甘露庵求雨。酉刻核批札各稿。傍夕小睡。夜核改淮复道批，二更三点毕。此案经营两月，至是始能定议行之。睡后，不甚成寐。

廿二日

早饭后，步行五里许至甘露庵求雨。归，清理文件。围棋二局。见客二次，又坐见者一次。戈什哈自湖北归，询及鲍春霆之病：久不能言，面色如炭，各伤皆发，头上一伤流黄水，沉重已极；唯尚能吃米汤少许，耳聋，二者微有生机耳。又询沅弟气色，尚好，须鬓与余极相似，霆营已至德安，军心愿归弟处，唯天旱而贼久不退，弟心焦灼殊甚云云。李壬叔来久谈，又坐见之客二次。习字半纸，阅《开元礼》《乡饮酒礼》。中饭后阅本日文件。至幕府久谈。写对联五付，核批札各稿。傍夕小睡。夜又核批札稿，温《古文·序跋类》，三点睡。

廿三日

早饭后，步行至甘露庵祷雨。归，清理文件。见客，坐见者三次，潘季玉、冯鲁川坐俱甚久。围棋二局。阅《五礼通考》中《学礼》一卷。中饭后再围棋二局。题识书面二本，写对联六付，核批札各稿，未毕，傍夕小睡。巳刻习字半纸。夜将批札稿核毕，温杜诗五古。二更三点睡，疲乏殊甚。

廿四日

早饭后，步行至甘露庵祷雨。出门时业已微雨，至庙中则大雨，归途尤大，直至未刻雨始停，约田中可长水四寸许。见客，坐见者四次，立见者二次。习字半纸。围棋二局。阅《学礼》一卷。中饭后至幕府久谈。阅本日文件。见客，坐见者二次。核批札各稿。傍夕小睡。夜改信稿一件。黄昌岐来一谈。二更后温《古文·情韵之属》。三点睡，三更三点成寐。

廿五日

早饭后，至甘露庵谢神惠。归后，清理文件。见客，坐见者二次，立见者二次。围棋三局，习字半纸，阅《学礼》廿页。中饭后至幕府久谈。阅本日文件。潘伊卿来久谈。核批札各稿。倦甚，久睡。夜核信稿数件。二更后温韩诗数首。三点睡。明日移居，是日木器皆已搬空，诸不方便。

附　记

报销奏　　四条通饬

廿六日

早饭后清理文件，习字半纸。围棋二局。核改信稿甚多，阅《学礼》数页。午初移居新廨。本造为江宁府署，去年李少泉宫保借居，遂改作总督衙门也。谢绝各客，旋见客四次，坐颇久。中饭后，坐见之客二次。阅本日文件。至幕府并各处一看。傍夕小睡。夜核批札稿，温《古文·辞赋类》，朗诵甚久。二更三点睡，尚能成寐。

廿七日

早饭后清理文件。旋围棋二局。见客，坐见者五次，中如潘季玉、李雨亭、陈作梅三次谈均久。倦甚，吃零物小坐。又坐见之客一次，立见者一次。阅《学礼》八页。午正，吴竹如来，何子永自京来，久谈。未初三刻，至黄昌岐处赴宴，申初三刻散。阅本日文件。疲倦殊甚。阅《学礼》十页。傍夕小睡。夜核批札咨稿，二更后温杜诗五古。三点睡，尚能成寐。

廿八日

早饭后清理文件。习字半纸。见客，坐见者二次，立见者二次。围棋二局。阅《学礼》。刘开生来久谈。又观渠与纪鸿儿围棋一局。午刻见客，立见者一次，坐见者二次，陈虎臣坐甚久。中饭后阅本日文件。坐见之客一次。将连日所阅《学礼》重阅一遍，题识书面。傍夕小睡。作核批札各稿。二更后倦甚，小睡。三点睡，五点成寐，三更三点醒，旋又成寐。日内天气亢旱，虽有廿四日之雨，乡间尚不能插秧，焦灼之至！五更二点醒。

廿九日

早饭后清理文件。阅《学礼》十页。围棋三局。是日人客极少，仅巳刻倪豹岑来，申刻潘伊卿来，及赵惠甫来署内住，三人久谈而已。陆续阅《学礼》五十页，至未正毕，阅本日文件，习字半纸，写对联挂屏半时许，将书面题识。傍夕小睡。夜核批札咨各稿，二更后温《书经》数篇。三点睡，屡次警醒，不甚成寐。

五　月

初一日

早间，谢绝贺朔之客。饭后清理文件。围棋二局。坐见之客一次。阅《学礼·汉唐取士》。何子永来久坐。午初习字半纸，写沅弟信一封。午正请竹如、子永等便饭，申初二刻客散。阅本日文件。天气燥热殊甚，枯旱已久，农事失望，忧灼之至。又阅《学礼》数页，核批札咨稿。傍夕小睡。夜将批札稿核毕，二更后温《古文·诏令类》。三点睡。二更后阴雨，至三更雨止，尚未动檐水。

初二日

早饭后清理文件。坐见之客二次，立见者一次。围棋二局。又坐见之客三次，立见者二次。习字半纸，阅《五礼通考》中《唐宋取士》门。是日步行祷雨，自署至甘露庵，仅四十步许，在庵候请龙水者约半时许，巳正行礼。中饭后，天气燥热，牙疼殊甚。阅《取士》门八页，阅本日文件。至幕府久谈。酉正核批札各稿，戌初毕。傍夕小睡。夜间，牙疼异常，在于左辅下腭，而牵动各处皆疼，不复可忍。二更三点睡，三更后幸能成寐。屡次警醒，疼较灯初少愈。

初三日

因牙疼，晏起。黄军门来，等候已久，因同行至甘露庵祷雨。归后，清理文件。见客一次。习字半纸。围棋二局。又脱衣久睡，虽不成寐而不复用心，以息浮火。午刻，坐见之客一次。阅《取士》门十余页，中饭后毕。未刻，李雨亭来久坐。阅本日文件，写对联七付，核批札各稿，将《取士》门题识书面。自未刻下雨，至二更三点方住，为时甚久，惜雨太小，檐溜始滴而不成线成绳，可润新秧而不能栽插。傍夕小睡。夜温苏、黄七古。三点睡,三更二点成寐。

初四日

早饭后,至甘露庵祷雨。清理文件。见客,坐见者二次,立见者一次。围棋二局。习字半纸,阅《学礼·取士》门廿页。坐见之客一次,立见者一次。中饭后阅本日文件。坐见之客二次。核批札咨稿。书局新刻之书经、四书、《公羊》《古今诗二选》,局中送廿部来,分送幕中诸友,因细翻一遍。又俞荫甫新刻《群经平议》三十五卷,请余作序,亦粗翻数处。至惠甫处一坐。傍夕小睡。夜将新刻姚培谦《左传》与鲍刻一对。倦甚,不能治事,在房久睡。二更三点登床睡,幸能成寐。

初五日

早饭后,步行祷雨。因天旱斋戒,谢绝贺节之客。清理文件。围棋二局。阅《学礼》《取士》门、《养老》门三十页。午刻写澄弟信一件、夫人信一件,各约三百字。中饭后阅本日文件。小睡二次。见客一次。至惠甫处一坐。阅《学礼》,题识书面。习字半纸。又至幕府一坐。核批札各稿。傍夕小睡。夜阅苏、黄各七古诗。二更三点睡。

初六日

早饭后,步行祷雨。旋至旧时龙王庙、风神庙,草蔓瓦砾之中,了无遗迹可寻。又至关帝庙、昭忠祠一坐,巳刻归。汪梅村来久谈。又坐见之客二次。围棋二局。阅《学礼》廿页。中饭后阅本日文件。至幕府一谈。阅《龚定庵文集》。立见之客二次,坐见者一次。牙疼殊甚,绕屋旁皇,不能治事,又围棋二局。用卜荷油擦于左辅下腭,又用热石膏涂于辅之内外,而疼不少止。夜间疼尤甚,至二更则疼极,不复可忍极。至三更疼微减,二点后稍稍成寐。是日闻贼出鄂境,略一宽慰。而吴楚千里亢旱,又忧灼惭悚,若无地自容者。

初七日

早,因牙疼晏起。步行祷雨归,始早饭。清理文件。见客三次。围棋一局,又观人一局,未毕。英国公使阿礼国来拜,从者三人,与谈良久,巳正去。习字一纸。又坐见之客三次。阅《五礼通考》中《巡狩礼》。午刻小睡半时。中饭后至幕府一谈。阅本日文件，题识书面。申正写对联、挂屏。见客一次，久坐。核批稿二三件，天已暝矣。小睡。夜核稿批甚多，至二更三点止，仅核昨日之牍，本日之件尚未核也。三点睡。

初八日

早饭后祷雨毕，至将军处一谈。归，围棋一局，又观人一局。至惠甫处一坐。巳正小睡。午刻阅《巡狩礼》。见客，王庶常先谦来久坐，又坐见之客、立见之客各一次。中饭后阅本日文件，阅《巡狩礼》廿页。至幕府一谈。核稿批甚多。傍夕小睡。夜又核稿批，两日积牍核毕。阅渔洋《古诗选》。二更三点睡，三更二点成寐。

初九日

早饭后，步行祷雨。归，清理文件。围棋一局，又观人一局。见客，立见者一次，坐见者二次。习字一纸，阅《巡狩礼》。巳正小睡。午初再阅《五礼通考》，中饭后阅毕，题识书面。见客，四川庶常汪叙畴来一谈。阅本日文件。至幕府久谈。申正写对联、挂屏。酉初核稿批。戌初小睡。是日自巳刻起，微雨如丝，时作时止，直至二更未动檐溜，弥深焦灼！夜再核稿批，至二更二点毕，温杜、韩七古。三点睡。

初十日

早饭后，步行祷雨。归，清理文件。围棋二局。习字半纸，阅《五礼·巡狩》。巳正小睡。见客二次。午刻阅《巡狩礼》毕。中饭后阅本日文件。至幕府久谈。申正写对联六付，核稿批。傍夕小睡。夜又核稿批，二更毕。温苏诗七古，朗诵十余首。疲乏殊甚，三点睡。是日阴云竟日，微雨如丝，未动檐溜，夜则月出放晴，忧灼之至！

十一日

早饭后清理文件。步行祷雨。归，围棋二局。牙疼异常，竟日不能治事。见客，坐见者三次，立见者一次。巳午间屡次小睡。中饭后阅本日文件。至赵惠甫处一坐，至幕府久坐。屡次小睡。又围棋二局。本日晴日愈燥，大旱之象已成。盐河无水，各盐不能出场；运河无水，贼将窜至运东，寸心焦灼之至！牙疼愈甚。傍夕小睡，略坐数息。夜核各稿批，核信稿十余件。二更三点睡，尚能成寐。

十二日

早饭后，步行祷雨。旋至何子永处久谈。归，清理文件。围棋二局。写少泉信一件。见客，坐见者二次，立见者五次。阅《观象授时》十页。至惠甫处一坐。中饭后写沅弟信一件，阅本日文件。见客，坐见者二次。至幕府一谈。写对联六付、挂屏一幅，核稿批未毕。傍夕小睡。夜将稿批核毕。二更后倦甚，静坐片时。三点睡。是日亢晴燥热而无雨意，忧灼之至！

十三日

早，五更三点起，至关帝庙率属行三献礼，旋步行至甘露庵祷雨，归。早饭后清理文件。见客，坐见者一次，立见者一次。围棋二局。又坐见之客一次，立见者二次。习字半纸，阅《观象授时》十五页。至赵惠甫处一坐。中饭后坐见之客一次，立见者二次。阅本日文件。至幕府一谈。小睡片刻。改折稿三件、片稿二件。傍夕小睡。夜核批札各稿。二更后温杜诗。拟将诗分抄四类，仿古文四象之类选抄一分。

十四日

早饭后，至甘露庵祷雨。旋至莫子偲处，观渠近年所得书。收藏颇富，内有汲古阁开化纸初印十七史，天地甚长；又有白纸初印《五礼通考》，其朱字相传系秦文恭公手校；又有通志堂另刻之《礼记释文》，又有明刻《千家注杜诗》，均善本地。归后，子偲以杜诗本见饷。嘉靖丙申玉几山人校刻，竟莫知为何人也。见客，坐见者三次，立见者三次。接奉廷寄，知已晋官大学士。正值军事棘手，大旱成灾，而反晋端揆，适以重余之不德耳。围棋二局。阅《观象授时》十页，中饭后阅毕。阅本日文件。至幕府久谈。写对联六付、挂屏百余字，核奏片稿，核批札稿。傍夕小睡。夜又核批札稿，二更毕。倦甚，三点睡。二更后，叶亭将进京，教训一刻许。

十五日

早饭后清理文件。见客二次。围棋二局。至苦露庵祷雨。是日又在灵欲寺请水。黄昌期来一坐。倦甚，小睡。阅《观象授时》十二页。中饭后与幕友一谈。阅本日文件。坐见之客三次。写扁、对、挂屏一时许，核信稿三件。接沅弟五月初十、十二日禀，知湘乡有哥老会滋事，为之悬悬。核批札稿，校对折件。灯时，发报三折五片。小睡片刻。核批稿毕。核信稿廿余件，二更四点毕。睡，不甚成寐。

十六日

早饭后，至甘露庵求雨。归，见客，坐见者一次，立见者二次。围棋二局。清理文件。旋坐见之客四次，李壬叔、刘开生等坐俱久。又叶亭甥进京禀辞，李载珪禀辞，均教之以格言。说话太多，遂觉神疲已极。阅《观象授时》，格格不入。中饭后，至子密处一谈。阅本日文件。困倦躁热，申初一刻睡，直至酉初三刻方下床。余向来畏热，虽未甚成寐，因不能治事，故久卧不起也。酉正核批札稿。傍夕又小睡片刻。夜将批札稿核毕，核信稿二件。二更后温《古文·识度之属》，朗诵数首。是日热甚而风不息，夜间皓月皎洁异常，全无雨意，焦灼之至！幸闻湖北于初九日已得大雨，苏、松、太等处初九、十日雨尤深透，为之少慰。

十七日

早饭后祷雨。旋至竹如处久谈。归，清理文件。围棋二局。坐见之客二次。午刻写纪泽信一件、沅弟信一件。中饭后与惠甫谈。阅本日文件，核批札各稿。见客一次。倦甚。阅《观象授时》，不能深入。傍夕小睡。夜核信稿二件，二更后温杜诗。三点睡。是日微雨，甫动檐溜即止。

十八日

黎明出城，至灵谷寺取水，往返约四十里许。归，至甘露寺行礼毕，至巳正二刻矣。归署，清理文件。午刻，徐河清来，山东莱州人，壬子进士，贵州即用县，现为候补道，极为胡文忠所赏，余人咸丰四年曾经奏调。畅谈大半时。中饭后与惠甫一谈。阅本日文件。旋核批札稿，核总理衙门信稿，未毕。傍夕小睡。夜将总署信稿核毕，二更后温《古文·辞赋类》。三点睡，三更二点成寐。

十九日

早饭后，至甘露庵祷雨。归，坐见之客三次，立见者三次。清理文件。围棋二局。与赵惠甫一谈。巳正小睡。午刻阅《观象授时》十六页,中饭后毕。未刻阅本日文件。至子密处久谈。申正核批札各稿。傍夕小睡。夜阅俞荫甫所为《经说》。申初,坐见之客二次,立见者一次。二更后朗诵韩、欧七古。昨日自灵谷山请水回,大风竟日,有倾墙拔木之力,江中断渡;昨夜皓月如画,绝无雨意。本日辰刻,阴云密布,旋得小雨,未得檐溜。自未刻至夜,钟山云气甚厚,雷电交作,他处必有大雨,惜金陵城中未沛甘霖,忧愧无已!二更三点睡。

廿日

早饭后,至甘露庵祷雨。议定明日夏至即行停止,不再渎求。归,清理文件。围棋二局。辰正即得大雨。直至未初始止,在吾乡约有五泼水。至惠甫处一坐。巳正小睡。午刻阅《观象授时》。中饭后至子密处久谈。阅本日文件,写对联八付。旋核批札各稿。傍夕小睡。夜核信稿二件。二更后温《古文·识度之属》,朗诵数首。二更三点睡,梦先考竹亭公着衣甚多,新鲜温厚。是日阅邸抄,御史佛尔国春参劾沅弟,以劾官相为肃党不实,例应反坐。虽经谕旨平反开解,而痕迹甚重。吾家高爵显宦,为众人所侧目,思之悚栗!

廿一日

早饭后,至甘露庵谢。将送神,因命以四千金将灵谷寺微加修葺。盖请水四次均有灵验:四月廿一日雨亭取水,五月十八余取水均得大雨;初二日省三取水,十五日晓莲取水均得小雨。相传此水即宝志和尚之八功德水也。归,见客,坐见者三次。围棋二局。小睡片刻。午刻,坐见之客二次。中饭后阅《观象授时》十页。余于天文全无所解,故茫然不入,特好秦味经之条理井然,故须遍观一过耳。阅本日文件。至幕府一谈。写对联七付。核批札各稿。傍夕小睡。夜写沅弟信一件。是日闻湘乡会匪全数扫除,为之少慰。闻捻匪已渡运河,又为大惧。将批札稿核毕。阅曹子建诗,倦甚,不能朗诵。近日常疲困思睡,岂老年精力衰颓,果应服补剂耶?二更三点睡。

廿二日

早饭后清理文件。围棋二局。陈虎臣来久谈。吴葆仪自湖北来,商霆营统属之事。询及沅弟,容颜尚不甚憔悴。唯大旱已成,初九日之雨实不甚大,不能栽插,且芒种已过,即续得透雨亦无救矣,不似此间向例,夏至后犹可栽插也。又湖北欠饷太多，营不得力，遣散又苦无资云云。闻之不胜焦灼。沅弟公私不顺，宜其怫郁，度日如年也。阅《观象授时》十余页。至惠甫处久坐。中饭后，吴竹如、李雨亭来久坐。阅本日文件。申刻写对联八付，核批札各稿。傍夕小睡。夜又核一批稿。将作诗酬答诸人之贺雨诗，竟以神思疲困不能下笔。衰颓如此，可叹亦可惧也！三点睡。

廿三日

早饭后清理文件。见客一次。围棋一局，又观人一局。阅《观象授时》十余页。已正小睡。午初阅书。午正请娄峻山、刘子眉等便饭。饭后阅本日文件。俞荫甫樾自苏州来，久谈，留在署中居住。旋至幕府一谈。傍夕小睡。夜核批札各稿。二更后核信稿，未毕。四点睡，直至四更始稍成寐。酉初写屏二百余字，对联三付。巳初习字半纸。是日闻捻渡运河后径犯泰安，势将至济、青、登、莱数府，焦灼之至！大局日坏，恐不久吾又将奉命北征矣。

廿四日

早饭后清理文件。见客，坐见者三次，立见者一次。围棋二局。又坐见之客三次，立见者一次。朱星槛、潘伊卿先后来久坐。谈及湖北久旱，沅弟忧灼，恐怫郁之事太多，或致生疾。阅《观象授时》三页。中饭后，彭丽生来，言及沅弟容颜憔悴，尤为廑虑。谈之甚久，即在署中居住。阅本日文件。酉刻至幕府一谈。旋又与丽生谈。写对联六付、挂屏二幅。傍夕小睡。夜核批札稿甚多。二更后将《戴氏丛书》清理，另行装钉。四点睡。本日说话太多，幸尚成寐。

附记

沅信　　筱信　　丁信

廿五日

早饭后清理文件，见客，坐见者二次，立见者一次，衙门期也。围棋二局。又坐见之客三次。巳正小睡。午刻阅《观象授时》六页。江慎修纠正梅勿庵"岁实"之说，读之茫无所解。午正请俞荫甫便饭，陪者山长周缦云、倪豹岑二人，书局张啸山等六人及莫子偲等，凡二席。申初散。阅本日文件，写对联六付、挂屏两幅。与彭丽生一谈。核告示稿一件。傍夕小睡。夜，彭丽生与刘子梅先后来谈。二更后，因纪鸿明日回家，教训一遍。核批札各稿，直至二更五点始毕。三更登床，久不成寐。是日自午至三四更，大雨不息，深透极矣。唯天气太寒，又虞水潦为灾，亦殊虑之。

廿六日

早饭后清理文件。见客二次，又立见者一次。写沅弟信一件，添筱泉信一页。纪鸿儿禀辞，由轮船赴鄂回籍，料理诸事。围棋二局。巳正小睡。午刻阅《观象授时》，江慎修辨梅氏"平气"、"定气"之说，亦无所解。中饭后至惠甫处一谈。见客，坐见者二次。阅本日文件。至荫甫处一谈。申正写对联六付，核稿批多件。傍夕小睡。夜写丁雨生信二页，核稿数件。二更后温杜、韩七古，高声朗诵。三更睡。是日阴雨竟日，时大时小，十分霑足，但嫌太寒耳。

廿七日

早饭后清理文件。见客，坐见者三次，立见者二次。围棋二局。至惠甫处一坐。巳刻小睡。午初阅《观象授时》中《冬至权度》，虽无所解，亦勉为细读一过。中饭后阅本日文件。至荫甫处一谈。改少泉信稿，写扁二方。核批札稿，未毕。傍夕小睡。夜与彭丽生一谈。将批札稿核毕。二更后温李、杜七古。三点睡，三更末始克成寐。近日，常觉疲乏不支，老境摧颓，而身所应了之事尚多未了，为之歉然。

廿八日

早饭后清理文件。旋坐见之客二次，立见者一次。围棋二局。又坐见之客三次。巳正小睡。午刻阅《观象授时》十余页。中饭后，坐见之客一次。阅本日文件。至幕府久谈。申正写对联六付，习字半纸。剃头一次。核批札稿，未毕。傍夕小睡。夜又核批札稿，二更三点毕。是日阴曀，申酉间有将霁之象，方以为喜，夜深又复大雨，凝寒有似深秋。时令失序，忧惧无已。

附 记

郭信　　英信　　刘信

廿九日

早饭后清理文件。见客二次。围棋二局。习字半纸。巳正阅刑案，现审二件批定。小睡片刻。午初阅《观象授时》十页。至妙香庵，雨亭及两道公请赴宴，申初席散。旋至鼓楼一览，目极二三百里，殊为旷快。酉初归。阅本日文件。折差归，阅京信、邸钞等件。核批札稿，未毕。小睡。夜又核批稿，二更后毕。温苏诗七古。在京买得大板《通鉴辑览》，书长尺二寸，宽七寸，每页廿八行，每行廿五字。略加涉猎，殊觉心开目朗。

卅日

早饭后清理文件。旋见客，坐见者二次。围棋二局。习字半纸。巳正小睡。午刻阅《观象授时》十余页。中饭后见客一次。阅本日文件。至荫甫处一坐。竹如来久谈。核批札各稿。傍夕小睡。夜核信稿三件，约改四百字。二更后温《古文·识度之属》，朗诵数首。三点睡。是日屡次下雨，至夜尤大，三更后大雨如注，又虑淫霖为灾，殊切焦虑。

六 月

初一日

黎明至文庙拈香。归,谢绝贺朔之客。饭后围棋二局。见客一次,与彭丽生久谈。清理文件。巳正小睡。午刻阅《观象授时》。中饭后又阅数页。坐见之客一次。阅本日文件。至荫甫处一谈。申正写对联六付。核批札稿,未毕。傍夕小睡。夜又核批札稿。二更后,温扬、马各赋,朗诵数首。三点睡。是日屡雨屡霁。灯后,彻夜大雨如注。

初二日

早饭后清理文件。见客,坐见者二次。围棋二局。巳刻改信稿一件,约三百字。巳正小睡。午刻阅《观象授时》。伊卿来久坐。中饭后与丽生久谈。阅本日文件,写沅弟信一件,改李筱泉信一件。与荫甫一谈。写对联六付,核批札稿。傍夕小睡。夜又核批札稿,至二更二点毕。疲倦殊甚。是日甲七自家来,详询亲族各家。三点睡,屡次梦魇。余向来神思疲困则魇,惫极则屡魇。本日困惫尤甚,老景如此,不复堪居此高位矣。

初三日

早饭后清理文件。见客,坐见者一次,立见者一次。出门拜客,竹如处久谈。小湖处久谈,观渠所藏法帖:一曰褚书《孟法师碑》,笔意似虞永兴而结体绝似欧阳率更,与褚公他书不类;一曰丁道护书《启法寺碑》,隋碑,而字体有类晚唐,矮方而匀整,闻春湖侍郎以千金购之苏州陆恭家;一曰宋拓虞书《庙堂碑》,即春湖侍郎曾经翻刻者也;一曰《善才寺碑》,名为褚河南书,实魏栖梧书，仿褚法耳；又有晋唐小楷共十一种，其中《乐毅论》、《乐方赞》绝佳，乃悟古人用笔之道如强弩引满，蓄而不发。归途作诗二句云："侧势远从天上落，横波旋向弩端涵。"又拜客八家，均未拜会。归，坐见之客二次。午刻阅《观象授时》六页。中饭后至惠甫处久坐。阅本日文件。申刻写对联五付，核批札各稿，酉正三刻毕。傍夕小睡。夜温《古文·识度之属》，朗诵十余篇。二更三点睡，梦兆不佳，深以陕中湘军为虑。

初四日

早饭后清理文件。见客，坐见者三次。围棋二局。旋又见客一次。小睡片刻。习字半纸。午刻看书二页。莫子偲、潘伊卿先后来久谈。中饭后至荫甫处一谈。阅本日文件。坐见之客一次。写对联六付、挂屏三幅，约二百余字。与赵惠甫久谈。天气甚热，将核稿而惮其难，在室吉徘徊久之。傍夕小睡。夜核稿批甚久。二更三点睡。

初五日

早饭后清理文件。见客，坐见者二次。立见者一次。围棋二局。又见客，坐见者一次。清泉举人刘端详送其父及外祖所为书，略看一过。巳正小睡。午刻，阅《观象授时·步天歌》。中饭后天气奇热。余畏热特甚，坐卧不安。阅本日文件。旋习字一纸。申正写挂屏三幅、对联三付。热极，骤雨。雨后，至惠甫处久谈。傍夕小睡。夜核札批各稿。二更后诵韩、欧七古。三点睡。半夜，大雨如注，殊虑水涝为灾。

初六日

早饭后清理文件。见客，坐见者二次。围棋三局。写澄侯弟信一封，核信稿二件。巳刻，坐见之客一次。小睡片刻。午刻阅《观象授时》中之《推步法》、《勾股割圜记》，一无所解，殊用为耻。中饭备八簋，请彭丽生、甲七侄便饭。未刻阅本日文件。至俞荫甫处一谈。作梅来一谈。核批札稿，酉正二刻毕。至惠甫处久谈，请渠诊脉，力劝余吃参。傍夕小睡。夜阅荫甫《经说》，将为之作序，久而无成。接沅弟廿六日信，将以廿八日请假一月。其信中多郁郁不自适者，劳苦过度之人，何甚此日日焦灼！引退未必允准，而其衙署实不宜久居，深为廑系。二更三点睡，三更三点后稍能成寐。

附记

荫经序　　丽亲表　　岳庙碑　　宁忠碑

初七日

早饭后清理文件。见客二次，方伯谈颇久。围棋二局。习字一纸，又半纸。见客，坐见者二次。潘伊卿言沅弟干大事之人，虽有郁忧，亦不至太痴太愚，至损生机，其言殊足动听。核信稿十余件，阅《观象授时》数页。午刻小睡半时。中饭后与丽生久谈。阅本日文件。与惠甫一谈。见客二次，浙江庶常汪鸣銮谈甚久。申刻写扁五幅、对六付。酉正核批札稿，写云仙信一页。傍夕小睡。夜核批札稿，二更二点毕。三点睡。

初八日

早饭后清理文件。见客，坐见者三次。围棋二局。习字一纸。疲倦殊甚，不愿治事。巳正小睡。午刻阅《观象授时》。中饭后与丽生久谈。阅本日文件。陈雪庐来一谈。阅邸钞，因贼窜青州，沅弟奉旨摘去顶戴，交部议处，少泉亦有戴罪图功之责。大局日环，军势难振，不胜焦灼！请伊卿来一谈，嘱其至湖北一行。疲乏异常，行坐不安，在室中大橙偃卧良久。核咨札批稿。傍夕小睡。夜核折稿一件、片稿一件。因疲惫不能治事，与惠甫、丽生先后谈病状。二更三点睡。

附记

韩叔起对

初九日

早饭后清理文件。围棋二局。见客，坐见者一次。习字一纸。疲乏殊甚，似有感冒，在室中徘徊。旋与荫甫、惠甫久谈，蔡贞斋来久谈。改谢恩折，至午正毕。中饭后与丽生久谈。阅本日文件，写扁字廿余个、对联三付、挂屏四幅，核批札稿。朱星槛自湖北归，问及沅弟不甚憔悴，为之一慰。阅家信等件。傍夕小睡。夜改折稿一件、片稿一件。二更三点睡。是日本有小疾，勉强治事甚多，支撑过去。

初十日

早饭后清理文件。见客，立见者一次，坐见者五次。习字一纸。围棋二局。疲倦，不能治事，午刻，将陈雪庐所著《经说》略一翻阅。午正小睡。中饭后与丽生久谈，荫甫来一谈。阅本日文件，写对联、挂屏颇多。至幕府外谈。发报五折、三片。傍夕小睡。夜核批札各稿。二更三点睡，三更成寐。

十一日

早饭后清理文件。习字半纸。接寄谕二道。是日请幕友至元武湖看荷花。辰刻，余出门，先拜将军。巳初至太平门与诸幕客相会，同坐小船，每船约受三人，长约八九尺，穿行于荷花之中。自太平门外行三里许登麟洲一望，旋复下船。麟洲之西北为趾洲，为老洲；其西南为长洲，为新洲。洲上向有百余家，乱后复还不及一半矣。行五里许，至神策门登岸进城。凡行荷中八里许。天气阴而微雨，既不湿衣，亦无烈日，宾主乐之。自神策门行至妙相庵，约十里许。午末置酒，申初散。送俞荫甫、彭丽生自此赴上海。诸客并回署中。阅本日文件。见客三次，与惠甫一谈。傍夕小睡。夜核批札各稿，温《古文·气势之属》，朗诵十余首。二更三点睡。三更后大雨如注，直至次日辰刻未曾少停。深虑淫霖为灾，焦灼曷已！

十二日

是日为先妣江太夫人忌辰。弃养已十六年，不孝不承奉颜色者廿九年矣。早饭后清理文件。围棋二局。习字半纸。旋见客，坐见者四次，立见者二次。巳午之间，陈作梅、熊秋白先后来久坐。阅《观象授时》中《历代正朔》。中饭后至惠甫外一谈。阅本日文件，写沅弟信，料理轮般赴鄂应清各件，核批札稿甚多。又至幕府一坐。傍夕小睡。夜核信稿二件，二更后温韩诗七古。三点睡。是日早间大雨，直至巳正始止，下半日晴霁。

十三日

早饭后清理文件。习字半纸。围棋二局。见客，立见者一次，坐见者二次。疲病殊甚，小睡半时许。阅《观象授时》中《夏小正》廿页。中饭后，绕室周步。阅本日文件。至幕府子密处久谈。归，病乏殊甚，行坐不安，再与叔耘围棋二局。写对联五付。登床久睡，幸颇成寐。夜核咨札批稿，二更后病困弥甚。刘开生等诊脉，甚虚，举方黄芪、熟地等味，煎好而不敢吃，恐有湿热风寒外症也。换大布衣裤，较之绸衣绸裤稍为适体，无凉怯萧索之意。睡后。亦颇成寐。

十四日

早饭后清理文件。习字一纸。围棋二局。疲病殊甚，不能治事，在上房偃卧避风。直至午刻，李朝斌、高梯先后来，始一见客，亦不迎送也。阅《观象授时》中《月令》三十余页。中饭后阅本日文件。旋与惠甫一谈，请其诊脉，虚弱中微有外感，头热肩疼亦似外感，久在室中偃卧。旋将本日札稿核毕。傍夕与惠甫久谈。灯后夜饭，旋复久卧，直至二更二点始起。三点复睡，三更后成寐。上身出汗，盖午刻吃葱姜煮面，至是始验病可解矣。天气太凉，与深秋相似，殊以岁事为虑。

十五日

因病，谢绝贺朔之客。清理文件。习字半纸。围棋二局。见客，坐见者一次，立见者一次，小睡半时。接少泉信，言倒守运河等策，因将地图、兵力细加筹度。午刻阅《观象授时》中之《读时令》条，《观象授时》门阅毕。素不晓天文算学，阅如未阅也。中饭后，李质堂、陈作梅先后来久谈。因畏风，皆在上房相见。阅本日文件。申正核咨札批稿。傍夕，惠甫来久谈。夜核信稿二件，二更后温东坡七古。三点睡。是日天气甚凉，病体未愈，禁风一日。申刻以后，治事甚多，亦尚足支持耳。

十六日

早饭后清理文件。习字一纸。围棋二局。与幕友一谈。写纪泽等信一件。小睡片刻。午正，阅《通鉴辑览》，从宋看起。因《五礼通考》义蕴较深，病中难于用心，故改阅史耳。阅十七页。中饭后与惠甫久谈，外感渐轻，而疲困如故。阅本日文件。申刻写对联七付、挂屏一副，接蔡贞斋入署居住，与之久谈，又与惠甫一谈。核批札各稿。傍夕小睡。夜疲困殊甚，竟不能作一事，背诵《诗经》数首。二更三点睡，幸能成寐。

十七日

早饭后清理文件。围棋二局。习字一纸。见客，坐见者二次。与贞斋等一谈。竿午刻阅《通鉴辑览》宋廿三页。中饭后，雨亭来久坐。阅本日文件。旋写对联五付，核信稿六件，核稿批未毕。夜又核稿批。与惠甫一谈。核稿，直至二更二点粗毕。精神日惫，公牍日繁，实不能了。三点睡。

十八日

早饭后清理文件。拜发万寿贺表。习字半纸。围棋二局。写叶亭甥信二页。巳正小睡。午刻阅《通鉴辑览·宋记》廿页。中饭后与惠甫一谈。阅本日文件。见客，坐见者二次，立见者一次。写沅弟信二页，核稿批未毕。傍夕小睡。夜将稿批核毕，温《古文·辞赋类》，朗诵数首。二更三点睡。是日病将全愈，幸以不药胜之。本日酷热，为今年所初见。骤雨二次，夜二更大雨，直至三更后未息，深以霖潦伤稼为虑。

十九日

早饭后清理文件。习字半纸。围棋二局。小睡片刻。作梅来一坐，又坐见之客一次。阅《通鉴·宋真宗》。午刻，竹如来，久谈一时半，申初始中饭。饭后阅本日文件。吴竹庄来久谈。困乏殊甚，又与惠甫一谈。傍夕小睡。夜核稿批，二更二点毕。是日说话太多，疲极，不复能自振。三点睡，尚能成寐。

廿日

早饭后清理文件。见客，坐见者二次，立见者二次。习字半纸。围棋二局。旋又坐见之客二次。阅《通鉴》《宋真宗》、《仁宗》廿三页。午正小睡。中饭后阅本日文件。热甚，小睡。写对联八付，核稿批毕。小睡一时许。灯后，与惠甫久谈。旋改信稿十余件。二更三点睡。是日酷热，与去年六月廿日余在南阳湖等处相似。

廿一日

早饭后清理文件。围棋二局。见客一次。习字半纸。赵惠甫来一谈。小睡片刻。午正阅《通鉴·宋仁宗》廿三页。中饭后至幕中一谈。阅本日文件。坐见之客一次。申刻，写对联六付，核批札各稿。至贞斋处一谈。傍夕小睡。夜热甚，不能治事，与惠甫在院中乘凉。二更二点后写信一页。三点睡。

廿二日

早饭后清理文件。坐见之客二次。围棋二局。本日上江学使朱久香先生进城，余至渠公馆等候迎接，晤谈良久。旋至南门城楼一望，巳正二刻归。午刻阅《通鉴·宋仁宗》十八页。中饭后，热，与子密、惠甫一谈。旋阅本日文件，习字半纸，写对联五付，核稿批颇多。傍夕至惠甫处一谈。夜热甚，不愿治事。温相加、子云赋四首，旋又温《古文·诏令类》。二更三点睡，直至三更四点乃克成寐。

廿三日

早饭后清理文件。见客，坐见一次。围棋二局。见安庆调来之季员一人、绅士四人，言安庆教堂事，糊涂一无所解，不觉生怒，喧责良久乃已。旋又见客，立见者二次，坐见者三次。小睡片刻。中饭后阅本日文件。李辅堂寄其父文巷公奏议、诗文集暨墓志、神道碑之类来，翻阅良久。写沅弟信，潘伊卿自湖北归，一谈。言沅弟胸次甚宽，去志甚决，为之少慰。阅《通鉴·宋仁宗》十八页。傍夕与惠甫一谈。夜核批稿甚多。二更三点睡。

廿四日

早饭后清理文件。朱久香先生来久坐。程尚斋来畅谈。小睡甚久。午刻，阅《通鉴》《宋仁宗》、《英宗》廿页。中饭后至惠甫处一谈。阅本日文件。习字半纸。写对联五付、挂屏二幅，核稿批多件。傍夕小睡。夜核信稿。二更后温《史记》数首。三点睡。是日酷暑异常，殊以为苦。

廿五日

早饭后清理文件。见客，坐见者二次。小睡片刻。习字半纸。阅《通鉴·宋神宗》廿页，写云仙信一封。中饭后阅本日文件。惠甫来一谈。核批稿各件。天气奇热，绕室闲步，不能治事，傍夕，至后院乘凉，一睡。夜核信稿多件，夜温《古文·辞赋类》，朗诵《离骚》。二更三点睡。酷暑有似上年在宿迁时，幸尚成寐。

廿六日

早饭后清理文件。旋坐见之客三次。阅《通鉴·宋阅宗》十页。小睡半时。

又阅十页。习字半纸。午初，吴竹翁、朱久翁来便中饭，直谈至申正方散。旋阅本日文件。天气奇热，不能多治事。傍夕，在后院竹床久睡。夜核稿批，二更后添丁雨生信一页，温《史记》一首。三点睡，三更后成寐。

廿七日

早饭后清理文件。习字半纸。旋坐见之客四次，立见者一次。小睡片时，阅《通鉴》《宋神宗》、《哲宗》廿三页。中饭后阅本日文件。围棋二局。核批稿，又核薪水单一件。傍夕至蔡贞斋处一坐，又至惠甫处一坐。夜核信稿多件，二更后温《史记》《李广传》、《儒林传》。三点睡。是日天气酷热，若再得半月不雨，岁事或可有秋。

廿八日

早饭后清理文件。习字半纸。见客，坐见者三次。吴竹庄、程尚斋谈皆极久。小睡片时。已正阅《通鉴·宋哲宗》廿三页。中饭后，酷暑异常，不能治事，旋阅本日文件，写沅弟信一封。坐见之客二次。核批稿多件。傍夕在后院与客久谈。夜核信稿五件，二更二点毕。大暑侵人，疲乏殊甚，不复能温古文矣。三点睡，三更后成寐。

廿九日

早饭后清理文件。习字半纸。坐见之客一次。小睡大半时。已正阅《通鉴》《宋哲宗》、《徽宗》廿五页。中饭后，酷暑异常。阅本日文件。又在竹床上偃卧良久。旋核批稿，核信稿粗毕。与蔡贞斋等在后院乘凉。夜饭后，仍至后院乘凉。二更入内室，犹苦热，不能治事。念吾深居广厦之中而畏热如此，前敌军士居一单布帐棚，锅灶均在其旁，防剿不能少休，其苦乐相悬何止千倍！深用愧悚。

七　月

初一日

早饭后清理文件。吴竹庄来久坐。在竹床小睡良久。阅《通鉴·宋徽宗》廿三页。习字半纸。中饭后至惠甫处一谈。阅本日文件，旋核批稿。潘伊卿来久坐。是日酷暑异常，有流金烁石之象。傍夕至后院乘凉，直至二更方入内室。温社、韩七古。三点睡，直至三更三点始稍成寐。

初二日

早饭后清理文件。坐见之客三次，立见者一次。酷热，在竹床久睡。陆续阅《通鉴·宋徽宗》廿四页。午刻习字半纸。未初请客，吴竹庄等便饭，申初散。阅本日文件。又在竹床屡睡，令人摇扇。核批稿各件，写沅弟信一页。傍夕至后院乘凉，与竹庄、惠甫久谈，直至二更方散。温《史记》三首。三点睡。

初三日

早饭后坐见之客三次。清理文件。天气奇热，屡在竹床小睡，令人摇扇。阅《通鉴·宋钦宗》廿五页。午正习字半纸。中饭后阅本日文件。又屡在竹床久睡。极热神昏，若有病者。酉刻核稿批。傍夕至后院乘凉。夜在竹床久睡，不作一事。二更三点仍在竹床上睡。三更登床，苦热，不能成寐。四更三点复起，至竹床睡至天明。此二日之热，与上年七月十二三在盱眙、双沟等处相似，老年不能堪此。

初四日

早饭后清理文件。坐见之客二次。在竹床屡睡。阅《通鉴·宋高宗》三十二页，习字半纸。中饭后阅本日文件。在竹床久睡。申正后，风云变色，似有雨意，暑气为之少减。核稿批各件。灯后，又核积压之稿数件。二更后温《古文·识度之属》。三点睡。天气清凉，差得佳睡。

初五日

早饭后清理文件。见客三次。李小湖坐甚久。旋在竹床久睡。阅《通鉴·宋高宗》廿四页，习字半纸。中饭后阅本日文件。又在竹床小睡。阅《方植之文集》钞本，核稿批各件。至惠甫处一谈。后院新作一楼，粗成，登高眺望。夜在竹床上久睡。拟出明日决科题目。二更后温左太冲、陶渊明诗，朗诵甚久。三点睡。是日，较之前三日，暑气已少退矣。

初六日

早饭后清理文件。坐见之客四次。习字半纸。在竹床小睡。阅《宋高宗》廿四页。中饭后阅本日文件。与子密一谈。在竹床久睡。核稿批颇多，未毕。午刻写澄弟信三页。申刻写纪泽信二页，写少泉信二页。与挚甫一谈，傍夕，与客登后院新楼。夜核稿批毕，二更后，温渔洋《五言古诗选》。

初七日

早饭后清理文件。屡在竹床小睡。阅《通鉴·宋高宗》廿六页。见客一次。习字半纸。中饭后阅本日文件。体中小有不适，在竹床久睡。核稿批多件。傍夕，登后院楼中一眺。夜温《史记》，选"气势之属"八首，"识度之属"八首。三点睡。近日风大而不雨，田水将尽耗涸，殊以为虑。是日巳刻、申刻，阅方植之所为古文及桐城郑福照所为《姚惜抱年谱》《方植之年谱》，粗涉一过。

初八日

早饭后清理文件。方存之、陈虎臣先后来一谈。庞省三，倪豹岑先后来代阅课卷，与之一谈。在竹床久谈。阅《通鉴·宋高过》廿五页。坐见之客一次。习字半纸。中饭，请庞省三等便饭。饭后阅本日文件。热甚，在竹床久睡。申刻写对联五付，旋又小睡。核批稿未毕。傍夕，登后院高楼。夜将稿批核毕，又核信稿三件，二更后阅《史记》，温诵三首。三点睡。是夕三更后颇凉。

初九日

早饭后清理文件。坐见之客一次。庞省三等来阅课卷，与之久谈。在竹床屡睡。围棋二局。阅《宋孝宗》廿二页，习字半纸。中饭，请庞省三等小宴。阅本日文件。至惠甫处一谈。申刻写对联五付。旋核批札各稿毕。至后院楼上一览。与惠甫一谈。二更后温《古文·气势之属》。三点后大汗，四更后成寐。

初十日

早饭后清理文件。堂期，坐见之客二次，立见者一次。在竹床上小睡良久。阅《通鉴》《宋孝宗》、《光宗》。午刻习字半纸。中饭后与贞斋处谈。阅本日文件。热甚，在竹床久睡。阅杨朴庵所选四书文中窦东皋各篇，核批札稿，至后院楼上乘凉。楼自六月初九日兴工，本是葳事。惠甫、贞斋等俱来乘凉，直至二更始散。温《古文·识度之属》。三点睡。天气郁热，四更后屡醒。

十一日

早饭后清理文件。在竹床小睡片刻。刘开生来久谈。围棋二局。巳正阅《通鉴·宋宁宗》廿二页。午刻习字半纸。中饭后奇热。阅本日文件。坐见之客一次。在竹床久睡，令人摇扇。申正写沅弟信一封，约三百字，核批札稿未毕。傍夕，至后院楼上乘凉，幕客来者甚多。夜在院中坐。二更三点，即在院外睡。三更后入室登床，久不成寐。天气郁热，四更末稍一成寐。

十二日

是日恭逢慈安皇太后万寿，五更三点至贡院率属行礼。旋阅视贡院修葺各处，登明远楼一望，辰刻归。早饭后，坐见之客一次，立见者一次。在竹床屡睡。巳正阅《通鉴·宋宁宗》廿四页，习字半纸。中饭后阅本日文件。天气奇热，行坐不安，惟在竹床偃卧，使人摇扇不止。酉刻核批札稿，未毕。至惠甫处一坐。傍夕，登后院小楼乘凉，直至二更始下。将批稿各件核毕。在院中小睡，三更入室睡。酷暑侵逼，神魂不宁，梦魇两次。

十三日

早饭后清理文件。旋坐见之客三次。在竹床小睡良久。阅《通鉴》《宋宁宗》、《理宗》廿三页。习字半纸。中饭后散步甚久。阅本日文件。天气酷暑，在竹床久睡。核李朝斌不归本宗事批一件。吴竹庄送碧纱厨一架，置于上房西间。旋核稿批各簿。子密来久谈，同登后院小楼乘凉，灯后夜饭。客散后，余又登楼，直至二更方下，仍在庭院竹床上乘凉。三点入室，三更二点始得成寐。

十四日

早饭后清理文件。旋坐见之客三次。在竹床久睡。阅《通鉴·宋理宗》廿三页。中饭后习字半纸，阅本日文件，核批札各稿。阅魏刚己所为诗，名耆，默深先生子也。在竹床久睡。得李少泉信，知胶莱河之守局不可恃，焦虑之至！傍夕，至后院小楼乘凉。夜在上房院中乘凉，久卧竹床。二更三点入室睡，尚能成寐。余性畏热，近来竟日昏睡，不能治事。念世变方殷，捻逆即将窜苏境为切肤之灾，而余忝窃高位大名，不能捍御，忧愧无已！

十五日

是日谢绝贺望之客。早饭后清理文件。在竹床屡睡。旋写李少泉信四页，阅《通鉴·宋理宗》廿四页。中饭后习字半纸，阅本日文件。申刻大风微雨，略能洒尘，未动檐溜，而炎焰之气为之一洗，室中清凉宜人。核批札各稿。酉刻核信稿多件。傍夕登后院小楼，与子密久谈，更初，写张子青信，至二更四点方毕。是日治事稍多，睡后亦能成寐。

附记

青口二周案　　查张　　张、蒋先单禀
林植棠　　丁、张、胡案
蔡、谭、熊

十六日

早饭后清理文件。见客三次，朱守谟坐颇久，历诉冯邦棅之坏。在竹床小睡。旋阅《通鉴·宋理宗》十八页。鲍花潭学使来久谈。午初，出门回拜鲍学使，午正二刻归。中饭后补阅《通鉴》三页，阅本日文件。酷暑郁闷，围棋二局。习字半纸。申正阴风，略觉清凉。核批札稿，未毕。傍夕登楼乘凉，已觉秋气袭人。夜将批稿核毕，又核信稿数件，二更后温《诗经》《离骚》，朗诵良久。三点睡。

附记

郜金崔蔚宁国县　　孔荐毕差

十七日

早饭后清理文件。在竹床小睡数次。阅《通鉴》《宋理宗》、《度宗》、《帝显》共廿八页。午初习字半纸。中饭后阅本日文件。围棋二局。天气郁热，累日云雷而不成雨，殊以高田为虑。核批札各稿，傍夕至幕府一坐。不赴幕中将一月矣。夜核改信稿三件，二更后阅渔洋《五古诗洗》中之唐五家。三点睡，三更后略能成寐。

十八日

早饭后清理文件。在竹床屡睡。见客，坐见者二次，立见者二次。习字半纸，阅《通鉴》《帝显》、《元世祖》，共廿三页。中饭后，坐见之客一次。阅本日文件。在室中绕屋散步，又在竹床久睡。阅《湖海文传》十余篇。围棋二局。核批札稿。是日酷热异常，真觉金石欲流，土山皆焦。傍夕登楼，亦不觉其清凉。接澄弟等六月廿二日家信，知鸿儿将以七月初四日赴省乡试，盖未接余六月十六之信。深虑其不能完卷，或文理纰缪，见笑于人。夜，热极，不能治事，至惠甫处久谈。二更三点睡。天晴不雨者又一月矣，闻沿江亢旱，求雨甚切，忧灼之至。

十九日

早饭后清理文件。在竹床屡睡。阅《通鉴》廿三页。午刻习字半纸。中饭后热极，得骤雨一阵，虽不甚宽广而颇觉深足，约二寸许。旋坐见之客一次。阅本日文件。至惠甫处一谈。酉刻核批札稿。傍夕登楼乘凉。夜改刘砚庄信稿，约千三百字，二更四点毕。睡，尚成寐。

廿日

早饭后清理文件。见客，坐见者四次，立见者三次。小睡二次。阅《通鉴·元世祖》廿二页。中饭后习字半纸，阅本日文件。至惠甫处一谈。在竹床处睡乘凉。围棋二局。核批札各稿。傍夕登楼乘凉。夜改信稿一件，约四百字，二更后温韩文各碑铭。三点睡。本日业已出伏，尚酷热令人难堪。闻安、庐、滁、和一带旱象已成，江宁府属高田，亦必歉收；里下河虽得中稔，不各十五日开车逻坝后为水后害否，忧系之至！

廿一日

早饭后清理文件。见客,坐见者四次。潘季玉、朱久香谈俱,巳正散。小睡片刻。阅《通鉴·元武宗》廿三页。中饭后阅本日文件。天气酷热侵人,围棋二局。旋习字半纸,写李宫保信一件。将沅弟所分送各友之《船山全书》三十部派人分送。至惠甫处久谈。傍夕小睡。夜核批札各稿。旋温韩文碑志。在院中竹床小睡。二更三点入室,三更登床,炎蒸之气犹不少减。

廿二日

早饭后清理文件。见客,坐见者三次。围棋二局。阅《通鉴》《元仁宗》、《英宗》、《泰定帝》廿三页。中饭后阅本日文件。热极后,阴云微雨,少觉清凉。至惠甫处少谈。写沅弟信三页,约三百余字,核批札各件。傍夕与子密一谈。夜接沅弟及纪鸿儿信,添沅信一页,写儿子信二页,二更后温《古文·序跋类》。三点睡,尚能成寐。

廿三日

早饭后清理文件。李雨亭来久坐,又坐见之客二次。在竹床小睡良久。巳正阅《通鉴》《元明宗》、《文宗》、《顺帝》廿三页。中饭后,热甚。阅本日文件。在室中偃卧徬徨,不胜酷暑之侵逼。习字半纸。酉刻核批札各稿,未毕。惠甫来久坐。夜核批札稿毕,改京控案折稿,未毕,二更后温《古文·杂记类》。三点睡,尚能成寐。

附 记

复松生信

廿四日

早饭后清理文件。见客,坐见者二次。小睡数次。阅《通鉴·元顺帝》廿四页。中饭后酷热异常。阅本日文件。又坐见之客二次。在室中坐卧不宁,畏暑特甚。至惠甫处一谈。申正风云变色,酉刻大雨倾盆,连宵达旦,十分深透。近日江宁各属望雨极切,得此可望有年,为之欣慰;而淮安里下河一带又恐雨多堤决,为之忧系。夜核批札稿毕,改京控案折稿,至二更四点改毕。睡后,不甚成寐。是日未正,习字半纸。

廿五日

早饭后清理文件。见客一次，旋又见客二次。衙门堂期也。出门拜潘季玉、朱久香，两处坐谈颇久。又值大雨，巳正二刻归。阅《通鉴·元顺帝》廿二页。中饭后，阅本日文件。围棋二局。在室中偃卧良久。核批札各稿，傍夕至惠甫处久谈。夜倦甚，拟改折稿而竟不能下笔，因在室中徘徊久之。二更后将温古文，亦以疲倦不能成诵，盖衰态也。二更三点睡，三更后稍能成寐。

廿六日

早饭后清理文件。见客，坐见者六次。说话太多，疲乏已极，旋在竹床小睡。将娄县尹鋆德所呈文集一阅。午初阅《通鉴》元末明初十六页，中饭后又阅五页。阅本日文件。小睡片刻。改折稿一件。约改二百余字。傍夕与蔡贞斋等一谈。夜核批札稿。申刻会客一次，谈颇久。二更后疲困殊甚，不能更治事矣。三点睡，不甚成寐。本日又大雨。连雨三日，又虑淫潦为灾，廑系之至。

附 记

送各元卷

廿七日

早饭后清理文件。旋出门至贡院一看，令将对棚及各棚遮眼之物一概拆去，以便点名时轩敞宏阔。旋又至吴竹如处一谈，巳正归。彭丽生自苏浙回，与之一谈，又坐见之客一次。阅《通鉴辑览·明太祖》十一页，中饭后又阅十页。阅本日文件。疲倦殊甚，至惠甫处久谈。旋核批札各稿。傍夕与丽生久谈。夜改折稿一件，约三百余字，尚未毕。二更后温《古文辞类纂》中之"赠序类"。三点睡。本日又复阴雨，天气已凉，秋色萧然矣。

廿八日

早饭后清理文件。旋赴鲍学使处，会考拔贡、优贡，出题《德不孤》二句，《子路曰："愿车马"》二节。巳初回署。围棋二局。坐见之客一次。阅《通鉴》《明太祖》、《建文帝》十五页，中饭后又阅七页。阅本日文件。李雨亭、魏荫庭先后来久谈。改折稿后半，至灯初毕。又将织造各案再三检核。疲困之至，因至惠甫处一谈，而本日批稿各簿竟不能阅核矣。旋在室中偃息。二更后小睡。三点睡，尚能成寐，特以用心太过，困乏殊极耳。

廿九日

早饭后清理文件。见客,坐见者四次,立见者二次。改片稿一件,将昨日应核之稿批各簿核毕。旋围棋二局。疲乏殊甚,请开生诊脉。中饭后与丽生一谈,阅本日文件。申正,写对联八付。疲倦之至,本日不能看书。傍夕,荫亭来久谈。夜偃息,不能治一事。将折件核对,拜发四折、三片。三点睡,三更后稍能成寐。

八　月

初一日

早，谢绝各客。饭后清理文件。坐见之客二次。将昨日应核批稿核毕，阅《通鉴·明成祖》廿二页，中饭后毕。阅本日文件。鲍学使来久坐。写对联七付。又立见之客一次，坐见者一次。至惠甫处一谈。傍夕小睡。夜将本日稿批核毕，二更后温杜、韩七古。三点睡。是两夜服补药一帖。

初二日

早饭后清理文件。见客，坐见者一次，立见者一次。出门至学院处，会考帘官，出题《有教无类》两章。已正归署。见客，立见者二次，坐见者三次。写叶亭信一件，阅《通鉴·明成祖》十一页。中饭后阅本日文件。见客，坐见者三次，立见者二次。说话太多，疲乏之至。傍夕与贞斋等一谈。夜核批稿各件，二更后毕。劳困殊甚，心若粉碎，气若不能接续者。三点睡，尚能成寐，五更醒。

初三日

早饭后清理文件。见客，坐见者三次。写沅弟信一封，改陈松生信，又添一页，阅《通鉴》《明仁宗》、《宣宗》十一页。小睡片刻。午刻，魏荫亭来久坐。中饭后阅本日文件。坐见之客二次。围棋一局。写对联四付、挽幛一付。潘伊卿来一谈。傍夕与客登后楼。旋小睡片刻。夜核批稿各件，二更后毕。眼蒙殊甚，不能治事。三点睡。

初四日

早饭后清理文件。见客，坐见者二次，立见者一次。接咨文，知山东胶莱河之防被贼溃围冲出，焦虑之至！阅《通鉴》《明宣宗》、《英宗》廿三页。中饭，请魏荫亭、熊秋白等便饭。阅本日文件。疲倦殊甚。将考帘卷阅看数本。写信与鲍学使。李雨亭来久坐。剃头一次。傍夕登楼一看。见客一次。夜核批札各稿，二更后将《张皋文词选》二卷一阅。三点睡，三更后成寐。

初五日

早饭后，司道接见，谈颇久。旋至贡院演试新作灯旗，四处周视良久，巳初归。清理文件。见客，坐见者一次，立见者二次。阅《通鉴》《明英宗》、《景帝》廿二页。中饭后阅本日文件。明日，主考来本署入帘宴，照料委员等铺设诸物。写澄弟信一封，约四百余字。至惠甫处一谈。旋又与子密久谈。傍夕小睡。夜核批札各稿，二更后阅《张皋文词选》二卷，略为讽诵。三点睡，五更醒。

初六日

早饭后清理文件，阅《通鉴》《明景帝》、《英宗》十二页。辰正，鲍、朱两学使来；巳初，刘镌山通副有铭、王玉文编修荣琯两主考来。余与学使、司道在大堂迎接，恭请圣安。旋陪至二堂，当中平列五度，两边八字分列七席，司道陪坐。因系斋戒期内，入帘宴无洒肴，仅有果碟。献茶三道毕，陪主考至花厅小叙，更换朝衣。旋又至大堂谢恩，望阙行三跪九叩礼。主考、学使复至花厅小坐。即送之入贡院，送朱学使回公馆，午初毕。又阅《通鉴》十一页。中饭后阅本日文件。小睡片刻。酉刻核批札各稿。旋与惠甫久谈。傍夕小睡。夜改少泉信稿一件，二更后温韩诗七古。疲困殊甚，三点睡。四更三点醒，五更后又略成寐。

附 记

宋撤委　　　朱、吴中秋
复彭书交熊　　朱、欧信寄

初七日

五更二点起，至文庙丁祭行礼，辰初归，早饭后清理文件。见客，坐见者一次，立见者一次。前日会考之拔贡、优贡俱来禀见，分作两次接见。阅《通鉴》《明英宗》、《宪宗》七页。陈作梅来久坐。倦甚，小睡。中饭后阅本日文件。熊秋白来久坐。小睡半时。接奉八月初二日廷寄，严旨诘责少泉，有"糜饷殃民，其咎甚重"等语。写对联八付。至惠甫处久谈。小睡片刻。夜核批札各稿，核信稿一件，二更后诵《古文·识度之属》。三点睡，尚能成寐，五更醒。

附 记

书银、吴信寄扬　　仲仙信托事

初八日

早饭后清理文件。旋见客一次，谈颇久，又立见之客一次。阅《通鉴·明宪宗》廿三页。午刻核信稿二件。中饭后阅本日文件。是日贡院点名，屡派人看视。因新添高竿灯旗，全不拥挤。惟点进时甚为迟延，自寅初至未正仅点一半，因两次写信催之。自申刻至亥正，比前半较为迅速，三更点毕封门。申正核批札各稿，未毕。傍夕登楼一览。夜又核稿，至二更始毕。疲倦殊甚。良诵。三点睡。

初九日

早饭后清理文件。旋阅《通鉴》《明宪宗》、《孝宗》廿页。巳初至太平门请吴竹如、朱久香同看荷花，至长洲、新洲登岸，在民家小坐。该处二洲中又有小湖，上有小山。旋回船。午正，骄阳正炽，燥热殊甚。未初在城楼中饭，久香学使即度作七律一首。申初席散，回署。阅本日文件。申正，李雨亭来久坐。闻贼已于廿八日至赣榆，入江苏境，焦灼之至。至惠甫处一谈。夜核批札稿，二更后核信稿一件，约改三百余字。三点睡，三更二点成寐。

附 记

松信抄吴稿

初十日

早饭后见客一次，谈颇久。清理文件。又立见之客一次。又至教场考验都司一员。阅《通鉴·明武宗》十八页。陈虎臣来久坐。中饭后至将军处赴宴，将军与织造二人公请也。未正，将所造书画取出赏玩。陪客为周缦云、李小湖两山长。旋入席，罗列珍羞，在近年之金陵为罕见矣。酉正始散，到家已上灯时候，阅本日文件。旋核批札各稿，二更三点粗毕。睡后幸能成寐，四更末醒。

十一日

早饭后清理文件。旋见客，坐见者三次，陈作人、汪梅村谈颇久。阅《通鉴·明世宗》廿三页。午刻，作梅来一谈。中饭后清理本日文件。天气炎燥，不能治事，至惠甫处一谈。贺胜臣自京师归，阅京信仍邸报等件。写信一件，复朱学使，核批札稿未毕。傍夕登楼乘凉。夜核稿毕，二更后温《系辞》上下传，似有所会。三点睡，五更醒。

十二日

早饭后清理文件。旋见客，立见者一次。晏同甫、彭雪琴先后来久坐。写沅弟信一件、陈松信一件，添尧阶信二页，三共约五百字。赵蔗泉来一谈。本拟作彭丽生尊人之墓表，因天气太热，不能下笔。阅《通鉴·明世宗》十三页。中饭后，坐见之客一次，立见者一次。阅本日文件。酷热如前三伏，时在竹床小睡。围棋二局。李凤章来久坐，傍夕登楼乘凉。夜核批札各稿，二更后疲乏殊甚，在竹床小睡。三点睡。

十三日

早饭后清理文件。旋见客，坐见者一次。围棋一局，次局未终，彭宫保来久坐，直至中饭后，余不能久陪，中在竹床小睡一次。又坐见之客二次。未刻阅本日文件。燥热殊甚，不能治事，在竹床久睡。申正核批札，酉正毕。写扁字十余个。傍夕与丽生等久谈。夜热甚。二更后拟作墓表，甫起草三四行，即二更三点矣。睡后，尚能成寐。五更醒，旋又小寐。

十四日

早饭后清理文件。坐见之客一次。作彭太翁墓表。天气热甚，在竹床屡睡。中饭后阅本日文件。又作墓表，至酉刻未毕。登楼乘凉。夜核批札各稿，二更写复朱学使信。烦热疲乏，不复能治事。三点睡，不甚能成寐。

十五日

早，谢绝各贺节之客。饭后见客一次。旋出门拜客，彭雪琴、晏彤甫二处，巳正始归。雪琴旋来一坐。午正又作墓表数行。中饭，请蔡贞斋等小酌。饭后阅本日文件。天气奇热，在竹床屡睡。不少成寐，头稍昏晕。申正后疲甚，不能治事。旋将本日稿批各簿核毕。酉正二刻请幕府诸友，在楼上置酒。月出已高，为云所掩，势将雨而未成，凉风颇劲，稍息炎蒸之气。一更五点散。二更后又作墓表数行，未毕。三点睡，久不成寐。燥热异常。三更后，在枕上思及墓表，反复不辍。昔在京每作诗文彻夜不眠，今又蹈此病矣。旋腹稿将墓表及铭辞作毕。四更二点始得成寐。

十六日

早饭后清理文件。旋见客，坐见者三次，立见者三次。将夜来文稿缮出。巳正阅《通览·明世宗》廿一页。中饭后阅本日文件。雪琴来畅谈。是日余请雪琴便饭，朱久香请余与竹如便饭，约移酒肴至余署。因议定余与朱二人为主，吴与彭二人为客。申刻，朱因痔病不能来，使人送肴馔。余与吴、彭三人共饮，申正入坐，酉正散。散后，登楼乘凉。灯后客去。余至惠甫处一谈。旋核批稿各簿毕。疲倦殊甚，二更后小睡。三点睡，幸能成寐。

十七日

早饭后清理文件。旋见客，坐见者三次。阅《通鉴》《明世宗》、《穆宗》。又坐见之客二次。阅书共廿一页，中饭后毕。旋阅本日文件。雪琴来辞行，久观余写扁，又请余作渠祠中扁联，书之。魁将军来一坐。雪琴至灯时始去。夜核批稿各簿。二更后小睡。三点睡，三更二点成寐。

十八日

早饭后清理文件。见客，坐见者三次。阅《通鉴》《明穆宗》、《神宗》廿七页。中饭后阅本日文件。李雨亭来一坐。写朱久香复信一件。申正围棋二局。核批札各簿。傍夕至幕府久谈。夜，疲乏殊甚，阅欧阳公、王介甫所为墓名至二更三点睡。四更三点醒，旋又成寐。梦先大夫之灵柩将发引，而为数百红桌凳所拦阻，不得出门，又未将大杠早为修整，仓卒恐不成礼，忧恐而醒。

十九日

早饭后，清理文件。见客，坐见者二次。围棋二局。阅《通鉴·明神宗》廿三页。中饭后，与惠甫一谈。阅本日文件。朱久香翁来，久谈。核批稿各簿，未毕。小睡。夜，核批稿毕，核信稿一件。二更后，阅王介甫"墓铭"数首。三点睡，屡痦屡寐。

附　记

丁信荐俞院　　应信托俞子

廿日

早饭后清理文件。坐见之客四次。围棋二局。惠甫来一谈。阅《明史·神宗》十七页。中饭后阅本日文件。丁雨生自苏州来，未正晤谈，直至酉末方散。舌端蹇涩，深以多言为苦。傍夕小睡。夜核批稿各簿，二更后，阅欧阳公碑铭，朗诵数首。三点睡，五更醒。是日风寒阴雨，秋色苍然矣。

附 记

两论沙田事倪　　漕折酌减事

廿一日

早饭后清理文件。坐见之客二次。围棋二局。阅《通鉴·明神宗》廿七页。至惠甫处一坐。中饭后阅本日文件，未毕。丁雨生来久谈。旋将文件阅毕。精神疲困，若不胜事者，又至惠甫处一坐。戴子高来一谈。核批稿各簿，未毕。傍夕小睡。夜将批稿核毕，又核信稿数件，二更后温《古文辞类纂·序跋类》。三点睡，四更四点醒。

廿二日

前闻彭丽生言，用驴皮胶蒸老母鸡，服之七八次，而积年阴亏虚弱之症全愈。余以未能熬黑驴皮胶，昨日买龟胶蒸母鸡服之。汤太浓而胶太腻，午饭、夜饭两次食之太多，胸膈间已觉作恶。又向来恶食腐乳，本日早饭因食腐乳而触动昨日胃膈，遂大呕吐，不适者良久。围棋二局。阅《通鉴》《明熹宗》、《庄烈帝》廿七页。中饭后，丁雨生来署小住，与之鬯谈。阅本日文件，写纨扇一柄，写沅弟信一件，核批稿各簿，未毕。坐见之客二次。傍夕小睡。夜核批稿毕，温《古文·碑铭类》。疲乏之至，二更三点睡。

廿三日

早饭后清理文件。与雨生一谈。围棋二局。出门拜朱久香学使，巳正归。阅《通鉴·明庄烈帝》数页。李雨亭来，与雨生同中饭。饭后阅本日文件，阅《通鉴》又十余页。疲倦殊甚。买《六十家祠》一部，翻阅一过。至惠甫处一谈。核批稿各簿。傍夕小睡。夜阅苏、辛及晏小山各家词。二更后倦甚，小睡。三点后睡，不甚成寐。

附 记

叶亭信买小信封　　　藕舲信
皮小舲信言报销事

廿四日

早饭后清理文件。与雨生一谈，渠即日归去。旋坐见之客四次。围棋三局。又阅《通鉴·明庄烈帝》廿页。疲倦之至。又坐见之客一次。中饭后阅本日文件。愈加疲乏，盖昨夕不甚成寐，而本日下棋太多，遂觉委顿不堪。见客，坐见者一次，立见者一次。至惠甫处一谈。在室中偃仰久之，将改折稿而不能下笔。傍夕小睡。夜核折稿一件，核批稿各簿。二更后小睡。三点睡。

廿五日

五更二点起，至昭忠祠行礼。礼毕，即与司道在祠早饭。饭后，遍阅祠中。将就倾圮，拟拆后四栋，改修两进两厢；又拟于东边修金陵官绅昭中祠，祀向、和部下将领及扬州、镇江两军之死事者，癸丑破城官绅之列难者；又于西边修楚军水师昭忠祠。三祠并列，庶春秋祀典可垂永久。巳初回署。见客，坐见者一次。核信稿二件，阅《通鉴·明庄烈帝》廿页。中饭后，宋国永来久谈。阅本日文件。至惠甫处一谈。申正后倦甚，小睡极久。夜核批稿各簿，核信稿二件，二更后阅《易学启蒙》，温《古文·识席之属》。三点睡，屡寐屡寤。

廿六日

五更三点起，至大程子祠行礼。礼毕，至新造之布政司衙门看视工程，归。早饭后清理文件。见客一次。围棋二局。阅《通鉴·明福王》十一页。中饭后阅本日文件极多。至惠甫处一谈。魁将军、李小湖、吴竹如先后来谈极久。写王叶甥信一件，写对联九付。暝时，至贞斋处一谈。小睡片刻。夜核批稿各簿，二更后阅稼轩词。疲困已极，三点睡。

廿七日

早饭后清理文件。坐见之客三次，立见者一次。围棋二局。阅《通鉴·明福王》十三页。《通鉴辑览》自宋初至明末阅毕。自六月十六日起，至是七十一日矣。老来记性愈坏，掩卷仍自茫然。中饭后阅本日文件。朱久香来鬯谈最久，申末去。写对联五付。与贞斋等一谈。傍夕小睡片刻。夜核批稿簿极多，改告示稿一件，二更后温古文数首，高声朗诵。眼蒙殊甚，不能开视。三点睡。

廿八日

早饭后清理文件。见客，坐见者三次，立见者一次。围棋二局。拟阅《五礼通考》，而惮其难。旋小睡片时。中饭后阅本日文件。至惠甫处一谈。写对联五付、挂屏一幅。见客，坐见者三次，倪貌岑谈颇久。傍夕小睡。夜核批稿各簿，又核信稿一件，改四百余字，二更三点毕。温韩、欧七古十余首。四点睡。接廿二日廷寄，责少泉处辞气殊为峻厉，于余亦有微辞。又闻人言，淮勇近日骄惰骚扰，实不可用。大局日坏，而忝居高位，忧灼歇已！

附记

沅信寄朱书交宋

廿九日

早饭后清理文件。见客二次。围棋二局。阅《五礼通考》卷首序例及作述源流三十一页，写沅弟信三页。午刻在室中偃仰少息。又坐见之客一次。中饭后阅本日文件，写对联九付。至子密处一谈。核批稿簿，未毕。坐见之客一次。至惠甫处一谈。傍夕小睡。夜核批稿毕，核信稿十余件，二更二点粗毕，小睡。三点睡，三更后成寐。

附记

朱托盐官朱　　买碗　　借张书
送刘赙　　寄凡阁叔奠

卅日

早饭后清理文件。坐见之客一次。围棋二局。出门拜客，朱久香、吴竹如、李小湖三家皆久谈，本日遂不能看书。午正二刻归。中饭后阅本日文件极多。倦甚，至惠甫处一坐。陈虎臣来一谈。写对联九付。酉刻剃头一次。傍夕小睡。夜核批稿各簿，核信稿五件。疲乏殊甚，静坐片刻。二更三点睡，甚能成寐。醒已五更二点矣。

九 月

初一日

早饭后，谢绝各客。辰正，鲍华潭来久坐。围棋二局。巳正改信稿一件，约改四百字。午初阅《五礼通考》中《礼经述作源流》。中饭后阅本日文件。至惠甫处一谈。写对联九付。至蔡贞斋、钱子密处先后晤谈，疲甚，不愿治事故也。夜核批稿各簿，又核信二件，约改四百字。二更后倦甚，上床小睡。三点睡，屡寐屡醒，体中总觉孱弱，不能自适。

初二日

早饭后清理文件。旋见客，坐见者三次。阅《五礼通考》卷首《礼制因革》十四页。巳初出门拜鲍华潭，久谈。旋至久香学使处，因渠子遹然得顺天分房差，戏索喜酒，渠即请余与竹如、豹岑、孝凤同坐船至妙相庵小饮也。由南门登舟经过贡院、东水关、复成桥等处，约舟行十里余，至通贤桥登岸，又陆行二里许至妙相庵中饭，申初归。阅本日文件。写祭幛二件、对联二付。与贞斋、惠甫等先后一谈。傍夕小睡。夜核稿批簿，甚觉劳心。二更后，不复能治事，登床小睡。三点睡，直至五更方醒。

初三日

早饭后清理文件。坐见之客一次。拜本，行三跪九叩首礼。围棋二局。出门至刘伯山家作吊，巳刻归。改信稿三件，阅《礼制因革》十三页。吴竹如来久谈，至未正方散。中饭后阅本日文件。至惠甫处一谈。申正写对联十付。欲治他事，而天已暝矣。小睡半时。灯后核批稿各簿。温《古文》论著类、词赋类，朗诵十余首。小睡片刻。二更三点睡，屡醒屡寐。天气燥热，体中觉小有不适。

初四日

早饭后清理文件。见客一次。围棋二局。改信稿十余件。午初阅《礼制因革》、《圜丘祀天》廿页。请万石臣吃便中饭。饭后阅本日文件。至惠甫处一谈。写扁字十余字。至挚甫处久谈。傍夕小睡。夜核批稿各簿。温《汉书》公孙贺、杨王孙等传。倦甚，小睡。二更三点睡，屡寐屡醒。闻李雨亭生一毒，甚剧，殊以为虑。

初五日

早饭后清理文件。见客，坐见者三次。旋至箭道考验。围棋二局。写澄弟信一封，改信稿四件。午初阅《圜丘祀天》廿页，至未正止。阅本日文件。至惠甫处一谈。渠近作《书怀》五章，又录旧作词十调见示，皆才人之笔也。旋又写扁、对十余件。傍夕至贞斋处一谈。小睡片刻。夜核批稿簿甚多，温《汉书》二卷。二更三点睡，三更后成寐。

初六日

早饭后清理文件。见客一次。旋出门至雨亭处看病，渠于小腹左股间生一毒，名曰股阴疽，其势甚重。巳刻归。围棋二局。又坐见之客二次。甫看《圜丘祀天》。而牙疼殊甚，不能治事，在室中徘徊偃仰而已。中饭后阅本日文件。至惠甫处久坐。因牙疼，不敢用心，写对联六付，又至幕府一谈。傍夕小睡。夜核批稿各簿，温《汉书》二卷。二更三点睡，不甚成寐。

初七日

早饭后清理文件。见客，坐见者三次。围棋一局。法国天主教司铎雷铎骏来，坐谈片刻。辰正出门，至痘神祠拈香，今年三月所许新修之庙至是落成。其庙与吴竹如住宅相接，旋至吴处晤谈，午初二刻归。阅《圜丘祀天》十四页。中饭后阅本日文件。周缦云来久谈。旋又与惠甫一谈。写对联五付、寿幛一幅。天气阴雨，接沅弟及李筱泉信，襄河大水成灾，气机甚为不顾，而群捻久萃海州一带，势将窜入里下河，殊深焦虑。旋与子密久谈。傍夕小睡。夜核批札各稿甚多，二更温《古文·识度之属》，朗诵数首。三点睡，夜长睡早，反不得熟睡，老态往往然也。

初八日

早饭后清理文件。见客，坐见者一次，立见者一次。围棋二局。添黄萃农信二页、文辅卿信二页，写郭云仙信三页，未毕。午初方看书二页，而牙疼殊甚，因至惠甫处久谈。午正二刻，请鲍花潭学使小宴，山长三位陪之，至申初散。阅本日文件。申正写对联六付。至子密处一谈。又添写云仙信二页毕，约共五百字。夜核批稿各簿，二更后温《古文·识席之属》。眼蒙，不能看字，因默坐背诵杜诗七律。是日接澄弟及纪泽等七月廿六日信。三点睡，尚能成寐。

初九日

早饭后清理文件。坐见之客一次。倪豹岑之祖母九十寿日，前往拜寿吃面。归，坐见之客四次，曹西垣、朱久香谈均久。说话太多，倦甚，不能治事。中饭后阅本日文件，改信稿二件，写沅弟信一件。至惠甫处一谈。晡时，登台一览，小睡片刻。夜核稿批各簿，二更后，将温古文而小有不适。晡时食二梨，觉腹中不胜生冷者，遂不复治事，在室中徘徊良久。三点睡，幸能成寐，五更方醒。

初十日

早饭后见客，坐见者三次，衙门期也。旋围棋二局。阅《圜丘祀天》廿页。中饭，请惠甫便饭，渠将赴湖北也。阅本日文件，写对联八付，核批稿各簿，核信稿十余件。傍夕至子密处一谈。夜，惠甫来久谈，力劝余接全眷来署，一则万无新开缺仅驻防一处之理，一则湖南必非安静之土。反复详言，颇多中肯之处。余深恐妻子从官既久，将来即不还故里，轻去其乡，而于渠所言亦深以为然，展转不能自决。二更后朗诵《易·系辞》。三点睡，四更四点醒，不复寐。

十一日

早饭后清理文件。见客，坐见者一次，立见者二次。辰正，至南门外西洋炮局观制造各机器，皆用火力鼓动机轮，备极工巧。其中如造洋火铜帽，锯大木如切豆腐，二者尤为神奇。午初归。阅《圜丘祀天》十八页。中饭后阅本日文件。坐见之客一次。习字一纸，写对联七付。至惠甫处一谈。傍夕小睡。夜核批稿各簿。二更后倦甚，喉间若不适者，因闭目静坐片刻。三点睡，三更成寐，四更四点醒，旋又稍寐。

十二日

早饭后清理文件。见客，坐见者三次。说话太多，已觉疲困，又因浮热，喉间微疼。围棋二局。又坐见之客一次，尤觉乏甚，不能治事，在室中偃仰良久。中饭后阅本日文件，改信稿二件，约改四百余字，又亲书丁雨生信一页。至惠甫处一谈，李采臣运使来一谈。写对联四付。傍夕，登台与惠甫论后院太宽，将来若作花园，经营凿池堆山种树造屋之所，惠甫因绘一图。夜核稿批各簿。二更后倦甚，不能治事，静坐颇久。三点睡，四更四点醒。

十三日

早饭后清理文件。辰正入贡院。是日写榜，余与鲍花潭监临，朱久香学使俱入内帘。巳初写榜，至午正写一百名，即吃中饭。饭后，余与久香学使倦甚，即在内监试房中小睡，填至一百四十名始再出上座。共二百八十五名，至灯初填毕。又吃夜饭，饭后，余与久香又小睡。外间填副榜，共四十七名。将毕时，余二人始再归座，旋将五魁填毕。解元颜驯，系扬州人。亥正二刻，一律事毕。又候二刻，至子初始行放榜，余随榜出闱。三更二点睡，五更二点醒。

十四日

早饭后，清理文件。见客一次，谈颇久。围棋二局。旋又见客三次，蒋莼卿、黎莼斋谈均久。倦甚，气若不能属者，因不复治事。至惠甫处一坐。中饭后阅昨日及本日文件。又坐见之客一次。核昨日批稿各簿。傍夕小睡。夜核本日批稿各簿。试将榜上某府中若干名一数，数过五府。二更后温《古文·趣味之属》。三点睡。天气燥热，连日体中小觉不适，每饭常欲呕吐。

十五日

早间，谢绝贺望之客。饭后清理文件。坐见之客一次。围棋二局。在室中偃仰良久。午初核通商稿件。明年与英吉利换和约，令各关将应行筹议之事分条拟呈，而余加签于其上。至未正二刻，将沪关应道之册核毕。阅本日文件。至惠甫处久谈。坐见之客一次。写对联七付。天气燥热异常，几欲尽脱汗衣，登楼乘凉。旋至幕府一谈。核批稿各簿。傍夕小睡。夜温《诗经》廿余篇。二更三点睡，竟夕不能成寐，不知天气太燥与？体中有疾与？

十六日

早饭后清理文件。立见之客一次。两主考及朱学使先后来拜，谈均久。天气燥热，体中殊觉不适，在室中偃仰良久。阅《圜丘祭天》廿页。午正，坐见之客一次。中饭后阅本日文件。旋出门拜两主考，申正归。核批稿簿甚多。与惠甫一谈。傍夕小睡。夜核折稿一件，二更毕。因翻卷稍多，疲甚，不复能治事，略温杜诗五律。三点睡，幸得佳眠，五更方醒。

十七日

早饭后清理文件。旋改信稿一件、折片稿三件。见客，坐见者四次。巳正，鲍、朱两学使来，午初，刘、王两主考来，司道及十八房皆来，在署鹿鸣宴。新举人仅到二名，副榜一名而已。午正二刻散。中饭后阅本日文件。坐见之客一次，旋与惠甫久谈。申正，方拟治事而天阴，窗间已暝黑矣，小睡半时。夜添少泉信二页，核批稿各簿。二更后困倦殊甚，鼻塞，腹上发热，又时咳嗽，盖伤风也。三点睡，三更成寐，四更末醒。

十八日

早饭后清理文件。围棋二局。惠甫来看予病，久谈。旋又至幕府久谈。拜发慈禧皇太后万寿本，又发四折、六片。天气阴雨作寒，鼻塞发热等症未愈。中饭后阅本日文件。李小湖、吴竹如先后来，均在上房见之，谈甚久。在室中偃仰良久。傍夕小睡，直至二更三点始起，脱衣再睡。热尚未退，野梦颇多。五更醒，不复能卧矣，即在床上久坐，直至天明。是日接纪瑞侄信，寄到三文一诗，文笔松秀，当为科目中人，为之一慰。

十九日

早饭后清理文件。病势稍加，竟日不能治一事。辰刻，庞省三来上房一坐。因有京察案须过堂，请渠来代为过堂也。下半天见客一次，余均在床偃卧时多。请惠甫看脉举方，傍夕服药，二更后稍觉轻减，出汗少许，发热头疼等症均愈，惟咳嗽未愈。三次吃饭，各吃稀粥锅粑之类。未刻阅本日文件，惟批稿各簿则两日未核矣。

廿日

早间，觉病比昨日较松。饭后清理文件。请惠甫看脉。围棋二局。又服药一次。午初核九江、江汉等五关条款。因派孙道士达进京，不能再迟，故勉力核正，约一时之久。未关窗户，微觉受风。中饭后阅本日文件。陈作梅来一谈，李眉生来久谈，遂觉疲困已极，坐卧不宁。夜再看脉，二更后服药。竟夕不能成寐，咳亦竟夕不止。四更时，上身出汗颇多，然未能解散表邪，但觉病势已增，深以为苦。

廿一日

早饭后清理文件。见客一次。请刘竹汀来看病，即上半年为纪鸿儿看出痘症者也。主方服附子、干姜之属。服药后，屡次睡卧。中饭后阅本日文件。旋又屡睡。是日睡时极多，坐时甚少，惟见子密一次，见惠甫四次，见孙士达等一次。接沅弟信，得见《湖南题名录》，湘乡中者三人。夜饭粥一碗、锅粑一碗。旋又久睡。二更三点脱衣睡，尚能成寐，病似少减。

廿二日

早饭后清理文件。见客一次。旋刘彤皆、朱久香先后来，皆久坐。幕府诸人来看病，先后一坐。在室中偃仰久之，不敢竟卧。午刻服药一次。中饭后阅本日文件。旋核五日内积压之批稿簿，约一时许核毕。潘伊卿来一坐。写沅弟信一封。傍夕，惠甫来久谈。夜静坐，不能治事。两日来服附片、干姜等药，微嫌其燥，咳嗽屡作不止。二更三点睡，竟夕咳嗽不停，偶尔成寐，遘一恶梦，顷刻而醒。中间披衣坐半时许，余皆转侧咳嗽，甚以为苦。

廿三日

早饭后清理文件。旋围棋二局。咳嗽不止。坐见之客一次。午刻，请竹如来诊，开方甚好，余畏服药，遂不服之。中饭后，惠甫来谈。旋阅本日文件。又坐见之客二次。因咳嗽，勉强静坐数息，果有效验，可停一二刻不咳。静坐良久，间以偃卧，直至灯时，觉咳疾微减矣。夜饭后接奏廷寄，言明年各国换和约，令各省预筹具奏。惠甫来久谈。旋阅《左传》三本。二更三点睡，尚能成寐，五更醒。

廿四日

早饭后，清理文件。围棋二局。局罢，咳嗽殊甚，在室中散步良久乃稍定。见客，坐见者一次。将《左传》七、八、九三本一阅。中饭后阅本日文件。李眉生来久谈。咳嗽不止，在室中往来行走。是日早饭、中饭皆吃稀粥一碗、干饭大半碗，夜饭则专吃稀粥。惠甫来久谈。旋核批稿各簿，二更二点止，尚未完毕。三点睡，竟夕不能成寐。咳嗽不止，三更二点，即穿衣起坐。嗣后屡坐屡睡，展转不安。咳嗽太多，舌枯异常，起吃开水者二次。昨日、今日坚不服药，意病势或可渐减，不谓今夜狼狈若此，殊深焦灼！

廿五日

早饭后清理文件。在室中偃仰久之，咳嗽不断，竟日不作一事，时卧时起而已。惠甫诊脉，言外感而肺家受有风邪，固咳嗽之所由来；阴虚而用心太过，心火上烁，肺金受克，亦病源也。二者必须兼治，固须服疏散之剂以祛寒邪，亦不可用燥上之品使阴分益亏。余深以其言为然。盖余自中秋前后久觉心火上炎，肝脾俱若受伤，此次风寒虽发于肺家，而自觉脾家亦已有病，故饮食俱不知味，中饭后，眉生搬寓署中，与子密先后来谈。惠甫来谈，辞行，将赴武昌沅弟署中。申刻，静坐数息片刻，旋服惠甫方药。竟日咳嗽，至酉刻稍减。夜饭后偃卧良久。新买《御选语录》，阅之则眼疼殊甚。二更三点睡，幸能成寐，四更四点醒，旋又略寐。咳嗽十余声，尚不甚剧。是日巳刻改信稿一件，未刻阅本日文件。

廿六日

早饭后清理文件。两主考来辞行，即在卧室中见。朱久翁来久坐，其长子朱朗然与第三子新举人朱衍绪皆来一谈。在室中偃卧行走，不治一事。咳嗽时作，尚不甚剧。中饭后，阅本日文件。新买《御选语录》，偶一翻阅。眉生、莼斋先后来谈。写对联四付。咳嗽较上半天又减，静坐数次。夜饭后，将屡日批稿簿一核。二更后在室中行走。三点睡。是夕竟不甚咳嗽，病将愈矣。五更醒。

廿七日

早饭后清理文件。与眉生久谈，邵二世兄来一谈，又坐见之客三次，谈均久，遂若疲乏之至。午正登床一坐，又觉发热，中饭时食又不知味。施阅本日文件。静坐良久，至申正始觉病体轻减。核批稿各件。子密来一坐。夜又核批稿。旋温读杜诗五律，又温《古文·奏议类》，高声朗诵。病后声略沙嘶，气不甚属，然已能成声，知外感将去尽矣。二更三点睡，颇得佳眠，五更醒。

廿八日

早饭后清理文件。见客，立见者一次，坐见者三次。尚在上房，未衣冠也。

巳正登床静坐。近来微觉气满，若有气从胸膈上逆作喘者，此次感冒咳嗽，尤觉喘逆不可遏抑，此老境之最著者。午初阅《五礼通考·西汉郊祀》一卷廿余页。中饭后阅本日文件。未正核信稿四件。申正写对联三付。潘伊卿来一谈。傍夕静坐。夜核批札稿，阅《汉书·谷永传》，二更后温《古文·识度之属》。三点睡，五更醒。连夕皆得佳眠，病自此大愈矣。

廿九日

早饭后清理文件。旋坐见之客二次，又与眉生久谈。巳正静坐数息。午初阅东汉至宋《祀天》一卷廿页。中饭后，因病已大好，出至外层与眉生久谈。旋阅本日文件。又坐见之客一次。核改信稿四件。申正写对联四付。旋又静坐数息，约半时许。夜饭后核批稿各簿甚多。眼蒙殊甚，几于一无所见，遂闭目不治一事，衰老甚矣！二更三点睡，尚能成寐，五更醒。

十 月

初一日

早饭后清理文件。见客，坐见者三次，谈均久，又与眉生久谈。午刻阅《齐梁祀天》十五页。又坐见之客一次。中饭后再与眉生一谈。阅本日文件，核信稿多件。坐见之客二次。说话太多，倦甚。本日在中厅会客，又至楼上一望，晡时若仍发热者，不知何以孱弱若此！闭目静坐良久，乃得少安。夜核批稿各簿。旋温韩文，高声朗诵十余首，似有所得。大约古来诗家、文家、书家皆有所谓笔阵者，厚蓄于阵之初，而不必究极于阵之终，阵将酣时又已另作变态矣。二更三点睡，屡醒屡寐。

初二日

早饭后清理文件。坐见之客三次，旋与眉生久谈。午初，朱久翁来，渠之三子衍绪新中浙江乡试，余前阅文，决其必中，索饮喜酒，本日渠治具就余署设宴也。午正，吴竹如来，饭至申初二刻方散。余病新愈，饮啖颇多，疲倦殊甚。阅本日文件。晡时，改说帖稿一件，旋静坐二刻许。夜饭后核批稿各件，二更毕。疲困之至，闭目久坐，昏愦衰迈可叹也！作对一首送朱久香。三点睡，甚能成寐。

初三日

早饭后清理文件。见客，坐见者二次，立见者一次。旋至箭道考验武员。又坐见者之客三次，张友山、李质堂谈均甚久。写沅弟信一件，四页。又坐见之客一次。与眉生、质堂久谈。倦甚。写对联六付。中饭后，吴竹如来久谈。阅本日文件。魁将军来一谈。写直幅一件，约百余字。傍夕，疲倦殊甚，静坐三刻许。夜饭后核批稿各件，至二更后毕。困乏，不能治事，斜倚椅上，深觉衰老不堪任重。三点睡，四更四点醒，旋又成寐。

初四日

早饭后清理文件。旋坐见之客二次，立见者二次。围棋二局。又坐见之客一次。出门拜朱久香，送行。又至雨亭处一坐，午刻归。见客，坐见者一次，立见者一次。中饭后与眉生、质堂久谈。阅本日文件。又坐见之客一次，立见者一次。写对联五付、挂屏一幅，约百余字。与子密一谈。料理一切，明日将入武场校射。剃头一次。夜核批稿各件。二更后，阅《江醴陵集》。三点睡，竟夕不甚成寐，幸病已全痊，不甚以为苦。

初五日

早饭后出门，至小教场为武乡试监临。主试亦仿主考入闱之式，仪从颇盛。率文武先祭关帝，行三跪九叩礼；旋祭大纛，行三叩；旋入内厅少息。巳初升坐。中围，余与李质堂军门朝斌会考，杜小舫协阅；东围，庞省三与周汉英会考，潘伊卿协阅；西围，王晓莲与朱永发会考，杨子穆协阅。甫看旗生十余人，而发马迟缓异常。细查，则马道之下有水，面上浮泥甚软。铺以老糠，垫以煤渣，而马之怯如故。乃暂停不考，调湘勇队另修一新马道，约两时之久而成。未正乃续行校阅，至申正二刻止，仅校阅一百人耳。当停考之际，余阅《瀛寰志略》四十页。盖久不看此书，近阅通商房公牍，各外洋国名茫不能知，故复一涉览耳。傍夕写澄弟信，灯后毕，约五百余字。又写沅弟信，约百余字。申正阅本日文件。二更核批稿各簿。旋温《古文·杂记类》。三点睡，三更成寐，五更醒。

初六日

早饭后，始及黎明。本欲早阅马射，不料忽下大雨，竟日不能考阅。见客二次。清理文件。旋写李少泉信一封，约五百字。围棋二局。李眉生来久谈，未正始去。阅《瀛寰志略》十六页。阅本日文件，核信稿五件，必四百余字。傍夕小睡。夜核批稿各簿，二更毕。疲困异常，几欲颠坠，旋即小睡。三点解衣睡，幸尚成寐，三更醒一次，旋复成寐。

初七日

早饭后清理文件。昨夜大风，今日幸得晴霁。辰正升坐，校阅马射，看七十人。至巳正，余退堂少息，阅《瀛寰志略》三十六页。中饭后复出阅射。自未初至申初，看六十人，复退堂休息。令质堂、小舫代看，至日入止。是日共校射三百七十人，余所阅不过三分之一耳。申刻阅本日文件，改信稿一件，未毕。傍夕小睡。夜改信稿约二百字，核批稿各簿甚多，二更毕。旋与质堂一谈。温《古文·碑志类》。三点睡，屡醒屡寐。

初八日

早饭后，始及黎明。旋出升座，校阅马箭，约一时许，看九十人。退堂少息。至午初，马箭已毕，重修马道。中饭后，校阅地球。余看一时许，计百四十人。退堂少息。质堂、小舫等看至日入止，共阅地球三百五十人。余于上半日休息之时，阅《瀛寰志略》廿页，写丁雨生信三页。下半日休息之时，阅本日文件，看书七页，小睡片刻。傍夕与质堂等久谈。夜核稿批各簿。二更后，眼蒙疲倦，不能治事，衰态可愧！三点睡，尚能成寐。

初九日

早饭后，甫及黎明。升座，校阅地球。看一时许，退堂少息。清理文件，阅《瀛寰志略》十四页。午初，又出阅步箭。阅一时许，看四十人，未初退堂中饭。饭后，坐见之客二次，李眉生谈最久。申初二刻又升座，校阅三十余人，酉初一刻散。夜饭后阅本日文件，核批稿各簿。二更后，温《古文·书说类》。三点睡，五点成寐，三更醒一次，余俱得佳眠。是日恭逢先大夫七十八冥诞之辰，以家室不在此间，未修祀事。

初十日

是日恭逢慈禧皇太后万寿，黎明率属即在校场行礼。饭后阅看步箭，看一时许。至昭忠祠与潘伊卿、桂香亭细细筹画修造之法。至午正，仍回校场。清理文件。中饭后，因大风将座次帐棚吹倒，收拾整顿，耽搁半时。未正升座，阅看一时许，眼蒙殊甚，退堂少息。阅《瀛寰志略》十九页，至灯后止。未正阅本日文件。夜核批稿各簿，二更后温《古文·序跋类》。三点睡，屡醒屡寐。

十一日

是日为余五十七生日，谢绝诸客。饭后清理文件。请质堂、小舫先生校阅，余在内少息，阅《瀛寰志略》十六页。眉生来久谈。巳正二刻，入座校阅。午正一刻，子密来一谈。旋请质堂、小舫、子密、眉生等小宴，未正散。请李、杜先出校阅，余阅本日文件，又看《瀛寰志略》八页。申正升座校射，酉初二刻毕。傍夕小睡。夜写沅弟信三页，未毕，核批稿各簿。三点睡，四更末醒。申初，陈虎臣来一谈，颇畅。

附记

复朱信两家之眷　　写朱对寄沪　　复张信
加织造廉　　拜时若　　札李会办金陵厘
阅《秦书·朝聘》《魏书·羌聘》　寄冯赙百廿至皖

十二日

早饭后黎明，即出外升座，阅看步箭。分作两靶，质堂、小舫各看一靶，余中坐，不甚作主。阅一时许，巳初退堂少息。清理文件，再写沅弟信三页。阅《瀛寰志略》十三页。巳正，江西主考朱修伯来，子密与之同来，即留之中饭小宴。未正二刻，客去。阅本日文件。申初，出座看技勇，至申正二刻先散。夜核批稿各簿。二更后倦甚，不能治事。三点睡，三更醒一次，四更末醒，不复成寐。

十三日

早饭后黎明，出外升座，阅看技勇一时许。退堂，写朱久香信一件。见客，立见者一次，坐见者两次。阅《瀛寰志略》十七页。中饭后，又出外升座，阅看技勇一时有余。退堂，阅本日文件，改复张子青信稿，约三百除字。夜核批稿各簿，二更后与质堂杂谈。三点睡，二更末成寐，屡醒屡寐。近来每夜小解二次，黎明起又须小解，亦衰征也。

十四日

黎明早饭，出外入座。是日看技勇，分两边：请质堂看西边，小舫看东边。余在中，全不作主，看一时许即退堂。见客一次。清理文件。旋出门至魁将军处拜会，久谈，午正归。中饭后，阅本日文件，阅《瀛寰志略》十三页。与质堂久谈。夜，料理明日复试及出草榜等事。写信三件，分致司道。旋核稿批各簿。二更后，疲倦殊甚，不能治事。小睡片刻。三点睡，四更三点醒，旋又成寐。一梦甚长，盖佳眠也。

十五日

未明早饭，与杜、庞、王诸君商出复试单，并出草榜准入内场者。辰初，余出升座复试。东围抽复廿九人，西围抽复三十人。每人试步箭三支、弓一把，至午初复毕。阅《瀛寰志略》七页。中饭后，守将草榜写毕。未正回署。阅本日文件。幕府诸君来谈者四起，郭慕徐来谈一次。夜核批稿各簿。二更后，倦甚，不复治事。三点睡，五更醒。

十六日

早饭后清理文件。见客，坐见者一次，立见者二次。围棋二局。陈作梅、倪貌岑来久谈。作梅又丧第二子，相对歔欷。幸有四孙，略足自解。又坐见之客三次。阅《瀛寰志略》，陆续阅廿八页。中饭后阅本日文件。申正后，与幕客共观后园新作篱笆，辟菜畦，叙话良久。傍夕眼疼，静坐良久。夜核批稿各簿，温《古文·趣味之属》。因写零字，偶有所悟，知欧、虞用笔与褚相通之故。书家之有欧、虞、褚及李北海，犹诗家之有李、杜、韩、苏，实不祧之祖也。二更三点睡，四更三点醒。

附记

丁信	客差	张信商杜、王
刻好	汤太太信寄湘	俞书局
核武试录序	核铁序	

十七日

早饭后清理文件，习字一纸。见客，坐见者三次，立见者一次。围棋二局。阅《瀛寰志略》，至未正陆续看三十页。午刻，坐见之客一次。中饭后阅本日文件。申初，坐见之客一次，谈颇久。写对联六付。至后园散步。傍夕静坐。夜核稿批各簿，二更后，将《古文·气势》等四类应增钞者开一单。三点睡，三更后成寐，五更醒。

十八日

早饭后清理文件。旋见客，坐见者三次，立见者二次。围棋二局。李壬叔来久谈。阅《瀛寰志略》十二页。中饭后阅本日文件。因武围于明日考内场，料理入贡院事件。又批案一件。申初入贡院，与杜、庞、王各司道挑单双好，直至三更始粗完。当诸君缮清单之时，余陆续阅《瀛寰志略》十八页。三更二点睡，四更末成寐，五更初醒。

十九日

黎明起。早饭后,与司道同至衡鉴堂定单好,昨夜中戳双好印也。旋定留堂单,又造留堂点名册。午初,各武生默写《武经》毕出场,留堂共二百廿九人。午初坐堂,复看硬弓,至未初二刻看毕。未正饭毕后,与司道决定去取。杜、庞、王等将所定双好去数人,单好中拔中十余人。余先定前十五名,次定全榜名次,天已暝矣,尚未写草榜,即坐堂写正榜。因名次有重复差误者,上、下江有多少一二名不符者,清理大半时,始得头绪。余倦甚,写至四十四名少停,一面清查错误,一面入内夜饭。休息片刻,旋又将卷尾名数填毕。写至九十四名,又有错误二处,均经查出。余又入内少息,直将写五魁时再出坐堂。三更三点放榜。睡后,五点成寐,五更初醒。是日治事甚多,乃知平日真虚掷光阴也。

附记

王少岩之父挽联　　　何镜海之母挽联

廿日

黎明,自贡院回署。饭后清理文件,将昨日所到公文一阅,习字一纸,似有所会。因就前所作诗二句增二句云:"侧势远从天上落,横波杂向弩端涵。刷如丹漆轻轻抹,换似龙蛇节节衔。"自此专从"侧、横、刷、换"四字致力,不复以他妙杂萦吾虑矣。见客,坐见者二次,立见者一次。午刻阅《瀛寰志略》,陆续看廿三页。中饭后阅本日文件。见幕府,久谈。申初三刻,写对联十付。至后园一览。夜核昨、今两日批稿簿,二更后毕。倦甚渴睡,二更三点睡,四更三点醒,旋又微能成寐。

廿一日

早饭后清理文件。旋见客三次,谈均久。围棋二局。午刻,坐见之客一次。阅《瀛寰志略》五页,阅此书一遍毕。习字一纸。中饭,织造、将军先后来拜,一谈。阅本日文件。因《瀛寰志略》关系现办通商事件,拟再看一遍,又将首卷看廿页。写对联七付。至后园一览。接筠仙信,言澄弟在家为众怨所归,深以为虑;第四女于九月廿五日举一子,又以为慰。傍夕静坐片刻。夜核批稿各簿,二更后温《古文·情韵之属》将《蜀都赋》朗诵数遍。三点睡,三更成寐,五更醒。

廿二日

早饭后清理文件，习字一纸。坐见之客一次。辰正率同司道及武闱执事人等谢恩，武举人亦到七十余名。望阙行礼，旋武举向余等叩谢行礼。因案卷无存，未设鹰扬宴。客散，阅《瀛寰志略》廿三页，将书面题写。中饭后与子密一谈。阅本日文件，写作梅信一件，写沅弟信一封，约四百余字，写对联三付、挽幛三付。傍夕至后园一览。夜核稿批各簿，甚多。二更后倦甚，不能治事。三点睡，五更始醒，在近日极为酣眠。二更，折差自京回，阅京信数件。

廿三日

早饭后清理文件。见客二次，谈颇久。习字一纸。又坐见之客一次。围棋二局。阅《瀛寰志略》十八页，将南洋群岛图将蓝色填画，未正毕。中饭后，庞省三来一谈。阅本日文件。王叶亭甥自京师归，与之久谈。申刻写对联七付。傍夕至后园一览。夜又与叶甥一谈，核批稿各簿。二更后温韩文志铭。三更睡，屡醒屡寐。

附 记

李信催水师履历

廿四日

早饭后清理文件。见客，坐见者二次。围棋二次。习字一纸。陈作梅、李雨亭先后来，谈均极久。作梅又丧次子，其境遇殊为难堪，幸有四孙，少足自慰。雨亭病久，恐难痊复。旋又坐见之客一次。仅看《瀛寰志略》五页。中饭后阅本日文件，未毕，竹如来，久谈一时有余。旋将文件阅毕。写对联六付。至后园一览。夜核批稿簿甚多，二更后阅杜诗五古。是日因说话太多，倦极。二更三点睡，久不成寐，三更二点成寐，四更四点醒。

廿五日

早饭后清理文件。坐见之客二次。写李宫保信一封。又坐见之客一次。阅《瀛寰志略》三十页。未初，请将军、织造小宴，申正方散。阅本日文件。至幕府一谈。夜核批稿各簿，核信稿十余件，又写李宫保信一封，因本日之信漏写二事故也。二更后阅杜诗五古。三点睡，三更一点成寐，五更醒。是日辰正习字一纸。

廿六日

　　早饭后清理文件，习字一纸。见客，坐见者二次。前日武闱内场卷未用弥封红号，及填写中箭技勇号头等，本日各执事人员、监试、提调等均来余署补做，与之商定一切。巳正，至倪豹岑家吊丧，渠祖母于廿二日去世也。归，坐见之客一次。阅《瀛寰志略》，陆续看廿五页，申正始毕。中饭后阅本日文件，写各武生卷，每卷填一"中"字，又将应换之卷三十余本添注名次。复杜小舫信。闻东河有决口之信，焦急之至。傍夕至后园一览。夜核批稿各簿，二更后温韩诗七古，朗诵廿余章。三点睡，虽屡醒，尚得佳眠。

廿七日

　　早饭后清理文件，习字一纸。坐见之客二次。围棋二局。阅《瀛寰志略》，陆续看三十页，至未正止。中饭后阅本日文件。申刻核信稿四件，写扁二方、对联四付。傍夕至后园一览。自昨日起，调湘勇队将后园瓦砾挑成二山。园系贼中伪忠王李秀成之府，围墙极大，周围约三里许。虽盖知府、二府、三府衙门于中，而空地尚有三分之二，故欲挑尽瓦砾，以栽竹而种菜也。夜又习字一纸，核批稿各簿，二更后温《史记》《田单传》、《荆轲传》。三点睡，四更四点醒，不复成寐。

廿八日

　　早饭后清理文件，习字一纸。见客，立见者二次，坐见者一次。巳初出门拜客，鲍花潭、吴竹如两处，与竹如谈甚久，归已午正矣。阅《瀛寰志略》五页。中饭后又阅十五页，阅本日文件。围棋二局。写对联六付。傍夕至后园一览。夜核批稿各簿，二更后阅韩文数首，将添抄入《古文·气势之属》。三点睡，四更四点醒。

廿九日

　　早饭后清理文件，习字一纸。围棋二局。见客，立见者一次，坐见者一次。阅《瀛寰志略》廿五页，至未刻止。中饭后阅本日文件。至幕府一谈。旋改折稿一件、片稿二件。申正写对联六付。傍夕静坐片刻。夜核批稿各簿。砚水已冰，天气新寒，老年若有不胜者。二更后温《幽通赋》，温韩文数首。三点睡，五点成寐，五更醒。

卅日

早饭后清理文件。见客一次。习字一纸。围棋二局。阅《瀛寰志略》，陆续阅三十页。兼画其图，钞其节略，直至申正始毕。中饭后阅本日文件。酉初剃头一次。夜核批稿各簿，改信稿一件，约三百余字。二更后温《古文·气势之属》，朗诵数首。三点睡，三更末醒，旋又成寐，五更醒。

十一月

初一日

早饭后清理文件。谢绝贺朔各客。习字一纸。围棋二局。阅《瀛寰志略》三十页。中饭后阅本日文件。李迪庵之子来,名光久,又与黄名归同来,与之久谈。旋又会客一次,少时旧友朱名大之子也。傍夕至后园一览。静坐片时。夜核批稿各簿,写零字颇多。又与李光久一谈,二更二点散。温《古文·气势之属》。三点睡,醒二次,而甚得佳眠,五更醒。夜太长,宜不能再睡矣。

初二日

早饭后清理文件。见客,坐见者三次。围棋二局。习字一纸。旋又坐见之客二次,谈颇久,久午正二刻矣。中饭后阅《瀛寰志略》廿五页。闻湖北火药局轰裂,失去药三四十万斤,伤人千余,坏屋甚多。旋接沅弟信,果然,为之惊悸。又闻沅弟业准开缺,不知有责言否?廑系之至。傍夕至后园一览。夜核批稿簿。二更后与李世兄久谈。温《项羽本纪》,朗诵二遍。四点睡,四更四点醒。

初三日

早饭后清理文件。旋拜发冬至本章。习字一纸。围棋二局。移居中厅一层,腾出内一层作上房,儿侄等挈眷将至也。至幕府久谈。李雨亭来一谈,陈作梅来一谈。是日请李世兄等便饭,因留作梅同席,未正散。阅本日文件,知刘省三收一降将,临阵将贼酋任柱打死,从此贼有可灭之机矣。阅《瀛寰志略》十八页。傍夕至后园一览。夜核批札稿,改信稿约三百余字,温《易经·系辞》,朗诵至二更四点。睡,四更四点醒。是日恭逢先妣太夫人八十三岁冥诞,未设祀。

初四日

早饭后清理文件。昨日课书院，本日请缦云等阅卷，与之久谈。旋见客一次。习字一纸。考验武员马步箭。围棋二局。阅《瀛寰志略》廿五页，陆续至申初始毕。中饭，邀缦云、晓莲、省三等小酌。饭后，同看后园土山。又坐见之客一次。阅本日文件，见郭远堂调鄂抚，知沅弟果已开缺。核信稿一件。傍夕至后园一览。夜核批稿簿，又核信稿多件，二更后温《古文·情韵之属》，朗诵良久。四点睡，四更三点醒，施又略能成寐。

念吾平日以"俭"字教人，而吾近来饮食起居殊太丰厚。昨闻魁时若将军言，渠家四代一品，而妇女在家并未穿着绸缎软料。吾家妇女亦过于讲究，深恐享受太过，足以折福。

初五日

早饭后清理文件。旋见客，坐见者一次，立见者一次。缦云、省三等来阅课卷，与之一谈。习字一纸。围棋二局。写澄弟信一件。午刻，李世兄来久谈。陪诸君中饭。阅本日文件。阅《瀛寰志略》十页。至后园一览。夜核批稿各簿，核信稿一件，二更后温《古文·趣味之属》。四点睡，四更四点醒。

初六日

早饭后清理文件。坐见之客三次，立见者一次。习字一纸。写雪琴信一封、沅弟信一封，约共六百字。阅《瀛寰志略》廿四页。中饭后阅本日文件。李壬叔等来久谈。写对联六付、横披一幅，约百余字。至于密处一坐，觉心神恍惚，如将颠坠者然。傍夕静坐。夜核批札各稿，二更后温《古文·趣味之属》。因疲倦甚，不敢治事，静坐片刻。李健斋来一谈，其诗文、字俱有可观，欣慰之至。

初七日

早饭后清理文件。见客，坐见者一次，立见者一次。习字一纸。围棋二局。阅《瀛寰志略》十二页，第二遍阅毕。记性本坏，老尤健忘，虽看两遍，犹茫然无所记忆也。施阅《圣武记》十页。中饭后阅本日文件。李小湖来久坐。写中堂大幅二，约共三百余字。傍夕至后园一览。瓦砾堆成二山，又开挖二池，次第将竣工。每日湘勇七百人，已兴作十二日矣。夜核批稿各簿，核信稿一件，改二百余字。二更后温东雅堂韩文，朗诵六篇。四点睡后，困倦之至，气若不能续者，心神恍惚。唤人起寻人参，三更时嚼三分许，二点成寐，五更醒。

初八日

早饭后清理文件。旋见客，坐见者二次，立见者一次，程尚斋谈颇久。习字一纸。阅《圣武记》廿页。方存之来一谈。中饭后阅本日文件。将钟山、尊经两书院课卷各看五本。初二日课题"揖所"、"与立"两节。已请缦云等评定甲乙，余稍复视前列而已。倦甚，静坐片刻。申刻写对联九付。傍夕又静坐。夜核批札稿簿。因连日疲乏殊甚，不复温书。二更后，静坐颇久。四点睡，五更醒后，又稍稍成寐。

初九日

早饭后清理文件。旋坐见之客一次。习字一纸。出门至昭忠祠审度工程，午初归。阅《圣武记》廿页，至未刻止。阅本日文件，惊悉李镇洋和于十月十八日在宜川洛河阵亡，惋惜无已。至后园一览。写对联六付。至子密处一谈。申末，纪泽儿来，与之一谈，夜饭后又与一谈。旋核批稿各簿。二更后又与纪泽一询家事。旋温《古文·情韵之属》。四点睡，三更后成寐，四更末醒。

初十日

早饭后清理文件。见客，坐见者二次，立见者一次。旋习字一纸，与泽儿一谈。至后园看营中挑山浚池挖沟，将竣工矣。阅《圣武记》十余页。午刻，儿妇辈及纪渠侄、王甥兴韶等到署。中饭后阅本日文件。疲困殊甚，行坐不适，不知衰老逼人与？抑饮食稍多，脾困不能自舒与？竟不能治一事，静坐数次，至后园两次。夜核批札稿簿，二更后温《古文·识度之属》。四点睡，三更后成寐，四更末醒。

偶思作字之法可为师资者，作二语云："时贤一石两水，古法二祖六宗。"一石谓刘石庵，两水谓李春湖、程春海；二祖谓羲、献，六宗谓欧、虞、褚、李、柳、黄也。

十一日

早饭后清理文件。坐见之客一次。习字一纸。又坐见之客二次。围棋二局。午刻阅《圣武记》十余页，申刻始毕。中饭后阅本日文件。与儿侄辈一谈。傍夕至后园一览。是日，泽儿呈所著《分韵说文解字》，略一翻阅。其法用《广韵》之次第，《佩文韵》之字数，钞录许氏注及大徐翻切。其有申明原注之说，则以夹行注之；其于注外别有陈说，则于翻切之下夹圈以别异之；其《佩文韵》

所有《说文》所无者，则有楷文而无篆文，仍用篇韵各说以注之；其《佩文韵》所无《说文》所有者，则别为补编，仍依翻切，以分东、冬、钟、江各韵。夜核批稿各簿，又观泽儿呈出近日所作诗篇。二更后，询儿侄辈家中杂事。三点睡，四更醒后，又略一成寐。

十二日

早饭后清理文件。旋坐见之客二次，立见者一次。习字一纸。出门拜春芝田、吴竹如两家，午刻归。万篪轩自浙江来，久谈。中饭后阅本日文件。旋阅《圣武记》廿页，写对联、条幅等六件。至幕府，与友同至后园一览。夜核批稿各簿，二更后与纪渠侄一谈家事。旋改折稿二百余字，未毕。四点睡，三更二点成寐，四更末醒。披衣起坐片刻，旋又睡，不复成寐矣。

十三日

早饭后清理文件。见客，坐见者二次，立见者一次。习字一纸。改折，甫二行许，万篪轩来久谈，汪梅村又来一谈。旋改折，至申初毕。阅本日文件。至后园一览。酉刻与纪泽谈诗。夜核批稿各簿，又核一折一片。二更后倦甚，不能治事，在椅上假寐。三点睡，虽屡次警醒，而甚得佳眠。

十四日

早饭后清理文件。见客，坐见者二次，立见者一次。习字一纸。围棋二局。旋又立见之客一次，坐见者三次。中饭后又见二次，茹芝、潘伊卿谈均甚久。阅本日文件，阅《圣武记》十余页。申刻，携孙女至后园一览。夜核批稿各簿。本日说话太多，舌根蹇涩，不能旋转自如。二更后温《古文·传志类》。三点睡，颇觉甜美。四更末醒。

附 记

初五澄　　十五鸿　　廿五沅

十五日

早至文庙拈香。饭后清理文件，习字一纸。万篪轩来久坐。又立见之客三次。围棋一局，疲倦殊甚。中饭后阅本日文件。至幕府一谈。阅《圣武记》十余页。傍夕，至后园一览。困倦，不能治事。夜核批稿各簿。闭目久坐。二更后，李世兄来一谈。三点睡。是日，发报二折、二片。

十六日

　　早饭后清理文件。旋见客,坐见者一次,立见者一次。习字一纸。围棋二局。陈作梅来一谈。又立见之客一次。阅《圣武记》十六页。中饭后阅本日文件,写对联五付。吴竹如来,命纪泽陪客,余出门至织造春芝田处赴席。申初到,略看书画,酉初散。精神疲乏,席上勉强支持,散后行路须人扶掖。归来,静坐片刻。核批稿各簿,写零字甚多。二更后朗诵《易·系辞》。三点睡,四更末醒。

十七日

　　早饭后清理文件。旋习字一纸。围棋一局。方存之来一谈。写纪鸿儿信一件,阅《圣武记》陆续廿页,傍夕始毕。中饭,请万篪轩、程尚斋小宴,申初散。与篪轩偶谈家常,渠家百万之富,而日用极俭。其内眷终年不办荤菜,每日书房先生所吃之荤菜,余剩者撤下则内室吃之;其母过六十后,篪轩苦求,始准添荤菜一样。今乱后而家不甚破,子孙俱好,皆省俭所惜之福也。余有俭之名而无俭之实,深为愧惧。阅本日文件。与幕府一谈。见客一次。至后园一览。夜核批稿各簿,二更后用宋本《汉书》将《司马相如传》校阅一过。三点睡,四更末醒。

十八日

　　早饭后清理文件。见客,立见者一次,坐见者二次。习字一纸。围棋一局。雨亭来久坐。阅《圣武记》十八页,至未刻毕。中饭后阅本日文件。虎臣来一坐。写少泉信五页。旋写对联七付。傍夕至后园一览。夜核批稿各簿,又核《武乡试录序》。头晕身困,稍立,则如欲坠者,不知何以一衰至此!在椅欹坐三刻许。三点睡,幸能成寐,四更末醒。

十九日

　　早饭后清理文件。坐见之客一次。习字一纸。围棋一局。看书二页,而疲困殊甚,因不复看。至纪泽处一谈。遍身骨疼,似受风寒者,椅上欹坐良久。中饭后稍愈。篪轩来一谈,省三来一谈。阅本日文件,写祭幛二具、对联四付。旋至幕府久谈,至后园一览。因病,不复治事。夜核批稿各件,写零字颇多,二更后阅洪氏《府厅州县志》。三点睡,五更醒。

廿日

早饭后清理文件。见客二次，司道谈颇久。习字一纸。围棋二次。赵惠甫自湖北归，一谈。万篪轩、刘叔俯先后来一谈。写郭意臣信一封。中饭后徐寿衡学使来，谈极久。申正阅本日文件。旋至后园一览。夜核批稿甚多，二更后阅新刻成之《小学》。四点睡，四更二点醒，旋又微成寐。日内略有感冒，两夜熟睡即痊矣。

附记

复应信带扁　　托寄闽信

廿一日

早饭后清理文件。旋坐见之客二次，立见者二次。习字一纸。出门至河下拜徐寿衡。归后，篪轩来久坐。中饭后，坐见之客一次。阅本日文件，写扁二方、对联三付、横披一幅。至幕府久谈。日内因疲困殊甚，三日不看书矣。夜核批稿各簿，与纪泽略谈诗文。二更后写零字颇多。三点睡，尚得佳眠。

廿二日

早饭后清理文件。见客，坐见者二次。习字一纸。围棋二局。阅书四页而各至，篪轩来久坐，竹如来一坐。请寿衡小宴，李小湖适至，自未初至申正方散。寿衡旋又独坐一谈。傍夕至后园一览。夜阅本日文件。旋核批稿各簿。二更后拟出书院诗赋经古题，踌躇良久而后定。三点睡，三四更屡醒，旋寐。

廿三日

早饭后清理文件。习字一纸。围棋二局。阅《圣武记》，陆续阅四十页，至申正止。中饭后阅本日文件甚多。刘印渠制军革职，交官秀峰制军差遣，效力赎罪。阅邸钞，郁郁不自适。未正写对联四付、挂屏一幅。傍夕至后园一览。夜核批稿各簿。旋将纪泽所作近体诗圈批廿余首。二更三点睡，四更末醒。

附记

再办亩捐与司道商　　霭人劝农局

廿四日

早饭后清理文件。旋见客四次，尚斋、梅讨谈均久。习字一纸。围棋二局。阅《圣武记》，陆续至申初止廿页。中饭后阅本日文件。申刻写对联八付、挂屏二幅。至后园一览。夜核批稿各簿，二更后批纪泽诗册。三点睡，四更末醒。

廿五日

早饭后清理文件。见客二次，衙门堂期也。习字一纸。围棋二局。又坐见之客二次，季君梅谈甚久。将纪泽诗册圈批毕。中饭后阅本日文件。作倪豹岑之祖母挽联一付，旋即写好。又另写对联三付。至后园久览。与纪泽一谈。夜核批稿各簿，又核信稿五件，约改六百余字。二更四点睡，梦魇殊甚，五更醒。

附 记

核闽洋事　　　写总署信寄丁议

廿六日

早饭后清理文件。习字一纸。坐见之客二次。围棋二局。又坐见之客一次。写沅弟信一件，约五百字。中饭后阅本日文件。季君梅来久谈。写扁二幅、对四付。作一对赠君梅云："先德重光，肯堂肯构；古庐再造，卜宅卜邻。"渠近于常熟修拓先人之旧庐，将移居也。添李申夫信一页。至后园一览。夜核批稿各簿，二更后核新案一件。旋阅王、孟诗集。三点睡，屡醒屡寐。

廿七日

是日立冬，黎明率属至贡院拜牌。行礼毕，归。饭后清理文件，习字一纸。见客，坐见者一次，立见者一次。出门至河下拜季君梅。旋至清凉山看新修之翠微亭。览观形势，城实太大，西北闲地荒田太多。若将城缩小，由鸡鸣山起，西至鼓楼，迤南至小仓山，顺蛇山之脊以至汉西门，当不满十里；而神策、金川、仪凤、定淮、清凉五门均割截于城外，局势当稍紧耳。午正归。中饭后至惠甫处一谈。阅本日文件。见客一次。阅《圣武记》廿页。至后园一览。夜核批稿各簿。二更后疲乏，不能治事。三点睡，尚能成寐。

附 记

炭敬单　　　京信单　　　周宅赙仪

各折片　　　买物单

廿八日

早饭后清理文件。见客二次。习字一纸。旋出门至倪豹岑处，渠本日开吊也。归，围棋二局。陈作梅来久坐。中饭后阅本日文件。至后园一览。旋核改京信稿七件，约四百余件。傍夕至幕府一坐。夜核批稿各簿，二更后改李筱泉信稿，约四百字。三点睡，屡醒屡寐。

廿九日

早饭后清理文件。习字一纸。见客一次。围棋二局。至后园观览颇久。改丁雨生信稿，约四百余字。中饭后阅本日文件。至惠甫处久谈。旋写雨生信二页，改折稿一件、片稿一件。剃头一次，夜核批稿各簿，二更后核改折稿一件、片稿一件。疲乏殊甚。三点睡，屡醒屡寐。五更初，不复成寐矣。

卅日

早饭后清理文件。习字一纸。旋出门至竹如处久谈。又至李小湖处久谈，观其所藏法帖：一、唐拓虞书《庙堂碑》；一、褚书《孟法师碑》；一、丁道护书《启法寺碑》；一、魏栖梧书《善才寺碑》。余于褚书尤爱不忍释。又观《大观帖》三卷，亦旧拓也。展玩良久。归已午正三刻矣。李雨亭来一坐。中饭后，坐见之客一次。阅本日文件。至后园一览，因至幕府一谈。核改折稿一件。夜核批稿各簿，二更后又改折稿一件，约改三百余字。改毕，疲乏殊甚。三点睡，屡醒屡寐。五更后不复成寐。

十二月

初一日

早,谢绝贺朔之客。饭后清理文件。见客一次。习字一纸。围棋二局。午刻核改信稿。中饭后阅本日文件。至惠甫处一谈。申刻官对联十付。至后园一览。傍夕静坐片刻。夜核批稿各簿,二更后核稿五件,与纪泽一谈家常事。三点睡,尚得佳眠,五更初醒。

初二日

早饭后清理文件。旋见客,坐见者一次,立见者一次。习字一纸。围棋二局。阅《圣武记》至申正止,陆续阅三十页。中饭后至惠甫处一谈。阅本日文件。潘伊卿来一谈。申正,对明日应发折件。傍夕静坐片刻。夜核批稿各簿,二更后核京信各件,添写黄恕皆、皮小舲信各一页。三点睡,颇得佳眠,五更醒。

初三日

早饭后清理文件,习字一纸,拜发元旦贺本。巳刻出门至昭忠祠一看。三正殿三处两庑俱将毕工。午刻,李雨亭、鲍花潭先后来一谈。中饭后阅本日文件。围棋二局。前有对联二付,下款跋数十字。至幕府一谈,夜核批稿各簿。倦甚,不能治事。二更后与纪泽略谈。三点睡,屡醒,而尚得佳眠。

初四日

早饭后清理文件。习字一纸。见客,坐见者三次,立见者二次。围棋二局。将李世兄所作文策略加批点。午正请朱南桂便饭,朱云章、潘伊卿等作陪,未正三刻散。阅本日文件,又批点文一首,核信稿二件。至后园一览。傍夕静坐片刻。夜核批札稿簿,二更后温《古文·识度之属》。三点睡,屡醒屡眠,五更后不复成寐。

初五日

早饭后见客，立见者三次，坐见者三次。清理文件，习字一纸，阅《圣武记》廿页，陆续阅至申刻止。灵谷寺龙王庙落成，将以初七安设神位，作一对云："万里神通，度海遥分功德水；六朝都会，环山长拥吉祥云。"又扁云："德纯施普。"中饭后与惠甫久谈。阅本日文件。傍夕静坐片刻。夜核批稿各簿。申正写澄弟信一件。是日，李健斋起行进京，派人送至黄河以北。二更后温《易·系辞》。三点睡，尚能成寐。

初六日

早饭后清理文件。见客一次。习字一纸。围棋二局。阅《圣武记》十二页。中饭后阅本日文件，写对联四付、扁一方，即龙王庙扁对也。至幕府久谈。核信稿一件。坐见之客一次，立见者一次。傍夕静坐片刻。未刻观纪泽揲蓍一次。夜核批稿各簿，写零字甚多。二更后阅《欧阳公文粹》，观《易》《春秋》各论，不信"三传"、《系辞》，似有至理。三点睡，凡醒三次，尚属佳眠。

初七日

早饭后清理文件。习字一纸。看书三页。巳初出东城至灵谷寺安设龙神之位，午初一刻到，率司道府县等行礼。旋看新修屋宇及志公之塔、八功德之水，即在庙中饭，归途遇雨，到署已申正矣。阅本日文件，阅《圣武记》数页。傍夕静坐片刻。夜，莫子偲自苏杭归来，一谈。核批札各稿簿。二更后温韩文数首，温赵广汉等传。三更二点成寐，五更二点醒。

初八日

早饭后清理文件。旋坐见之客二次，立见者一次。习字一纸。围棋二局。阅《圣武记》十三页。中饭后阅本日文件。写挽幛、对联等件。至惠甫处一谈。改信稿一件，约改四百字。傍夕静坐片刻。夜核批稿簿，又核信稿三件，约改三百余字。因昨夕未得酣睡，疲乏殊甚，在椅上欹坐休息。三点睡，屡醒屡寐，惜寐时太短耳。

初九日

早饭后清理文件，习字一纸，阅书五张。出门拜鲍花潭、吴竹如，谈均颇久，午初三刻归。坐见之客一次，立见者一次。阅书五页。中饭后阅本日文件。官军于十一月廿七、八在寿光弥河大获胜仗，擒斩万计，全股仅余数百人。捻患即日可平，欣慰无已。坐见之客二次。又阅《圣武记》十余页。傍夕至幕府一坐。夜写李少泉信二页，核批稿簿毕。疲乏殊甚。二更后温《文选》各诗，似有所会。三点睡，不甚成寐。

初十日

早饭后清理文件。见客二次，谈颇久。习字一纸。围棋二局。阅书数页。中饭后阅本日文件。眼蒙殊甚，至纪泽书房一谈。旋又阅《圣武记》十余页。是日，赵惠甫归去，辞送谈过两次。傍夕静坐片时。夜核批稿各簿。旋阅朱竹垞《曝书亭集》。二更四点睡。

十一日

早饭后清理文件。见客，坐见者一次，立见者一次。习字一纸。围棋二局。阅《圣武记》十页。中饭后阅本日文件。周缦云来一谈。未正二刻出门，至白下寺迎接郭远堂中丞。渠自苏州来，本日由句容起程入城也。申正归。又阅书六页。傍夕静坐片刻。夜核批稿各簿，写零字颇多，二更后朗诵《诗经》。似微有感冒者，鼻塞片刻。绕屋行走，以舒其气。三点睡，三更四更醒两次，尚属佳眠。

十二日

早饭后清理文件，习字一纸。见客，坐见者二次，郭中丞坐甚久。旋阅《圣武记》数页。午初出门，回拜郭中丞，午正三刻归。请郭与鲍学使之宴，申初散。阅本日文件。贼于初八早窜过六塘河至清江一带，忧灼殊甚。又阅书数页。至幕府久谈。夜核批稿簿甚多。二更后接禀报，贼已至扬州，尤为忧灼！余本拟明日赴扬，兹不复去矣。办文书一件。四点睡，三更后成寐。

十三日

早饭后清理文件。郭中丞来久谈。习字一纸。围棋二局。司道来一谈。阅《圣武记》十页。见客，坐见者一次，立见者一次。中饭后阅本日文件。李小湖来久谈。又看书数页。绕室傍徨，以扬州贼股为虑。又立见之客二次。写复作梅信一封，复将军信一封，皆问贼情者也。傍夕小坐。夜核批稿各簿。二更后接禀，知扬州大获胜仗，全股扑灭，生擒赖汶光，欣慰无已。旋将来禀批发。四点睡，不甚成寐。

十四日

早饭后出门，至水西门送郭中丞下河，巳刻归。清理文件，习字一纸。围棋二局。阅《圣武记》数页。中饭后，鲍学使来久谈。阅本日文件，阅《圣武记》廿页。至子密处一谈。傍夕小坐。夜核批稿各簿，二更后写一信与雨亭。三点睡，三更后成寐。

十五日

早起，谢绝贺望之客。饭后清理文件，习字一纸。围棋二局。阅《圣武记》三十六页。见客一次。中饭后阅本日文件，又阅书十四页。写纪鸿信四页，接家眷明年来署。傍夕小坐。夜核批稿各簿。二更后倦甚，欹椅小睡。旋阅渔洋《五古诗选》。三点睡，不甚成寐。

十六日

早饭后清理文件。见客一次。习字二纸。围棋二局。刘开生、陈虎臣先后来久坐。阅《圣武记》廿五页。中饭后阅本日文件。李雨亭来一坐。阅书又十九页。至幕府一谈。折差萧崇林自京归，灯后阅京信三封、京报十余本。知蒋芗泉降二级调用，已开缺矣。接李幼泉文，六塘河运河以北业已肃清，任、赖全股似俱清矣。核批札各稿。二更后疲倦，不复治事。三点睡。

附记

送本城公车费　薛公车费

十七日

早饭后清理文件。习字一纸。围棋二局。阅《圣武记》廿页。见客，坐见者一次。中饭后又坐见之客一次，潘伊卿来一坐。阅本日文件，知陕西之贼于十一月廿三日渡黄窜晋，殊为焦虑。至后园一览。傍夕小坐。夜核批稿各簿，二更后核信稿三件。倦甚，小坐。三点睡。天气寒甚，不甚成寐。

十八日

早饭后清理文件，习字一纸。见客，坐见者三次。围棋二局。阅书廿三页，《圣武记》又阅一遍毕。中有嘉庆川、湖、陕靖寇记八篇未阅，以昔年在京阅过，嫌此八篇叙事冗乱也。中饭后阅本日文件，又将日内所看书于目录下标识一二。至幕府一谈。说话稍多，倦甚，欹椅小坐。至后园一览。傍夕小坐。夜核批稿各簿，核信稿一件，二更后温太白七古。三点睡，尚属佳眠。

十九日

早饭后清理文件。习字一纸。出门至圣庙勘视泮池、崇圣祠、明伦堂、尊经阁、飞云阁等基地。与书局张啸山、李壬叔等一谈。归已午初二刻。将《圣武记》目录标识完毕。中饭后阅本日文件。吴竹如来久谈，莫子偲、彭雪琴来，俱久谈。灯后，吴长庆来一谈，核批札各稿簿。二更后温李太白七古。三点睡，醒两次。余尚酣寝。

廿日

早饭后见司道府县二次，又坐见之客一次。雪琴来，与之久谈。清理文件，习字一纸。黄昌岐之少君来，留之与雪琴同中饭。饭后，坐见之客一次。阅本日文件。围棋二局。写云仙信一封。夜核批札稿颇多。二更后倦甚。旋阅太白及永叔七古。三点睡。

廿一日

早饭后清理文件。见客一次。习字一纸，围棋二局。又坐见之客一次。核信稿三件。中饭后阅本日文件。后园新栽树木，前往看视。与幕客谈甚久。傍夕小坐。夜核批稿各簿。核信稿一件，约改四百字。二更后倦甚，不能治事。三更睡，竟夕未小解，亦近年所无之事。

廿二日

早饭后清理文件。见客，坐见者一次，立见者一次。习字一纸。围棋二局。阅核信稿二件。中饭后坐见之客二次。阅本日文件，阅戴子高校正《管子》十六叶。至后园一览。傍夕小坐。夜核批稿各簿，核信稿四件。二更后温东坡七古。是日午刻，写信与缦云，言书局事，约四百字。三点睡，竟夕不甚成寐，然亦未小便。

廿三日

早饭后清理文件。习字一纸。坐见之客一次。围棋二局。阅戴子高所校《管子》，陆续至申刻止，阅廿余页。中饭后阅本日文件。见客，坐见者一次，立见者一次。阅《李空同集》，偶翻二十余页。傍夕小坐。夜核批稿各簿，核信稿四件。因阅《管子》劳乏，遂困惫不复能治事。二更三点睡，尚属佳眠。

廿四日

早饭后清理文件，习字一纸。围棋二局。刘开生来久坐；甘芋亭、孙雨农自广德回，一谈；萧士林等进京来，一谈，因留之便饭；又坐见之客一次；中饭后，周缦云来久坐。阅本日文件。至后园一览。改人送阅古文一首，以其用余名作传也。夜核批札稿信稿多件。二更后与纪泽论诗。三点睡，三更后成寐。

廿五日

早饭后清理文件。见客二次，衙门期也。习字一纸。围棋二局。又立见之客一次，坐见之客一次。至后园一览。阅《乐府诗集》约廿余页。中饭后阅本日文件，写对联七付、挂屏约二百字。傍夕小坐。夜核批稿各簿。二更后与纪泽谈诗。旋温《古文·杂记类》。三点睡，三更后成寐。

附　记

写沅信　　　陈宅挽幛
杜要《比兴笺》

廿六日

早饭后清理文件。见客，立见者一次，坐见者一次。习字一纸。围棋二局。又坐见之客一次。写沅弟信四页，约四百字。写吴竹如信一页。洪琴西来久坐。中饭后阅本日文件。又坐见之客一次。申刻至幕府一谈。至后园一览。与纪泽一谈。夜核批稿各簿，二更后温《古文·情韵之属》，朗诵数首。三点睡，尚得佳眠。

廿七日

早饭后清理文件。见客，坐见者二次。习字一纸。围棋二局。阅《苏诗》首卷体传、墓志之属二十余页。潘伊卿、陈虎臣先后来久谈。中饭后，立见之客一次。阅本日文件。至后园一览。写挽幛一幅、挂屏六叶，约四百余字。傍夕小坐。夜核批稿簿。接澄弟等十二月初五信。二更后温《古文·情韵之属》，再翻《文选》，择其有韵者添抄之。四点睡。

廿八日

早饭后清理文件。见客，立见者一次。习字一纸。出门至汉西门验通州送来之八团舢板，将照造以为海中捕盗之船。旋至圣庙丈量泮池、照壁等处，午初归。围棋二局。潘伊卿来久坐。中饭后，李雨亭来，陈茂来，先后一谈。阅本日文件。至后园一览。剃头一次。夜核批稿各簿，核信稿数件。二更后与纪泽一谈。三点睡。

廿九日

早饭后清理文件。旋见客一次。习字一纸。围棋二局。核公牍二件。盐卡之勇与水营之勇斗殴送来，余新自验伤讯供。午刻阅苏诗七古，酌加圈批。余在京抄成《十八家诗》，阅今十有六年，虽常携行箧，不时温习，然未能校对错误，略加批识。其中有各家自注及必须有注而其义乃明者，亦宜补抄小注。兹将细阅一遍，以作定本。中饭后，省三、作梅先后来一谈。阅本日文件。再阅苏诗，共十五页。傍夕小坐，夜核批札稿信稿，批营勇卡勇一案。二更后倦甚，不能治事。三点睡，三更后成寐。

卅日

早饭后清理文件。见客一次。习字一纸。围棋二局。午刻阅苏诗七古，陆续阅十七页，至申正止。中饭后阅本日文件。申正至后园一览。与蔡贞斋久谈。傍夕小坐。夜核批札各稿。二更后，疲困殊甚，不复治事。念匆匆又过一年，毫无长进，唯捻匪东股荡平，天下将自此复睹嘉道之盛，为之一慰。而余之作书似较昔年差胜，亦聊以怡老怀耳。三点睡，三更成寐，四更末醒。